中國佛教

第四辑

中国佛教协会　编

中国出版集团有限公司
華文出版社

图书在版编目（CIP）数据

中国佛教. 第四辑 / 中国佛教协会编. -- 北京：华文出版社，2023.11
ISBN 978-7-5075-5873-9

Ⅰ.①中… Ⅱ.①中… Ⅲ.①佛教史－中国－通俗读物 Ⅳ.①B949.2-49

中国国家版本馆CIP数据核字(2023)第184347号

中国佛教 第四辑

作　　者：中国佛教协会
责任编辑：潘　婕
封面设计：草鹭文化
责任印制：刘力新
营销编辑：杨　兴
出 品 人：包　岩
出版发行：华文出版社
地　　址：北京市西城区广安门外大街 305 号 8 区 2 号楼
电　　话：总 编 室 010-58336239　发 行 部 010-58336267
责任编辑 010-63429159
邮政编码：100055
网　　址：http://www.hwcbs.cn
经　　销：新华书店
印　　刷：北京雅昌艺术印刷有限公司
开　　本：710mm×1000mm　1/16
印　　张：28.5
字　　数：392 千字
版　　次：2023 年 11 月第 1 版
印　　次：2023 年 11 月第 1 次印刷
标准书号：ISBN 978-7-5075-5873-9
定　　价：200.00元

《中国佛教》（中英文卷）编委会

序　言

佛教起源于印度，光大于中国，经过与中国文化的交融、共生、合流，最终以“释”之名，与“儒”“道”并称，成为中国传统文化的重要内容。这在世界文明史上是独树一帜的，既体现出佛教本身的世界性特征，也显示出中国文化兼收并蓄、博采众长的包容性特质。作为中华文明与印度文明两大文明传统相遇、碰撞之后形成的文明成果，中国佛教在思想、信仰、文学、艺术、制度、戒律、礼仪、习俗等方面做出了重要贡献，产生了一代代优秀的佛教人物和经典著述，发展出了丰富多样的佛教胜迹、佛教文化。今日，中国佛教不仅是中国传统文化的重要内容，更是世界文明的重要组成部分，堪称文明融合的示范与表率，对当今世界不同文明间友好交流具有重要借鉴意义。为向世界提供一部全面介绍中国佛教概况的通识性著作，中国佛教协会特编辑出版《中国佛教》（中英文卷）。

本书的编撰有着殊胜因缘。1955年，斯里兰卡为纪念释迦牟尼佛涅槃2500年，发起编纂英文版《佛教百科全书》，中华人民共和国总理周恩来受斯里兰卡总理约翰·莱昂内尔·科特拉瓦拉之请托，应承由我国来撰写其中有关中国部分的佛教条目，并委托刚刚成立不久的中国佛教协会组织人力编写、翻译。中国佛教协会接受任务后，即成立中国佛教百科全书编纂委员会，聘请国内佛教学者担任撰述、编辑和英译工作，时任副会长兼秘书长赵朴初居士担任主任委员，著名佛教学者吕澂担任副主任委员。编纂委员会以南京金陵刻经处为据点，约请了一批当时国内知名佛教学者撰写相关条目，内容分为教史、宗派、人物、经籍、教理、仪轨制度、佛教胜迹、佛教文化、中外佛教文化交流等九类。为了适应百科全书的体例，各篇条目着重资料性的叙述，要求全面性与概括性相结合，并做到言必有据。中文条目原稿前后共写成400多篇，200多万字，英文条目原稿也有100多万字。二十世纪八十年代至本世纪初，中文条目稿件陆续被整理出版为五卷本的《中国佛教》。英译稿寄往斯里兰卡后，部分被编入《佛教百科全书》（*Encyclopaedia of Buddhism*）。中国佛教的内容被打散之后编入不同的词条，散见于全书之中。当时形成的百万字的英文稿至今尚未完整面世，殊为憾事！

2018年，中国佛教协会安排中国佛教文化研究所开展“《中国佛教》英译出版项目”，对当时留存的全部词条稿件进行整理和出版，期望借前贤之功德，为当下的世界增添一份精神资粮。《中国佛教》（中英文卷）的出版，得到了华文出版社的大力支持，此次出版不仅使尘封之黄卷得以面世，也使前贤之佳作再次流通，更使当年编纂团队智慧成果得以整体呈现，可谓因缘殊胜，令人欢喜。

由于本书稿件多为二十世纪五六十年代所撰，当时的编纂委员会成员大多已离世。此次出版，基本保留稿件原貌，兼以少量内容修订。审校团队水平所限，在整理校订方面若有疏漏，祈请各位读者指正。

演觉

二〇二三年二月十七日

于北京广济寺丈室

前言（1980年版）

随着人类文化的进步，社会科学和自然科学各种知识领域日益扩大，网罗一切知识的百科全书成为学术界的共同需求。在这方面，欧美学术界是着了先鞭的。宗教方面也是如此。基督教、伊斯兰教等早已有了自己编纂的百科全书，受到学者和教徒的普遍欢迎和广泛利用。佛教是世界公认的三大宗教之一，历史最为悠久，典籍汗牛充栋，但迄今尚无一部完整的佛教百科全书。1955年，斯里兰卡佛教徒为纪念释迦牟尼佛涅槃2500年，发起编纂英文佛教百科全书，要求各国佛教学者给予支持和合作。当时我国周恩来总理接受斯里兰卡总理的请托，要我国为他们的百科全书，撰写有关中国部分的佛教条目。周总理将这个任务交给了中国佛教协会。

中国佛教协会接受这个任务后，即成立中国佛教百科全书编纂委员会，聘请国内佛教学者担任撰述、编辑和英译工作。内容分为教史、宗派、人物、经籍、教理、仪轨制度、佛教胜迹、佛教文化、中外佛教文化交流等九类。为了适应百科全书的体例，各篇条目着重资料性的叙述，要求全面性与概括性相结合，并做到言必有据。汉文条目原稿前后写成400余篇，200余万言。除已将部分英译稿寄往斯里兰卡供佛教百科全书采用外，全部汉文原稿迄未公开出版。现在应广大读者的要求，我们组织人力，重新加以整理编辑，印成专册发行。

佛教传入中国，近两千年来，对我国社会发生过深刻影响。从魏晋到隋唐时代经过广泛传播，其影响渗透到我国人民生活的各个方面。在思想意识、风俗习惯以至文化艺术等领域都可以看到它的影响；在哲学上，它对宋代理学的影响尤为显著，这已是哲学史家公认的事实。千百年来先人们为我们留下浩如烟海的佛教典籍，成为我国文化的一个重要组成部分。

本书得到知识出版社的大力支持，拟于1980年起陆续出版，供哲学、宗教学、社会学、历史学等研究人员，以及有关工作人员和佛教信徒参考。本书的出版如能对上述各方面的研究有所贡献，我们是引以为荣的。这些文稿撰于20年前，部分作者已经离开人世。这次出版，除核对参考资料并对部分文稿略作删节外，大体上保存原来的面目。每篇均由作者署名，以明责任。我们限于水平，在整理编辑方面如有错误之处，希望读者指正。

赵朴初

一九七九年十二月十五日

审校及修订说明

《中国佛教》（中文卷）以知识出版社1980年6月至1989年5月《中国佛教》第一至四辑第一版及中国社会科学出版社2004年6月《中国佛教》第五辑为底本，稿件基本保留了当初出版时的原貌。本次再版时，于以下几方面进行了少量修订：

1. 对少量标点、语法方面的错误进行了修订。

2. 对照二十世纪五六十年代编修的《中国佛教》英文版，进行中英互校，发现了一些诸如人名、地名、典籍名、年份等表述不一致的地方，针对此类问题进行了订正。

3. 对个别地名、行政区划等的表述，进行了修订。

4.《中国佛教》第五辑中增加了《〈中国佛教〉参编词条作者小传》，对于各词条作者的生平进行了简要介绍。

目录

中国佛教经籍

中国佛教经籍

四十二章经

《四十二章经》，一卷，包含四十二篇短短的经文，一般认为是最早的汉译佛经。

有关本经传译的记载，与汉明帝求法传说有密切关系。汉明帝求法有种种不同说法，因此有关本经传译的记载也有许多异说。本经的传来，最早的记载是《四十二章经序》(《丽藏》本经首及《出三藏记集》卷六所载与《弘明集》卷一《牟子理惑论》)。经序说，后汉孝明帝梦见金人，因遣张骞、秦景、王遵等至大月氏国写取佛经四十二章，但不载年月。西晋王浮撰《老子化胡经》说是永平七年（64）遣使，永平十八年（75）还(《广弘明集》卷九《笑道论》第十四)。《历代三宝记》以后的记载则都说是十年还汉。根据这些记载，本经的初传当在64—75年之间。

经序和《牟子理惑论》仅言从大月氏国写取此经，未说翻译。《出三藏记集》卷二始说张骞、秦景等于大月氏国遇沙门竺摩腾，译写此经还洛阳，肯定此经译于大月氏国。《高僧传》卷一又说此经于洛阳译出。由此可见，此经翻译地点，自梁以来尚无定说。至于译者，《出三藏记集》说竺摩腾译写，《历代三宝记》所引宝唱录，又以为竺法兰所译。《高僧传》则先云："腾译《四十二章经》一卷，初缄在兰台石室第十四间中。"后又说竺法兰译经五部，唯《四十二章经》现在。似乎并存以上两种说法。因之，后来本经通行本，遂皆题迦叶摩腾共竺法兰译。

《历代三宝记》载本经前后有两译本，一、迦叶摩腾于白马寺译，二、吴支谦译，与摩腾译者少异；又谓支译"文义允正，辞句可观"。今人有说现存本经《丽藏》本，虽题汉译，实系支谦所译。汉译文或因朴拙早佚，后人乃误以支译当之云。

本经有多种异本，现存主要的有五种：一、《丽藏》本；二、宋真宗注本；三、唐《宝林传》本；四、宋六和塔本；五、明了童补注宋守遂注本。

《丽藏》本出于北宋初蜀刻，为现存各异本中最近于旧写本的一种，其后宋、元大藏经皆依之。经文前面有序，与《出三藏记集》所载者相同。次为《四十二章经》文，各章内容大略如下：一、说出家沙门行道得果和四果的意义；二、说沙门道法应少欲知足；三、说十善恶业和在家修五戒十善亦能得道；四、说有过应悔，改过灭罪，后会得道；五、说以慈心对恶人；六、说人以恶来反祸自身，如送礼不纳还自持归；七、说恶人害贤者，如仰天而唾，又如逆风以土坌人还污己身；八、说博施福大；九、说随喜人施亦得福报；十、说较量施福何者最大；十一、说天下有五难；十二、说垢去明存，犹如磨镜；十三、说行道者善，志与道合者大，忍辱者多力，除心垢者最明；十四、说心垢（三毒五盖）尽，乃知生死所趣，诸佛国土道德所在；十五、说学道见谛，如持炬火入于暗室，其冥即灭；十六、说应念道不应稍忽；十七、说恒念无常则得道疾速；十八、念道得信根其福无量；十九、念四大无我；二十、求名危身，如香自烧；二十一、财色如刀上蜜，贪之截舌；二十二、妻子情欲，患甚于牢狱；二十三、爱欲莫甚于色，二十四、爱欲之于人，如逆风执炬有烧手患；二十五、佛诃玉女如革囊众秽；二十六、为道不为情欲所惑，保其得道，如水中木顺流入海；二十七、意不可与色会合；二十八、无视女人，见之当如莲花不为泥污；二十九、人为道去情欲，当如草避火；三十、说止息淫欲当先断心；三十一、说无爱即无忧，无忧即无畏；三十二、说坚持精进，欲灭得道；三十三、说学道调心，应如调琴弦缓急得中；三十四、说学道应渐渐去垢，如锻铁；三十五、说人不为道，生老病死其苦无量；三十六、说人离三恶道乃至信三宝值佛世等八种难得；三十七、说为道须念人命在呼吸间；三十八、说离佛虽远，念戒必得道；三十九、说佛经如蜜，中边皆甜，行者得道；四十、说为道须拔爱欲根，如摘悬珠，终有尽时；四十一、说沙门行道，当如牛负重行于泥中，急求出离；四十二、说轻视富贵如过客，视金玉如砾石。全经大意说出家、在家应精进离欲，由修布施、持戒、禅定而生智慧，即得证四沙门果。文中包含了佛教基本修道的纲领。

各章的内容多见于阿含部经典，例如：第三章见《中阿含经》卷三《思经》《伽兰经》《伽弥尼经》，第六章及第七章均见《杂阿含经》卷四十二，第十章见《中阿含经》卷三十九《须达多经》及别译《须达经》《长者施报经》，第十七章见《杂阿含经》卷三十四，第二十四章见《中阿含经》卷五十五《晡利多经》，第二十六章见《杂阿含经》卷四十三，第二十八章见《长阿含经》卷二以下《游行经》，第三十章见《增一阿含经》卷二十五《五王品》之四、卷二十七《邪聚品》、卷四十九《非常品》之三，第三十二章见《增一阿含经》卷二十五《五王品》之三，第三十三章见《杂阿含经》卷九、《增一阿含经》卷十三及《中阿含经》卷二十九《沙门二十亿经》，第三十九章见《中阿含经》卷二十八《蜜丸喻经》等。但本经文字，比这些经文简略，很像是其摘要。《历代三宝记》引《旧录》云："本是外国经抄，元出大部，撮要引俗，似此《孝经》十八章。"此说当有所本。

《丽藏》本以外的各本内容互有出入。例如，宋真宗注本，卷首没有经序，而另加序分"尔时世尊"至"为说真经四十二章"九十七字。又于第一章加了"识心达本，解无为法"两句，第一章后加"出家沙门断欲去爱，识自心源"云云一章；将《丽藏》本第八、九两章合为一章；第十一章天下五难增为二十难；第四十二章增加"视大千世界如一诃子"等十喻。又在经末增加"诸大比丘闻佛所说欢喜奉行"十二字的流通分。此外与《丽藏》本相同的各章，文字上亦有些不同。现今坊间影印唐大历十三年（778）怀素草书《四十二章经》，与此本同，似唐代宗时已有此本。房山石经明刻《四十二章经》，明正统五年（1440）德经等刻《四十二章经》及清乾隆印四体合璧本，皆与此本同。《明藏》亦收录此本经文及序。

又《宝林传》（《金藏》残本）卷一所载《四十二章经》，现存本缺第五章前半各段，但真宗注本新加的十五难和十喻，此本俱有，真宗注本所加的第二章大概也有（这在依据《宝林传》撰成的《祖堂集》上见有此章文字，可以旁证）。它比真宗注本更大量增加了禅宗思想的字句。例如，第十一章末说“饭千亿三世诸佛，不如饭无念无住无修无证之者”；第十八章改“吾何念念道”为“吾法念无念”等；第十九章改“睹万物形体丰炽念非常”为“睹灵觉即菩提”；第二十三章增“牢狱有散佚之文，乃至投泥自溺故曰凡夫，透得此门出尘罗汉”等句；第三十六章末增“既发菩提无修无证难”一句；第四十一章增“身虽行道，心道不行，心道若行，何用行道”等句。它有些地方改为禅宗常用的韵语文体，有些新改的词句与旧本意义相反，如改旧本“为道务博爱”为“人为博爱道必难会”。此外，章节较旧本也有开合增损，且有不少费解的词句。经末无流通文而有后记，内容略同经序而较详。并说“此经梵书一十九叶，即竺法兰所翻”。未详何据，《宝林传》的记载，从来多有人怀疑。作《续宝林传》的惟劲，和依《宝林传》本作注的守遂，都是南岳怀让的后裔，智炬可能亦出于同一法系，而传本增减之处或即是禅宗中人（也许即是智炬本人）随自己的意见加以修改的。

又宋六和塔本是杭州六和塔现存的宋绍兴二十九年（1159）石刻。第五章以上略同真宗注本，但将注本第一章开为两章。其余内容则与《宝林传》本几乎全同，惟第四十一章仍保留了旧本的“牛负重行深泥”一段文。经末无后记而有西蜀武翊的跋。

又明了童补注宋守遂注本，乾隆元年（1736）庄亲王府重刻，今收在日本《续藏经》中，它与《宝林传》本、六和塔本大体相同，惟章节开合偶有出入。有些《宝林传》本中费解的字句，此本依《丽藏》本作了更正。经末也没有流通文。明智旭解，清道霈《指南》，续法《疏钞》，金陵刻经处本，皆依此本，故它在近世最为通行。

以上各本，《丽藏》本最早。如所说天下有五难，和凉译《三慧经》复次所说相同，可见其必有所本。又唐初《法苑珠林》卷二十三及后周义楚《释氏六帖》卷四引本经文也只五难，余本多出十五难，可见皆后世所加。《丽藏》本与真宗注本第五、第二十六、第二十八等章均与《阿含经》文相近，其余三本则不同。又《丽藏》本与真宗注本均有“人不为道亦苦”章，又在“牛行深泥”章前有“摘悬珠”章，梁陶弘景《真诰》中都曾用其全文，《宝林传》本等则删去这些。由此可见，《丽藏》本所据，乃南朝以来的旧文，而《宝林传》本为晚唐改作。六和塔本、守遂注本与《宝林传》本同一类型，真宗注本则是从《丽藏》本演变为《宝林传》本过程中间的产品。

有不少人怀疑本经是东晋时的中国人撰述，又因《出三藏记集》说本经为《道安录》所不载，故疑此经非汉时译。但《历代三宝记》引《旧录》明说“本是外国经抄”，《出三藏记集》也说本经见于《旧录》。《旧录》为晋成帝时（326—342）支敏度所作，约与道安同时，当出于翻译，而且流行很早，在安世高译经以前，有这样的一种简单说明佛教基本修道的经典，似乎是很合理的。也就因为它是最早的一部汉译佛经，文字简短而又包含了佛教修道纲领，所以直到现在它仍为佛教徒重视典籍。至《宝林传》本一类的经本给南宗禅法作了有力的佐证，尤为宗门所喜用。

清乾隆四十六年（1781）敕依《明藏》本转译本经为满文、蒙古文、藏文三种文字，连同汉译为四体合璧本印行。日文译本有山上曹源译《四十二章经》（收于日本《国译大藏经》经部第十一），高岛宽我译《现代意译四十二章经》（收于《现代意译佛教圣典丛书》第六）等。1871年有英人的译本，1878年法人又校印了汉文、藏文、蒙古文《四十二章经》。1906年，日本铃木大拙又出版英译本，还有1947年伦敦出版的《四十二章经》及其他两经的合本。

本经汉文注解有宋智圆《注》一卷、《正义》一卷，仁岳《通源记》

二卷、《科》一卷；均佚。现存的有《宋真宗注》一卷，天禧三年（1019）入藏，但现存宋、明大藏经皆无此书，清光绪三十二年（1906）长沙叶德辉始据日本《缩藏》刻出单行。宋守遂《注》一卷，收在《注佛祖三经》（即《四十二章经》《遗教经》《沩山警策文》）中。明了童《补注》一卷，即补守遂《注》，每章前有四字标题。明智旭《解》一卷，较《补注》稍详。清道霈《指南》一卷，成于顺治二年（1645），仅分章，无标题。清续法《疏抄》五卷，成于康熙十九年（1680），每章前也有四字标题，与《补注》略异。

（隆莲）

百喻经

《百喻经》，旧题《百句譬喻经》，四卷（或作五卷），是用寓言以申教诫的一部著作。

本书为第五世纪古代印度僧伽斯那所集。书末有作者的后记六颂。颂后记云：“尊者僧伽斯那造作《痴花鬘》竟。”《痴花鬘》当是本书的原名。宋元明藏本第一喻前有序品三百余字，说佛在王舍城鹊封竹园，为异学梵志五百人说此经，与僧伽斯那跋颂不符，显然是后人所加。本书的写成正是印度寓言文学的盛时，也是有名的《五卷书》（婆罗门学者所撰用来教授贵族子弟的一部梵文寓言集）流行的时代，可谓应时之作，但在古代印度，直到现在没有发现它的梵本。

本书译者求那毗地，中印度人，是僧伽斯那的弟子。聪慧强记，能诵大小乘经十余万言。僧伽斯那所集百喻，他悉皆诵习，并深明其意义旨趣。他于南齐建元初（479）来建业，住毗离耶寺，永明十年（492）九月十日译出此书，同时并译出《须达长者经》及《十二因缘经》各一卷，后于建业止观寺摄受徒众，甚为有名，中兴二年（502）寂于止观寺。

本书于十二部经中，属于譬喻一类，每篇都有喻和法两部分合成。喻是一篇简短的寓言，法是本篇寓言所显示的教诫。这些寓言主要描写幽默可笑的事情，有很犀利的讽刺性，也可以作笑话看。僧伽斯那在跋颂中说，本书以戏笑的方法来阐明佛法，如以苦药和石蜜，虽损蜜味，但主要是为了治病。先讲笑话，后讲佛法，如先服吐下药，后以酥滋润身体。笑话里包含佛法，如树叶裹阿伽陀药，希望读者但取佛法的阿伽陀药，而抛弃戏笑的树叶。但本经各篇所述的寓言，可能都是从前民间所流传，后为佛教学者采取应用。在汉文大藏经中现存的譬喻经，除本书外，还有道略集《杂譬喻经》一卷，姚秦鸠摩罗什译，道略集《众经撰杂譬喻》二卷等。本书的治鞭疮喻、蛇头尾共争在前喻、蹋长者口喻、劫盗分财喻，就和《杂譬喻经》的第十四、十六、二十三、二十五四喻相当。又愚人集牛乳喻、见水底金影喻，又和《众经撰杂譬喻》的第六、四十两喻相当。它们在源流上可能有些关系。但从结构上看，其余的譬喻经，都不如本书所述的齐整。

本书的内容，四卷本中，第一卷二十一喻，第二卷二十喻，第三卷二十四喻，第四卷三十三喻，共九十八喻。以百喻为名，当系举其大数而言。归纳各喻的意趣，可为三类：

一、其中对治烦恼的，有十种：（一）对治贪的，有第十六灌甘蔗喻、第十七债半钱喻等七喻；（二）对治嗔的，有第十三说人喜嗔喻、第四十八野干为折树枝所打喻等四喻；（三）对治痴的，有第八山羌偷官库喻、第九叹父德行喻等十九喻；（四）对治慢的，有第二十八为妇贸鼻喻、第四十三磨大石喻等四喻；（五）对治疑的，有第二十六人效王眼目瞤喻、第七十尝庵婆罗果喻两喻；（六）对治身见的，有第三十牧羊人喻、第三十五宝箧镜喻等四喻；（七）对治边见的，有第六十一梵天弟子造物因喻、第六十二病人食雉肉喻两喻；（八）对治邪见的，有第五十八两子分财喻、第九十四摩尼水窦喻两喻；（九）对治见取的，有第四妇诈称死喻、第五渴见水喻等三喻；（十）对治戒禁取的，有第一愚人食盐喻、第十二煮黑石蜜浆喻等八喻。

二、其中对治恶行的，有四种：（一）对治悭吝的，有第二愚人集牛乳喻、第六十五五百欢喜丸喻等四喻；（二）对治犯戒的，有第六子死欲停置家中喻、第十四杀商主祀天喻等十八喻；（三）对治邪命的，有第三以梨打头破喻、第七认人为兄喻等七喻；（四）对治懈怠的，有第十五医与王女药令卒长大喻、第四十七贫人作鸳鸯鸣喻等五喻。

三、其中开示法义的，有二种：（一）开示空义的，有第四十九小儿争分别毛喻、第五十二伎儿作乐喻等五喻；（二）开示一乘的，有第二十二入海取沉水喻、第二十四种熬胡麻子喻等四喻。

总括本书意趣，要在对治烦恼，劝行布施、持戒、净命、精进、兼明缘生、无我和一乘的道理，所以它是通于大小乘之作。译文笔调朴实而明朗，在我国古籍中可算是优美的一种。

本书的单行本有1914年金陵刻经处刻本，分上下两卷，系鲁迅断句，并施资刻成。1926年，王品青校订改名《痴花鬘》于上海印行。鲁迅为作题记，云："尝闻天竺寓言之富，如大林深泉，他国艺文往往蒙其影响，即翻为华言之经中亦随在可见。明徐元大辑《喻林》颇加搜录，然卷帙繁重，不易得之（按：《喻林》分五百八十门，采《百喻经》五十喻，收入二十七门中）。佛藏中经，以譬喻名者，亦可五六种，惟《百喻经》最有条贯。……王君品青爱其设喻之妙，因除去教诫，独留寓言。又缘经末有'尊者僧伽斯那造作《痴花鬘》竟'语，即据以回复原名，仍印为两卷。尝称百喻，而实缺二者，疑举成数，或并以卷首之引，卷末之偈为二事也。尊者造论，虽以正法为心，譬故事于树叶，而言必及法，反多拘牵，今则已无阿伽陀药，更何得有叶裹？出离界域，内外洞然，智者所见，盖不惟佛说正义而已矣。"另外，只取本书寓言改写为语体的《百喻经故事》，有冯雪峰和倪海曙两人之作，先后于1949年、1957年在上海印行。

（隆莲）

阿育王经

《阿育王经》，十卷，梁代僧伽婆罗［古代扶南国（今柬埔寨）来中国僧人］译。是记述古代印度阿育王崇护佛法的事迹，以及摩诃迦叶乃至优波毱多等异世五师传持法藏等因缘始末的史籍。它和西晋安法钦所译的《阿育王传》七卷同本异译。此经全文总分九品，即贯串以上史迹分述为九个因缘。但经的原始目录上漏列了第三卷中的“毗多输柯因缘”一目，而只列作八品。其内容顺序与晋译本《阿育王传》大体一致，仅叙述上稍有出入和译语上有些差异，故内容可以参考本书《阿育王传》篇目。现只对照两译的品目开合作表如下：

晋译本《阿育王传》（七卷）	梁译本《阿育王经》（十卷）
一、本施土缘（卷一）	一、生因缘（卷一）
二、阿育王本缘传（卷一、卷二）	二、见优波笈多因缘（卷二） 三、供养菩提树因缘（卷三）
三、阿恕加伽王弟本缘（卷二）	毗多输柯因缘（卷三）
四、驹那罗本缘（卷三）	四、鸠那罗因缘（卷四）
五、半菴罗果因缘（卷三）	五、半菴摩勒施僧因缘（卷五）
六、优波毱多因缘（卷三、卷四）	六、佛记优波笈多因缘（卷六）
七、摩诃迦叶涅槃因缘（卷四） 八、摩田提因缘（卷四） 九、商那和修因缘（卷五）	七、佛弟子五人传授法藏因缘（卷七、卷八）
十、优波毱多因缘（卷五、卷六、卷七）	八、优波笈多弟子因缘（卷九、卷十）（缺）
十一、阿育王现报因缘（卷七）	

两译的比较：在佛教历史记载上，此经至优波毱多得郗征柯而付法入灭即告终卷，晋译本则尚有其以后的三恶王出世与阿育王现报因缘等事。在人代的序列上，关于阿育王的前代系统，此经则简单地叙列旃那罗笈

多、频头莎罗、阿输柯三世，晋译本则详列有从频婆娑罗到阿恕伽的十二世；对于阿育王的后代，此经叙列鸠那罗、三波地、毗梨诃钵底、毗梨沙斯那、弗沙跋摩、弗沙蜜多罗六世，晋译本则只列驹那罗、贰摩提（一作贰摩留）、耆呵提、弗舍摩、弗舍蜜多五世等。以上是两译的显著差异，但其根源则似同出一本。由于此经的原本，是梁天监二年（503）由扶南国（今柬埔寨）高僧曼陀罗自本国赍来，即为当时南海流传之本，而晋译本则系太康二年至光熙元年间（281—306）安息国（今伊朗一带）高僧安法钦所译，可能是西域流传之本。在以上不同时间地点辗转传诵或抄写中，就可能产生有种种差异之点，但这对于阿育王时代佛教的研究，是有可互相参考的价值的。

关于此经的梵文原本，如经后附记："从阿育王因缘乃至优波笈多入涅槃，外国凡三千一百偈，偈三十二字。"由此可想见此经的篇幅。在译文中，此经比晋译本较多保存了原来的偈颂形式，而晋译本则多改作散文。

（高观如）

造像量度经

《造像量度经》，一卷，是说明造佛像法度的经典。清乾隆七年（1742）工布查布在北京从藏文译本重译为汉文，并作了《造像量度经引》《经解》和《续补》，编在经文的前后，合为一部。

据经的序分说，本经是佛在将升忉利天为母说法之前，因舍利弗的请问而说的。但汉译藏经中有关佛升忉利天的记载，都没有提到说《造像量度经》之事，还说当时优填王要造佛像，所有名工巧匠皆以佛像难以摹拟而感到困难，似乎并无这样一部可以依据的经典。本经当是后世所撰（本书在藏文大藏经中只收在论藏中，可见古来藏族学者也不确定本经为佛所说）。此经梵本现存，日本榊亮三郎曾为校刊，并加以研究（见《艺文》第七卷三号又第九卷三号）。藏文译本只收载在北京版丹珠尔中，未题译者名字，工布查布说是达磨多啰和查巴建参共译。工布查布译汉所用藏文本得自洮州（今甘肃省甘南藏族自治州临潭县）禅定寺崇梵静觉国师。据清《洮州厅志》卷十六说，禅定寺主僧池莲，卓尼族土司之后，康熙四十九年（1710）来朝，封为崇梵静觉国师。工布查布得经本，当在此时。

《经引》总叙梵藏流传造像经过，并说到中国佛像有汉、梵二式，即在你波罗国匠师阿尼哥以前的造像称为汉式，阿尼哥传来的造像称为梵式。由于历代未译造像经传，以致漫无准则，现因静觉国师的鼓励乃编译此书。

《经引》之后（据通行本）附图十幅。第一幅是释迦佛的裸体坐像，裸体像上有按量度划出的线格，第二幅是着衣坐像（这两幅是化身佛的通式），第三幅是无量寿佛的坐像（报身佛的通式），第四幅是文殊菩萨像（菩萨天男相的通式），第五幅是多啰菩萨像（佛母天女像的通式），第六幅是佛游化乞食之像（佛菩萨立像的通式，也有线格），第七幅是诸菩萨在佛旁列立像（胁侍菩萨的通式），第八幅是不动明王像（忿怒相的通式），第九幅是如来满月面和菩萨鸡子面，第十幅是佛母芝麻面和明王四方面（与第九幅同为造像面部量度的通式，有线格）。此十幅图像是工布查布在得经文的同时，得自崇梵静觉国师，乃藏文经原本所未载。这些画像的面貌衣褶纹都带汉画风格，或出于后人所补。

次为汉译《造像量度经》本文，可分序、正宗、流通三分。序分长行二百十一字，流通分长行三十字，正宗分为五言四句颂文三十九颂（藏文只三十八颂），说明造佛像身体各部分的比例。初半颂说全身高度，次半颂说肉髻及发际以上的高度，次一颂说面部长度，次一颂说下颏量度，次三颂说唇齿量度，次一颂半说鼻的量度，次二颂半说眼的量度，次半颂说印堂（安白毫之地）量度，次半颂说眉的量度，次三颂半说耳的量度，次二颂说头部阔度和周围，次半颂说颈的阔度和周围，次八颂半说手臂指掌的量度，次五颂说躯干各部的量度，次八颂半说股以下至足底的量度。这些颂文中有时也附带说明形状和色彩，如说目如莲花、口如频婆果等。

经中所说长度，主要是相对的长度，就是以造像大小为比例的长度。以佛立像全身（从肉髻顶到足底）的高度的十分之一为一搩（即张开手指从拇指尖到中指尖的长度），亦称为一面（即面部从发际到颏下边的长度），一搩的十二分之一为一指（即一个手指的阔度）。一指的八分之一为一麦。佛像全身高一百二十指，平舒二手两中指尖的距离亦一百二十指。此就平面绘画像而言，若立体胎偶像，在凹凸处酌加长度计算，纵广皆一百二十五指。

次为《造像量度经解》，此系参考藏文丹珠尔（北京版）中关于造像的其他三种著作。一、《佛说造像量度疏》；二、《绘画量度》（一称《阿思陀仙子像传》，包含三品二百八十四颂）；三、《造像量度》（一称《麹怛辣仙子像传》，包含一百二十七颂，说明七搩至十搩的各种造像量度），以及《时轮大教王经》《戒生大教王经》等，对《造像量度经》逐段加以解释和补充，并且附带说明了报身佛像的庄严和各种不同的座位。它引用了《绘画量度》所说的绝对长度，即以八微尘为一发梢，八发梢为一虮，八虮为一芥子，八芥子为一麦，八麦为一指。此一指即通常人一指的阔度。例如，依此量度造十搩高的佛像，它的身量就略与通常人相同。

最后为《造像量度经续补》，内容分九段：

一、菩萨像（即十搩度像），附秘密部多面广臂造像法，以十一面千臂观音像为例，详细说明诸面的排列、量度、色彩和表情，诸臂的排列、量度、手印和所持的法器。

二、九搩度（像），初地菩萨以下世出世间圣像的量度，高广各九搩。例如，与佛像同在一处，此类像的高度即为佛像高度的十分之九。如单独造即以所造像自身高度的九分之一为一搩。此类像中包含独觉、阿罗汉、佛母等像。

三、八搩度（像），为一切忿怒像的量度，包含忿怒明王和忿怒像的护法神。至于密部轮围本尊像，仍应用十搩度。

四、护法像，此为男女诸神之像，分九搩度、八搩度、六搩度三类。据说此格局分法诸家互有不同，且多讹传，故在本书中就诸错误加以纠正。

五、威仪式，说明五方佛、八大菩萨、十二缘觉、十八阿罗汉等各各的手印和法器。次说明声闻、阿罗汉、轮王身量皆九搩，庶人身量竖三搩半、横四搩、纵广不等。次说明各种坐式和各种庄严。

六、妄造诫，说明造像不合量度的过患和补救的方法。以上六段，多采自《绘画量度》及《造像量度》二书。

七、徙灵略，是改造旧像之前将旧像的灵光请离开旧像的仪轨。

八、装藏略，是装藏的方法，包含装藏用的五大陀罗尼，五处种子字，五处应安的梵书咒文，五宝、五甘露、五药、五谷、五香的用法，榜木的采取、制造和安装。末后附安像法（请灵光安住像内的仪轨）。

九、造像福，说明造像的福德，广引唐提云般若译《大乘造像功德经》文。造像量度，见于记载的，三国时的曹不兴已经精确地掌握了佛像的人体比例。可见造像量度的知识久已为内地的造像家所掌握运用。但师资集承一直都是口传心授，没有成文的典籍。藏文丹珠尔关于造像的四种著作，是古代造像技术的重要记录。工布查布很善巧地把它们的重要内容译纂出来，特别是《造像量度经》的颂文，译笔非常流利谨慎，比藏文更为简洁明显。这是汉文大藏经中比较晚出的一部经典，也是关于古代造像艺术的唯一参考书。

本书译者工布查布（《清史稿·藩部传》二作充布札侦），内蒙古乌珠穆沁部落人，曾袭父爵为辅国公，后停袭。他自幼在北京长大，通藏语，雍正时为西番学总管，兼管翻译。他还译有《弥勒菩萨发愿王偈》和《药师七佛供养仪轨如意王经》，皆入藏。

本书单行本译出后即刊行，乾隆十三年（1748）允禄重为校刻，并作序文，题名爱月居士（允禄精数学，曾参与修《数理精蕴》，乾隆元年掌工部。校刻清龙藏时，曾总理藏经馆事务，工布查布则为第一校阅官）。同治十三年（1874）金陵刻经处复有刻本。

近代国际研究造像的学者经常引用到本书，日本逸见梅荣曾译本经及续补为日文，并加注解（载《国华》470—477等期），又以本书为主要依据写成《印度礼拜像之形式研究》。

（隆莲）

八支甘露心要秘密教授续

《八支甘露心要秘密教授续》，简称《医药四续》，是流行于中国藏族和蒙古族各地佛教寺院中的一部医药经典，若干寺院中并且设有专科学习。经题的意义是：能除非时横死，故名甘露；总摄医方明的义理，故名心要；对八类病分八门宣说治法，故名八支；本经不是非根器的境界，故名秘密；易行、文简、义丰而易解，故名教授；它像宝藏一样，是医方明的根本或基础，故名为续。

据《白银镜》等书所说，本经的说者为药师琉璃光王如来，结集者为意生仙人，译梵文为藏文者是迦湿弥罗月和大译师遍照。后由玉妥巴和他弟子辈（约当九世纪至十一世纪）用新译语修订加注。据土官《善说晶镜》中宁玛派史所说，本经乃由名称神通炽燃从埋藏的地方取出流通，似乎在译成时并未公开流行。

本经共分四续，即《根本续》《解释续》《教授续》和《后分续》。《根本续》中分六品，初品说药师佛在善见城说法时，由明意生发问，明智仙作答而组成全经。次后五品列举全经的品目名数，是一种叙论或纲目的性质。第二《解释续》分三十一品，叙述人体的生长次第、生理、体质、得病因缘、生活起居、饮食宜忌、医药功用、医疗用具、疾病护理、医师品德等。第三《教授续》分九十二品，初一品总论，以下九十一品分述各种病的治法，又可以分为八类，即所谓八支。第二品至第七十品属身病支，分述风、胆、痰、集等各种疾病的治疗方法。第七十一品至第七十三品属童子病支，述婴儿的抚育和儿科疾病的治法。第七十四品至第七十六品属妇女病支，述各种妇科病的治法，分总、别、通三品。第七十七品至第八十一品属于鬼祟病支，分述部多、癫狂鬼、九曜、龙等为祟的治法。第八十二品至第八十六品属创伤支，分述头、颈、躯干、四肢各部创伤的治法。第八十七品至第八十九品属毒病支，述各种中毒的治法。第九十品属长生支，述防治衰老和延长寿命的方法。第九十一品至第九十二品属壮阳支，分述强健性的机能和求子的方法。这八支的分类和唐义净在《南海寄归传》卷三所叙“八医”大体相同，不过本经合“针刺首疾”（治头疾）一项于身病支，而另开妇女疾一支。第四《后分续》分二十七品，叙述切脉、望色、辨尿、照镜等诊断方法，各种药品的配制法、针灸法等，最后总结经义加以嘱咐。

说经之处善见城的位置，西藏地区注家异说颇多，但佛海（1653—1705）料简众说，独取位于乌仗那一说（青琉璃初分八叶上下）。据551—554年编著的《魏书》记载，魏世祖时（424—451）和罽宾往来的使臣传达罽宾当时的国都为善见城，又本经藏文初译者为迦湿弥罗月，则本经原本当自迦湿弥罗传出。古代的乌仗那和迦湿弥罗是北印两个相邻的国家，也是中国与中亚细亚、印度交通必经之地。从本经内容来看，除一些理论采取佛教密宗学说外，也受到中国医药理论和技术的影响。如诊脉、处方、用药等几乎和中国医书没有多大区别。针灸所用的穴道和方法也和中国方法大体相同，不过针法只用于放血，适应病症有限，不及中国针法适用的范围广阔。

本经的译本自玉妥巴修订夹注以后，解释者甚多，著名的有降苏两家。清初时，西藏地区执政佛海曾集旧注，著《医方明论药师密意庄严显明四续青琉璃茉莉华》一书（北京刻本共一千零六十八页），极为详明，是近二百年来最通行的注解。

（郭元兴）

净土慈悲集

《净土慈悲集》，原作三卷，现存上卷。是中国唐代的净土学者慧日（唐玄宗赐号慈愍三藏，680—748）所著。慧日提倡净土法门，与善导、少康并称。他生于唐高宗永隆元年（680），出家受具戒后，慕义净之风，西游古代印度，遍礼佛迹，寻求梵本，并参访善知识。当时古代印度流行阿弥陀佛的信仰，慧日见闻彼地学者之盛赞净土，得到启发，归国后常劝人修净土之业，著有《净土慈悲集》《般舟三昧赞》《西方赞》等书。《净土慈悲集》散佚已久，1925年在朝鲜的桐华寺发现见其残本。内题《略诸经论念佛法门往生净土集》（一名《慈悲集》），大唐慈愍三藏慧日集。但依《西方略传序》《净土指归》等，此书题作《净土慈悲集》。今存上卷，缺页仍多，但可由此窥见慧日学说的一斑。《般舟三昧赞》录载于法照的《净土五会念佛略法事仪赞》（简称《五会法事赞》）。《西方赞》录载于晚近在敦煌石室发见的法照的《净土五会念佛诵经观行仪》（简称《广法事赞》）卷下写本中。

《净土慈悲集》是慧日的主要著作。全书分作三卷，第一卷先举异见。依据经论和教理一一加以破斥。第二、三两卷均佚。今据卷首所叙可知：第二卷系广引经教，证成念佛的正宗；第三卷更会释诸教古今疑滞，校量诸行出离之迟速，而阐明自宗的立场。

《净土慈悲集》的理论根据，是瑜伽学系以三性为中心之说。本集在列举虚妄有四义的一段中，就理事相对而谈到生死因果和离系因果的相对，说依他起性缘生幻有，含摄宇宙森罗的一切万象，由此有圣凡的差别及净土、秽土的相对存在，为了出众生界而入佛界，应当勤修和净土相应的各种行业。

在慧日弘通净土的时代，禅宗承南能北秀之后，正大张其教势。据《净土慈悲集》说，当时有一部分禅家以观世间空寂都无一物为究竟，而说诸法犹如龟毛兔角本无实体，无所谓生灭，从而无善可修，无恶可断，但令内心安住空虚，了知世间万法都无，就是证得禅定，断除生死，不受后有。若用有所得心，着相修习念佛、诵经、求生净土及修布施乃至智慧，都是有为法，是生死法，虽然勤修，也不免流浪生死。

《净土慈悲集》对于这些禅家的说法，引《无上依》等经一一予以反驳。最初总破说，岂有凡夫但住空门，不断恶不修善，懈怠懒惰而可得到解脱？次引《无上依经》《大涅槃经》及《维摩经》文反证“执着空见”或“修空法”为佛所不许。本集为证明这一点，更会释《金刚》《楞伽》等经所说“凡所有相皆是虚妄”，并广加解释佛教中所说虚妄的语义和真妄的分别，而劝人发菩提心，修习诸善万行。以不断恶不修善为真实，此乃谬中之谬。

《净土慈悲集》对于当时一部分禅家学说加以破斥，当时的反应如何，现无文献可考。但在三百多年后宋哲宗绍圣年间（1094—1097），律宗学者元照在所撰《芝园集》的《论慈愍三藏集书》中，自述曾经被禅僧讼于公府，说《慈愍集》是他伪作，借古人的名字以排斥宗门。由此可见，当时禅家对于《净土慈悲集》反应如何了，此书之终于湮没不传，或即以此之故。

《净土慈悲集》后二卷虽已佚，但从第一卷说净土教当信中，可以略见它的轮廓。总之，慧日的净土学说和善导一系所说无大差异，尤其是说净土法门省功易成而坐禅习定难得成就，它和难行易行二道的教判相合。至其突出之点，在于运用了瑜伽学系的理论，以及反对狂禅，坚持净戒。这大概是适应当时佛教界的情形而说的。

（黄忏华）

往生论注

《往生论注》，二卷（或作一卷），中国北魏释昙鸾（476—542）撰。

《往生论》系五世纪时，古代印度世亲晚年依《无量寿经》作《愿生偈》二十四偈，并造长行引申述释，具名《无量寿经优婆提舍愿生偈》，亦称《无量寿经论》。北魏普泰元年（531）由菩提流支译成汉文，僧辨笔受（据《历代三宝记》和《大唐内典录》）。昙鸾于梁大通中（527—529）在洛阳见菩提留支，留支授以《观无量寿经》，昙鸾遂专宗净土而注释此论，并大宏净土念佛法门。

本书分两大部分：上卷解释偈颂，为总说分；下卷解释长行，为解义分。

总说分释五念门，即是往生净土的业因：一、礼拜门；二、赞叹门；三、作愿门；四、观察门；五、回向门。偈颂第一行四句偈含最初三念门，第三行尽二十三行是观察门，末后一行是回向门。全书重点在观察一门。其中初观察器世间清净，有十七种庄严功德成就。其次观众生世间清净，其中观阿弥陀如来有八种庄严功德成就，又观诸菩萨有四种庄严功德成就。弥陀净土具备了上述二十九种庄严功德成就。

解义分立十科：一、愿偈大意；二、起观生信；三、观行体相；四、净入愿心；五、善巧摄化；六、离菩提障；七、顺菩提门；八、名义摄对；九、愿事成就；十、利行满足。

本书在净土教义中提出以下几点较为特殊的见解：

一、论体用。说明众生往生的净土，为报身报土。

二、论实相和真智。本书论观察佛土、佛、菩萨三种功德成就入于一法句，即清净句，即是真实智慧无为法身。真实智慧即实相智慧，无为法身即法性身。

三、论止观。在一般含义外，解奢摩他为止另有三义：（一）一心专念弥陀愿生彼土；（二）生安乐土后自然止身口意恶；（三）由弥陀正觉住持自然止息趣求声闻辟支佛心。解毗婆舍那为观也有二义：（一）行人观想三种功德庄严，即得如愿往生；（二）往生见佛，得证平等法身。

四、重视他力本愿，开创称名法门。作者一开始便据龙树《十住毗婆沙》求阿毗跋致二种道中的易行道加以发挥，而以阿弥陀如来为增上缘。

五、十念即成。说明临终具足十念相续，便得往生。念有三义：（一）禅定忆念；（二）时间的念；（三）口唱的念。作者但取忆念一义。

六、二种回向。说明修行人须要有二种回向：一是往相回向，一是还相回向。以自己的功德回施一切众生，叫作往相回向。生净土之后得到奢摩他和毗婆舍那（止观），成就方便力，回入生死稠林，弘扬佛法，叫作还相回向。

昙鸾原是研究北方通行的四论（《大智度论》《中论》《百论》《十二门论》）和《涅槃经》的学者。因此，在本书中留下了许多旧有思想的痕迹。第一，本书处处运用双即双非的中道论点，这显然是受了四论的影响。第二，本书也继承了四论的实相观。此外，本书有的地方也曾运用老庄哲学思想。如说："若有众生不成佛，我不作佛，而众生未尽成佛，菩萨已自成佛，以后其身而身先故，名巧方便。"又说"知进守退曰智，智空无我曰慧"等。

本书很早就流传于海外。在日本庆安年间（704—707）就已有了刻本。净土诸家都重视它，注解很多。

（田光烈）

安乐集

《安乐集》，二卷，唐道绰（562—645）撰。道绰是并州（今山西省太原市）汶水人（一说是并州晋阳人），原来学涅槃部，并修习禅观，嗣后在他的故乡汶水石壁谷玄中寺（在今山西省交城县）看见碑文所载昙鸾法师（476—542）的吉祥事迹，发生信仰，于是放弃所学而专弘净土法门。讲《观无量寿经》近二百遍，著《安乐集》两卷，宣扬净土之教，因此本书又名《净土论》。

本书分十二大门，每门有一番至九番料简，共三十八番料简，皆引经论证明劝信往生。集内引文，计经四十四部，律一部，论八部，释三部，共五十六部。

第一大门中有九番料简，主要说明净土法门易修易证应时应机而广劝修学；并说明《观无量寿经》，《观佛三昧经》等以观佛三昧、念佛三昧为宗，念佛三昧是一切三昧中王。又说明阿弥陀佛极乐国土是报身报土，阿弥陀佛净土的地位通于上下，上至菩萨，下至凡夫，都可以往生，而且弥陀净国的领域还超出三界等。

第二大门三番料简，主要说明凡要往生净土的人，须先发菩提心并批评大乘中人对于无相的偏执异见和认为净土法门是别时意语等。

第三大门四番料简，主要是教相判释并显示全书的正旨：初明难行易行二道和自力他力两种法门而说明净土教法是他力易行，次明劫时大小不同，三对大乘佛教分作圣净二门。引《大集经》《大阿弥陀经》《观无量寿经》《阿弥陀经》说明有此难易二门的原因。后更征引经教证成劝信求往，以下各门，根据此门所判分别解说。

第四大门三番料简，主要在引证中国高僧所行的净土法门作为示范，并说明诸经多明念佛三昧，行此念佛三昧必获种种利益。

第五大门四番料简，主要说明谁行道须修行万劫；易行道净土法门随寿长短，一生即可至“不退位”。此土修禅全靠自力，难入易退；彼土修习禅观有佛力护持，位阶不退等。

第六大门三番料简，主要说明十方净土惟此安乐世界最为殊胜，并说释迦佛正法、像法、末法的年代，最后诸经随灭，特留此经止住百年，所以应立志求往。

第七大门两番料简，主要说明此土的厄缚和彼土的解脱，以及此土和彼土修道用功轻重和获报真伪的比较，而劝修净土。

第八大门三番料简，主要引经证明，并提出弥陀、释迦和安乐世界、娑婆世界的比较，而劝舍此土，祈求往生。

第九大门两番料简，说明在此娑婆世界中虽有苦乐二报，但乐少苦多；弥陀净土则有善无恶，有乐无苦。又此土寿命大期不过百年，弥陀净土则寿命长远不可思议。

第十大门两番料简，引经证明西方净土不可思议。此土众生修行艰难且缓，诸佛大悲，劝以所修诸业回向西方以成大益。

第十一大门两番料简，劝一切众生依善知识作向西意，并说明净土受生的殊胜。

第十二大门一番料简，主要引《十往生经》为证，以劝往生西方，并作颂总结，以功德回向一切。

本书撰述的主要宗旨在破除异义，显示净土法门的道理。隋、唐之际，一般人对净土有两种看法：首先以为净土观像称名是堕于有相之见；其次认为《观经》十念成就之说是别时意趣。当时的大德如地论、三论、天台诸师虽皆讲说《观经》并有所撰述，然大都各弘本宗，不过以净土为辅。他们解释经义，就不越出各自宗义的范围。例如，净影、嘉祥诸师都主张弥陀净土为化身化土。天台家又分净土为四类，实际上都是三身三土的变相，不过随往生者的品类而别。作者认为这些说法，非是净土本宗之义，因而分别加以料简。

又本书在彰显自宗方面有几点比较突出的思想：一、圣净二门；二、十念成就；三、末法思想。

本书将一代佛教判为圣净二门劝信求往，第三大门正显此意。大意说一切众生皆有佛性，由于不得圣道、净土二种胜法，长劫以来轮回生死不得出离。圣道一种今时难证，因为去圣遥远，而又理深解微，难修难证。当今末法时代，只有净土一门才是方便之路。

次为十念成就，出自《观无量寿经》：“佛说下愚凡夫，现造重罪，临命终时遇善知识，十念成就即得往生。”此种说法，当时通论之家以为是别时意趣，谓临终十念但得作往生之因，非即得生净土。作者在第三大门第三番料简中，着重说十念相续称佛名字一定往生；因为佛的本愿在以名号摄受众生，众生称名就可以与佛愿相应。这样来发挥称名的意义。

再次为末法思想。佛灭五百年后，中印度佛教徒遭受了迫害。一部分大乘学徒以此为背景，就有佛正法入了末期的说法，强调未来的希望，于是西方安乐净土的信仰，逐渐抬头。中国净土宗的勃兴和印度相似，仍以时代动乱佛法被摧残为背景。在北周武帝（561—578）灭佛之后，佛教大受摧残，北方原来注重实践的佛教徒就更有这种末法时代的感觉，而盛行净土他力往生的信仰。本书在第三大门里根据《大集经》说：“末法时中亿万众生起行修道，未有一人得者，当今末法五浊恶世，唯有净土一门，可通入路。”这正说明净土宗的信仰和末法思想密切的关系。

本书虽不是解释《观无量寿经》之作，但主旨不外发挥经义，所以后来他的弟子善导作《观经疏》（即《四帖疏》）就以此书为基础。

又本书于中唐时期（712—805）传入日本，后日僧法然（1133—1212）弘扬净土宗，即依据它而提出宗门独立的主张，因而在日本的净土宗和净土真宗都重视它，以之为一宗的圣典，注疏也极多。

（田光烈）

净土圣贤录

《净土圣贤录》，九卷，清彭希涑撰。彭希涑是彭际清（1740—1796）之侄。际清乃“素服儒风、兼修净行”的学者，他自己常想荟萃以往有关修持净土者的事迹，编成一书，但始终没有作成。约在乾隆四十八年（1783）以前，其侄希涑初发信心，愿成此录，他就发凡起例，指导希涑先稽考经论，次及中国古来的著述，再续以耳目之所及，编成本录。

本录为传记体，共分十科：《净土教主第一》，录阿弥陀佛；《阐教圣众第二》，录观世音菩萨等九位圣众（以上第一卷）；《往生比丘第三》，录慧远等二百五十二人，附见慧持等二十四人，共二百七十六人（以上第二卷至第六卷上半卷）；《往生比丘尼第四》，录慧木等十一人（以上第六卷下半卷）；《往生人王第五》，录乌苌国王一人；《往生王臣第六》，录七万释种与刘程之等三十三人，附见王仲回等八人，除释种外共四十一人（以上第七卷）；《往生居士第七》，录差摩竭等七十一人，附见沈宏等五人，共七十六人（以上第八卷）；《往生杂流第八》，录张钟馗等十七人；《往生女人》第九，录韦提希夫人等七十九人，附见韦提希的五百侍女；《往生物类第十》，录鹦鹉等三物（以上第九卷）。每传之末多注明所根据的原书出处，以为佐证。其所引用资料有经论、此土撰述、佛教史传、正史，文集、方志等一百三十余部，此外还有僧素风、鹤峰、旅亭、宏通、正琦、净云、澄谷、杲堂、云丽、姜昆成、许培秀等十一人的口述材料。

本录是集以前各种往生传录之大成，但还具有它自己的几个特点：

第一，如唐道诜撰《往生西方净土瑞应删传》，明袾宏撰《往生集》，都以慧远为首。宋戒珠撰《净土往生传》，以僧显为首。这些只载中国人物，不溯净土源流，但本录却注重探本穷源，人物不限东西，所以首标教主以阿弥陀佛为第一，次列观音、势至、普贤、文殊等诸大菩萨；再次列西方诸祖诸论师祈婆迦尊者、马鸣等。

第二，历代高僧传，如《佛祖统纪》《佛祖通载》等书，只载古来诸师事迹，而议论阙略；《往生集》等书，又只标事验，少纪行实。本录则理论与事迹并录，不问疏密，不论巨细，凡警策扼要足以坚定修行信仰的均在选录之列。

第三，《往生集》独尊"庸行"，所以唯取善逝善终者，捐躯舍命的一概不录。本书则庸行与舍身并录。舍身中凡分为三类：一类是速舍报身求生净土的人，如善导、志通、文辇、慧诚、超诚等；一类是为法捐躯的人，如静蔼等；一类是忘身济物的，如常愍等。

第四，《往生集》载有白乐天、苏子瞻、张天觉等三人，谓"据因考果，当生西方"。本录则一准教义，对这些人物删削不录。因乐天有偈云："吾学空门不学仙，恐君此语是虚传。海山不是吾归处，归即应归兜率天。"乐天虽有绘图回向之诚，而平生信仰多在弥勒兜率净土，但本书所宗为西方弥陀净土，宗仰不同，所以不录。子瞻虽信仰弥陀净土，但他论西方则云："西方不无，然个里着力不得。"此语表现他对净土信念的不切。凡修净业，必具三心，即深心、至诚心、回向发愿心，乃至临终十念均须处处着力，不着力焉能生得西方？子瞻既云"着力不得"，与教义相违，难以往生，所以不录。

第五，过去如《居士传》《善女人传》等书所录诸贤，必甄别平素言行，一有瑕疵则舍而不录。本录对各人行事以末后为凭，不论既往之失。往生比丘中如雄俊、惟恭等人，往生杂流中如张钟馗、张善和等人。过去或曾罢道从戎，或尝事酒博，或杀鸡为业，或屠牛为主，但一念归诚，同生净土，所以一概选录。

第六，人、物平等兼收，这种精神本录表现得最为具体，如在开始《教主第一》阿弥陀佛传中，即从理论上肯定一切众生皆有佛性之义。又在末尾《往生物类》第十中用鹦鹉、鸲鹆、白鹦鹉等往生安乐的事实来作证明。这些地方都表现本录的思想内容是合乎佛法平等的教义的。

另外，从本书所选录的全部材料看，还反映了我国佛教史上禅净离合发展的关系。我国五代永明延寿禅师著《宗镜录》，会天台、贤首、慈恩异同之旨，并提出有名的四料简，而主张“有禅有净土，犹如带角虎，现世为人师，当来作佛祖”（本录卷三），奠定了禅净兼修之旨，两宗在教义上的矛盾就大致解决了。此后如元代中峰（明本）既单提向上，也时复举扬净土，尝言：“禅者净土之禅，净土者禅之净土。”（卷四，为他的弟子天如（维则）即密契单传，又推阐天台、永明宗旨，兼宏净土教义。著《净土或问》一书，主张既见十方佛，即见自性天真之佛，这叫“净土禅”，亦叫“禅净土”（卷四）。楚石（梵琦）先参径山元叟，后来也是兼习净土，还著有《怀净土诗》流传于世（卷五）。明、清两代，如法雨（仲光）受记于紫柏禅师，于禅堂外别开念佛堂（卷五）。藕益（智旭）教人但念弥陀佛即名无上深妙禅（卷六）。此外，本书还载有不少僧俗人物都是先禅后净或禅净双修。

以上所述的史实，很明显地表示禅净的关系，始则由合而分，继而由分而合，恰是一个相反相成的发展过程。本录选载了有关这方面的大部分材料，可称为佛教史上的重要记录。

嗣后，清代胡珽撰《净土圣贤录续编》四卷，分比丘、比丘尼、王臣、居士、杂流、女人、物类等七科，体例一准本录。

（田光烈）

法宝坛经

《法宝坛经》，唐慧能说，法海集记。现行本有四种：一、敦煌本，不分卷。原本是晚近在敦煌石室所发现的写本（现藏英国伦敦博物馆），大概是五代时所写，题作“《南宗顿教最上大乘摩诃般若波罗蜜经六祖惠能大师于韶州大梵寺施法坛经》一卷，兼受无相戒弘法弟子法海集记”。二、惠昕本，二卷。原本是晚近在日本京都堀川兴圣寺发见的复刻宋本，题作《六祖坛经》。此本原为宋邕州罗秀山惠进禅院沙门惠昕以古本文繁，于乾德五年（967）所改订，分二卷，十一门（宋晁公武《郡斋读书志》卷十六、元马端临《文献通考经籍考》卷五十四都著录此本，时已改作三卷十六门）。绍兴二十三年（1153），晁子健于蕲州刊行，后流传日木，经兴圣寺翻刻［同出于这一本系统的，还有金代泰和七年（1207）的高丽刻本］。三、德异本，即曹溪原本，不分卷，但开为十门，题作《六祖大师法宝坛经》。此本是元德异所刻古本［至元二十七年（1290）刻于吴中休休禅庵，高丽有大德四年即1300年万恒翻刻本］。明成化七年（1471）此本又于曹溪重刻，万历元年（1573）李材（见罗）再刻，万历四十四年（1616）德清于庐山法云寺复刻，清顺治九年（1652）秀水王起隆等又据李材本校刻。四、宗宝本，不分卷，亦开为十门，是元风幡报恩光孝禅寺住持宗宝于至元二十八年（1291）所改编，题作《六祖大师法宝坛经》（此本以径山方册本为主，其明北藏本、清藏本均有增减）。宗宝自己有跋语说：“见三本不同，互有得失，其板亦已漫灭，因取其本校雠，讹者正之，略者详之，复增入弟子请益机缘，庶几学者得尽曹溪之旨。”（所增机缘，与曹溪原本文同，或即出于彼本）上述《坛经》四本中，敦煌本卷末有记，乃是慧能门下法海的再传弟子悟真所传，而直接出自慧能门下的南阳慧忠（？—775），就已经有南方宗徒“把他《坛经》改换，添糅鄙谭，削除圣意”之说（见《景德传灯录》卷二十八《诸方广语》），所以在此本中，也不免有后人增益的部分。特别如针对神秀一系后来构成的“凝心入定”“住心看净”等说法，那样严厉的指责以为大错，以为障道因缘，这似乎在慧能当时还不可能。因此，《坛经》中这类文字，显系后加，而应该加以鉴别。此外，如各代付法颂二十八祖说等亦系后加，可不待言。惠昕本据卷末所记，是悟真（此本以悟真为法海的三传）的弟子圆会所传，而经过惠昕自己的加工，所以此本与敦煌本对校，有详略。文质的不同，特别如关于弘忍传法的一段记载，远较敦煌本为踵事增华，此外禅家盛传的故事及语句，如“轮刀上阵亦得见性、迷时师度悟了自度、非幡动风动人心自动”等，也都始见于此本而为敦煌本所无。曹溪本卷末无关于师资授受的记载，不悉为何人所传，但从其内容看，似乎也是拿一种古本（或即惠昕本的原本未经删节的）做蓝本，或增或减并加以改编的。其中，最突出的地方，即是后世公认为慧能直系的青原行思、南岳怀让等，原来未见于敦煌惠昕两卷的，此本却有他们的机缘，由此推测，此本当与行思、怀让两系传本有关。此外，禅家盛传的故实及语句，如“米熟欠筛、衣止勿传”“如人饮水冷暖自知”“但吃肉边菜、诸佛妙理非关文字”乃至“叶落归根”“来时无口”等，也大都出于此本而为敦煌、惠昕两本所无。宗宝本以窜易、颠倒、增减、删改为世诟病。首先作这样批判的，是校刻曹溪原本的王起隆，他说：“宗宝之于《坛经》，……更窜标目，割裂文义，颠倒段落，删改字句。”他还举了许多实例，肆意诋诃（见《重后曹溪原本法宝坛经缘起》）。但将此本与曹溪本对校，除标题的文字有出入并有四字、二字的不同之外，其段落移动、字句增删只占全书的小部分，而从全文的义理上看，大体是和曹溪本相符的。除上述四本外，据旧传有关《坛经》的文献，还有一些异本，如宋契嵩（1007—1072）自称得到曹溪古本据以校刻的三卷本（已佚），即其一种。总之，《坛经》是屡经增减窜改的，原来如何，已难推想。不过，后世南宗禅徒公认本书的价值，南宗各家的思想也确实和它脉络贯通。所以，依敦煌本和余本共同的部分来略说其内容，还是需要的。

《坛经》的主要部分，在说摩诃般若法。禅宗的禅，特别是道信以来的东山法门即是以般若为其旨归。到了慧能，更把这种思想发展成一种“一超直入”的顿教。他揭出“直指人心，见性成佛”的途径，即是修“般若行”。他说：“菩提、般若之知，世人本自有之，即缘心迷，不能自悟，须求大善知识示道见性。”“愚人智人佛性本亦无差别，只缘迷悟，迷即为愚，悟即成智。”又说：“汝若不得自悟，当起般若观照，刹那间忘念俱灭，即是自真正善知识，一悟即至佛地。自性心地，以智慧观照，内外照彻，识自本心。若识本心，即是解脱。既得解脱，即是般若三昧。”但《坛经》所说般若的涵义，和一般教家略有不同，如《经》说：“‘摩诃’者是大，心量广大，犹如虚空。……虚空能含日月星辰、大地山河。一切草木、恶人善人、恶法善法、天堂地狱，尽在空中。世人性空，亦复如是。”“‘般若’是智慧，一切时中，念念不愚，常行智慧，即名般若行。”这是说众生当前心性，即是般若真空，一念愚而着境即于一切法看取有舍，般若即绝。一念智而离境即于一切法不取不舍，般若即生。这可说是传统的般若教理的一种发展。

又《坛经》宗旨在令学徒从自心中顿见本性，从此以后，于境无染，自在解脱，虽仍不废修行，但既已悟到自性具足万德，无欠无余，所以再有修习，也于体上增不得一分，只是随事体验充实德用而已。因此，《坛经》所举示的修行法门，以无念为宗、无相为体、无住为本。无念是于念而不念，无相是于相而离相，无住是于一切之上念念不住。此中，《坛经》特别置重无念，以为无念即般若三昧。故说：“无念法者：见一切法，不着一切法；遍一切处，不着一切处；常净自性，使六贼从六门走出，于六尘中不离不染来去自由；即是般若三昧，自在解脱，名无念行。……悟无念法者，万法尽通；悟无念法者，见诸佛境界；悟无念顿法者，至佛位地。”这即是般若行的确当解释，也就是后世南宗修行的轨范。

《坛经》由此对于修行禅定，另有其解释。故说：“外于一切境界上念不起为坐，见本性不乱为禅”。又“外离相曰禅，内不乱曰定。”更综合说：“本性自净自定，只缘境触触即乱，离相不乱即定，外离相即禅，内不乱即定，外禅内定故名禅定。”从而《坛经》的具体修行，只是修习“一行三昧（一类行相的三昧）”，在一切时中，不论行住坐卧，但行一直心，于一切法无有执着，即于所有相中不生憎爱心不起取舍心，又不念利益成坏着事。心不住法，道即通流，即慧之时定在慧，即定之时慧在定，念念般若观照，忘念俱灭，自然契自本心而发生智慧。以后南宗一系所倡导的禅法，都不出这根本精神。

其次，《坛经》虽说“须求大善知识示道见性”，但仍侧重于“自性自度”，所谓“见自性自净，自修自作自性法身，自行佛行，自作自成佛道”。从而对于当时侧重他力的净土法门，说“西方去此不远”，“只为下根说远说近”，“迷人念佛生彼，悟者自净其心，所以佛言：‘随其心净则佛土净’”。又说：“若悟无生顿法，见西方只在刹那。”这便是后来“唯心净土，自性弥陀”说的根源。

又其次，《坛经》悟他的法要，仍不离乎经量，所以文中历引《维摩》《菩萨戒》《金刚般若》《法华》《涅槃》等经，以证成所说。但以《金刚般若》发挥无相、无住的意义最透彻，并特别宗崇，故说但持此经一卷，“即得见性入般若三昧”。

又《坛经》本于《智论》所说：“世间法不异出世间，出世间法不异世间，世间法即是出世间，出世间法即是世间”的思想而说“法元在世间，于世出世间，勿离世间上，外求出世间（此依敦煌本，余本此文改作‘佛法在世间，不离世间觉，离世觅菩提，恰如求兔角’）”。从而说“若欲修行，在家亦得”，可认为后世倡导在家禅的嚆矢。

至于禅宗中南北、顿渐等问题，《坛经》有一段说：“法即一宗，人有南北，因此便立南北。”这是说南北纯就教法流行的区域区别。又说：“法即一种，见有迟疾，见迟即渐，见疾即顿。”这是说渐顿纯就见道的过程区别，并没有像后世南北宗学徒那样轩轾南北，抑扬渐顿。

最后，从《坛经》开始的叙述看，它原来即以为“与学道者承此宗旨递相传授，有所依约以为禀承”之用。其后，神会门徒改动传本，故意抑扬，以为传承之间仍有优劣不同（见韦处厚“兴福寺大义禅师碑铭”），未免失却原意。但现存各本还不能确定哪一本是神会系所改，只可看作是后来流行的一种综合本而已。

（黄忏华）

宗镜录

《宗镜录》，一百卷，五代吴越国延寿（904—975）集。延寿是法眼文益的嫡孙，法眼在《宗门十规论》里鼓励参禅的人研究教典，又有颂云："今人看古教，不免心中闹，欲免心中闹，但知看古教。"都是针对当时的禅师们轻视义学落于空疏的流弊而发，延寿编集《宗镜录》的动机，当然渊源于此。《宗镜录》卷四十三云："近代相承，不看古教，唯专己见，不合圆诠。"又卷六十一云："今时学者，全寡见闻，恃我解而不近明师，执己见而罔披宝藏，故兹遍录，以示后贤，莫踵前非，免有所悔。"延寿在这两段文里，发挥了法眼的观点，把编集《宗镜录》的原因，说得非常明白。

据《景德传灯录》卷二十六及《净慈寺志》卷八所说，延寿得法于法眼的大弟子德韶之后，于后周太祖广顺二年（952）住持奉化雪窦寺，其时，"学侣臻凑"，从他参学的人很多，因此《雪窦寺志》上有在雪窦寺写成《宗镜录》初稿的传说。宋太祖建隆元年（960）吴越国忠懿王请延寿住持杭州北山的灵隐寺，明年，又请住持南山的永明寺（即净慈寺），从他参学的人更多。宋慧洪（1071—1128）《林间录》卷下云："予尝游东吴，寓于西湖净慈寺，寺之寝堂东西庑建两阁甚崇丽，寺有老衲为予言，永明和尚以贤首、慈恩、天台三宗互相冰炭，不达大全，心馆其徒之精法义者于两阁，博阅义海，更相质难，和尚则以心宗之衡准平之。又集大乘经论六十部，西天此土贤圣之言三百家证成唯心之旨，为书一百卷传于世，名曰《宗镜录》。"考《净慈寺志》，《林间录》所说的"寝堂"，原名演法堂，建于后周显德元年（954），凡五楹，因为延寿在此堂内集成《宗镜录》的定稿，改名为宗镜堂。

《宗镜录》集成之后，据宋元祐年间（1086—1093）杨杰《宗镜录》序说："吴越忠懿王宝之，秘于教藏。"宋代昙秀的《人天宝鉴》上也说："禅师既寂，丛林多不知（《宗镜录》）名，熙宁中（1068—1077）圆照禅师始出之，……于是衲子争传诵之。"圆照的提倡，引起社会上的注意，元丰年间（1078—1085）皇弟魏端献王乃镂板分送当时有名的丛林。不过，在其后的元祐年间（1086—1093），《宗镜录》经过法涌、永乐、法真等人的"校读"，并刻新板流布，面目可能和魏端献王所刻的不同。明代的蕅益（1599—1655）在《灵峰宗论》卷七校定《宗镜录》跋里说："永明大师……辑为《宗镜录》百卷，……未百年，法涌诸公擅加增益，于是支离杂说，刺人眼目，致袁中郎辈反疑永明道眼未明，亦可悲矣。……予阅此录已经三遍，窃有未安，知过在法涌，决不在永明也。癸巳新秋，删其芜秽，存厥珍宝，卷仍有百，问答仍有三百四十余段，一一标其起尽，庶几后贤览者，不致望洋之叹，泣歧之苦矣。"魏端献王的原刻本，杨杰《宗镜录》序上说"四方学者罕遇其本"，可见早已绝版，而蕅益用以校定的《宗镜录》则是根据法涌的新本，那么现今流传的《宗镜录》是法涌等人"擅加增益"的本子，而不是延寿的定本。不过，法涌等人并没有把《宗镜录》修改得面目全非，蕅益说："虽被法涌杂糅，然具眼者观之，金沙可立辨也。"

《宗镜录》全书约共八十余万字，分为三章，第一卷前半为标宗章，自第一卷后半至第九十三卷为问答章，第九十四卷至第一百卷为引证章。标宗章"立正宗明为归趣"，问答章"申问答用去疑情"，引证章"引真诠成遂圆信"。所谓正宗，即"举一心为宗"，此一心宗，"照万法如镜"，又编联古制的深义，撮略宝藏的圆诠，故称曰录。《宗镜录》的名义如此，读者就不难想见它的内容。

《宗镜录》全书在诠释"一心"处，引用《华严经》及贤首宗的理论最多。贤首宗兴起在天台宗和慈恩宗之后，法藏、澄观极意谈“圆”，圆融无碍的说教，和禅宗门下经当提举的“佛语心为宗，无门为法门”互相呼应，有时禅家宗旨得到《华严》义理的引证而愈益显豁，所以禅宗五家宗派最后一宗的开山祖师法眼重视华严，法眼的嫡孙延寿著《宗镜录》而广引贤首宗义，乃是佛教发展史上必然会出现的现象。不过，《宗镜录》毕竟是借教明宗而不是混宗于教的著作，因此在九十九卷的问答章里，虽然罗列了天台、贤首、慈恩的教义，而只是一味会通，借以证明心宗的深妙，并没有料简异同，解决教理上的问题，这是《宗镜录》的一大特点。

据蕅益的研究，本录问答章分为三百四十多段，每一段又包含若干问题，大约在第四十六卷以前，所有问答，多明法性，第四十七卷以后，多明法相。不过也并非严格区分，因为在第四十六卷以前，也有谈到法相的问题，第四十七卷以后，也有谈到法性的问题的。此外，前后问题以及所阐释引证的，重复的地方很多，卷第一百云：“今闻宗镜卷卷之中，文文之内，重重唱道，一一标宗，长菩提根，成于法乐。……请不生怠，厌于频闻。”从这里更加可以知道，延寿编集《宗镜录》只是借教明宗，成其对于宗的“圆信”，而并非有意于解决教乘的纷争。

引证章引证了大乘经一百二十种、诸祖语一百二十种、贤圣集六十种，共三百种。其中保存了一些宝贵的文献。例如，南岳怀让和青原行思的两段法语，都未见于《景德传灯录》《古尊宿语录》等书，此外在问答章里所引用的《中论玄枢》《唯识义镜》等书，现在皆已失传，幸赖《宗镜录》保存了一点资料，还能从而想见原书的大概。

《宗镜录》在禅师们轻视义学的流弊发展到相当严重的时候编集成书，在当时对于佛教界的教育意义很大。所以宋代元祐年间宝觉禅师说：“吾恨见此书晚。平生所未见之文，功力所不及之义，备聚其中。”（《人天宝鉴》）他非但手不释卷，孜孜研究，还撮录玄要，成为《冥枢会要》三卷，刻板流通。后来，又有祖心增辑为《宗镜广枢》十卷（《净慈寺志》）。不过，《宗镜录》的卷帙太多，对于一般佛教徒的参考来说，是有所不便的。

所以清世宗（雍正）在《宗镜录》后序里说："此书历宋、元、明以迄于今，宗门古德，不乏具眼，而从未见有称道赞扬，标为第一希有者，亦可异矣。"说《宗镜录》成书以后，从未有人称道赞扬是不合事实的，但阅读它的人不多则是实在情形。即如雍正用"上谕"推重《宗镜录》说："朕谓达摩西来以后，宗门中述佛妙心，续绍佛命，广济含生，利益无尽者，未有若禅师此书者也。"又"录其纲骨，刊十存二"，编为《宗镜大纲》一书，以政治力量，广为传布，也并没有达到"凡有心者，皆入此宗"的目的。推究它的原因，一是禅宗发展到清初，已成强弩之末，提不起来了。另一还是《宗镜录》本身不便于一般佛教徒的参考之故。

《佛祖历代通载》卷十八云："高丽国王览师（延寿）言教，遣使赍书叙弟子礼，奉金缕袈裟紫晶数珠金澡罐等。彼国僧三十六人，亲承印记，归国各化一方。"这是《宗镜录》的影响远及于朝鲜佛教界的记载。

（巨赞）

碧岩录

《碧岩录》，十卷，是佛果圆悟禅师（1063—1135）于宋徽宗政和年间（1111—1117）住持湖南澧州夹山灵泉禅院的时候，根据雪窦重显（980—1052）的《颂古百则》加以评唱，又经过他的门人编集而成的。夹山是善会禅师在唐懿宗咸通十一年（870）开辟的道场，在开辟之后，有僧问善会，如何是夹山境？他答道："猿抱子归青嶂里，鸟衔花落碧岩前。"禅意诗情，极为浓郁，因而传诵一时，夹山也被禅师们称为"碧岩"。佛果把他的评唱集取名为《碧岩录》（或称《碧岩集》），原因就在于此。

雪窦《颂古百则》所依据的掌故，除绝大部分取自禅宗公案外，又引用《维摩》《楞严》《金刚》等经，而且是以云门宗的公案为重点的，这从下列各则公案的统计上可以窥见一斑：

云门文偃十四则，

赵州从谂十一则，

百丈怀海四则，

马祖道一、雪峰义存、南泉普愿各三则，

《楞严经》、文殊、巴陵颢鉴、镜清道怤、南阳忠国师、智门光祚、仰山慧寂、风穴延沼、投子大同各二则，其余如《维摩经》等都是一则。

云门文偃的禅风，法眼文益在《宗门十规论》里以"函盖截流"四字称颂他，云门一宗的特色，也不外乎此。"函盖"即云门三句语的"函盖乾坤"，缘密（文偃的门人）颂云："乾坤并万象，地狱及天堂，物物皆真现，头头总不伤。"这是就体上说的。"截流"亦即三句语中的"截断众流”，缘密颂云：“堆山积岳来，一一尽尘埃，更拟论玄妙，冰消瓦解摧。”这是就用上说的。体上一切现成，用上纤尘不立。云门说法，变化纵横，总不出此范畴，而在《云门广录》中约占篇幅二分之一的“代语”，正是体现了这种意旨。不过，用法眼的标准来看云门的语句，有时不免于“任情直吐，多类于野谈，率意便成，绝肖于俗语”（《宗门十规论》），他的法孙智门光祚就有所改进。在智门光祚的语录里，简单率意的代语较少，清新文雅的语句较多，如智门颂文殊白椎的公案云：“文殊白椎报众知，法王法令合如斯。会中若有仙陀客，不待眉间毫相辉。”格律声韵都很工稳，比云门所作偈颂愈见功力。雪窦重显是一个有文学素养的人，他受了智门的熏陶和当时著名禅师如汾阳善昭等人的影响，上堂、小参、举古勘辨，所用语句，都注意修辞，而尤以《颂古百则》为丛林所重。颂古的意旨，不出“函盖截流”的精神，而用事行文，大都有所依据，如颂文殊白椎公案云：“列圣丛中作者知，法王法令不如斯。会中若有仙陀客，何必文殊下一椎。”这一首偈颂，用了智门的韵和语句，字面上虽似立意相反而更为显豁轻灵，这或者就是为丛林称重的原因所在。

佛果圆悟生在雪窦稍后，而属于临济宗的杨岐派。杨岐方会的禅风，《续传灯录》卷七说他“提纲振领，大类云门”，所以临济宗的圆悟根据云门宗的《雪窦颂古百则》加以评唱，乃是十分自然的事情。圆悟悟道因缘，据《续传灯录》卷二十五说，是从“频呼小玉元无事，祇要檀郎认得声”，两句所谓小艳诗悟入的，悟后偈语深得诗中三昧，可见他也是一个富有文学素养的人。他对雪窦《颂古百则》的评语道：“雪窦颂一百则公案，一则则焚香拈出，所以大行于世。他更会文章，透得公案，盘礴得熟，方可下笔。”真是倾倒备至，因而在每一则公案和偈颂的前面加一段提纲式的垂示，又在公案和偈颂的每一句下面系以短小精悍的着语（夹注），然后分别在公案和偈颂后面加上评唱，成为首尾非常完全的著作，对于参究学人的启发作用是相当大的，所以当时有人称为“宗门第一书”。

不过，自从《碧岩录》问世，宗门派别逐渐倾向于合流，而“禅机”

也逐渐融化于“诗境”，变化不可谓不大，所以比较保守的心闻昙贲愤愤地说：“教外别传之道，至简至要，初无他说，前辈行之不疑，守之不易。天禧间雪窦以辩博之才，美意变弄，求新琢巧，继汾阳为《颂古》，笼络当世学者，宗风由此一变矣。逮宣政间，圆悟又出己意，离之为《碧岩集》。彼时……宁道者、死心、灵源、佛鉴诸老，皆莫能回其说；于是新进后生，珍重其语，朝诵暮习，谓之至学，莫有悟其非者。痛哉！学者之心术坏矣。绍兴初，佛日入闽，见学者牵之不返，日驰月骛，浸渍成弊，即碎其板，辟其说，以至祛迷援溺，剔繁拨剧，摧邪显正，特然而振之，衲子稍知其非而不复慕。”（《禅林宝训》卷四）这一段文字当中提到的佛日，就是圆悟的大弟子大慧宗杲（1089—1163）。元仁宗延祐四年（1317）径山万寿寺（在今浙江省杭州市余杭区，大慧也在那里做过住持）住持希陵《碧岩录》后序云：“大慧禅师因学人入室下语颇异，疑之，才勘而邪锋自挫，再鞠而纳款自降，曰，我《碧岩集》中记来，实非有悟。因虑其后不明根本，专尚语言，以图口捷，由是火之，以救斯弊也”。这大概是当时的事实，“火之”，就是把《碧岩录》的木刻版烧掉。不过，在元成宗大德八年（1304）三教老人的《碧岩录序》云：“圆悟顾子念孙之心多，故重拈雪窦颂；大慧救焚拯溺之心多，故立毁《碧岩集》。释氏说一大藏教，末后乃谓不曾说一字，岂欺我哉。圆悟之心，释氏说经之心也；大慧之心，释氏讳说之心也。禹稷颜子，易地皆然，推之挽之，主于车行而已。”此外，大德九年（1305）周驰的序，大德六年（1302）净日的跋等，对于圆悟和大慧的论调，和三教老人所说的大致相同，《碧岩录》从此就成为“丛林学道诠要”，而模仿《碧岩录》的著作，如元代从伦评唱投子义青的《颂古百则》，称为《空谷集》，元代行秀评唱天童正觉的《颂古百则》，称为《从容庵录》等，层出不穷。宋、元以后的禅风也都没有跳出这个窠臼。所以，《碧岩录》全文虽不过十二万字左右，在中国佛教史上，则是一部对于禅风转变有深远影响的著作。

（巨赞）

灯录

灯录即传灯录，是禅宗历代传法机缘的记载，譬如灯火相传，展转不绝，所以叫“传灯录”。

灯录之作，通途传说起源于南北朝时代。略谓东魏静帝兴和年间（539—542）高僧云启至龟兹，遇天竺三藏那连耶舍，共译出梵本祖偈因缘一种（即七佛至二十八祖传法事），耶舍带来东土传播于高齐境内（一说此祖偈因缘系耶舍与万天懿所译，实际都是附会之谈）。南朝梁简文帝又派刘玄运去北方传写，诏宝唱编入《续法论》，因此此本又得流布于江南各地。到了唐德宗贞元年间（785—804）金陵沙门惠炬，将此祖偈带往曹溪和西天胜持三藏重相参校（此说亦不尽可信），连同唐初以来传法机缘集成《宝林传》一书。昭宗光化年间（878—900）华岳玄伟复据此祖偈颂连同贞元以来出世宗师机缘，编为《玄门圣胄集》一书。五代后梁太祖开平年间（807—910）南岳三藏惟劲头陀又根据此祖偈颂连同光化以后出世宗师机缘，集成《续宝林传》一书。此后四十余年，乃有正式灯录《祖堂集》一书之出现。

《祖堂集》二十卷，五代泉州昭庆寺静、筠二师撰。此书撰于南唐中主保大十年（952），为禅宗现存最古的灯史。此书如昭庆寺省僜禅师序文所说，乃以宗旨的弘传为主，关于史实，多有缺失。例如，省僜之师保福从展在此书编撰之前二十五年（天成三年，928）就已死了，而本书却未载明。但从史料方面说，本书也有可贵之处，如大颠与韩愈的交涉，本书即为唯一文献。又详载海东宗师之传承，保存了朝鲜禅史最古的史料。其后，《景德录》中新罗、高丽禅师见于目录者，有三十余人，而列传的仅十二人，每人又只有几十个字，本书则比较详尽。此外对于传法要一层也编得很好，特别是保存了好些歌行偈颂。举其大者：如懒懵和尚乐道歌、腾腾和尚乐道歌、开南和尚乐道歌、丹霞和尚弄珠吟等，都可和《景德录》对勘，另外如《孤寂吟》《重义颂》等则为《景德录》所无。其次，本书未列西天二十八祖与震旦六祖之名，只从迦叶到慧能列了三十三代，这与敦煌本《坛经》连过去七佛到慧能三十九祖对照看，可见已用《宝林传》二十八祖之说，与后来灯录一致。本书高丽本目录后说载有二百五十三人，实有二百五十七人，附传不载目录者十余人，如牛头六祖只有慧融（法融）、神秀、普寂等都仅附见于牛头山智威法师四世鸟窠传中，大抵只录南宗一系，其余一概从略。所录祖师慧能下有行思等八人，荷泽下至宗密止。马祖下有大珠等三十二人，雪峰下有二十一人，这些人的卒年有仅见本书的。现存《祖堂集》刻本系高丽海印寺于高宗三十二年（1245）所刻。

《祖堂集》以后的传灯录，主要的有下列各种，约可分为五类：一、通明法统，二、别标宗旨，三、局部人物，四、局部地方，五、谱牒。

一、属于通明法统的有下列诸种

《景德传灯录》三十卷，宋释道原撰于景德元年（1004）。道原为天台韶国师之嗣，法眼清凉益之孙，故本书记青原系诸家特别详细。其内容大抵取材于《宝林传》《祖堂集》诸书，自七佛至大法眼之嗣为止，凡五十二世一千七百零一人。记天竺二十八祖至中土三十二祖弘忍三卷（卷一至卷三），道信旁出法嗣金陵牛头子孙，以及弘忍旁出北宗神秀子孙一卷（卷四），第三十三祖慧能及其法嗣一卷（卷五），南岳法嗣八卷（卷六至卷十三），青原法嗣十三卷（卷十四至卷二十六），其中第二十五、二十六两卷，又皆法眼子孙。禅门达者，虽不出世而有名于时者一卷（卷二十七），诸方广语一卷（卷二十八），赞颂偈诗，铭记箴歌二卷（卷二十九至卷三十）。本书著者为吴僧道原，淳熙间龚明之撰《中吴纪闻》卷二，亦同此说；惟延祐本有绍兴二年（1132）长乐郑昂跋，忽谓此书本住湖州铁观音院僧拱辰所撰，此乃好事者杜撰之说，不足为据（另见本书专条）。

《天圣广灯录》三十卷，宋李遵勗撰。李氏为临济宗蕴聪弟子，师杨亿（临济宗元琏弟子）为文。本书撰于仁宗天圣七年（1029），其去景德（1004—1007）只有十余年，与《景德录》比较，各宗世次增加无几，不过章次略有变动，人数及语句略有扩充而已。其内容为：自释迦佛至中土三十三祖慧能七卷（卷一至卷七），慧能法嗣二卷（卷八至卷九），南岳法嗣第四世至第十世九卷（卷十至卷十八），青原法嗣第七世至第十世六卷半（卷十九至卷二十五上半），南岳法嗣第七世至第八世一卷（卷二十五下半至卷二十六上半），青原法嗣第七世至第十二世四卷半（卷二十六下半至卷三十）。

《传灯玉英集》十五卷，宋王随撰于景祐元年（1034）。这是《景德传灯录》的删节本，作者为临济宗省念的弟子，对道原书很有研究，因书卷帙浩繁，恐学者难得其要领，“遂择乎精粹，撮其机要”，删为十五卷。惟此书已大部分遗失，现仅存卷二、三、五、六、八、十、十二、十四、十五等九卷，且多残缺。

《建中靖国续灯录》三十卷，目录二卷。宋释惟白撰［书成于建中靖国元年（1101）之前］，他为云门宗雪窦显法派法云法秀的弟子。本书分五门叙述：一曰正宗门，二曰对机门，三曰拈古门，四曰颂古门，五曰偈颂门。其内容为：释迦佛至汾州太子院昭禅师止共五十一祖属正宗门一卷（卷一），青原第八世至第十五世又南岳第十一世至第十五世对机门二十五卷（卷二至卷二十六），雪窦重显等拈古门一卷（卷二十七），雪窦秀显等颂古门一卷（卷二十八），法泉佛慧等偈颂门二卷（卷二十九至卷三十）。全书所载计四十八世（大鉴三十三至南岳下十五世）一千七百余人。徽宗建中靖国（1101）距仁宗天圣（1023—1031）约七十年，作者意在续道原之作，故名《续灯录》。

《联灯会要》三十卷，宋释悟明撰于淳熙十年（1183）。此书撰成已距建中靖国（1101）八十余年，作者意在合北宋三灯为一书，而补八十余年来前代灯录所未收之临济、云门二宗各家，但自汾阳昭雪窦显而下，材料较少，只编了十分之二三。其内容为：西天七佛至东土六祖与四祖道信旁出法嗣牛头一至七世二卷（卷一至卷二），五祖弘忍旁出一至四世，与六祖慧能法嗣一卷（卷三），慧能法嗣南岳二世至十八世十五卷（卷四至卷十八），青原二世至十五世，与应化圣贤亡名尊宿十一卷（卷十九至卷二十九），铭颂诗歌一卷（卷三十）。

《嘉泰普灯录》三十卷，目录三卷，宋雷庵正受撰。此书撰于南宋宁宗嘉泰年间（1201—1204），上距建中靖国约百年，距淳熙不过二十余年，但作者未见《联灯》，所以在他的上皇帝书中只提到北宋三灯。因天圣、建中二录于帝王公卿师尼道俗一概不录，他以为“灯虽曰续，如照之不普何？”所以不论僧俗，凡三灯所不取者，莫不旁收，而达到普的目的。费时十七年，成书三十卷，其内容为：东土六代祖师、曹溪分派宗师，三宗正传宗师、联芳宗师、传广二灯遗录及未详宗师、南岳第十世（临济六世）至十七世（临济十二世、黄龙六世），青原第十世（云门四世）至十五世（洞山十一世），示众机语共二十一卷（卷一至卷二十一），圣君贤臣二卷（卷二十二至卷二十三），应化圣贤与未详法嗣一卷（卷二十四），诸方广语、拈古、颂古、偈赞、杂著六卷（卷二十五至卷三十）。

《五灯会元》二十卷，目录二卷，宋释大川普济撰（撰年不详）。前出五灯各三十卷，中多重复，普济删繁就简合五灯为一，故名会元，此如史书以宋、齐、梁、陈诸史之合为《南史》也。《会元》后于正受的《普灯》约五十年，各卷宗派分明，其法更为进步。元、明以来士大夫之好谈禅悦者，均喜其方便，无不家有其书。其内容为：西天七佛至东土六祖一卷（卷一），四、五、六祖法嗣及西天东土应化圣贤一卷（卷二），南岳让至五世，青原思至九世六卷（卷三至卷八），八世至十二世法眼宗一卷（卷十），南岳下四世至十五世临济宗二卷（卷十一至卷十二），青原下四世至十五世曹洞宗二卷（卷十三至卷十四），青原下六世至十六世云门宗二卷（卷十五至卷十六），南岳下十一世至十七世黄龙派二卷（卷十七至卷十八），南岳下十一世至十七世杨岐派二卷（卷十九至卷二十）。

以上六灯均为宋代的作品，元朝至元间（1335—1340）千越云壑瑞禅师，作《心灯录》甚详尽，因为书中引丘玄素所制塔铭，以龙潭崇信出马祖下，这样就把云门宗、法眼宗划归南岳去了。当时有人反对，所以此书就不得流传（见《五灯会元》释廷俊序），只有行秀作《祖灯录》六十二卷，现亦不存。

《祖灯大统》九十六卷，卷首附《祖灯辨讹》二卷，清净符撰。本书直以菩提达摩为中国禅宗的始祖，至今凡三十八世，无论隐显，一概不以旁正区分。其间师资授受，莫不皆正其淆伪，清其源委，世系编年，鳞次栉比。合五宗以将少林，是之谓“祖灯大统”。其内容为：《祖灯辨讹》二卷（卷首），七佛、西天祖师之一至三、三卷（卷一至卷三），西天应化圣贤，东土应化圣贤之一至二，少林第一世至第七世之二、四卷（卷四至卷七），少林第八世至第二十世之一至六、五十二卷（卷八至卷五十九），少林第二十一世之一至四、至三十八世之三，附三十九世、四十世，未详法嗣，三十七卷（卷六十至卷九十六）。

《五灯严统》二十五卷，目录二卷，明费隐通容（1593—1661）撰于明永历四年（1650）。作者临济宗人。作书之意，略谓禅法自上佛祖相传以来，无不面禀亲承，传授有据，此之谓“统”。统为道脉所关，不容假借，如《五灯续略》，以普明嗣兴善，“殊不知兴善未尝得法于车溪”，而普明亦无从得法于兴善。又如曹溪下二派，首列南岳，次记青原，《五灯会元》本来是这样记载的，但《五灯续略》一反其说，以青原居首南岳居后，这也是不合的。又如《景德传灯录》，记天皇道悟嗣石头，复以龙潭崇信为嗣，致谓云门、法眼二宗出自青原，“一时稽核未详，遂成千古疑案”。今据丘玄素、符载、归登诸人所撰碑与权德舆《马祖塔铭》，改以天皇嗣石头，下出慧真；以天王嗣马祖，下出崇信。凡此种种，均作者所严为甄别的禅统。其内容为：序文、凡例等一卷（卷首），西天七佛至东土六祖，四、五、六祖旁出法嗣与西天东土应化圣贤二卷（卷一至卷二），南岳怀让二世至五世二卷（卷三至卷四），青原行思一至七世与宋世玉音二卷（卷五至卷六），南岳下二世至九世二卷（卷七至卷八），南岳下三世至八世沩仰宗一卷（卷九），南岳下八世至十二世法眼宗一卷（卷十），南岳下四世至十五世临济宗二卷（卷十一至卷十二），青原下四世至三十四世曹洞宗二卷（卷十三至卷十四），南岳下六世至十六世云门宗及未详法嗣二卷（卷十五至卷十六），南岳下十一世至三十四世临济宗八卷（卷十七至卷二十四），青原下三十五世至三十六世曹洞宗一卷（卷二十五）。

作者尚有《五灯严统解惑篇》一卷，撰于永历八年（1654），此书对禅统严加甄别诸问题，详细辨析，附于全书之末。

《续传灯录》三十六卷目录三卷，明圆极居顶（？—1404）于洪武年间（1368—1398）撰（载于灵谷寺《居顶文集》及《圆庵集》）。作者意在续道原书，所以传承之序，断自《景德传灯录》以后，从大鉴下第十世起至二十世止。作者认为“五家宗派互相激扬，同出大鉴”，故不以五家宗派分裂诸师，而专标大鉴世次以统摄各家宗派，这是本书的最大特色。本书多取材于《五灯会元》《佛祖慧命》《僧宝传》《分灯录》《禅门宗派图》以及诸师语录等书。其内容为：大鉴下第十世汾阳善昭至彰法悟显二卷（卷一至卷二），第十一世石霜梵圆至延庆法珠四卷（卷三至卷六），第十二世黄龙慧南至南台善圆五卷（卷七至卷十一），第十三世法云惟白至甘露明广五卷（卷十二至卷十六），第十四世天童正觉至安石王荆公五卷（卷十七至卷二十二），第十五世长灵守卓至云溪文庆四卷（卷二十三至卷二十六），第十六世径山宗杲至龙华高四卷（卷二十七至卷三十），第十七世虎丘绍隆至天童如净三卷（卷三十至卷三十三），第十八世至二十世公安祖珠至诸庵肇三卷（卷三十四至卷三十六）。

《增集续传灯录》六卷，明南石文琇撰于永乐十五年（1417）。居顶撰《续传灯录》于洪武年间，仓促成书，取材太略。如大鉴下第十八世至二十世凡三世只得四十一人有机缘语句，其他皆空名而已；而四十人中，且多差误，其余诸师言行亦嫌其太略。作者今于《续传灯录》所收外，又增集之，于永乐十五年（1417）完成，名曰《增集续传灯录》。又大鉴下第十七世虽已收于《五灯会元》，而亦有收不尽者，作者又别集为一编，名曰《五灯会元补遗》，附于第六卷末。本书内容为：大鉴下第十八世天童密庵咸杰至竹林庵一卷（卷一），第十九世灵隐松源崇岳至半山嵩山晁一卷（卷二），第二十世天童天目文礼至庆寿中和璋一卷（卷三），第二十一世育王横川如珙至庆寿海云印简一卷（卷四），第二十二世紫箨竺原妙道至迹庵环一卷（卷五），第二十三世至二十五世天童了堂唯一至唯庵德然一卷（卷六），《五灯会元补遗》大下鉴第十七世灵隐东谷光至未详承嗣丁安人半卷（附录）。

《继灯录》六卷，明曹洞宗元贤（1578—1657）撰于永历五年（1651）。《五灯会元》所收止于南宋理宗绍定年间（1228—1233），其后虽有续灯继收，但续灯止于宋末元初。再后有净柱的《五灯会元续略》，元、明两代诸师，赖此得传，不过所收未备，此元贤所以有《继灯》之作。旧分宗派为五，迄明仅存曹洞临济二宗。临济宗《会元》止于十七世，曹洞宗《会元》止于十五世，故本书所录临济从十八世起，曹洞从十六世起。关于五宗次第，作者认为《景德录》及《正宗记》，俱先青原而后南岳，大川作《五灯会元》乃私己宗，以南岳先青原后，又恐旁人争论，复以法眼先临济，紊乱已极。今一依旧例，仍以青原下曹洞为先。本书内容为：青原下十六世至二十九世曹洞宗一卷（卷一），南岳下十八世至二十七世临济宗及未详法嗣五卷（卷二至卷六）。

《五灯会元续略》四卷，明远门净柱撰于崇祯十七年（1644）。因作者为曹洞宗人，故本书所续仅限于曹洞、临济二宗。《会元》所载曹洞终于十四卷，临济终于二十卷，先尽者先续，故作者以曹洞宗置第一卷，二卷以下方为临济宗。其次，《会元》载圆悟法嗣，首大慧宗杲，次虎丘绍隆，作者亦以大慧法裔居先，虎丘法裔居后，至于黄龙忠、育王裕、护国元，则附于大慧法裔之列。其内容为：青原十五世至三十六世曹洞宗一卷（卷一），南岳下十六世至三十四世临济宗三卷（卷二至卷四），作者尚有《续灯补遗》一种，未见流通。

《续灯存稿》十二卷，目录一卷，清施沛汇集、通问编定于康熙五年（1666），普济撰《五灯会元》，列大慧居虎丘先，翠峰居顶撰《续传灯录》，又列虎丘居大慧先。净柱撰《五灯会元续略》，置曹洞宗于临济宗之上，通容撰《五灯严统》，又置临济宗于曹洞宗之先。作者认为他们都是各尊自出之祖，是不适当的。因此，本书按时代先后，仍以临济列于曹洞之先。大慧移置虎丘之下。其内容为：叙文、小札与凡例一卷（卷首），大鉴下第十八世至三十四世临济宗十卷（卷一至卷十），大鉴下第十六世至三十六世曹洞宗一卷（卷十一），未详法嗣一卷（卷十二）。

《续灯正统》四十二卷，目录一卷，清性统撰于康熙三十年（1691）。大慧下第十六世至十八世，已载于《会元》，惟不甚详备，并且临济子孙俱出于大慧、虎丘二师，所以本书仍从大慧下第十六世起，以表源流所自。其内容为：序文与凡例一卷（卷首），大鉴下第十六世径山宗杲与虎丘绍隆临济宗一卷（卷一），大鉴下第十六世至三十五世临济宗三十三卷（卷二至卷三十四），大鉴下第十六世至三十七世曹洞宗六卷（卷三十五至卷四十），未详法嗣一卷（卷四十一），补遗一卷（卷四十二）。

《五灯全书》一百二十卷，目录十六卷，清超永撰于康熙三十二年（1693）。作者根据普济的《会元》与清代海宽的《缵续》二书，“删其繁芜增所未备”，费时约三十年，收录人数有七千余，可谓集灯录之大成。其次，本书所收南岳青原法嗣，俱止于三十七世，并根据《五灯严统》的条例章次仍以天王嗣马祖，天皇嗣石头，不无有误（当时智楷说他复归奉宪所毁之伪书——指五灯严统——改名五灯全书，紊伦乱谱，靡所不至，并写信劝诫他，他不接受，智楷乃撰《正名录》十四卷，凡二支五宗禅法之授受，用甲子为编年，考其州郡分野，人代先后，专门订正本书的错误）。其内容为：序文、凡例与目录一卷（卷首），七佛至东土祖师应化圣贤与旁出法嗣四卷（卷一至卷四），六祖下二世至南岳下第六世四卷（卷五至卷八），青原下第一世至第七世三卷（卷九至卷十二），南岳下第二世至第九世四卷（卷十三至卷十六），沩仰宗一卷（卷十七），法眼宗三卷（卷十八至卷二十），南岳下第四世至十五世临济宗五卷（卷二十一至卷二十五），青原下第四世至第十七世曹洞宗五卷（卷二十六至卷三十），云门宗六卷（卷三十一至卷三十六），南岳下第十一世至三十一世临济宗二十四卷（卷三十七至卷六十），青原下十八世至三十六世曹洞宗三卷（卷六十一至卷六十三），南岳下第三十二世至三十四世临济宗五卷（卷六十四至卷六十八），南岳下第三十五世至三十七世随录临济宗四十卷（卷六十九至卷一百零八，附补遗），青原下三十七世随录曹洞宗十卷（卷一百零九至卷一百十八，附补遗），未详法嗣二卷（卷一百十九至卷一百二十，附补遗）。

二、属于别标宗旨的有下列诸种：

《水月斋指月录》三十二卷，明瞿汝稷撰于万历二十三年（1595）。瞿氏为明儒管东溟的学生，此书为儒者谈禅之作。此书之作如以手指月示人，因指而见心月（喻出《楞严经》），所以不叫作灯录，而名曰《水月斋指月录》者。本书不徒为禅宗传法历史，且兼有使人因此而见道之意。其内容为：西天七佛、西天祖师至东土六祖四卷（卷一至卷四），六祖下一至二世及二、西、五、六祖旁出法嗣及未详法嗣三卷（卷五至卷七），六祖下第三世至十六世二十三卷（卷八至卷三十），径山宗杲语要二卷（卷三十一至卷三十二）。

《续指月录》二十卷，清聂先撰。明瞿汝稷所撰《指月录》，从上七佛起至六祖下第十六世止，宋孝宗隆兴（1163—1164）后虎丘绍隆与径山宗杲均无传录。本书续瞿书之后，自隆兴二年（1164）六祖下第十七世起，至清康熙十八年（1679）六祖下三十八世止约五百年。虎丘二十一世法孙虞山檗岩撰《虎丘径山二祖长少伦叙考》一篇，谓《五灯会元》列径山于虎丘之先，因普济为妙善四世孙，推尊其祖之所致；但《严统》诸书亦仍《会元》之旧，实为传误。考诸塔碑年谱，实虎丘为兄，径山为弟，《指月续录》列虎丘法嗣于径山之前，颇为得体。其次，五宗自宋末以后惟存临济、曹洞二宗，录中仍本旧说，临济先于曹洞，临济世次，根据南涧《续灯》《南岳单传》诸书；洞宗世次，根据洞宗《续灯》、洞宗《世谱》《传灯正宗》诸书，皆各有所据。关于诸师名号，一本传灯定式，名系于号，号系于寺院庵额，额系于郡邑。惟郡邑之名，则随时改易（宋之平江为清之苏州，临安为杭州，庆元为宁波），以便查考。再其次，瞿录虽自六祖下十六世止，但于十六世还有遗漏，作者特录大藏机缘中凡一句一义可传者另成《瞿录补遗》一卷，置于卷首。又自南宋以后，凡有未表师承者，另列《尊宿集》一卷，置于卷末。又将诸山召对机缘，编成《奏对》一卷为现存本所无。其内容为：六祖下十六世临济、曹洞、云门三宗《瞿录补遗集》一卷（卷首）六祖下十七世临济、曹洞、云门三宗一卷（卷一）六祖下十八世至三十四世临济、曹洞二宗十七卷（卷二至卷十八），六祖下三十五世临济、曹洞二宗与《尊宿集》二卷（卷十九至卷二十）。

三、属于局部人物的有下列一种：

《居士分灯录》二卷，明朱时恩撰于崇祯四年（1631）。禅法盛时，有主化者必有分化者，大迦叶、东土六祖、五家宗派为主化者；维摩诘、庞道玄、张无尽、宋景濂等人为分化者。作者既撰《佛祖纲目》四十一卷，复辑居士中师承有据及应化再来者七十二人为《分灯录》二卷。其内容为：维摩诘等二十八人附韩愈等九人一卷（卷上），李端愿等四十三人附文彦博等二十八人一卷（卷下），又补遗吕岩真人一人，附张伯阳一人。

四、属于局部地方的有下列诸种：

《锦江禅灯》二十卷，目录一卷，清通醉撰于康熙十一年（1672）。本书采集规式略依《指月》《宝积》诸书之例，历代宗支，同举大鉴为源，不析为五。其内容为：东土六祖至大鉴下第五世旁出法嗣一卷（卷一），大鉴下第五世至四十世十四卷（卷二至卷十五），高僧神僧五卷（卷十六至卷二十）。

《黔南会灯录》八卷，附补续，清如纯撰于康熙四十一年（1702）。灯录旧例，止收上堂小参示众机缘拈颂法语等类，不载杂著空名。惟贵州地远人稀，不能摹效此种体例，凡在苦心力行之内，无论有录无录，杂著一概并收。宗派虽云有五，而元、明以来惟存临济、曹洞两宗，黔南以临济子孙为多，属于曹洞者只有数人而已，均于卷中注出来源。黔地宗风，兴于明末，自燕居、语嵩、云腹三人入黔为始。燕居德申为行字当头，所以，本书自行字起至实字止。无论是否黔人，凡在黔语句一概收录。其内容为：叙文、源启、凡例一卷（卷首），临济三十二世天童下至第三代平阳下止三卷（卷一至卷三），天童第四代汉月下至破山下止三卷（卷四至卷六），曹洞三十一世云门下第四代，临济三十五世天童第五代破山下至续补止二卷（卷七至卷八）。

五、属于谱牒的有下列诸种：

《禅灯世谱》九卷，明吴侗集、道忞编修于崇祯四年（1631）。吴集多错漏附会，道忞乃博考传灯诸录，取其师承有据者，按宗图纂为世谱。有嗣代未详者，只附于宗末。其内容为：三十三祖世系图、诸祖旁出法派系图一卷（卷一），南岳法派世系图一卷（卷二），沩仰宗世系图、临济宗世系图一卷（卷三），黄龙法派世系图一卷（卷四），杨岐法派世系图一卷（卷五），虎丘法派世系图一卷（卷六），云门宗法派世系图及云门宗雪窦显法派世系图上一卷（卷七），云门宗雪窦显法派世系图下，法眼宗法派世系图及大鉴下第十世未详法嗣一卷（卷八），青原法派世系图、曹洞宗法派世系图、曹洞宗寿昌径法派世系图、曹洞宗云门澄法派世系图一卷（卷九）。

《佛祖宗派世谱》八卷，清临济宗语进（1612—1673）撰于顺治十一年（1654）。禅宗自大鉴后出南岳青原两家，四传而有沩仰宗，五传而有临济宗，六传而有曹洞宗，七传而有云门宗，九传而有法眼宗。宗派虽各不同，而源流则一。诸家史录，自《灯录》《会元》以后，不无讹漏。作者参考《传灯》《宗图》《续集》诸书，详定五宗原始次第，除卷五、六而外，其余各卷与《禅灯世谱》大致相同。其内容为：佛祖正脉至诸祖旁出一卷（卷一），南岳至沩仰一卷（卷二），临济至杨岐一卷（卷三），黄龙至大慧一卷（卷四），虎丘至雪岩断桥一卷（卷五），青原至曹洞一卷（卷六），龙潭至云门一卷（卷七），雪窦至法眼一卷（卷八）。

《缁门世谱》一卷，清明喜（临济三十四世）撰于康熙四十二年（1703）。五宗世次，作者认为六祖下第五世同时出沩仰临济两宗（与悟进之说不同），第六世出曹洞宗，第七世出云门宗，第九世始有法眼宗。因后人昧却源流前后倒置，作者根据《传灯录》编集释氏源流，五宗世谱定祖图与五宗法派。其内容为：一图：祖图。二宗：沩仰宗、临济宗、曹洞宗、云门宗、法眼宗。三派：沩仰派计二十字，临济派计二十字，曹洞下分少林祖庭、江西豫章两派，少林派计七十字，豫章派计二十八字，云门派计二十字，法眼派计二十字。

以上所举五代以后迄于明、清主要灯录凡二十四种，以明、清之际为最多，明代除上述诸种外，还有《五宗救》一书，也很重要。因隆庆（1567—1572）、万历（1573—1620）间，僧广通谓曹溪以后其奇名异相以罗笼天下学者，皆应毁之，自称挽祖回风，直接六祖，似谓六祖而下，皆不可学。于是，临济子孙三峰弟子潭古弘忍，乃于崇祯十年（1637）作《五宗救》一卷，起自释迦终于临济、天童三峰，凡六十九人，以尽临济一宗，其余四宗，各系其首建十二人。

禅宗自曹溪以下，分为五宗。唐末五代以后，沩仰衰歇，所以灯录作者，大抵均四宗儿孙（明、清之际，惟临济、曹洞独存，这时灯录的作者，又仅属二宗法嗣）。其中又以临济为最多。属于临济者，居士有李遵勖、王随等人，比丘有悟明、普济、通容、通问、道忞、悟进、明喜等人；属于曹洞者，比丘有净柱、元贤等人；属于云门者，比丘有惟白、正受等人；属于法眼者，比丘有道原等人。五宗虽同以明心见性为宗旨，因为接物应机方式各有不同，因此形成各别的学风。除反映于各宗灯录形式组织上并对本宗的传承特别详尽，与自宗学风有关的材料，无不详细收录，自法眼道原的《景德传灯录》而下，无不如此。

《灯录》为谱录体，按世次记载，与历代所撰高僧传的传记体例不同。它所录的，不仅限于禅宗，而且二支五宗仅限南禅曹溪一系。这在灯史的发展过程中，无论内部，还是外部，都曾发生过多少争论的。其荦荦大者如下：

一、法统之争。首先是神会与普寂之争。原来慧能与神秀均得法于弘忍，后来慧能行化于韶阳，神秀传法于荆洛，本无轩轾。慧能死后，他的弟子神会在洛阳荷泽寺大宏慧能禅法，并序宗脉。从如来下西域诸祖外，东土六祖，以弘忍为第五祖，慧能为第六祖，均为正嫡，不但把牛头法融，连北宗神秀均视为庶孽。北宗禅师当然极为不满，后来他又与神秀一系（针对北宗普寂之立神秀为第六代）在滑台展开一场传宗定祖的剧烈争论。安史之乱，政府请他出来主持戒坛卖僧尼度牒，作为军费。两京收复以后，唐肃宗特为他在荷泽寺修造禅宇，又诏入内供养。有了这样的背景，他的传宗定祖之说就被肯定下来，从此一般人都认为南宗是禅法的正统了。这是禅宗内部的争论。其次是台禅二十四祖与二十八祖之争。道原撰《景德传灯录》，据唐释智炬《宝林传》诸书，以菩提达摩为二十八祖。宋释契嵩于道原之后撰《传法正宗记》与《正宗论》二书，自唐以来禅宗二十八祖世系，仍据《宝林传》之说，并以《出三藏记集》与《达摩多罗禅经》作为证明，谓二十四祖说之《付法藏传》为可焚。又在《景德录》第二十七卷所载禅门达者十一人中有天台四祖智者大师，台宗人极为不满，因此发生争论。南宋庆元、嘉定间（1195—1224）铠庵吴克已撰《释门正统》一书，攻《宝林传》。以为该书所载非特达摩、慧可事迹与僧传不同，而七佛说偈，世尊拈花等事亦最虚诞无稽。吴门子昉作《止讹》一篇，则专攻禅家二十八祖之说，以为智炬的《宝林传》“妄陈于前”，契嵩的《正宗记》“谬附于后”，并于二十八祖中去其伪谬四名，仍根据《付法藏传》，正二十四代。同时有神智从义者，亦攻禅宗二十八祖之说。至南宋理宗嘉熙间（1237—1240），释宗鉴撰《释门正统》八卷，仍用铠庵书名，立释迦龙树为本纪，天台东土祖师为世家，天台以外诸宗入载记。用正史的体裁，推崇本宗为正统，不特禅宗被抑，其余诸宗并贬为偏位了。其后度宗咸淳间（1265—1274），释志磐撰《佛祖统纪》五十四卷，虽稍变宗鉴书的体例，而以天台为正统其余诸宗为偏派，这种思想则是一贯的。所以，台禅两宗之争，表面上是二十四祖与二十八祖的问题，而实质上仍是正偏的问题。不过，他们的争论，与神会普寂之争的结局不同，两边旗鼓相当，不分胜负。

二、五宗所属之争。禅宗自六祖慧能以下出南岳青原二支派，其后衍为五宗，均奉慧能为不祧之祖，以应一花五叶之谶。五宗分属于南岳青原，一向均以为南岳下出马祖道一，马祖下出百丈怀海。百丈下又分为二枝：一为沩山灵祐，沩山下出仰山慧寂，遂创立沩仰宗；一为黄檗希运，黄檗下出临济义玄，遂创立临济宗。以上两宗俱系南岳之后。其次青原下出石头希迁，石头下又分为二枝：一为药山惟俨；一为天皇道悟。药山下出云岩昙晟，云岩下出洞山良价，洞山下出曹山本寂，遂创立曹洞宗。天皇下出龙潭崇信，龙潭下出德山宣鉴，德山下出雪峰义存。雪峰下又分为二枝：一为云门文偃，遂创立云门宗；一为玄沙师备，玄沙下出罗汉桂琛，罗汉下出清凉文益，遂创立法眼宗。以上三宗遂属青原之后。本无问题。但因道原撰《景德传灯录》，误以天皇道悟为天王道悟。普济撰《五灯会元》，据丘玄素碑文，于天皇道悟外，另出荆南城西天王寺道悟一人，嗣马祖，其下出龙潭崇信。这样便把本来属于青原行思之下的云门、法眼两宗，改属于南岳怀让了。其后本觉撰《释氏通鉴》（南宋末），觉岸撰《释氏稽古略》（元），均从其说，遂成千古疑案，争讼不已。元代至元年间，云壑瑞作《心灯录》，以龙潭崇信属马祖，以致为人阻抑不传于世。清代顺治年间，费隐容撰《五灯严统》，以天皇嗣石头，天王嗣马祖，洞上诸人至讼官毁板。康熙初年，水鉴海于荆州城南建天王寺，白岩符又著《法门锄宄》加以攻击。圣感永撰《五灯全书》立《天王章》，盘山朴又著《存诚录》加以驳斥。还有吴僧大汕著《证伪录》一书，又专门攻击《五灯会元》。自南宋迄于清代，这问题闹了四五百年之久。其实，丘碑可疑，昔人辨者甚多，大概它是在北宋云门极盛之时，为与云门竞争者所伪造，乘道原皇王一字之误，遂析城东天皇与城西天王为两人，其用意在将云门、法眼两宗改属南岳一系，这不过是入主出奴之争罢了，（日本一东撰《五派一滴图》，改药山也嗣马祖，遂将五宗均改属于南岳，这又更进一步了）。

三、嫡庶之争。此中复分为四：（一）青原、南岳先后次序之争。道原《景德录》卷五列三十三祖慧能法嗣四十三人，先青原行思，后南岳怀让。普济撰《五灯会元》，又先叙南岳（卷三），后叙青原（卷五）。至明元贤撰《继灯录》凡例，遂攻击《五灯会元》，说普济有私意，因此在正文中他又先列青原世系，后列南岳世系，其后仍争论不已。（二）法眼与余宗先后次序之争。以五宗创立先后次第而论：沩仰、临济最先，次为曹洞、云门，最后乃为法眼。而普济《五灯会元》十至十六诸卷，反将法眼列于临济、曹洞、云门之先，元贤斥为紊乱已极。（三）曹洞与临济先后次序之争。《五灯会元》虽列法眼于临济、曹洞、云门之先，而曹洞仍叙于临济之后。至明崇祯间（1628—1644）净柱撰《五灯会元续略》，又叙曹洞于临济之先。通容撰《五灯严统》凡例，斥净柱为“私尊其所自之祖，而颠倒其所续之书”，正文中仍叙曹洞于临济后。元贤撰《续灯录》，又置曹洞于临济前。通问施沛等撰《续灯存稿》、性统撰《续灯正统》、超永撰《五灯全书》、聂先撰《续指月录》、如纯撰《黔南会灯录》、悟进撰《佛祖宗派世谱》、明喜撰《缁门世谱》等书，仍以曹洞叙于临济之后。临济与曹洞先后之争，实即南岳与青原先后之争。（四）大慧与虎丘先后次序之争。大慧宗杲与虎丘绍隆俱为南岳第十五世圆悟克勤的弟子，同出于临济，济下儿孙大都属于此二人之后，谁先谁后，应无多大问题。明悟撰《联灯会要》卷十七南岳下第十六世，列大慧居虎丘先。正受撰《嘉泰普灯录》卷十四至卷十五，以大慧列虎丘之后。普济撰《五灯会元》卷十九，复列大慧先于虎丘，普济为大慧子孙（大慧下德光，光下如琰，琰下普济），议者遂谓其“推崇自祖”所致（见缪彤题《虎丘径山二祖长少伦叙考》）。居顶撰《续传灯录》卷三十一至卷三十二，又列大慧于虎丘后（此说见《续灯存稿》凡例，惟该书卷三十七克勤法嗣下，大慧仍列虎丘之先）。通容撰《五灯严统》卷十九至卷二十，仍列大慧于虎丘之先。超永撰《五灯全书》卷四十三至卷四十五，又列大慧于虎丘之后，清人聂先撰《续指月录》因之，并由虎丘二十一世法孙虞山檗撰《虎丘径山二祖长少伦叙考》一篇，肯定虎丘为兄径山为弟，斤斤不已。所以，大慧与虎丘先后次序之争，与临济、曹洞以及南岳、青原先后次序之争同为伯仲问题，也就是嫡庶问题。在封建宗法社会里，嫡庶问题是与正偏问题密切相关的。因此，嫡庶之争，实质上仍然是法统之争，所以与神会、普寂之争不同者，前者以衣钵争正统，此不过以嫡长争正统罢了。

其次，《灯录》又为记言体。这种体裁对中国学术著述的影响极大。一是，自《灯录》盛行后影响及于儒家，朱子作《伊洛渊源录》，黄梨洲作《明儒学案》，万季野作《儒林宗派》等书，都是摹效此种体裁而作的。二是，它对于白话文学的影响。我国现代的白话其实是唐、宋时代的“普通话”所发展出来的口语。宋儒的语录和所谓宋代通俗文（如话本、诸宫调、大鼓词等）都是用白话文写成的，至少是半文半白语言写成的。最早的白话文并不是传世的通俗文，而是唐代禅家的语录。在九世纪左右，唐代禅家语录，如《庞居士语录》《筠州黄檗断际禅师传心法要》《黄檗断际禅师苑陵录》《临济录》《真际大师语录》《筠州洞山语本（良价）禅师语录》《瑞州洞山良价禅师语录》《抚州曹山元证（本寂）禅师语录》《抚州曹山本寂禅师语录》等书，即已流行。撰于十一世纪初年的《景德传灯录》，多半取材于这些语录，因此《灯录》的语言结构，和《语录》没有什么不同。其后各家灯史，亦多半取材于《语录》。所以，禅师们的机缘语句，不但对我国唐以后白话文学的发展在当时就有很大的影响，而记载机缘语句的《灯录》，还替我们保存了许多历代的口语材料。

灯录自五代静、筠两师撰《祖堂集》以后迄于明、清诸家的撰述，大抵均录南宗一系。北宗神秀一系，多数《灯录》均不收载，即载亦仅附于诸祖旁出中。因为自神会、普寂、滑台定是非以后，南宗顿教开始独盛，而北宗渐门则逐渐衰歇，撰灯录者，大抵皆六祖慧能的子孙，因此在历代所撰的灯录中，均贯彻一种南宗正统的思想，这是很自然的。再者，灯录在禅宗内部，虽然独认曹溪一系为正嫡，以法融与神秀诸师为旁祧，但在外部却尽情广录。历代灯录，除《天圣》《建中》不载师尼道俗而外，自道原《景德录》以至明清诸师撰述，不但收录儒家如韩愈、李翱、范仲淹、富弼、文彦博、欧阳修、司马光、周敦颐、胡安国、苏轼、苏辙、朱熹等人，而且连道家吕洞宾也收。均表现着一种三教合一的思想。这是曹溪独承正统以后，他的子孙企图进一步扩大本宗的势力范围，而与教下诸家（特别是天台）逐鹿。这从严格的学术体系上说，实是没有必要的。

（田光烈）

景德传灯录

《景德传灯录》，三十卷，宋释道原撰。本书叙述天竺佛、祖以迄中国禅宗的传承世系，记载佛祖付法因缘和著名禅师机缘语句，附辑偈、颂、诗、歌，是一种以禅宗师资传承世次为纲，以记言记事为主要内容的纂述。书名“传灯录”，取义于这部书记载历代禅法传承，有如灯灯相续的用意。又以本书成于宋真宗景德三年（1006），故于书题上加“景德”年号。

关于禅宗佛祖付法因缘、偈语等的记录，旧传东魏静帝兴和二年（540）有高僧云启（宋契嵩《传法正宗论》作昙启）前往古代印度求法，途经龟兹，遇北印三藏那连耶舍欲来华弘法，遂挽留暂住，共译《祖偈因缘传》。后耶舍东来，受到北齐文宣帝的礼遇，以齐方受魏禅，未遑开展译事，就把前在龟兹时所出《祖偈因缘传》授之居士万天懿。当时另有流行于北魏境内，传系古代印度三藏吉迦夜共沙门昙曜共译的《付法藏传》，序次失当，兼缺偈颂，乃将耶舍译本校正其失。梁简文帝闻有此本，遣使前往传写，因得流布南地。唐贞元间（785—804）沙门慧炬带着《祖偈因缘传》往曹溪，传说曾同古代印度三藏胜持重加参校，并编次诸祖传法偈语及唐初以来宗师机缘，集为《宝林传》（原十卷，现存一、二、三、四、五、六、八诸卷）。唐光化中（898—901），华岳沙门玄伟续集贞元以来宗师机缘，编为《玄门圣胄集》（已佚）。朱梁开平四年（910），南岳沙门惟劲续集光化以来宗师机缘，编为《续宝林传》（已佚，参阅宋惟白撰《大藏经纲目指要录》卷八）。其后，南唐保大十年（952），泉州昭庆寺僧静、筠二师，续有《祖堂集》（二十卷，国内不甚知名，但传入朝鲜）的编撰，体例略同，而内容记载稍有出入，又多收禅门歌行偈颂。道原编撰《景德传灯录》，对以前诸籍综合取材，并广事网罗，重加组织，为现存禅宗史中最初具有完整规模的一部。

全书内容，大体可分为四个部分。第一部分卷一、二，叙述贤劫七佛和释迦牟尼佛以下的初祖摩诃迦叶至第二十七祖般若多罗以及旁出的二十二祖。第二部分（卷三、四、五）叙述初祖菩提达摩至第六祖慧能（顺着天竺列祖世次为从第二十八祖至第三十三祖），及其正、旁出诸法嗣。第三部分（卷六至卷二十六）则以中国第六祖慧能门下的正嗣南岳怀让和青原行思两大支为纲，分叙其传承法系。第四部分（卷二十七至卷三十）可视为本书的附录，记载禅宗正统以外而以习禅著名的高僧，并辑录流传一时的诸方杂举语句和禅宗著名禅师的广语，以及有关赞、偈、铭、箴、诗、歌等具有代表性的篇章。

关于天竺祖师传承的世次，是在禅家争辩南宗正统时期开始出现的。南宗祖师慧能（638—713）的晚年弟子荷泽神会（668—760），于慧能逝世二十年之后，在北地一再攻击和慧能同门的神秀学系，说他们师承是旁，法门是渐，认为只有慧能得菩提达摩以来的真传，才是南宗（此处指南印度的禅宗）正统。到了神会的宗徒改编记录慧能法语的《坛经》，更引用了《付法藏传》所载世系以充实其说，开始有从摩诃迦叶至菩提达摩为二十八代祖师的叙次，当时虽有异议，而经过《宝林传》《圣胄集》等书一再继述，其说随着禅宗的发展传播特广。此书第一部分叙述天竺祖师世次，即采用此说，并经过整理补订而加以肯定。

此书第二部分，则采用中国禅宗列祖以传衣为信的旧说，而以达摩为东土的初祖，续传慧可、僧璨、道信、弘忍、慧能是为禅宗的六代祖师，再一次表明继承天竺传灯的世次。自从此书对这两部分作了肯定的叙述之后，中土与天竺传灯的关联和世次，遂有定型之说，更由于本书撰成后入藏颁行，从此便成为谈禅宗源流的典据，在中国佛教史籍上具有一定的权威，这是值得注意的一点。

中国禅宗的传播畅行，由于弘忍（602—675）门下的慧能在岭南曹溪的弘扬。慧能特别提出般若行，以《金刚般若》的无相、无住之义，导入禅观，显然有异于前此奉《楞伽》为心要的旧的禅学。而且他所弘扬的是不随文教的简易禅法，很和民众接近，因而影响扩大及于湘、赣、闽、浙那些山区地带，而和在北方受统治阶级尊崇的神秀一系成了对峙的形势，其在宗风上南顿、北渐之相违，也形成了显著的对照，于是中国禅家开始有南、北宗风之分。但是，北宗不久衰落。从此，中国的禅宗即以南宗法系为代表。慧能门下以南岳怀让（677—744）、青原行思（？—740）为最杰出，是为南宗嫡系两大家。它们得到马祖道一、石头希迁的继承发扬，各振宗风，门庭日盛，又形成了代表南宗的两大支。到了晚唐、五代时期（第九、十世纪间），政治混乱，佛教寺院、经像遭受摧残，佛教顿衰。惟南禅简易，未受很大影响，水边林下都可参证，行头陀行自食其力，因得仅存。既而宏传于各处，道场很多，又出现了兴盛的局面。其间弘传的宗匠们，由于性格各异，所悟入的途径不同，形成了各别的教导作风，又先后出现了五派之分，但不出于南岳和青原两大支法系的范围（南岳系下出沩仰、临济两派，青原系下出曹洞、云门、法眼三派）。

此书第三部分即叙述慧能门下的两大法系，从卷六至卷十三叙南岳怀让一支的法嗣世系，始于怀让门下第一世马祖道一等九人，接着是第二世大珠慧海、百丈怀海、汾州无业、南泉普愿等共一百三十八人（以上卷六至卷八），第三世沩山灵祐（沩仰派开祖）、黄檗希运、赵州从谂等共一百十七人（以上卷九至卷十），第四世仰山慧寂（沩仰派祖师）、临济义玄（临济派开祖）等共一百零一人（以上卷十一至卷十二上），第五世西塔光穆、龙泉文喜等五十一人，第六世芭蕉慧清、资福如宝等十九人（以上卷十二下），第七世兴阳清让、风穴延沼等十一人，第八世首山省念等六人，第九世汾阳善昭一人。附叙曹溪别出第二世法嗣罗浮灵运、耽源真应等三十人，第三世潭州无学、荆南惟忠等九人，第四世道圆、如一等五人，第五世圭峰宗密等四人，第六世圭峰温、慈恩太恭等十一人（以上卷十三）。以下从卷十四至卷二十六叙青原行思一支的法嗣世系，始于行思门下的第一世石头希迁一人，接着是第二世天皇道悟、药山惟俨等二十一人，第三世龙潭崇信、云岩昙晟等二十三人（以上卷十四），第四世德山宣鉴、投子大同、洞山良价（曹洞派开祖）等十七人，第五世雪峰义存、云居道膺、曹山本寂（曹洞派祖师）等共一百一十二人（以上卷十五至卷十七上），第六世瑞岩师彦、玄沙师备、云门文偃（云门派开祖）等共二百零五人（以上卷十七中至卷二十），第七世罗汉桂琛、安国慧球等共二百七十七人（以上卷二十一至卷二十三），第八世清凉文益（法眼宗开祖）、清溪洪进等共七十四人（卷二十四），第九世天台德韶、报恩慧明等共七十五人（以上卷二十五至卷二十六上），第十世永明延寿、长寿朋彦等共七十五人（卷二十六中），第十一世富阳子蒙等五人（卷二十六下）。

本书第四部分系附录性质，首先记载非禅宗正统的禅门古德，有金陵宝志、婺州善慧大士等十人（卷二十七）。其中，包括有倡修法华三昧的南岳慧思，天台宗创立者智顗，以及以诗偈传世著名的寒山、拾得等，可以见中国习禅者有种种不同的家风。同卷复辑录诸方杂举，征、拈、代、别语句七十三条，大都是撰者当时所习闻的、流传于习禅参学者间的机缘语句，以属于法眼一派的为多，可以见当时的禅风。次录南禅著名宗匠十二人的广语（卷二十八），其中属于南岳一系的有南阳慧忠、荷泽神会、马祖道一、大珠慧海、大达无业、南泉普愿、赵州从谂、临济义玄等八人，属于青原一系的有药山惟俨、玄沙师备、罗汉桂琛、法眼文益等四人。选录的用意在于辑录出各家较有系统的开示，包括入道门径的指点，教外立宗的缘由等，凡足以代表南禅的特征又可见各别的家风的，都有助于了解中国禅家南宗特重慧悟的独到造诣，此亦是佛学思想传入中国后的一种创造性发展。最后辑录中国禅家所传诵的赞颂等篇章（卷二十九、三十）。中国禅家很少留下成部的著作，通常都喜用偈、颂、铭、赞等短章以寄意。这里所辑录的有菩提达摩的《略辨大乘入道四行》，僧璨的《信心铭》，永嘉玄觉的《证道歌》，荷泽神会的《显宗记》，石头希迁的《参同契》等被后人尊为禅宗要典的诸篇。其间虽不免有是非真伪等问题，而实际对于中国禅家思想都发生过历史性的影响，都是中国禅宗思想史的重要资料。至于其余赞颂诗歌，也足以见禅门各家的不同宗风和意境以及中国禅门文学的特殊风格。法眼派开祖清凉文益（885—958）撰《宗门十规论》，其中第九项特以“不关声律，不达道理，好作歌颂”为规戒，意在制作需要“烂漫有文，精纯靡杂”，今此所选录的即以此为标准，亦可见作者之遵守法眼家风。

代表中国禅宗，使达摩禅弘于南土，面目一新的南禅，开祖慧能及其门下两大法系的杰出宗匠的生地，十分之九都在中国东南诸山区地带，且多出身平民，对于传统文化和佛教义学接触不多，不受何种拘束。故一经接触佛法，多能直探其理于自心，以慧悟为指导，强调自力自度，这恰好与当时佛教内部由于实践上的要求，反对繁琐义学和他力信仰的趋势相应，而起了极大的作用，在当时，确是一股具有积极意义的新法流。南禅主张直接发挥自己的体会，并提倡在世事上的实践，以为生心应事，动静语默无非是道，即在日常行事应对之间得其陶冶。至于表现在教授上面的，也断然一扫过去名相科判等累赘的铺陈，而代之以能表现教学宗风的“语录”。南禅诸宗匠所说的，大都自道胸中物，上堂开示，随遇答问，乃至举拂、施棒，抑、扬、呵、喝，处处是针锋相对，纵夺自如，创造了一种全新的极运用之妙的教风。参学的和侍者不断地熏陶于这种气氛之中，自然觉得只有依照说示时的口头话语，记载当时机缘语句，才能如实地传达应机施教的神情，以体现其真精神，这也是南禅典型的特征之一。此书以记言为主要内容，摆脱了向来史传尚文以碑版为据的旧习，直接编采原始的记述口语的语录；在体系整然的大部撰述中，此书体裁可以说是一种很大胆的尝试，其给口头语言以文学上的地位而在撰述上加以采用，对中国语文学史而言，也是一件划时代的事。还有它对于其后中国儒家宗派史的撰述，也起了启发性的作用。在此书颁行后二三十年间，禅宗灯录继出的有李遵勗的《天圣广灯录》（三十卷）及王随的《传灯玉英集》（十五卷），二书都认为此书的编撰未能尽如人意，《广灯录》嫌此书尚略而加以扩充，《玉英集》则病书过繁而加以删节。今观继出二书，都未见有胜于此书之处，反益显出此书在禅宗史籍内是一部树立典型的著述。

此书撰者道原，事迹无可考，仅据《天圣广灯录》卷二十七所载，知为青原法系第九世天台德韶国师的法嗣，系法眼派开祖清凉义益的法孙，故此书记青原一系的法眼派特详。其二十五、二十六两卷专载法眼派法嗣直至长寿法齐（在传承世次上还后于道原一代）为止，又此书卷一详载云门派开祖文偃机缘语句，卷二十二、二十三详载云门宗派法嗣，盖以同出于青原一系，支派近，史料易于搜集使然。宋初赞宁撰《宋高僧传》，对于禅宗五派开祖，独缺云门文偃传，此由赞宁和文偃各处一方，平时未相接触而然；此书所载正可补《宋高僧传》之缺。又此书成后进阅，曾以朝命交翰林学士杨亿、兵部员外郎李维和太常丞王曙等刊削裁定，对此书内容颇多增简润色之处。杨亿曾参学于临济系广慧之门，对禅史观点或不无出入。而此书纂述大体公允，尚不见带有宗派色彩的偏向。它的规模和内容相称，自有其存在和参考的价值。

此书卷首有杨亿《序》，自述受命裁定此书，进行整理、删订的经过。现行本卷首有《西来年表》，系后来翻刻此书者所加，表内记述达摩来华年代依《传法正宗记》[成于宋仁宗嘉祐六年（1061）] 而定。且其纪年和《资治通鉴》相同，当出于宋神宗元丰七年（1084）以后。又据此书注文，知后人翻刻时曾对个别传文次序有所改动（卷六中注），并有所附加（卷九末附载《传心法要》，卷三十末附载《杨亿寄李维书》）。今存《碛砂藏》内泰定本，卷首无《年表》，卷内亦无校正年代等注，当为现存诸本中翻刻较早的一部，更接近旧刻的面目。

（游侠）

原人论

《原人论》，一称《华严原人论》，一卷，唐宗密撰。此论依《华严》的宗旨，推究人的本源。卷首有宗密的自序，总叙造论的本意及全论的大旨，认为万物都有本源，人为最灵，更应知自身所从来，但儒、道二家只知近的是祖、父传体相续受身，远的是混沌一气分为阴阳而有三才、万物；又佛教中也有说是前生造业受报得到人身乃至业、惑展转以及阿赖耶识为身的本源，这都只是权教之说，未明实义。今依内外教理，推穷万法，从浅至深，会偏令圆，所以叫作原人。论文共四篇：第一斥迷执，非难儒、道二教的“万物皆从虚无大道而生（或是自然生、或从元气生）”说。第二斥偏浅，非难佛教中的人天教的“业为身本”说，和声闻乘教的“色、心二法及贪、嗔、痴为根身、器界之本”说，以及大乘法相教的“唯识所变，识为身本”说，大乘破相教的“身元是空，空即是本”说。第三直显真源，依一乘显性教——《华严经》，说一切有情皆有本觉真心，无始以来，常住清净，昭昭不昧，了了常知。此本觉真心即是宇宙万法的本源，所以一切有情本来是佛。第四会通本末，把以前所非难的儒、道二教、人天教、声闻乘教、大乘法相教、大乘破相教，会归一源，认为都是一乘显性教的方便说。

此论的卷首，除自序外，有裴休序，作于唐武宗会昌元年（841）。注疏有宗密的自注及宋净源的《华严原人论发微录》三卷，元圆觉的《华严原人论解》三卷，明杨嘉祚删合的《华严原人论合解》二卷等，现均存。

（黄忏华）

禅源诸诠集都序

《禅源诸诠集都序》，二卷（一作四卷），唐宗密撰，原是宗密自撰的《禅源诸诠集》的序文，后来单行。

宗密初从遂州道圆传受荷泽的禅法，后就清凉澄观深探《华严》的宗旨，从而倡导禅和《华严》的一致，他的《禅源诸诠集》即为宣扬此教禅一致之说而作。《禅源诸诠集》亦名《禅那理行诸诠集》，或名《禅源诠》，或名《圭峰兰若禅藏》，全书约一百卷（《唐书·艺文志》著录《禅源诸诠集》一百零一卷，大概是加《都序》之数，《景德传灯录·宗密录》附注说："或云一百卷"），所集诸宗的禅言将近百家，其内容有三部分："先录达摩一宗，次编诸家杂述，后写印一宗圣教。"全集在宋真宗景德年间（1004—1007）即已逸失，只存它的《都序》一直传到现在。

此序旨在阐述教禅一致的义理。内容先释《禅源诸诠集》的名义。次说三乘学人欲求佛道，必须修禅。禅有外道禅、凡夫禅、小乘禅、大乘禅、最上乘禅五种，其中最上乘禅是顿悟自心本来清净、具无漏智性，此心即佛，依此而修，即达摩门下相传的禅法。又次述纂集此书的宗旨，认为佛说顿渐二教，禅开顿渐二门，二教二门各相符契。须要以教辨禅，以心解教。次以三教三宗配对，证明教禅一致。禅三宗是：一、息妄修心宗，旨在背境观心，息灭妄念。这是南侁（智侁）、北秀（神秀）、保唐（益州保唐寺无住）、宣什（南山念佛禅门）诸家的禅法。二、泯绝无寄宗，说诸法如幻，本来空寂，心无所寄，是名解脱。这是石头（希迁）、牛头（法融）乃至径山（道钦）诸家的禅法。三、直显心性宗，这有两类：一说一切语言行动都是佛性，任运自在，是名解脱。这是洪州宗（道一系）的禅法。二说妄念本寂，尘境本空，空寂不昧，寂照现前。这是荷泽宗（神会系）的禅法。以上两家都会相归性，所以是同一宗。教三种是：一、密意依性说相教，这里包括有人天因果教（说善恶因果的人天乘）、断惑灭苦教（声闻乘）、将识破境教（大乘唯识宗）三类。二、密意破相显性教，说凡所有相皆是虚妄，而以“无住”为道（指大乘空宗）。三、显示真心即性教，说一切众生本来清净，真心常住（指华严宗）的教法。认为此三教三宗，都是阐明灵知不昧的众生心性。并广辨空宗和性宗的差别，而说性宗是直显心性，遮表并用，理该凡圣，妙契真如的了义之教。次论这三教和顿渐二教的关系，并归结于“三教三宗是一味法，故须先约三种佛教，证三种禅心，然后禅教双忘，心佛俱寂。……执情破而真性显，即泯绝是显性之宗；习气尽而佛道成，即修心是成佛之行”。以和会三教和三宗的宗旨。次更着重引用《大乘起信论》，以阐扬禅教诸家的共通教义，认为一切凡圣根本都是灵明清净的一法界心，此一法界心有真如、生灭的真、妄二门，真如门又有不变、随缘，生灭门有体空、成事二义。又由真妄和合而成的阿梨耶识，有觉和不觉：不觉是六道凡夫的根本，有本末（轮回）十重；觉是三乘贤圣的根本，有修证十重。从不觉到觉，又有翻迷十重等。它以《起信论》又沟通禅教诸家的学说，给予后来禅教会通之说的流行影响很大。

此序从宋、元以来即受到禅教各宗学人所重视，最初宋刊本载有“大宋钱塘严明男严楷勾当雕开板”的标记，元大德七年（1303）禅师雪堂仁加以重刊，明代收入北藏，此后各藏及坊刻本均续刊行。

（黄忏华）

妄尽还源观

《妄尽还源观》，全称《修华严奥旨妄尽还源观》，一卷，是法藏晚年写的一部贤首宗的观法著作。据他说是备寻三藏教典而集成的。此观的义旨和法藏的其他著作一样，建立在圆融法界无尽缘起论上。全书分作"显一体、起二用、示三遍、行四德、入五止、起六观"等六门。前三门是趣入的观门，显示众生心中本来具有的性德及从此所起重重无尽的德用。后三门正明观法，其中行四德是了悟圆融法界无尽缘起的理趣从而发菩提心行自行化他的四德，是为观法打下基础的。《妄尽还源观》的中心实在是止观两门，尤其是最后的六种观法。

一、显一体。一体是自性清净圆明的心体，即是如来藏中法性之体。此心体从本以来，性自满足，处染不垢，修治不净，在圣不增，处凡不减，有大智慧光明，遍照法界。《妄尽还源观》的第一门，便是显示此一切众生本来具有的自性清净心，为华严行者依解起行悟入法界的指导原理。

二、起二用。从自性清净圆明的心体，起二用：（一）海印森罗常住用，又名海印三昧，是说真如本觉，妄尽心澄，众德同时炳然圆明显现，森然交罗，常住不动，犹如大海，风息水澄，万象齐观。（二）法界圆明自在用，又名华严三昧，是说菩萨广修万行，契理称真，成就众德，普周法界而证菩提，放大光明，度脱众生，布施、持戒、忍辱、精进及禅定、智慧、方便、神通等一切自在，无有障碍。

三、示三遍。海印、法界二用一一都周遍法界。周遍有三种：（一）

一空普周法界遍，一切事法都无自性，要因真如理体而得成立；一尘亦揽真如理而成；一尘亦和真如同样周遍法界。（二）一尘出生无尽遍，一尘现起必依止真如，真如既然具备恒沙众德，一尘亦应称真如法界起无边的妙用，出生万法，无有穷尽。（三）一尘含容空有遍，一尘是因缘所生法无自性，即是空；众缘相续的假相幻用宛然，即是有；所以一尘同时具有真空、妙有二义。

四、行四德。依前一尘能遍的境界而修四种行德：（一）随缘妙用无方德，众生根器不等、受解万差、乐欲不同，随顺机缘，起应病与药的妙用，施化万品，仪式难量。（二）威仪住持有则德，行住坐卧四威仪等，于如来所制禁戒，常护讥嫌，堪任住持，可为轨范。（三）柔和质直摄生德，慈悲平等，调柔和顺，体无妄伪，言行相符。（四）普代众生受苦德，菩萨由大悲方便力，以身为质，于三恶趣救赎一切受苦众生，令离苦得乐。

五、入五止。依前能行四德之行而修五止：（一）照法清虚离缘止，观照真谛之法本性空寂，俗谛之法似有即空，真俗清虚，肃然无寄，能缘之智既寂，所缘之境亦亡。（二）观人寂怕绝欲止，观五蕴假合之身寂然无主，诸欲皆尽，无愿无求。（三）性起繁兴法尔止，观真如体随缘起万差诸法，任运常然，古今不变。（四）定光显现无念止，于此六止妙观门中，心体相彻，十方齐照，无思无虑，任运成事。（五）理事玄通非相止，观幻相的事法，无性的理体，此隐彼显，此显彼隐；隐复显了，俱时成就；悲智双融，性相俱泯。

六、起六观。依前即观的五止而起即止的六观：（一）摄境归心真空观，观三界一切诸法只是一心所造，心外更无一法可得，由此息一切分别，悟平等真空。（二）从心现境妙有观，观从真如体起色心一切诸法，具修万行，庄严佛土，成就报身。（三）心境秘密圆融观，观诸佛证之以成法身的无碍心，与诸佛证之以成净土的无碍境，即如来报身及所依净土，或身中现土，或土中现身，依正圆融，无有分齐。（四）智身影现众缘观，观智体惟一，能鉴照众缘，犹如日轮照现，迥处虚空，一切众生无不蒙益。（五）多身入一镜像观，观毗卢遮那由深定力十身互用，或以一身作多身，或以多身入一身，如镜现像，无有障碍。（六）主伴互现帝网观，如以自为主，望它为伴；或以一法为主，一切法为伴；或以一身为主，一切身为伴；主伴互现，重重无尽，犹如帝释天宫所悬的珠网，光光交映，无尽无穷。

以上所述六重观门，其一一观皆悟入法界要门，举一为主，余五为伴，随入任何一门即具余门而全收法界，所以法藏最后举圆珠六孔喻，说“如圆珠穿为六孔，随入一孔之中，即全收珠尽”。

（黄忏华）

四分律行事钞

《四分律行事钞》，具称《四分律删繁补阙行事钞》，三卷，唐释道宣（596—667）撰。作者为律学南山宗的创始人，本书钞集比丘依律行事的教典根据，主要以《四分律》藏为基础，以三藏文字、圣贤撰述、古师章疏为补充，分三十篇说明律藏所摄的自修摄僧的各种事相行法。此与作者所著的《四分律比丘戒本疏》和《四分律羯磨疏》同称为南山三大部，为律宗的权威著作。

道宣十六岁从智頵出家，二十岁时从智首受具。二十一岁从智首习律，曾听律至二十遍以上。他在从智首听律的时候就打下了著本书的基础。他原住长安崇义寺，以唐武德七年（624）入终南山，武德九年（626）六月于终南山丰德寺撰成本书初稿。贞观四年（630，一作贞观八年，634）重加修订。

本书卷首有作者自序，序文先总明著本书的动机，作者认为古来释律的著作，撰疏的只论废立，作钞的只逞问难，都不足以为新学实际行事的指导。因此，“统教意之废兴，考诸说之虚实”，以“辟重疑，遣通累，括部执，诠行相”为宗旨，着重会通诸律，解决疑难，便利行事，故题名行事钞。把律文内同类的加以归纳，内容是“始终交映，隐显互出”。尽量求文字的简约，提示纲领，以应需用。

次以十门提纲，说明撰述本书的义例：

一、序教兴意，说明佛制戒的意义，四分宗与他宗的优劣，并以遮性等五例分别显教兴意。

二、制教轻重意，以渐顿等七门说明制有轻重的理由。

三、对事约教判处意，以昔人临事不据所受律文判断，或依他部律来处理本宗（四分）的持犯，为了纠正这些错误，而建立划一正确的标准。

四、用诸部文意，说明本书主要取《四分律》藏的文为依据，其间也引用他部律，主要是因为《四分律》文不明了，或事在废前（如律许食鱼肉，后在《涅槃经》中制止食肉），或有义无文，有事无文的，皆取他部的文来补充。所引的律文，必取与四分义势相顺。其与《四分律》文不同不相通的，只能用他部的文行他部事。至于两律文义不同又都明了，不好取舍，就两说并存，随人采用。又列举诸持律者有以下几种：（一）只用四分一部，全不参考他部。（二）遇有四分缺文就引他部来补充。（三）四分应有的意义而文字不明显，引他文证明。（四）四分文义部明显，虽是他部所废，而仍然沿用。（五）兼取五藏文字会通律宗。（六）最后以大乘为归趣。作者说本文所宗属于（三）、（六）两种，其余的方法则参酌采用。

五、文义决通意。作者从《四分律》藏中发现了许多须抉择会通的问题。其原因不外是律文年久残缺，部主取舍不同，翻译失实，抄写错漏，相承杂滥。解决办法是：（一）文义俱阙的事，以他事为例，或就理之所有来处理。（二）文具义阙的事以义定之。（三）义虽应有而《四分律》无明文的事，以他部文为证而成其事。

六、教所诠意，总以持犯二事为律教所诠。

七、道俗七部立教通局意，分化行二教，化教泛明因果，识达邪正，通于道俗；行教（即制教）定取舍，显持犯，局于内众。

八、僧尼二部行事通塞意，二部同戒同制的，尼戒以比丘戒为准。其余轻重不同，有无互缺，犯同缘异，及尼与比丘不同的行法，另立尼众别行法篇。

九、下三众随行异同意，即式叉摩那、沙弥、沙弥尼不同的行法，别列一篇。

十、明钞者引用真文去滥传真科酌意，作者列举本书引用的书目，有诸部律藏及释律诸论（《根本说一切有部律》当时尚未传来，作者未及见故不列），和梁时所集《出要律仪》等（所引大乘三藏及小乘经论，则未列书目）。所引有关《四分律》古师注释，有法聪、道覆《疏》六卷，洪理《抄》二卷等十余种，以及江表、关内、河南、蜀郡流传的著作。最后，作者说明作钞意在撮略正文，包括诸意，只存可为根据的文字，其余都删略（诸家解释不适合于新学行事的，另收入《拾毗尼义钞》中）。目的是专供行事上披检之用。

最后以三行统摄全书的内容。上卷十二篇属于摄僧统众的事，名为众行；中卷四篇属于自修持犯的事，名为自行；下卷十四篇通于僧众及个人，名为共行。自行属于止持，众行、共行属于作持。故本书所诠，总归于依戒行十六事，成此三行，故名行事。

正文分三十篇（宋元照撰《四分律行事钞资持记》中，将本书分摄为十六篇），其主要内容如下：

一、《标总显德》篇，本书以依戒行持为宗，本篇标举戒法、戒体、戒行、戒相，并广行诸教，赞持戒功德，为以下诸篇的发起（即总劝行事）。

二、《集僧通局》篇，明羯磨作法前作相（打犍椎等）集僧的方法，界（集僧处所）的差别和体相，及集僧的人数范围。

三、《足数众相》篇，明足僧数的人所具的条件，文中多说不足数的相，反显能足数的相。后附别众法。

四、《受欲是非》篇，明制与欲的制意，开遮，与欲因缘，与欲法、失欲及成不成与欲。

五、《通辨羯磨》篇，明羯磨的条件、种类和成不成的分别。

六、《结界方法》篇，明摄僧界，内容包含自然界、作法界、结果作用的有无和失不失的差别（以上五篇为众法缘成事）。

七、《僧网大纲》篇，主要明灭恶。以五门为纲，明住持摄众的方法，包含七种治罪法（加恶马、默摈为九种），僧食制度的如法与否，作法的条件和方法（此篇为匡众住持事）。

八、《受戒缘集》篇，明受戒的事，附舍戒法和六念法。

九、《师资相摄》篇，明弟子依止法和和尚阿阇黎摄受弟子法（以上两篇为接物提诱事）。

十、《说戒正仪》篇，明半月说戒的仪轨（谓据普照、道安二人旧定的仪轨，引律藏加以删补而成。此篇与下自恣篇为检察清心事）。

十一、《安居策修》篇，明安居处所、时间、分房舍法、四种安居、遇缘失不失安居、迦提五利、解界如不如法等，附受日法（此篇为静缘策修事）。

十二、《自恣宗要》篇，明自恣的时间、人、自恣作法等，附迦絺那衣法。

十三、《篇聚名报》篇，先依六聚释篇聚名相，次明犯戒所感果报。

十四、《随戒释相》篇，释比丘二百五十戒的戒相，初广明戒法功能、戒体业性，并略示戒行摄修，后依戒本逐条解释。除少数特殊条文外，仅列举犯缘和略释（广解见《戒本疏》及《拾毗尼义钞》中）。

十五、《持犯方轨》篇，以名字、体状、处所、通塞、渐顿、优劣、杂料简等七门释持犯差别（以上三篇为专精不犯事）。

十六、《忏六聚法》篇，初依三宗明理忏，次依六聚明事忏（此篇为犯已能悔事）。

十七、《二衣总别》篇，二衣谓制三衣六物及听百一衣财。于制门中明衣的作法，受法、摄衣界坐具法、漉水囊法。于听门中明百一诸长、粪扫衣、檀越施衣，及亡僧物的处理。

十八、《四药受净》篇，明四药的体，结净地法，护净法的差别，受的差别。

十九、《钵器制听》篇，初明钵的制意、体、色、量、受法、失受相及受用行护法，次明其他养生众具。附房舍众具等法（以上三篇为内外资缘事）。

二十、《对施兴治》篇，明受施时作观对治自心的方法。

二十一、《头陀行仪》篇，明十二头陀行（以上两篇为节身离染事）。

二十二、《僧像致敬》篇，明敬三宝法及僧众大小相礼法，附造经像塔寺法（此篇为卑己谦恭事）。

二十三、《计请设则》篇，包含受请、往计、至请家、就座、观食净汙、行香咒愿、受食、食竟、哒嚫、出请家等法。

二十四、《导俗化方》篇，明说法仪轨，授三皈、五戒、八戒法，生起俗人敬信的方便，及白衣入寺法（以上两篇为外化生善事）。

二十五、《主客相待》篇，明客比丘入寺、受房、相敬、问受利等法。

二十六、《瞻病送终》篇，初明简看病人法、供养法、安置病人处所及为病人说法，次明出尸及埋葬的法则（以上两篇为待遇同法事）。

二十七、《诸杂要行》篇，明佛法僧事乃至杂治病法等十门杂事（此篇为杂行要业事）。

二十八、《沙弥别行》篇，初明出家缘起、劝出家的功德、障出家的过失等，次明出家和授沙弥戒的仪轨与沙弥戒相等。

二十九、《尼众别行》篇，初明比丘尼受戒、忏罪、说戒、安居、自恣等与比丘不同的行法，次明式叉摩那法及沙弥尼法（以上两篇为训导下众事）。

三十、《诸部别行》篇，明他部与四分不同的少数事相（此篇为旁通异宗事）。

此书标题冠以“删繁补阙”四字，如自序中所说：删繁主要是删过去诸注家繁广的情见，补阙是补充诸注家，也补充《四分律》藏未解决的问题。所以本书对《四分律》藏，没有增减圣言的过失。

此书于诸部律中特以四分为宗，其理由是中国受戒既依四分，随行也必须依四分才合理。所以根据的文字，以及判断问题都以《四分律》为标准。但道宣与其他宗四分的学者不同处，在于他敢于旁征博引，用他部的文字来补充《四分律》，而又不害《四分律》的本意。《四分律》在三乘中的地位，作者在《羯磨疏》中称为“过分小乘教”，在此书中则称为“小菩萨”（见《沙弥别行》篇），而“义当大乘”（见《受戒缘集》篇）。此书对于戒体，虽说应依《成实论》许无作非色非心，而又说“今就正显，直陈能领之心相”，仍倾向以心法为无作戒体。此书引大乘三藏文字甚多，且多偏重大乘，如依《涅槃经》废鱼肉正食，即是其例。作者判四分律宗分通大乘，此书可说是以分通大乘的面貌出现的。

此书将《四分律》藏的二部戒和二十犍度的内容，以事类为提纲，归纳排列，与其他注《四分律》藏随文解释的体例完全不同。它仅以三卷的文字，该摄了六十卷《四分律》藏的事相行法，其余三藏教典、东土著述有关的文义，也收罗得不少。不但全面，而且细密，如尺量短长，由旬大小等，皆有精细的考订。并补充了很多阙漏（如狂人前舍戒不成，有义无文，三衣应受持及非时残宿不受，有事无文等，引十诵等证补），纠正了很多错误，发现并解决了很多前人未注意未解决的问题。唐澄观称其“文简理诣，义圆事彰”。宋代元照说此书是“摄僧护法之仪，横提纲要，日用时须之务，曲尽规猷”。都不是过分的评语。它是在法砺以前诸律师研习成就的基础上，舍短取长，而集其大成的。道宣以前诸家的钞，现在多已失传，盖自此书出世后，它们就渐次被淘汰了。

此书成后就为当时律匠所共传诵。法砺见此书，写一本常阅，误以为智首作。怀素也曾学此书。但因为它文简义丰，后世学者不免仍感觉它很深。志鸿作《搜玄录》时已叹息“当时传授，机利洞明；自尔学之，情昏莫晓”。元照也说它“理致渊奥，讨论者鲜得其门”。后人为此书作注释的极多，见于《行事钞诸家记标目》的有六十二家，现存的有以下几种：一、《四分律钞批》十四卷，唐大觉撰。二、《四分律行事钞搜玄录》二十卷，唐志鸿撰，澄观序。引大慈、灵萼以下四十余家的要义。今仅存集僧通局篇以上及安居、自恣二篇文，余佚。三、《四分律行事钞简正记》二十卷，后唐景霄撰。四、《四分律行事钞资持记》十二卷，宋元照撰。五、《四分律行事钞科》三卷，元照撰。六、《四分律行事钞评集记》十四卷，澄渊撰。以上诸家注释，以元照《资持记》最为精详，为《四分律》学者所共推重。释《资持记》的著作有《资持记序解并五例讲义》一卷（宋则安撰），《资持记立题拾义》一卷（宋道标撰）。1686年，日本僧慈光、瑞芳二人将《资持记》编于《行事钞》文下，将元照《科》文系于其上，题名《三籍合观》。分为四十二卷。

道宣著成此书后，即亲为弟子讲授。他的弟子中，有人在听讲时记录所闻，就成为此书的注释。六十二家中的大慈、融济、灵萼、玄俨，都是道宣的弟子。此外，除极少数异宗的人（如相部宗的昙一等），对此书有不同意见外，其余多是南山宗学人，对本书皆尽力弘传。慧则一生讲此书至七十遍之多。此书初出，即盛行于长安及其附近。道宣传法弟子文纲和文纲弟子道岸到了南方，此书的传播就自北而南。道岸又请中宗墨敕执行南山律宗，此书的流行遂遍于中国南北汉族佛教界，言行事者皆奉为司南。直到现在，仍为《四分律》宗人所宗奉。

（隆莲）

南海寄归内法传

《南海寄归内法传》，简称《南海寄归传》，四卷，唐义净撰于南海室利佛逝。义净（635—713），齐州（今山东省济南市）山庄人。出家以后，仰慕法显、玄奘西行求法的高风，十八岁起就立志欲游古代印度。后来到唐高宗咸亨二年（671），他方从番禺（今广东省广州市）泛海西行，经过南海室利佛逝，于咸亨四年（673）到达东印度耽摩栗底，从此前往中印度各地瞻礼圣迹，留学那烂陀寺达十年之久。武周垂拱三年（687），他返国重经室利佛逝，就停留在那里从事译述。武周天授二年（691），他在室利佛逝遣大津归国，请求国家在古代印度造寺，以供去印的中土僧人住宿，顺便把自己停留期内新译经论和撰述交托大津带回，本书便是其中的一部。书内记述他在古代印度和南海各地所见闻的僧徒日常行事的法式，用意在针对当时中土僧徒践行上失当之处，依据内法规则加以纠正。书前有自序，末附结语，敬向国内诸大德说明身在海外，恐难面叙，故先寄此以供采择。此书题为《南海寄归内法传》，也即由于此故。

本书叙述西方师资现行各事，共四十章，大都依据根本说一切有部的传统，对于日常主要行事，作了明确的介绍。在四卷中，卷一叙破夏非小等九章，卷二叙衣食所需等九章，卷三叙受戒轨则等十二章，卷四叙灌沐尊仪等十章。其中，很多和戒律中“作持”部分即《百一羯磨》的作法以及十七事所规定的有关。义净去西方求法时，本已随处留心这些。他在那烂陀寺学习，不但获见完本的《百一羯磨》（中国前此所传的羯磨都不完备），还翻译了毗舍佉所作《有部毗奈耶颂》，详细研究过十七事中重要节目（见颂的下卷）。《寄归传》的写作，就是在这一基础上针对中土所疏忽或误传的地方，更作了重点的叙述，象受戒轨则（卷三），结净地法、五众安居、随意成规，三衣刺叶、着衣方法（卷二），先体病源、进药方法（卷三）等，很明显是出于有关的受戒、安居、衣、药各事，不待详说；即其余涉及饮食、用水、受斋（卷一、二），便利、沐浴（卷二、三），敬礼、亡僧财物（卷四）等，也都散见于各事及羯磨中。至于说破夏与长幼辈分无关（卷一），敬礼不必谦让（卷三），粪尿等不可作药物（卷三），以及长发受具，烧指燃肌，结契劝死等不合律法，则更指斥时弊，不留余地。凡此叙述，均极翔实切用，可谓与中土通行的南山宗《行事钞》价值不相上下。本书卷末，附叙他自己的亲教、轨范二师的学行、教导，以及辞师泛海西行，巡礼留学，归途停留佛逝的经过。

此书所述，虽以有关戒律的各节为主要部分，但也连带述及佛教部派的传播，寺院的制度和学风，当时著名大德，以及一般社会风俗诸方面，留下不少的古代印度及南海一带的古代佛教史料。据此书序上所说观之，旧传律分五部，乃是西域的情况。若在古代印度本土，则当时声闻乘佛教已并成大众、上座、说一切有、正量四大部派。有部最盛，流行于中印、北印及南海诸洲，正量部流行于西印罗荼、信度等国，这可谓在古代印度平分天下；至于上座部只盛行于师子洲，大众部偶见于北方。东裔诸国（那烂陀东行五百驿一带）杂行四部，中印摩揭陀亦有四部通习之风。又北印及南海诸洲都奉小乘，南海仅末罗游少有大乘，中印度则大小通习。书中并载东裔大黑山以南，沿海有室利察呾罗郎伐戍、杜和钵底，以至极东的临邑诸国，也都奉佛教，尚乞食杜多行法（卷一总序）。又提到小乘四个主要部派各有它的着裙方法，在形式上可以看出他们的所属部别（卷二衣食所需章）。关于寺院的制度方面，此书述及东印耽摩立底国寺院及那烂陀寺众制法则。旁及寺外余地租给俗人种植，寺僧收所产菜蔬三分之一；每月四斋日晚，寺众集合听讲寺制等例（卷二衣食所需章）。而一般寺院，禺中灌像，日晡赞诵，成为常规。那烂陀寺设置唱导师，受特殊供养，每晚巡行寺内，高声唱赞佛德，八院僧人闻声各于当处自行礼诵；又五天初出家人，不问大小乘，常先教诵摩咥里制吒所制的《赞佛四百颂》或《一百五十颂》，及龙树《寄密友书》等（卷四灌沐尊仪及赞咏之礼章），这都可为中土所取法。

此书对于古代印度当时的一般教育方法及佛教内教学次第记载极详，为有关印度文献和佛学史上极可宝贵的资料。在一般教育方面，本书西方学法章（卷四）述当时印度社会所共习的声明要典有五部，即初学《悉谈章》三百余颂，波尼你的根本经《苏呾啰》一千颂，明字根的《驮覩》章一千颂，明七例、十罗声、二九韵等的《三荒》章三千颂，及阇耶昳底释根本经的《苾栗底苏呾啰》一万八千颂，并说明各书的主要内容、授学次第和时日，认为这是一切学问的基础。于此欲求深造，还须进研钵颠社攞释《苾栗底苏呾啰》的《朱你》、伐楙呵利释《朱你》的《伐楙呵利论》，又有伐楙阿利的《萆拏》及护法的《释》。伐楙呵利学士与护法论师是同一时代人，学士出家还俗往复七次，深明唯识，善解因明，于时去世已四十年。这些书亦为一部分道俗所共习，要须通达，始为善解声明，号称多闻。至于佛教学习方面，则在通达声明，遵习律仪的基础上，进修《理门》《俱舍》，诵习《本生贯》，然后到那烂陀寺或跋腊毗国从师深造。又提到学瑜伽须穷无著、世亲的“八支”（《二十唯识》《三十唯识》《摄大乘》《对法》《辨中边》《缘起》《大庄严》《成业》八部论），习因明须通陈那的“八论”（《观三世》《观总相》《观境》《因明》《似因明》《理门》《取事施设》《集量》八部论），研《发智》应遍窥“六足”，诵《阿含》必全探四部，从这上面可见当时佛教全部教学的项目、次第和学风。本书附带举出撰者在古代印度所亲炙的佛教学者有羝罗荼寺智月法师、那烂陀寺宝师子大德、东印的地婆羯罗密呾罗密、南方的呾他羯多揭婆、南海佛逝的释迦鸡栗底等。又举稍前的十大德为陈那、护法、法称、戒贤、师子月、安慧、德慧、慧护、德光、胜光。其中，法称、慧护之重显因明，德光之再弘律藏均为当时的显学，而其流派盛行于中国西藏，迄今不衰。汉地所知，仅义净之简单介绍而已。至于德慧之于定学，义净虽一度说及，其实竟湮没无闻了。本书还述及戒日王爱好文学，曾总集咏佛本生诗赞得五百夹，并取乘云菩萨以身代龙的故事辑为歌词，谱之弦管，与当时东印文学家月官大士所作的毗蹁安呾啰太子故事诗，并流传五印、南海，人皆舞咏，这些都是有关印度文学史的好资料。

义净对梵文音义的汉译极其认真，本书涉及各项名物时，凡旧译有不合处，都随处校正，如云世俗之应作复俗等，都出于旧解之外。他又主张总习梵文，无劳翻译之重加隔阂；以为骨崙、速利尚能总读梵经，何以中土反不究其本，故本书对声明初基介绍特详。又以中土持律，诸部互牵，因而部别之义不明，开遮之理莫分，主张严依部执，各守规制。并反对中土治律诸家章疏过于繁杂，以为制作目的在令人易解，岂得故作纷难，重增负担，不切践行。以中土尊重大乘，特举印度所云大乘无过中观、瑜伽，同契涅槃，理无乖竞，不应割裂纷纭，转晦大本。像这些议论，都可以见他对当时中土佛教有其矫正偏弊的热诚主张，可惜在实际并未生若何影响，空留着这都堪与显、奘二师著述媲美的制作，供今人为研究之资而已。

本书注解，只有日入所作的几部，即饮光撰《解缆钞》八卷，亡名《私记》四卷及胁谷扐谦撰《讲义》四卷等。又日本高楠顺次郎，曾于1896年将本书译成英文，常为佛教学者所引用。

（游侠）

经律异相

《经律异相》，五十卷，梁代释宝唱等集。释宝唱俗姓岑，吴郡（今江苏省苏州市）人。十八岁出家为僧祐的弟子，住庄严寺学习经律。后来，又从处士顾道旷、吕僧智等研习经史及《庄子》等。天监七年（508），梁武帝令庄严寺僧旻在定林上寺纂《众经要抄》（八十八卷），开善寺智藏纂《义林》（八十卷），建元寺僧朗注释《大般涅槃经》（七十二卷），都由宝唱帮助编成。他又帮助梁太子萧纲编《法宝联璧》二百余卷，并自编历代有关佛教文献的《续法轮论》七十余卷。天监十四年（515），梁武帝命安乐寺僧绍撰《华林佛殿经目》，书成，梁武帝不满意，又命宝唱重编，于天监十五年（516）撰成《众经目录》一帙四卷，很得时人的好评；于是叫他掌管华林园的宝云经藏。他因而有机会接触到更多的书籍，就于这年编成了《经律异相》五十五卷的巨著。此外，他还著有若干著作，详本书《僧传》《比丘尼传》等条。

在《开元释教录》卷六里，《经律异相》题为宝唱撰，而北宋丽刻作僧旻、宝唱等集，这大概是因《历代三宝记》卷十一序言误解《经律异相序》文所云天监七年僧旻等“备钞众典”而误题的。据《异相》卷一《序文》说，僧旻等先编的《众经要抄》，一般的事义，已经“辞略意晓”，对于研究经教的人很有便利，不过希有的异相还散见各处，鲜闻的秘说也未经标明。因此天监十五年（516）梁武帝又令宝唱抄经律要事，以类相从，使览者易了。并命新安寺僧豪、兴皇寺法生等帮助检读。这样可见《经律异相》和《要抄》取材不同，编制亦异，而且与《要抄》并行，僧旻的《要抄》并不即是《异相》，所以题僧旻和他共编是不恰当的。不过，有僧豪等助编，在宝唱名下加一等字，倒也无妨。

本书凡文五十卷，目录五卷，共五十五卷，经录原是这样记载的。刻本目录不计卷，所以仅有五十卷。各卷的分类内容如下：

一、天部（上）三界诸天（卷一），四十二事；（下）欲色天人（卷二），十一事。

二、地部（卷三），二十二事。

三、佛部（一）应始终（卷四），六事；（二）应身益物（卷五），十八事；（三）现涅槃后事（卷六），二十三事。

四、诸释部（卷七），十四事。

五、菩萨部（一）自行（卷八），二十事；（二）外化（卷九），十三事；（三）、（四）随机现身（卷十、十一），三十事。

六、僧部（一）出家菩萨（卷十二），九事；（二）至（七），声闻无学（卷十三至卷十八），一百十四事；（八）声闻不测浅深（卷十九），二十四事；（九）声闻学人（卷二十），十事；（十）声闻现行恶行（卷二十一），十二事；（十一）声闻无学沙弥（卷二十二），十一事；（十二）声闻无学尼（卷二十三），十四事。

七、诸国王部（一）转轮圣王（卷二十四），十二事；（二）行菩萨道（卷二十五、二十六），二十事；（三）行声闻道（卷二十七至卷二十九），三十八事。

八、诸国王夫人部（卷三十），六事。

九、诸国太子部（一）行菩萨道（卷三十一、三十二），十七事；（二）学声闻道（卷三十三），六事。

十、诸国王女部（卷三十四），九事。

十一、长者部，得道（卷三十五），十五事；杂行（卷三十六），十九事。

十二、优婆塞部（卷三十七），十四事。

十三、优婆夷部（卷三十八），九事。

十四、外道仙人部（卷三十九），十六事。

十五、梵志部（卷四十），十二事。

十六、婆罗门部（卷四十一），十六事。

十七、居士部（卷四十二），五事。

十八、贾客部（卷四十三），十六事。

十九、庶人部，男（卷四十四），三十八事；女（卷四十五），十七事。

二十、鬼神部（卷四十六），二十二事。

二十一、畜生部，杂兽（卷四十七），三十七事；禽、虫（卷四十八），二十九事。

二十二、地狱部（卷四十九、五十），十六事。

总共二十二部，细分五十一项，共收七百八十二事。

首先，此书的编纂除直接抄录（或节录）经律原文而外，并间有简单的注释，大概以有关名相翻译者为多。注释有的用“梁言”云云。例如，第一卷“叨利天第二”“王名释提桓因”，注云“梁言能作天王”；同卷“炎摩天第三”“炎摩”，注云“梁言时”等。有的用“翻”云云：如第十六卷“优婆笈多出家降魔三”“陀那笈多”，注云“翻宝护”等。有的用“名曰”云云：如第七卷“大爱道出家四”“汝入城到耶游理家所”，注云“受戒在家名曰理家，即优婆塞也”。有的用“今云”：如第四十七卷，“象猕猴鶌共为亲友四”“象狒猴鶌鸟”，注云“僧祇律第二十七今云颠多鸟”。有的用“梵言”云云：如第一卷“遍净天第十二”“遍净天气”，注云“梵言韦纽”。道宣《内典录》卷十著录宝唱撰《翻梵言》三卷，同书卷四《僧伽婆罗录》说，沙门宝唱等奉令笔受婆罗所译经典。《续僧传》也将“宝唱传”列入“译经篇”，可见宝唱对翻译是曾参加过的。《翻梵言》今无传本，现在《异相》中所存的有关翻译的资料，或即《翻梵言》中所出，亦未可知。

其次，《异相》所抄录各种经律互有异同处，也很多注了出来。如第一卷“炎摩天第三”“王名善时”，下云“《大智论》云妙善”。同卷“化乐天第五”“亦有嫁娶熟相视成欲”，下云“《三法度经》云：以深染污心与天女共语成欲；若一不染不成，但乐而已”。这些都是注明其不同的。又如第四卷《现般涅槃五》“香薪处处，不烧自燃”，下云“《长阿含》双卷《涅槃》略同，文多不载”。第五卷“受阿耆请三月食马麦三”“王心悦结解，逮法眼净”，下云“出《中本起经》下，《十诵弥沙塞律》略同”。这些又都是注明其相同的。又如第一卷“四天王天”一“遍往诣之随意所取”，下云“《楼炭经》说大同小异，文多不载”。第七卷“阿那律出家”十“次阿那律”，下云“出《四分律》初分第三分，《大智论》《十二游经》少异大略是同”。这些是注明有同有异的。以上注释，使后人对于经律的比较研究很有益处。

最后，本书的抄集，保存了古来许多佚书，如《三乘名教经》（卷一）、《天帝释受戒经》《悉鞞梨天子诸佛说偈经》《过去弹琴人经》《折服罗汉经》（卷二）、《善信经》《斫毒树经》《众生未然三界经》（卷三）等。据统计，约有一百四十种之多，但大半为别生钞经。

本书所有各种体例，皆由宝唱等依照梁武帝的意见斟酌而定。后来同类的编纂，如唐道世的《诸经要集》《法苑珠林》等，多取法于此书。

（田光烈）

大乘义章

《大乘义章》，隋慧远（523—592）著。原来有五聚，二百四十九科，分为十四卷，现存本只有四聚（缺第五杂法聚）二百二十门，分为二十卷。作者慧远是法上的弟子，慧光的再传，而慧光则出于勒那摩提之门。据《续高僧传·法上传》（卷八），法上本来著有《大乘义章》六卷（已佚），慧远此书可能和法上之作有相承关系。

本书分为五聚：一、教聚，二、义法聚，三、染法聚，四、净法聚，五、杂法聚。

一、教聚中分三门：（一）众经教迹义，（二）三藏义，（三）十二部经义。

二、义法聚中分为二十六门：（一）佛性义，（二）假名义，（三）入不二门义，（四）二谛义，（五）二无我义、（六）如法性实际义（以上卷一），（七）三解脱门义，（八）三有为义，（九）三无为义，（十）四空义，（十一）四优檀那义，（十二）四悉檀义，（十三）四真实义（以上卷二），（十四）四谛义，（十五）四缘义，（十六）五果义，（十七）六因义，（十八）四空义，（十九）五法三自性义，（二十）六种相门义，（二十一）八识义（以上卷三），（二十二）十因义，（二十三）十一空义，（二十四）十二因缘义，（二十五）十八空义，（二十六）二十二根义（以上卷四）。

三、染法聚有六十门，又分三类，第一，初烦恼义有三十门：（一）二障义，（二）三障义，（三）三根三道三毒烦恼义，（四）三使义，（五）三漏义，（六）四缚四流四枙义，（七）四取义，（八）四种身结义，（九）

五住地义，（十）五盖义，（十一）五下分结义，（十二）五上分结义，（十三）五悭义，（十四）五心栽义，（十五）五心缚义，（十六）六垢义，（十七）七漏义，（十八）七使义，（十九）八慢义，（二十）八种恶觉义，（二十一）八妄想义，（二十二）八倒义，（二十三）九结义（以上卷五），（二十四）十使义，（二十五）十缠义，（二十六）十障义，（二十七）十四难义，（二十八）十六神我义，（二十九）六十二见义，（三十）八万四千烦恼义（以上卷六）。第二，诸业义分十六门：（一）身等三业义，（二）三性业义，（三）三受报业义，（四）三界系业义，（五）三时报业义，（六）四曲秽浊三业义，（七）黑白四业义，（八）五逆义，（九）六业义，（十）七不善律仪义，（十一）八种语义，（十二）九业义，（十三）十不善业义，（十四）十四垢业义，（十五）十六恶律仪义，（十六）饮酒三十五失义（以上卷七）。第三，苦报义分十四门：（一）二种生死义，（二）四生义，（三）四有义，（四）四识住义，（五）四食义，（六）五阴义，（七）六道义，（八）七识住义，（九）八难义，（十）九众生居义，（十一）十二入义，（十二）十八界义，（十三）二十五有义，（十四）四十居止义（以上卷八）。

四、净法聚有一百三十三门，又分因法、果法两类。第一，因法有一百一十五门：（一）发菩提心义，（二）回向义，（三）金刚三昧义，（四）断结义，（五）灭尽定义，（六）一乘义，（七）二种庄严义，（八）二种种姓义，（九）证教二行义（以上卷九），（十）三归义，（十一）三学义，（十二）三聚戒义，（十三）三种律仪义，（十四）业观舍义，（十五）三慧义，（十六）三种般若义，（十七）三智义，（十八）三量智义，（十九）同相三道义，（二十）别相三道义，（二十一）三种住义（以上卷十），（二十二）烦等四心义，（二十三）人四依义，（二十四）法四依义，（二十五）四圣种义，（二十六）四亲近行义，（二十七）转业四行义，（二十八）四修定义，（二十九）四不坏净义，（三十）四坚义，（三十一）四种道义，（三十二）四种善法义，（三十三）四种味义，（三十四）四德处义，（三十五）四种求知义，（三十六）四陀罗尼义，（三十七）四无量义，（三十八）四无碍义，（三十九）菩萨四无畏义，（四十）四摄义（以上卷十一），（四十一）五愿义，（四十二）五戒义，（四十三）五品十善义，（四十四）五停心义，（四十五）五圣支定义，（四十六）五圣智三昧义，（四十七）五智义，（四十八）五忍义，（四十九）五种菩提义，（五十）五种方便义，（五十一）五种善法义，（五十二）五行义，（五十三）五生义，（五十四）五无量义，（五十五）五德举罪义，（五十六）五种教诫义，（五十七）六波罗蜜义，（五十八）六念义，（五十九）六种决定义，（六十）六妙行义，（六十一）六种善法义，（六十二）六和敬义，（六十三）六修定义，（六十四）六三昧义，（六十五）六摄义，（六十六）七善律仪义，（六十七）七净义，（六十八）七财义，（六十九）七种大乘义，（七十）七地义，（七十一）八戒斋义（以上卷十二），（七十二）八禅定义，（七十三）八解脱义，（七十四）八胜处义，（七十五）八行观义，（七十六）八大人觉义，（七十七）八法摄摩诃衍义，（七十八）九次第定义，（七十九）九想观义，（八十）九断智义（以上卷十三），（八十一）十想义，（八十二）十一切入义，（八十三）十圣处义，（八十四）十种慰喻义，（八十五）十愿义，（八十六）十种供养义，（八十七）十无尽藏义，（八十八）信等十行义，（八十九）十明义，（九十）十忍义，（九十一）十无生忍义，（九十二）十住义，（九十三）十行义，（九十四）十回向义，（九十五）十地义，（九十六）十功德义，（九十七）见性十法义，（九十八）涅槃十因义，（九十九）菩萨十力义，（一〇〇）菩萨十无畏义，（一〇一）三乘共十地义（以上卷十四），（一〇二）十智义，（一〇三）十一智义，（一〇四）十一净义，（一〇五）十二头陀义，（一〇六）十二巧方便义，（一〇七）十三住义，（一〇八）离十四垢业义，（一〇九）离隐六方、离四恶友、摄四善友义，（一一〇）十四化心义（以上卷十五），（一一一）十六特胜义，（一一二）菩萨十八不共法义，（一一三）二十种法师德义，（一一四）三十七道品义（以上卷十六），（一一五）贤圣义（以上卷十七）。第二，果法分十八门：（一）涅槃义，（二）无上菩提义（以上卷十八），（三）净土义，（四）三佛义，（五）三智义，（六）三不护义，（七）三念处义，（八）四一切种净义，（九）二智义，（十）四智义，（十一）四无畏义（以上卷十九），（十二）五分法身义，（十三）五眼义，（十四）六通义，（十五）十号义，（十六）十力义，（十七）十八不共法义，（十八）百四十不共法义。

五、杂法聚，文佚，由道宣的传说推考，应当包会二十九门。

六世纪初，勒那摩提和菩提流支东来，传入世亲的学说。慧（惠）光亲承他们的教授，成为一代宗师。慧光的著作中有《大乘义律章》一种（已佚），由他采用“命章开释”的方法以释经的情况来看，这部著作可能是慧远“大乘义章”的权舆（道宣《续高僧传》卷二十七《惠光传》）。慧光的弟子法上学德为一时之冠，在魏、齐两代为大统将近四十年，领导二百余万的僧尼。他的著述除《大乘义章》六卷以外，还有《增一数法》四十卷（亦佚），这是把经论中所有名相，按照数目次序加以汇集编排，以便受持。现在，我们看慧远的《大乘义章》以五聚摄法，一方面暗合境行果的次第，另一方面每聚之中又以法数为次，就继承了中国佛教义学中这一个优良传统。

此书内容以慧远的已所宗的南道地论师义为主，对于当时流行的《毗昙》《成实》，也处处予以精简。并对菩提流支之说作了率直的批评（如判教等），而一时传为南地论师所撰的《大乘起信论》也多处引用，成为现存有关《起信论》的最古文献。至于每一义门中又诸门分别，自二门以至十一门不等。辨析法义是很详尽的。

在慧远的时代，中国大乘佛教派别尚未大兴，他这部著作总结这一时期以前中国所接受的全部大乘教义加以综合性的概括，可说是在大乘佛教发展过程中所作的出色贡献之一。后来，唐代玄奘的弟子窥基撰《大乘法苑义林章》，根据师传之说对于教义中很多重要问题加以更深入的分析和研究，也是受慧远著述的影响。

（郭元兴）

法苑珠林

《法苑珠林》一百卷，唐释道世撰。释道世字玄恽，当时因为避免和唐太宗同名（世字），所以通用玄恽这个名字。他俗姓韩，京兆长安人。年十二，出家于青龙寺。精通律学，很有名。显庆年中，他曾参加玄奘法师译场的工作，后来又奉召与道宣律师同住西明寺。显庆四年（659）编成《诸经要集》二十卷，后扩充为《法苑珠林》一百卷，花了十年的工夫，至总章元年（668）才完成。兰台侍郎李俨替它做了序。此外，他还著有《善恶业报》及《信福论》二十三卷，《大小乘禅门观》十卷、《大乘略止观》一卷、《受戒仪式》四卷、《礼佛仪式》二卷、《辨伪显真论》一卷、《敬福论》十卷（略本二卷）、《四分律讨要》《四分律尼钞》各五卷、《金刚经集注》三卷。

《法苑珠林》是类书体。在它以前，梁武帝萧衍令沙门僧旻、宝唱等采择经律里重要希有异相，以类相从，编成《经律异相》五十卷，开了佛教类书的先河。道世继起作《诸经要集》，钞出佛经中有关的材料一千条，分三十部一百八十余目，每部开始有“述意缘”，总序一部的大意。其次有“引证缘”，广引故事为证。到了扩充成《法苑珠林》分一百篇，篇下有部，也是以“述意”“引证”居前，用《要集》原文，共分六百余部，末尾更有“感应缘”，广引实事为证，而且注出引用的典据。

此书原为一百卷，独万历十九年（1591）嘉兴藏刻本析为一百二十卷，今两种版本并行。

此书从《劫量篇》起到《传记篇》止，共一百篇，其篇名和分类如次：

《劫量篇》第一，卷一。《三界篇》第二，卷二、三。《日月篇》第三，卷四。《六道篇》第四，卷五、六、七。《千佛篇》第五，卷八、九、十、十一、十二。《敬佛篇》第六，卷十三、十四、十五、十六、十七。《敬法篇》第七，卷十七、十八。《敬僧篇》第八，卷十九。《致敬篇》第九，卷二十。《福因篇》第十，《归信篇》第十一，《士女篇》第十二，卷二十一。《人道篇》第十三，卷二十二。《惭愧篇》第十四，《奖导篇》第十五，《说听篇》第十六，卷二十三、二十四。《见解篇》第十七，卷二十五。《宿命篇》第十八，卷二十六。《至诚篇》第十九，卷二十七。《神异篇》第二十，卷二十八。《感通篇》第二十一，卷二十九。《住持篇》第二十二，卷三十。《潜遁篇》第二十三，《妖怪篇》第二十四，卷三十一。《变化篇》第二十五，《眠梦篇》第二十六，卷三十二。《兴福篇》第二十七，卷三十三。《摄念篇》第二十八，《发愿篇》第二十九，卷三十四。《法服篇》第三十，《然灯篇》第三十一，卷三十五。《悬幡篇》第三十二，《华香篇》第三十三，《呗赞篇》第三十四，卷三十六。《敬塔篇》第三十五，卷三十七、三十八。《伽蓝篇》第三十六，卷三十九。《舍利篇》第三十七，卷四十。《供养篇》第三十八，《受请篇》第三十九，卷四十一、四十二。《轮王篇》第四十，卷四十三。《君臣篇》第四十一，卷四十四。《纳谏篇》第四十二，《审察篇》第四十三，卷四十五。《思慎篇》第四十四，《俭约篇》第四十五，卷四十六。《惩过篇》第四十六，《和顺篇》第四十七，卷四十七。《诫勖篇》第四十八，卷四十八。《忠孝篇》第四十九，《不孝篇》第五十，卷四十九。《报恩篇》第五十一，《背恩篇》第五十二，卷五十。《善友篇》第五十三，《恶友篇》第五十四，《择交篇》第五十五，卷五十一，《眷属篇》第五十六，《校量篇》第五十七，卷五十二。《机辨篇》第五十八，《愚戆篇》第五十九，卷五十三。《诈伪篇》第六十，《惰慢篇》第六十一，卷五十四。《破邪篇》第六十二，卷五十五。《富贵篇》第六十三，《贫贱篇》第六十四，卷五十六。《债负篇》第六十五，《诤讼篇》第六十六，卷五十七。《谋谤篇》第六十七，卷五十八、五十九。

《咒术篇》第六十八，卷六十、六十一。《祭祠篇》第六十九，《占相篇》第七十，卷六十二。《祈雨篇》第七十一，《园果篇》第七十二，卷六十三。《渔猎篇》第七十三，《慈悲篇》第七十四，卷六十四。《放生篇》第七十五，《救厄篇》第七十六，卷六十五。《怨苦篇》第七十七，卷六十六、六十七。《业因篇》第七十八，卷六十八。《受报篇》第七十九，卷六十九、七十。《罪福篇》第八十，《欲盖篇》第八十一，卷七十一。《四生篇》第八十二，《十使篇》第八十三，卷七十二。《十恶篇》第八十四，卷七十三、七十四、七十五、七十六、七十七、七十八、七十九。《六度篇》第八十五，卷八十、八十一、八十二、八十三、八十四、八十五。《忏悔篇》第八十六，卷八十六。《受戒篇》第八十七，卷八十七、八十八、八十九。《破戒篇》第八十八，卷九十。《受斋篇》第八十九，《破斋篇》第九十，《赏罚篇》第九十一，卷九十一。《利害篇》第九十二，卷九十二。《酒肉篇》第九十三，卷九十三、九十四。《秽浊篇》第九十四，卷九十四。《病苦篇》第九十五，卷九十五。《舍身篇》第九十六，卷九十六。《送终篇》第九十七，卷九十七。《法灭篇》第九十八，卷九十八。《杂要篇》第九十九，卷九十九。《传记篇》第一百，卷一百。

此书撰述的宗旨，主要在于类钞佛典，以便学者检索。其感应缘，则用事实阐明罪福的因果关系，增强对于佛法的信念。

此书的特色有两点：

其一，博记名物典故，大都注明依据，不作揣摩拟议、凭虚臆测的说法。此书引用的典籍达四百多种，除佛经而外，兼及儒典经纬及道教经典。道经有《道士法轮经》《太上清净消魔宝真安全智慧本愿大戒上品经》《老子升玄经》《老子西升经》《智慧观身大戒经》《化胡经》《灵宝消魔安志经》《老子大权菩萨经》《灵宝法轮经》《仙人请问众圣难经》《仙公请问上经》《上品大戒经》《升玄内教经》《智慧本愿戒上品经》《仙公请问上经》《太上灵宝真一劝诫法轮抄经》等。此外，也旁涉杂史、稗史，如《魏略》，吴均《齐春秋》《列异传》《旌异记》《真人关尹传》，宋躬《孝子传》

《神仙传》《周穆王天子传》《齐谐记》《冥报记》《冥报拾遗》《搜神记》《续搜神记》《幽冥录》《冥祥记》《冤魂志》等籍。无典据的也注明依据时人某所说，如王同仁说、王玄策说、琬师说、法云说、崔义起家婢说、王之弘说等。

其二，保存了一些珍贵文献和史料，其中关于内典的佚文，有《佛本行经》《菩萨本行经》《观佛三昧经》《善权经》《净度三昧经》等五十二种，从《开元释教录》以来就未见原本的，此书却有引文，还有属于疑伪经类的若干佚文。又其中关于外籍的佚文，有《冥祥记》《西域志》、王玄策《中天竺行记》事，特别是后两种对研究印度中世纪的历史地理有很大的参考价值，原书早已遗失，而此书有十余条引文，极可珍贵。

（田光烈）

翻译名义集

《翻译名义集》，七卷，宋代平江景德寺释法云（1088—1158）编。法云字天瑞，自称无机子。俗姓戈，长洲人。九岁出家，受具戒后，师事通照法师，习天台教义，后来得法于南屏清辩，为天台山家派。从政和七年（1117）起，他住持松江大觉教寺，曾开讲《法华》《金光明》《涅槃》《维摩》等经，并信仰净土法门。绍兴十四年（1144）重住大觉教寺时，曾集僧俗弟子结净土莲杜，课诵《观无量寿经》，倡念唯心自性弥陀佛。他于宣和初年（1119）开始编辑此书，到绍兴十三年（1143）编成，历时二十余年。后来还有所补订，到绍兴二十一年（1151）才整理完毕，已经是他的暮年了。除此书外，他还著有《息阴集》《金刚经注解》《心经疏钞》等书，已佚。

此书编纂的动机，是由于他在青年学教的时期，见佛典中常有音译梵语，难以理解。于是向经论疏记里求其解释，以类区分。这样随见随录，积久成编。既便检查，也有利于初学。

全书内容：凡六十四篇，约收音译梵语二千零四十余条，分为七卷。第一卷十三篇：《十种通号》第一，《诸佛别名》第二，《通别三身》第三，《释尊别名》第四，《三乘通号》第五，《菩萨别名》第六，《度五比丘》第七，《十大弟子》第八，《总诸声闻》第九，《宗释论主》第十，《宗翻译主》第十一，《七众弟子》第十二，《僧伽众名》第十三。第二卷十一篇：《八部》第十四，《四魔》第十五，《仙趣》第十六，《人伦》第十七，《长者》第十八，《外道》第十九，《六师》第二十，《鬼神》第二十一，《畜生》第二十二，《地狱》第二十三，《时分》第二十四。第三卷十四篇：《帝王》第二十五，《皇后》第二十六，《世界》第二十七，《诸国》第二十八，《众山》第二十九，《诸水》第三十，《林木》第三十一，《五果》第三十二，《百华》第三十三，《众香》第三十四，《七宝》第三十五，《数量》第三十六，《什物》第三十七，《显色》第三十八。第四卷十篇：《总明三藏》第三十九，《十二分教》第四十，《律分五部》第四十一，《论开八聚》第四十二，《示三学法》第四十三，《辨六度法》第四十四，《释十二支》第四十五，《明四谛法》第四十六，《止观三义》第四十七，《众善行法》第四十八。第五卷六篇：《三德秘藏》第四十九，《法宝众名》第五十，《四十二字》第五十一，《名句文法》第五十二，《增数譬喻》第五十三，《半满书籍》第五十四。第六卷四篇：《唐梵字体》第五十五，《烦恼惑业》第五十六，《心意识法》第五十七，《阴界入法》第五十八。第七卷六篇：《寺塔坛幢》第五十九，《犍椎道具》第六十，《沙门服相》第六十一，《斋法四食》第六十二，《篇聚名报》第六十三，《统论二谛》第六十四及翻译名义续补，补十号篇。

此书各篇开头均有总论，叙述大意，次出梵语的音译和意译，一一列举异译、出处、解释，或加以发挥。它所根据的资料，除经论此文而外，还旁采经论的音义、注疏，但有些都从各书中转引而来（如关于唯识旧注，即由《宗镜录》中转引等）。另外还引用世典经史之类，有时只举著作者姓名，称其人说云云，这样引用书籍共四百余种。

其次，此书的解释梵语，与一般一切经音义等有不同处。它就比较重要的名相，根据教理推论其义。并依天台的解释为主。如《十种通号》第一解释三号当于三谛说："正遍知即般若真谛也，应供即解脱俗谛也，如来即法身中谛也。"又如《法宝众名篇》第五十释法界："今就一法界各有十法，所谓如是性相等。十界即有百法，十界互相有则有千法，如是等法皆因缘生法。"像这样的例子不一而足。卷末补订的文里，关于方便刹土等，长篇大论，专对天台山外异说有所辩驳，就更出乎音义等范围以外了。

其三，此书以解释翻译名义为主，因而对历代重要译家有专篇（第十一《宗翻译主篇》）记述。另外还保存了一些有关翻译的理论，如卷一特引玄奘的五种不翻云：“秘密故不翻，陀罗尼是。二，多含故不翻，如薄伽梵含六义故。三，此无故不翻，如阎浮树。四，顺古故不翻，如阿耨菩提，实可翻之，但摩腾以来存梵音故。五，生善故不翻，如般若尊重，智慧轻浅，令人生敬，是故不翻。”至于玄奘、义净等新译经论中名相的音译，多和旧译不同，而奘、净二师往往认旧译为讹略。作者以为新旧翻译不同，只是由于时间地点不同方言有别而已。这种说法，虽未能详细解释出新旧两译不同之真正原因，但从全面立论，可谓公允。

此书旧刻依原稿分为七卷，首有绍兴二十七年（1157）周敦义序及作者自勉短文。元代的刻本附入了大德五年（1301）普洽所作《苏州景德寺普润大师（法云）行业记》。明代万历十二年（1584）此书收入北藏流通，改为二十卷。又更动篇目次序（如以《帝王篇》《皇后篇》移在《长者篇》之前，又以《时分篇》移《鬼神篇》之前等），并以书末补订之文，散入各篇之内。至于文句之间亦偶有出入。《大正大藏》第五十四卷收入此书，并补注梵文。

（田光烈）

翻梵语

《翻梵语》，十卷，撰者不详。这部书是唐代从中国流传于日本。考日本圆仁《入唐新求圣教目录》中著录有此书。日本延历寺真源《悉昙目录》就是梁代庄严寺宝唱撰，慈觉（即圆仁）请来。《翻梵语》今收在《大正藏经》第五十四卷中。

今勘唐道宣《大唐内典录》卷十《历代道俗述作注解录》第六，载有梁宝唱撰《出要律仪》二十卷，并《翻梵言》三卷。又载有陈真谛撰《众经通序》二卷，《翻梵言》七卷。检现存本《翻梵语》卷三，《迦絺那衣法》第十八，收载有律中、衣法、钵法、尼师檀法、结界法、解界法、三灭法、四羯磨法、悔僧残法等门类有关的名相，其解释方法也以旧译持律者、声论者的说法当之。又举梁言云云，这些和它的前后各章的体例都不同。另外还保留着宝唱的《出要律仪》卷八、九、十字样。可见这一部分可能出于宝唱的三卷《翻梵言》部分。至于其余部分，则博采各种经律论中的名相，其主要解释方法，是在梵语的音译下面译注相当的音义（如“那伽”条下，译注曰“龙也”）。当另有来源，或即出自唐初所传真谛撰的七卷《翻梵言》，也未可知。总之，这部书在唐代传入日本时，已是一种经过重加编纂的本子，而撰者也难考定了。

此书为类书体。系摘抄《华严》《法华》《阿含》诸经、诸律及《大智度论》等论著的重要名相，加以分类排列。所收单语约四千七百个，引经二百二十余部，律九部，论十部，中国撰述四部（《集三乘名数》《出要律仪》《外国传》《历国传》）。共分七十三类：佛号第一，佛名第二，佛功德名第三，法名第四，外道法名第五，杂法名第六（以上第一卷），菩萨名第七，菩萨住地名第八，菩萨观行名第九，辟支佛名第十，比丘名第十一（以上第二卷），比丘尼名第十二，沙弥名第十三，沙弥尼名第十四，声闻德行名第十五，杂观行名第十六，罪障名第十七，迦絺那衣法第十八（以上第三卷），婆罗门名第十九，刹利名第二十（以上第四卷），优婆塞名第二十一，优婆夷名第二十二，仙人名第二十三，外道名第二十四，大臣名第二十五，长者名第二十六，居士名第二十七，夫人名第二十八，女人名第二十九（以上第五卷），杂人名第三十，杂姓名第三十一（以上第六卷），神名第三十二，鬼名第三十三，龙名第三十四，㑃名第三十五，马名第三十六，杂狩名第三十七，鸟名第三十八，鱼名第三十九，虫名第四十，地狱名第四十一（以上第七卷），世界名第四十二，国土名第四十三，城名第四十四，邑名第四十五，聚落名第四十六，村名第四十七，寺舍名第四十八，堂舍名第四十九，处所名第五十（以上第八卷），山名第五十一，河名第五十二，江名第五十三，池名第五十四，洲名第五十五，地名第五十六，水名第五十七，火名第五十八，风名第五十九，菌名第六十，林名第六十一，树名第六十二（以上第九卷），草名第六十三，香名第六十四，花名第六十五，果名第六十六，衣服名第六十七，药名第六十八，饮食名第六十九，藏名第七十，宝名第七十一，时节名第七十二，数名第七十三（以上第十卷）。

关于梵语的汉文音译，开始于东汉之安世高与支娄迦谶，世高所译诸经，对音译梵语曾开始加以注释。同时昙果共康孟详所译诸经，和他以后吴支谦，西晋竺法护、安法钦、法炬，东晋法显，齐昙景，姚秦鸠摩罗什等所译经典，也往往有音译注释，在这些音译注释基础上，很早就有《道行品诸经梵音解》一书之作（见《内典录》卷一）。此书是由这一体裁加以扩展而撰集的。它对一些名相的音译，间有订正，注明“应云”某某，其下即载译义“译曰”某某。其中所引的典籍，现在有些已成佚本，特别是智猛的《外国传》和昙无竭的《历国传》，此书保存了其中一些有关方域风土的名词，可借以考见他们当时实际的行程，是有相当价值的。

（田光烈）

悉昙字记

《悉昙字记》，唐山阴沙门智广著。据此书前叙说，南印沙门般若菩提携带陀罗尼梵夹自南海来朝五台山，与智广相遇。智广因为诵陀罗尼，考校发音难得准确，遂从般若受学悉昙的音读，而写成此书。据《贞元录》卷十七，迦毕试国般若三藏曾至南印学持明藏，其后循南方海道于唐建中二年（781）年至广州，贞元十年（794）3月巡礼五台山，次年4月回长安。智广在五台山所遇般若菩提当即此人。智广后卒于元和元年（806），故此书之成当在唐贞元十年至元和元年（794—806）之间。现存本前后两段重复，或者是综合两个传本编成的。

此书标题称悉昙，其内容实即玄奘所传《字体根裁声明论》三百颂（见《慈恩传》卷三），和义净所说声明论之首的创学悉昙章。据义净说悉昙本有四十九字，互相乘传（拼切）成十八章，合有一万多字，约有三百余颂，六岁童子要学习六月才可完毕，相传是大自在天所说（见《南海寄归传》卷四《西方学法》章）。此书说南印度祖承摩醯首罗之文，与义净说同。但又说中印文字兼有龙宫之文与南印少异，犍陀罗国用憙多迦文特别不同。这说明在智广时代（八世纪），印度的南、北、中三部所用字体各有区别。

此书先述梵文悉昙字母，韵亦称摩多（母）有六对，计十二韵。另有四个字母本书以其无“生字”（拼成音节）之用，开始略而不述，但后文第十六章，仍以作生字之用。依梵语语音学，这十六韵中a、i、u、ṛ、ḷ五个为短元音；ā、ī、ū、ṝ、e、ai、o、au八个为长元音；ḹ字仅为文典上因对ḷ字而制作，语文实际不用；ṁ为随韵，ḥ为止声，这两字母本书合名为界畔字。其次体文有三十五个，计牙声五个，即k（a）、kh（a）、g（a）、gh（a）、ṅ（a）；齿声五个即c（a）、ch（a）、j（a）、jh（a）、ñ（a）；舌声五个，即ṭ（a）、ṭh（a）、ḍ（a）、ḍh（a）、ṇ（a）；喉声五个，即t（a）、th（a）、d（a）、dh（a）、n（a）；唇声五个，即p（a）、ph（a）、b（a）、bh（a）、m（a）；遍口声十个，即y（a）、r（a）、l（a）、v（a）、ś（a）、ṣ（a）、s（a）、h（a）、ll（aṁ）、kṣ（a）。最后十个遍口声中，前四个现代名为半元音，次四个名为摩擦音，末后二字表示字母当体和异体复合之例，原来不是单纯字母。

本书次分十八章，述悉昙字母的拼法（日本悉昙学者将各章拼音的头一两个字作为各章的名称，如第一章称为迦迦引章等）。第一章，以前述体文三十四字（去llaṁ字）分别与十二韵相拼，共得四百零八字；第二章，将体文三十四字除ya、ra两字（或并除ṅa字），先与半元音y（a）相拼，再与十二韵相拼，共得三百八十四字（或三百七十二字）；第三章，将体文三十四字除ra字（或并除ṅa字），先与半元音r（a）相拼，再与十二韵相拼，共得三百九十四字（或三百八十四字）；第四章，将体文三十四字除ra、la二字（或并除ṅa字），先与半元音l（a）相拼，再与十二韵相拼，共得三百八十四字（或三百七十二字），第五章，将体文三十四字除ra、va二字（或并除ṅa字），先与半元音v（a）相拼，再与十二韵相拼，共得三百八十四字（或三百七十二字）；第六章，将体文三十四字除ma、ra二字，先与鼻音（anunāsika、nasals）相拼，再与十二韵相拼，共得三百八十四字；第七章，将体文三十四字除na、ra二字，先与鼻音n（a）相拼，再与十二韵相拼，共得三百八十四字；第八章至第十四章，将前七章所拼出之字［除第一章中ra字拼出之十二字，余共二千七百一十二字，或二千六百六十四字，因以ṇ（a）为头之字可归入第十五章］头上各加一半体r（a）字又得二千七百一十二字或二千六百六十四字，第十五章为将ka-、ca-、ṭa-、ta-、pa-各组的鼻音字（ṅa、ña、ṇa、na、ma）的半体分别安于本组其余四字的头上，再与十二韵相拼，如将牙声中鼻音半体ṅ安于k（a）、kha（a）、g（a）、gh（a）四体文头上各与十二韵相拼成四十八字，五组共得二百四十字；又将鼻音半体ṇ安在九个遍口声（除llaṁ）头上各和十二韵相拼得一百零八字；本章共得三百四十八字；第十六章，将体文三十四字各与ṛ相拼得三十四字，又可和ṝ相拼，另加随韵（ṁ），止声（ḥ），共可得一百三十六字；第十七章，将体文三十四字母交互重叠而成sk（a）、skh（a）、dg（a）、dgh（a）、ṅktr（a）、vc（a）、vch（a）、vj（a）、vjh（a）、jñ（a）、ṣṭ（a）、ṣṭh（a）、dḍ（a）、dḍh（a）、ṣṇ（a）、st（a）、sth（a）、vd（a）、vdh（a）、rtsn（a）、sp（a）、sph（a）、db（a）、dbh（a）、rkṣm（a）、rkṣvy（a）、rkṣry（a）、lt（a）、tkv（a）、ṭś（a）、ṭṣ（a）、sh（a）、vkṣ（a）三十三字，各别与十二韵相拼，可成三百九十六字；第十八章，又名孤合章，凡不能归属于上十七章的拼法都属此章，举例有，异体重字pta、ṭka、dsva、ṭṣchra等等；当体重字tta、jja、ṭṭa、ṇṇa、nna等等；前合字（联声字）m（a）ṅka等；两重摩多字（重用摩多而分别发音）bhrūṁ、hūṁ；半体文（半体符号），装饰字；重要的约有十五类。以上前十七章共可得不同的字六千二百五十六字，第十八章字数甚多，全部大致合于玄奘、义净所传三百颂（九千六百字）的字数。

智广此书说明般若菩提所传授给他的悉昙文字出自南印，祖承摩醯首罗之文。书中所用的字母书写体即八九世纪时印度所流行的悉昙字母。般若虽为北印之人，但他的持明咒藏则在南印受学。密宗注重师传音读，所以智广所得自为当时南印之音。现在，从《字记》中各字母所注的汉字音读也可以看出他所传语音和玄奘、义净（中印音）、不空、慧琳（北印音）等所传是有区别。如软音中的不送气音g（a）、j（a）、ḍ（a）、d（a）、b（a）与送气音gh（a）、jh（a）、ḍh（a）、dh（a）、bh（a）他都以同样的汉字（伽、社、荼、陀、婆）来注音，只不过对于不送气音注明“轻音”，送气音注明“重音”。这些都是研究梵语古音的很有用的资料。同时，智广对于ka-、ca-、ṭa-、ta-、pa-各音组所定的名称（牙声、齿声、舌声、喉声、唇声）虽然除唇声一名外其余四名都于梵无征，也与现代语音学所分析的发音部位不合，但却为后代中国声韵学家创制字母时所采用。

此书自宋以后未见流行，但唐末传到日本成为真言宗人学习梵字的必读之书，有关于它的著述很多，较古的有宗叡（809—886）的《悉昙私记》，安然（841—901）的《悉昙藏》，淳祐（890—953）的《悉昙集记》等书。

（郭元兴）

教乘法数

《教乘法数》四十卷，明会稽沙门圆瀞集。释圆瀞字心源，身世不详。他早年曾在杭州天竺寺从天台宗雨翁受学，明宣宗宣德年间（1426—1435）任僧录司右善世（见道遐、松阴二人为此书所作的序文）。

明代编纂法数的较多，先有《诸乘法数》，亦名《贤首法数》，十一卷，明行深集。以华严宗的见地，编纂各宗所用法数，从一心起到八万四千法门止，凡二千一百余目，概记明出处，间亦引用外书名数解释。从洪武十七年（1384）起开始编纂，二十年（1387）撰成。《教乘法数》的编集是以天台宗义为主，与《贤首法数》相对待。在这以外、又有一如等集注的《大明三藏法数》五十卷，引据各书，解释很详。这以后寂照又以《大明三藏法数》为主，糅集其他各种法数而重编《大藏法数》共七十卷。

佛法传入中国后，至明代已一千三百余年，历代所翻译的经论律三藏和此土撰述，编入大藏经的，不下六千卷之多。而其间名相纷繁，初学者不易了解。从前虽有《藏乘法数》和《诸乘法数》等书，但大都简陋，学者仍感不足。圆瀞有见于此，才广采“内典之文、旁及白氏”，“详加订定、续入而汇次之”，从“一心”开始到“八万四千法门”终止。所有名相多为常见者，因此不注出处，不加注释，只用简单表解，使学者不劳穷讨，一目了然，用处颇大。

此书所收法数，共三千一百六十二目。

一法二百一十六目，二法四百六十六目，三法七百三十七目，四法五百一十六目，五法三百九十目，六法一百六十五目，七法一百零九目，八法一百一十三目，九法六十三目，十法二百零五目，十一法十目，十二法三十目，十三法六目，十四法四目，十五法三目，十六法十三目，十七法二目，十八法十三目，十九法一目，二十法十一目，二十二法一目，二十四法一目，二十五法六目，二十七法二目，二十八法五目，三十法二目，三十一法一目，三十二法五目，三十三法四目，三十四法一目，三十五法一目，三十六法二目，三十七法五目，三十八法一目，三十九法一目，四十法一目，四十一法一目，四十二法一目，四十八法二目，五十法三目，五十一法一目，五十二法二目，五十三法一目，五十七法一目，六十法一目，六十二法一目，六十四法一目，六十五法一目，七十五法一目，八十法二目，八十一法三目，八十八法二目，九十五法一目，九十八法一目，百法四目，百八法四目，百二十法二目，二百五十法一目，二百七十七法一目，三百五十法一目，四百四法一目，千二百五十法一目，三千法四目，一万二千九百六十法一目，八万法一目，八万四千法三目。

此等法数，内容有多方面，虽以天台宗为主，也广泛涉及其他如三论、法相、华严、禅、净土、律、密各宗，乃至小乘外道、儒家以及世间学术等。各项中重要条目，有关天台宗的，如：天台九祖（卷二十九）、一心三智、一境三谛（卷八）、三观（卷五）、圆教一心三观、别教次第三观（卷八）、三种止观（卷六）、一妙三粗（卷一），二种三千、两重总别（卷三）、天台四教、化仪四教、化法四教（卷十三）、四教四句、四教用观（卷十二）、权实四句（卷十四）、八教（卷二十六）、五双十德（卷二十）、十法界（卷三十一）、三千实相、三千妙境（卷四十）、三世间、三境（卷三）、法华、涅槃三义是同（卷十）。有关三论宗的，如：中论二际（卷二）、三观（卷五）、四不可说（卷十二）、无生四句、境观四句（卷十四）。有关法相宗的，如：慈恩三祖（卷九）、大乘百法（卷四十）、五性宗（卷十七）、三性（卷五十一）、三无性（卷六）、三量（卷五）、三类境（卷六）、心法三变（卷八）、四缘（卷十一）、种子六义（卷二十三）、能熏四义、所熏四义（卷十四）、四智功用、四种涅槃（卷十二）。有关华严宗的，如：华严七祖（卷二十六）、贤首五教（卷十九）、华严四科（卷十三）、贤首大小乘五宗（卷十九）、华严三无差别（卷六）、贤首三土（卷五）、贤首四种法界（卷十二）、华严六相（卷二十一）、华严法界三重观门（卷七）、华严十玄门、华严十行观（卷三十一）。有关禅宗的，如：禅宗六祖（卷二十四）、禅宗五派、一花五叶（卷十九）、六祖回答（卷二十三）、云门一字关（卷一）、云门三句、临济三句、汾阳三句、汾阳三诀、黄龙三关、沩仰三种生、汾阳三师子、曹山三种堕（卷九）、汾阳四句、临济四偈、临济四料简、临济四照用、临济四宾主、曹山四禁语（卷十五）、曹洞五位（卷十九）、浮山九带（卷三十）、汾阳十智同真（卷三十四）、永明四料简（卷十五）、南堂辩验十门（卷三十四）。有关净土宗的，如：莲社七祖（卷二十六）、莲社十八贤（卷三十七）、东林影堂六事（卷二十四）、一佛净土（卷一）、二土净秽（卷三）、净土二相、二种力生净土（卷四）、三种净业、三业真实（卷七），修净土方便有三、三种顺菩提法、生净土无三种过失（卷九），法离四执（卷十四）、五因缘不退（卷十九）、人有五惑不求净土（卷二十）、十种信心（卷三十二）、偏赞净土七经（卷二十六）、十种无碍（卷三十二）。有关律宗的，如：律有三名、持戒三心（卷八）、四种常住、四分律（卷十三）、四戒（卷十一）、三戒（卷五）、五分戒律（卷十七）、出家二戒、在家二戒、制戒二意（卷四）、持律得五功德（卷二十）、制戒十益（卷三十三）、比丘二百五十戒、比丘尼二百七十七戒（卷四十）。有关密宗的，如：瑜伽三祖（卷九）、佛三密（卷三）、五部教主（卷十七）、持咒须断五事（卷十九）。有关声闻乘的，如：二种正法、二种独觉（卷三）、有漏三种（卷八）、四识住（卷十一）、食竟说法有四事益（卷十六）、七方便位（卷二十五）。有关外道的，如：合九十五种外道为十一（卷四十）、外道六师（卷二十四）、外道四论（卷十一）、外道执四空为涅槃（卷十六）、外道计九种转变论、外道计九物生世间（卷三十）、六苦行（卷二十二）。有关儒家的，如：三纲、三统、三戒（卷三）、五运（卷十七）、周礼四官（卷十五）、周礼五礼、五教、五服、五经、洪范五福（卷十七）、六艺、诗经六义（卷二十一）、周礼六书、周礼六乐（卷二十二）、书经七政（卷二十五）、八卦（卷二十七）、洪范九畴、论语九思（卷二十九）、十翼（卷三十一）、孔门四科十哲（卷十六）。其他世间学术如翻译四例（卷十四）、琮师翻译八备（卷二十八）、琮师翻译十条（卷三十二）、三支比量（卷六）、因明八义明量（卷二十七）、六离合释（卷二十四）、唱导四宜（卷十四）、十事生病（卷三十二）、六气治病（卷二十三）。

此书叙述中表现的折衷思想非常浓厚，不仅三教合一，而且内外杂糅。例如，三宗名教条云："一、儒，《元命苞》云：'教者效也，上行下效也。'二、释，《四教义》云：'说能诠理，化转物心。'三、道，《老子》云：'处无为事，行不言教。'"（卷七）三教无我条云："一、儒，孔子以谦光之义，二、释，佛观五蕴皆空，三、道，老子以长而不宰。"（卷七）都是三教合一的例子。至于以五方配五色（卷十八）、二上二下（卷四）、四蛇性异诸方亦二（卷四）、五行配五方五时五星五常五戒（卷十七）等条，又参以阴阳术数家言，则是内外杂糅的例子。

另外，此书对于一般的佛家名相大都用天台本宗教义来解释。如释二谛，便以天台教义"同归一念"为真谛，"百界千如"为俗谛（卷二）。如释三身，便以四教义中之藏通二教为应身，别教为报身，圆教为法身（卷十二）。如释四谛，便以藏教属苦谛，通教属集谛，别教属灭谛，圆教属道谛（卷十二）。如释体用，便以理具三千为体，变造三千为用（卷三）。如释心性，便以即理之事不变随缘名心，即事之理随缘不变名性（卷三）等，在这些上面可见此书撰述的意向。至于明代初叶（宣德前后）佛教徒一些见解，也都反映于此书上。如推原华严宗的始祖为著《起信论》的马鸣等，就和旧说有所不同。又所载律宗项目，不出其世系传承，这表示当时对律宗不予重视。

（田光烈）

释氏要览

《释氏要览》，三卷，北宋释道诚集。道诚生平不详。从他著书上的记载看，可知他是宋咸平景德年间（998—1007）在汴京讲经论的赐紫沙门，和当时译场中执事僧清沼（笔受）、云胜（证义）都相熟。他自京师罢讲返乡（钱塘），先后居住龙华寺和月轮山寺，以十年时间，披阅大藏，遇到出家人须知的事情，就抄录下来。到了天禧三年（1019）八月，宋真宗大赦天下，普度僧尼道士女冠系帐童行，计度僧二十三万零一百二十七人，尼一万五千六百四十三人，道士七千零八十一人，女冠八十九人。他因此整理旧钞，分成各类，并添了一些传记书疏材料，编成《释氏要览》三卷，以供新度者阅读（见《要览》作者自序，又见宋志磐《佛祖统纪》卷四十四）。

此书为类书体。共二十七篇，六百七十九目，析为三卷。卷上九篇：一、姓氏，二、称谓，三、居处，四、出家，五、师资，六、剃发，七、法衣，八、戒法，九、中食。卷中九篇：一、礼数，二、道具，三、制听，四、畏慎，五、勤懈，六、三宝，七、恩孝，八、界趣，九、习学。卷下九篇：一、说听，二、躁静，三、净忍，四、入众，五、择友，六、住持，七、杂记，八、瞻病，九、送终。各篇子目多少不等。作者选定这些篇目，是以《华严经》菩萨有十种知来作标准的。十知为：一、知诸安立，二、知诸语言，三、知诸谈议，四、知诸轨则，五、知诸称谓，六、知诸制令，七、知其假名，八、知其无尽，九、知其寂灭，十、知一切空。这些本来范围宽泛，也可涉及很深的义理；但此书的编撰，是预想到初入法门者，特别是当时普度的一般僧尼，或有常识不够，特用此来供给补充，使他们免于徒具僧形的讥诮，所以只限于有关名物典章制度称谓及其他生活细节等方面。

在宋初，像此书这类性质的著述，已有赞宁的《大宋僧史略》一种，但其书偏重事物兴废，仅列五十九条，范围比较狭隘。此书则可说是在它的基础上扩充起来的，对于新学更有切近实用的意义，因而保存了当时有关佛教制度风俗等很多资料。特别是作者在南北各地所观察到的一些不同习尚的记载，最为可贵。这如南方禅僧一切作务皆服络子，北僧多翻着袈裟（见《要览》上《法衣篇》）。南方僧以抽坐具为礼（见《要览》中《礼数篇》），浙右僧解安居日，以彩束草送给施主，谓之解夏草（见《要览》下《杂记篇》），北方皆不行。江浙浴佛以四月八日，淮北乃至两京用腊八日（见《要览》中《三宝篇》）。又法曲子南方禅人作渔父、拨掉子唱道之词，京师僧念梁州八相、太常引、三归依、柳含烟等，号为唐赞（见《要览》下《杂记篇》）等，都是其例。此外，此书所钞佛典，有些不是大藏所收而为当时流行的，如《四分律行事钞增辉记》（唐末希觉撰），即属久佚之籍，所钞记文，吉光片羽，自是珍品。

此书撰成后，崔育林与随某替他作了序，天圣二年（1024）刊行，因未入藏，后即散佚。日本宽永十年（1633），重刻流通。今收入《大正大藏经》第五十四卷事汇部。

（田光烈）

大宋僧史略

《大宋僧史略》，三卷，简称《僧史略》，宋代释赞宁（919—1001）撰。赞宁在吴越国时代，已以戒律、博学知名当世。太平兴国三年（978），吴越国王钱弘俶降宋，赞宁也奉阿育王真身舍利塔到汴梁，受宋太祖之命开始编写此书。但此书成于何年，则无明确的记载，仅在每卷目录下注有“咸平二年（999）重更修理”八字。按赞宁是在太平兴国八年（983）夏，回杭州编修《大宋高僧传》的。从此书中有关于宋代的事迹来看，最迟记载到太平兴国七年（982）（见“此土僧游西域”“临坛法位”二条）为止。以后，有关于佛教重大事迹，如太平兴国八年（983）的“诏改译经院为传法院”，雍熙二年（985）的“诏天息灾、法天、施护并为朝散大夫、试鸿胪少卿”（均见宋会要道释二“传法院”），雍熙三年（986）的度僧（见《佛祖统纪》卷四十三），而在此书的“此土僧游西域”“封授官秩”“临坛法位”三条中都没有记录进去。可见此书记载到太平兴国七年（982）为止，而完成当在次年回杭州之前。至于在“行香唱导”条中引用虞部员外郎李宗讷的奏议而提到宋太宗的庙号，又作者的题名上冠有右街僧录的官衔，都是咸平元年（998）以后的事，当是重修时所补入。

此书虽名为僧史，事实上是佛教事物及典章制度的起源和沿革的记载。他的《自序》中说：“始乎佛生，教法流衍，至于三宝住持，诸务事始。”在他以前，梁释僧祐著有《法苑杂缘原始集》十卷，就是专门考查古代印度和中国佛教的“法门常务，僧众恒仪”（见原序），其中包括仪式、节日、建塔、梵呗、造像、写经、受戒等的起源的著作，可是久已亡佚，只有目录保存在《出三藏记集》卷十二里，和此书记录的范围与形式，有着明显的不同。隋释彦琮著有《僧官论》，与此书有着部分的关系，但是宋初已不见，所以赞宁说“求本未获”（见“杂任职员”条）。唐人刘将孙的《事始》，虽然涉及佛教，但不过是很少几条。因此，他写这本著作，必须要从教内教外典籍中搜寻资料，才能编写。试看此书中引用的书籍有：《法显传》《汉法本内传》《魏书·释老志》《洛阳伽蓝记》《出三藏记集》《萨婆多部师资传》《高僧传》《开皇三宝录》《寺诰》《祇洹图经》《广弘明集》《三宝感通传》《南海寄归内法传》《会要》等。此外，引用官方文书和当代的记载也很多。

此书上卷目录之后说“所立仅六十门”，实际是五十九门。上卷二十三门，从佛降生的年代开始，说到三宝的东传，三藏的翻译，寺宇的创建，中国人的出家、服装、受戒、斋忏、礼节、讲经、注释经律论、传禅观、密教，以及西行求法等的起源。中卷十七门，从检约僧人的僧制起，说到行香、唱导、赞呗的缘起，僧官的设置、国师的封号、僧官的俸禄、管辖僧尼的机构，以及在朝廷的班位和内道场等的起源。下卷十九门，从皇帝诞辰僧人讲论经义起，说到赐紫衣、师号、授官秩、筑戒坛、结法社、赠谥号、对国王的称谓、戒坛的班位、出售度牒、盛经的七宝案、城门置天王像、上元节放灯，以及摩尼教等的起源，最末，是以总论一篇作结束。从它所涉及的面来看，幅度是相当广的。它讲到佛教东来在中国的传播，和佛教某些仪式的沿革，以至历代政府对于佛教的管理和待遇种种方面。在这样广泛的记载中，对于佛教在中国的传播和发展，与当时政权发生的联系，对社会引起的一些影响，书中勾画出一个清晰的轮廓来，并且举出许多有价值的资料。这不仅在当时“台阁之士欲通练内外典故者，皆于此观之”（见《佛祖统纪》卷四十四），即在后代，对于研究佛教史和佛教制度，也是一部值得参考的著作。

在考证方面，作者是相当细致的。对于一件事情，他往往以各种史料为论据，加以考核，而后综合得出结论。有时，还加以“笺曰”对附会的传说，则指出其“难凭准”（如周穆王造灵安寺等，见“经像东传”条），对某些记载的错误，也予以纠正（如《唐书》言《大云经》是伪经，见“赐僧紫衣”条）。但是个别地方也有轻信后世伪造的论据之处（如“僧入震旦”条推论周秦时代已有佛教，“东夏出家”条以汉代刘峻阿潘出家是东夏僧尼之始）。这些不可靠的传说，作者未加鉴别，乃至错误。关于释迦的降生年代，作者引用了八种不同的论点，但在结论上，还是承袭了周昭王时代降生这种不正确的说法（见“佛降生年代”条）。另外，考证起源也有不够的地方。例如，“僧籍驰张”条谓僧籍在唐代大和五年（831）才开始，但姚秦时慧斌掌僧录（见“僧寺纲纠”条），录即簿籍，其时僧官中已有掌僧籍的专职人员。《弘明集》卷十二有晋支道林与桓玄论州符求沙门名籍书，都可以证明僧籍早已有之，不始于监福曹、昭玄寺，更不始于唐代。又“道俗立制”条中北魏宣武帝立僧制之诏，此是永平元年（508）事，见《魏书·释老志》；但在《释老志》中，其前已记有北魏孝文帝太和十七年（493）诏立僧制四十七条事，《广弘明集》卷二十四载有诏文，中有“先朝之世，曾为僧禁，小有未详，宜其修立。近见沙门统僧显等白云，欲更一刊定”之语，则太和十七年（493）的僧制，又系根据其前的规定增减而成。作者都没有提到。又“管属僧尼”条引《续会要》天宝六载（747）五月仍令祠部给牒事，则显然是会昌六年（846）五月之误。然而本书所引的官文书，如“僧道班位”中唐贞观十一年（637）的诏文，景云元年（710）二月的诏文，“上元放灯”中的天宝六载（747）的诏文，这些在新旧《唐书》和《唐会要》中都不载，此可以补史籍之阙。

作者在此书中发表了一些个人的意见。他郑重提出各种知识的重要性，主张释子不但要经本业，而且应该钻研儒、道二教义理（见“传密藏”条），并且主张三教要和平相处，帝王对三教不宜偏废（见“总论”条）。在“传禅观法”条中，认为修禅要根据教乘，不应以利口欺人。在“封授官秩”条中，认为释子竞争官阶，“胡不养其妻子，跪拜君亲”。在“度僧规利”条中，认为国家出售度牒，以供军需，是败坏佛教的弊举。这些不但表示了作者的认识和态度，同时也是五代到宋初期间佛教在社会上和思想上的一些反映。

此书在大中祥符四年（1011），真宗令收入大藏，崇宁四年（1105）再入藏，绍兴十四年（1144）释法道曾加以重刻。

卷末附绍兴朝旨改正僧道班列文字一集一卷，没有题编辑者姓名。中有绍兴三年（1133）江州庐山东林太平兴龙禅寺住持法道的劄子和临安府僧正梵安等的奏状，要求国忌行香时改正僧道班次，仍依旧制，即僧先道后的次序，下有行在尚书祠部允许请求的批示。法道又呈请将批示颁示天下，并记在四天之后由太常寺布告各地遵行。另外又有绍兴十三年（1143），临安府都道正刘若谦等诣尚书省陈状请求将道士班位列在僧人之上，及前都僧正善达、僧正戒月等请仍照旧例执行和行在尚书祠部再据绍兴三年（1133）旧例实行的批示。结尾有集者的识语一段。此集大约编辑就在绍兴十四年（1144），疑即出法道之手。

按《佛祖历代通载》卷十九载有法道的传，曾叙述绍兴三年（1133）往行在上疏的事。《佛祖统纪》卷四十七，绍兴三年（1133）和绍兴十三年（1143）中也都记录了僧道因班位而引起的争论，但都不及此集详尽，而此集所载的文件，则是最原始的记录。因为劄子的作者曾引用《僧史略》作法律上主要的根据，同时又重刻《僧史略》，所以这一集就附录在《僧史略》之后而刊印流传。

（苏晋仁）

释迦谱

《释迦谱》，五卷，释僧祐于齐代编撰，为现存中国所撰佛传中最古的一种。此书撰述的用意在“显明觉（佛的）应”（见《出三藏记集》卷十二，《释僧祐法集目录序》），“爰自降胎至于分塔，伟化千条，灵瑞万变”的一代应化事迹。但这些事迹见于各种经、律和传记中的，或是东鳞西爪，“首尾散出”，或是各家异说，“群言参差”。这需要连贯首尾，会通异说来加以总集，使易于观览。因此，作者僧祐把各种经传中所说释迦的史实，从上溯佛的氏族来源起，下至佛灭后的法化流布等相止，“原始要终”地汇编成为本书（见僧祐自作《释迦谱序》）。

此书原为五卷，早收存于北宋蜀版藏经和高丽刻藏经中。另外还有广本十卷，现收存于宋、元、明藏中。原本第一卷《释迦降生释种成佛缘谱》，高丽列藏经仅略引《普曜经》等，占第一卷的一部分；广本则广引《因果经》等扩充篇幅到第五卷。又五卷本原缺《释迦从弟调达出家缘记》第十至《释迦子罗云出家缘记》第十三共四节，但广本不缺。这一广本大概是后人因为原本关于释迦牟尼佛本身降生成佛的资料太略，因此加以增订，扩大到四卷有余。它在唐初开始流行，所以道宣的《大唐内典录》卷四说“《释迦谱》更有十卷本，予亲读之”，到了开元时代就以广本为主写传了（见《开元释教录》卷六）。

此书内容共有三十四节（一至九节皆称“谱”，其余称“记”），各节皆抄集有关的经、律、传记原文，末附总结性的短篇案语。这三十四节大体可分为五部分。一、从《释迦始祖劫初刹利相承姓谱》第一至《释迦近世祖始姓释氏缘谱》第三是关于释迦牟尼佛氏族的来源。二、从《释迦降生释种成佛缘谱》第四至《释迦同三千佛缘谱》第六是关于释迦牟尼佛的降生、成道，和七佛中余佛种姓、化众等的同异，以及与三千佛同得成佛的因缘。三、从《释迦内外族姓名谱》第七至《释迦种宿业缘记》第十八是关于与释迦牟尼佛有关的人物。其中包含内外族、四部名闻弟子、从弟调达、阿那伟跋提、孙陀罗难陀、子罗云、姨母大爱道、父净饭王、母摩耶夫人及释迦族灭亡的因缘。四、从《释迦竹园精舍缘记》第十九至《释迦留影在石室记》第二十六是关于释迦牟尼佛的教化遗迹。其中包含竹园精舍、祇洹精舍、发爪塔、天上四塔、优填王造旃檀像、波斯匿王造金像、阿育王弟造石像及石室留影。五、从《释迦双树般涅槃记》第二十七至《释迦法灭尽相记》第三十四是关于释迦牟尼佛的入灭和灭后法化流布之相。其中包含双树入灭、八国分舍利、天上龙宫舍利宝塔、龙宫佛髭塔、阿育王八万四千塔及遗法灭尽的因缘和现象。

此书编撰的体例是"抄集众经"，述而不作（见本书序）。各节所抄的典籍大都以一种为主，在篇目下注明（如《释迦始祖劫初刹利相承姓谱》第一之下注明"出《长阿含经》等"），此外另引他书补充，即在引文前后标明出处。引文时有删改而于说法不同处也加以评定或会通（如《释迦六世祖始姓释氏缘谱》第三中弥沙塞律说净饭王世系不同，判为传写脱略，应以《阿含》为正等）。不过，有些地方也有重复（如《释迦降生释种成佛缘谱》第四中本引《普曜经》说及白象入胎，次又引《瑞应本起经》《修行本起经》一再说白象王来处于胎，就觉得重复）。所以，此书不能脱离类书的范围而成为通体连贯的完整佛传。综计所抄典籍有四《阿含》《普曜》《中本起》《瑞应本起》《出曜》《贤愚》《观佛三昧》《大涅槃》等经，《昙无德律》《弥沙塞律》《大智度论》和《集经抄》等近四十种。对于读者来说，不劳寻翻，力半功倍，即能详悉释迦一代事迹，可算是本书的唯一效用。

此书对于后来佛传的撰述也有一些影响，唐初本书增订十卷本流行，道宣即病其太繁，以为“自可前修博观，非为后进标领”（见道宣撰《释迦氏谱序》），便重加删节，成为仅仅一卷的《释迦氏谱》，内容包括所依贤劫、氏族根源、所托方土、法王化相、圣凡后胤五科。而释迦化相中从处兜率天一直叙述到入灭及天上人中分骨为止，较之本书原本及广本均觉得更为完整，便于初学。

（李安）

付法藏因缘传

《付法藏因缘传》也称作《付法藏传》，或《付法藏经》，六卷。各经录原来题作元魏西域三藏吉迦夜共昙曜译。

此书的记录，最初见于梁代僧祐《出三藏记集》卷二《新集经论录》载：“《付法藏因缘经》六卷（阙）。……宋明帝时西域三藏吉迦夜于北国以伪延兴二年（472）共僧正释昙曜译出，刘孝标笔受。……并未至京都。”其后，隋代费长房《历代三宝记》卷九，载“《付法藏传》四卷（见《菩提留支录》）。北魏和平三年（462）昭玄统沙门释昙曜译”。同卷又载“《付法藏因缘传》六卷（或四卷，因缘广，昙曜自出者）西域沙门吉迦夜延兴二年（472）为沙门统释昙曜于北台重译，刘孝标笔受（见道慧《宋齐录》）”。同书卷十，又载“《付法藏经》六卷（见《李廓录》），凉州沙门宝云译”。跟着唐代的道宣《大唐内典录》和智升《开元释教录》都依《三宝记》重复记载。实际存在的本子，只有昙曜和吉迦夜共出的一种，但各种经录记载不一而已。所谓昙曜自出的，或者是种略抄本，至于宝云译本，则全属误传。其卷数多少，乃因抄写的开台而异，不足为不同本子的依据。

此书编译的因缘，大概如《内典录》等所说：北魏太武帝太平真君七年（446）信崔浩之言，下诏大杀沙门，毁佛经像，诏书中并谈到佛法“皆是前世汉人无赖子弟刘元真、吕伯疆之徒，乞胡之诞言，用老庄之虚假，附而益之，皆非真实”。七年后，文成帝即位重兴佛法，昙曜等感奋之余，乃于北台石窟和吉迦夜编译此书，以明释教之由来，历然可考。

此书列举印度传法世系二十四人，从佛灭度时以最胜法咐嘱大迦叶起，其后以次传法为阿难、摩田提、商那和修、优波毱多、提多迦、弥遮迦、佛陀难提、佛陀蜜多、胁比丘、富那奢、马鸣、比罗、龙树、迦那提婆、罗睺罗、僧伽难提、僧伽耶舍、鸠摩罗驮、阇夜多、婆修槃陀、摩奴罗、鹤勒那、师子。其内容多取材于旧籍。像《优波毱多》传记的一部分，就是大体上采用安法钦译《阿育王传》的原文。又像《龙树提婆》传记部分，也是用鸠摩罗什所译两传原文而略改动。这些都表明此书大部分出于编纂，而非翻译。此书所述传承出处，多无可考。在此以前，僧祐《出三藏记集》卷十二，曾自编萨婆多记传承世系，又录佛驮跋陀罗师承一种，次序紊乱，不可尽信。此书所列传承和它又有异同，其正确性如何，也很难决定。

不过，此书流行之后影响极大，它使中国佛教形成了一种法统之说而影响到宗派的建立。在隋、唐时代，台、禅两宗的法统说，均以此传为依据。天台智者大师在《摩诃止观》卷一中，历述天台传法世系，就是将《付法藏传》中和商那和修同时而得法于阿难的摩田提也作为一代，遂成二十四祖。他还认为诸师的相承都属“金口所记”。智者系慧文禅师的再传，慧文用心一依龙树所作的《智论》，龙树是《付法藏传》中的禅师，而为东土传承的高祖，这样相承而下，智者是东土第四代，这就成为后来天台家共认的法统。禅宗最初在古本《坛经》里，依着《付法藏传》，略加增减构成二十八祖之说（在阿难后加摩田提，提多迦后略去弥遮迦，又在师子后加舍那婆斯、优婆崛、僧迦罗、婆须蜜、下接达摩）。唐贞元中，智炬《宝林传》又加修正，遂成定论（于《付法藏传》弥遮迦后加婆须蜜，又于师子后加婆舍斯多、不如蜜多、般若多罗、菩提达摩，仍为二十八代，《宗镜录》卷九十七，《景德传灯录》卷一至卷三之说同）。到了宋代，台、禅两家在法统的议论上，互相是非。象契嵩，甚至以为《付法藏传》说师子尊者后法统断绝，实是谬书，但他对于《付法藏传》所编译之法统则依然信以为真。

（田光烈）

七系付法传

《七系付法传》，又名《宝源录》，是明末西藏的佛教学者多罗那他（1575—1633）就他所得的印度佛教密宗主要各系传承编撰的一部历史著述。全书共分九分，记述了佛教密宗中七个主要修法的传承源流，对于一些著名的大师分别作了详略不等的传记。这七系是：一、大手印教授传承，二、拙火教授传承，三、羯摩印的付法，四、光明教授传承，五、生起次第传承，六、辞句传承，七、别传（杂）口诀传承。

第一系大手印教授传承，自罗睺罗开始。从罗睺罗向上的传承据说是上座黑、尊者马鸣、优波掬多，但多氏认为这几代是难以究诘的。罗睺罗又名萨罗诃，他的弟子是阿阇黎龙树。以次传承为大成就者舍婆哩、卢伊波、征吉波、底黎波、那洛波、小钟毗波、俱萨罗跋陀罗等。另一系传承则为卢伊波、陀哩迦波、案多罗波、底洛波以次相传。据说舍婆哩成就以后，长久住世，隐居吉祥山中，后来梅多利波曾亲见闻法。梅多利波是在那洛波和阿底峡之间出世的一位密宗大师，他的弟子据说有上四、中七、下十。其中，四个上首弟子就是俱生金刚、空性三摩地、罗摩波罗、金刚手。梅多利波有一个女弟子名瑜伽母宝天女，据说知解和他相等，现身得大成就，后来传法给阿阇黎小俱萨罗跋陀罗、阿悉多伽那、阿阇黎智友，多罗那他的师祖也曾从她闻法。

第二系拙火教授传承，据说由金刚瑜伽母亲传给大毗流波。大毗流波又名吉祥护法，他与曾在那烂陀寺做过亲教师的护法并非一人。他的传承依次是黑毗流波（又名小毗流波）、毗耶陀哩波（猎鸟者）、俱萨梨跋陀罗。以上是一系传承。

又大毗流波传种毗系鲁迦，再传种毗族（屠脍神）瑜伽母、阿罗罗金刚、系摩罗金刚、罗多金刚四人。又有旷野师、揭婆里波、阇那室利、难胜月，罗睺罗金刚也是种毗系鲁迦的弟子。后来种毗族瑜伽母又传给罗多金刚，再传黑行。

又种毗族瑜伽母传给行者，也另成一派。

又种毗族瑜伽母传难胜月，再传他的明妃苏部伽。以后由檀那室利、中金刚座、俱萨梨依次相传。

又行者、僧伽罗瑜伽母、难胜月、罗睺罗金刚、檀那室利依次相传。

这一系的传承自种毗波以后比较杂乱，同门当中辗转互相传授的很多，因此世次不易排定。

第三系羯摩印的付法，据说第一代是亲见佛传法的乌仗那国王大因陀罗部底，他传给具德安乐游戏母，又名俱生成就。以后由大莲华金刚、无肢金刚（又名牧猪师）、中莲华金刚海生、中因陀罗部底、阇烂达里波、黑行、善怙、无量金刚、俱萨罗跋陀罗依次递传。又中因陀罗部底依次传莲华生、俱萨罗、小俱萨罗跋陀罗，另成一派。

第四系光明教授，以金刚铃师为首。但其远世传承可溯自大阿阇黎马胜、费拏波（琵琶足）、卖酒女毗拶斯耶金刚（嬉女金刚）。由她传金刚铃，再传毳衣师（按此师旧译胜德赤衣，著《般若九颂精义》，有汉译本）。毳衣师与中因陀罗部底王同时，他们两人又传给阇烂陀里波。阇烂陀里波的弟子很多，上首有如日、如月两弟子就是黑行和佛智足，以及小毗流波等。他又有一弟子名毗部底陀娑，年寿很长，曾传法给藏族的布敦宝成（1290—1364）。黑行的弟子著名的也很多，其中有善怙和贤足两人传底梨波，再传那洛波等人。那洛波所传弟子中有精于父续者四人，精于母续者四人，得成就者四人。著名的扇底波也出在他的门下。阿底峡也曾亲见那洛巴闻法，后又从他的弟子小种毗波学。小种毗波又传小俱萨罗跋陀罗等人。小俱萨罗跋陀罗住世约一百五十七岁，传法于阿悉多伽那，他住世约二百年，传法于智友。智友传寂密。

第五系为生起次第传承，这一系可说是古代印度超岩寺的正统。第一代就是有名的佛吉祥智，又名佛智足。他的师父有师子贤阿阇黎、德友比丘尼、游戏金刚、瞿尼鲁瑜伽母、童足等人。后来，超岩寺建成，就由他开光并担任第一任阿阇黎。他的弟子上首有四，就是燃灯贤（继任为超岩寺主）、极寂友、大乐莲花生、王种罗睺罗。燃灯贤的弟子为药足，又名吽迦罗，曾来西藏。药足的弟子是阿婆都底波，再传宝生寂，就是超岩寺六贤门中东门守护者扇底波，他的传承依次为金刚座、俱萨梨波。又药足传乌仗那的佛吉祥寂。以后由大金刚座苏哩波、宝生密、中金刚座等人依次递传。

上面所说的阿婆都底波，又名宝戒。他传伽耶斯佗毕哩驮，意思是老书记，因为他曾做过达摩波罗王的书记，八十岁才到那烂陀寺出家。他的别名有只伽陀舍和婆跋斯建驮。他的传承依次为都诃里、前金刚座、中金刚座（一说与宝生密，苏利波为同一人）、无畏生、善生密、十力、金刚吉祥、法贤吉祥、佛称、宝称、罗底掬多（喜密），以至寂密。

第六系辞句传承，也就是续释的传承，这一系的派别很多，主要的是：

一派为龙树、圣天、罗睺罗、月称、光生、智称、扇底波，以次相传。

一派是妙吉祥友，传智金刚和觉金刚。

一派是智足，传极寂友，再传吉祥军、资鲁波、黑生和药足四人。此四人再传妙吉祥智，以后由大不空金刚、悉地费罗、阿底峡、友密、大金刚座等，依次相传。

一派是资鲁波、佗伽那、扇底波、智吉祥友、阿底峡、前金刚座、后金刚座，依次相传。

一派是游戏金刚、梨罗金刚、妙吉祥智、大不空金刚，以次相传。

一派是行者和吉祥持传诃哩计罗，又名毗罗只波，他再传妙吉祥智。

一派是俱俱里波、莲华金刚、底梨波、那洛波、扇底波，以次相传。

一派是中因陀罗部底王，又名阿阇黎俱俱罗阇（狗王），他传给阿阇黎莲花生。

一派是时轮传承，由毕卓波传给阿婆都底波、觉吉祥、那洛波三人弘扬。阿婆都底波又传苏哩波。

又被称为浊世之佛的无畏生密（1004—1125），传法给善生密，再传陀舍波罗（即十力），三传称扬天。后者又传迦湿弥罗释迦吉祥贤（1204入藏）、佛吉祥贤和宝护等人。这几人又传寂默吉祥贤。后由悲吉祥贤、释迦护、妙吉胄、解脱天、生密、罗底掬多、寂密等以次相传。后者即多氏的师祖。

第七系别传（杂）口诀传承，就是大成就者瞿罗刹的口诀传承。有一个婆罗门的阿阇黎名毗耶梨波，初期曾和龙树互相传法，后来又从斫波致波学法，以后传给迦俱致波。迦俱致波也曾从卢伊波闻法，他又传给密那波。密那波和他的儿子摩亲陀罗波后来又往师祖斫波致波处学法，都得到成就。其后，密那波传诃梨波、摩梨波、帝菩梨波。摩亲陀罗传卓朗吉波和瞿罗刹那佗。瞿罗刹那佗的弟子有十二人，上首付法弟子为羯拏里波，又名吠罗吉那佗。他以后由那瞿波、小毗流波学系中的瞿连那佗、奥俱罗那佗、罗底掬多，以次相传。罗底掬多又曾从宝称、智密、十力等人学法。

以上七系传承最后都集于罗底掬多的弟子寂密一人之身，他的时代略早于多罗那他。多氏的三个上师，就曾从寂密闻法。

本法末尾总结说，古代印度初闻得密咒持明位者极多。其后自萨啰诃以至达摩波罗王之终（约五至八世纪），不仅得成就者相续不断，而且同一时间往往多人并出。其后直至无畏生密逝世（1125），得成就者仅次第相承。自此以下，得成就者不过偶一出世而已。

多氏这部著作成于1600年，是他壮年（26岁）时手笔，有一种简明畅达的风格。书中所叙述的史事和他在八年后所作的《印度佛教史》有互相补充之用。此书中所详的都在《印度佛教史》中就省略了。因此，要研究印度佛教史，这两部书都是不可少的。譬如自五世纪密宗初兴，七世纪中叶以后渐成大宗，直至多氏时代为止（十六世纪），上下千余年间的传授源流，汉译典籍未见记载，得此一书即可见其大概。又其中所收诸大成就者的传记，很多和汉土旧闻有出入（像龙树传记取材于《八十四成道者传记》，就和鸠摩罗什译本《龙树菩萨传》不同，似乎生世很晚），这对研究印度佛教史者是会有不少启发的。又后期密教发祥于乌仗那，中国宋云、玄奘等旅行记只提到其地僧俗多娴咒术而已，此书详叙其国王因陀罗部底的历史和传承，即可明了其他密教发达的原委和时代。至于各家传记中说及与其他宗教斗争情形，也大有助于了解密教代显教而盛行的客观原因。又在十二世纪末印度超岩寺被毁之后，密教传统还维持了四百年未绝，如本书中叙述后来密宗大师就有罗底掬多、智友、寂密等多家。这些都足以补一般佛教史的疏略，而值得重视的。

此书有德文译本，收在佛教文库（圣彼得堡，1914年版）。

（郭元兴）

佛祖统纪

《佛祖统纪》，五十四卷（现行本缺十九、二十两卷），宋释志磐撰。志磐号大石，天台宗僧，尝住四明（今浙江省宁波市鄞州区）福泉寺及东湖月波山。著作除此书外，另有《法界圣凡水陆胜会修斋仪轨》六卷，今存。

天台宗从吴越王钱俶求得智者遗书于海外以后，教学中兴。宋朝政和年间（1111—1117），吴兴释元颖始撰《天台宗元录》一百卷，“始自正象统纪，终于教藏目录”，纪述天台宗授受的源流，并把从北齐到宋元祐年间的历代传承，系以图表，明其道统。庆元年间（1195—1200）婺女吴克己增广《宗元录》，撰《释门正统》一书，内分纪运、列传、总论三科，未及刊行而逝世。嘉定年间（1208—1224）余姚释景迁（号镜庵）取以上二书重加诠次，增立新传六十余人，名《宗源录》。到嘉熙初（1237），钱塘良渚释宗鉴又就吴书扩为八卷，分本纪、世家、诸志、列传、载记五科，这样百多年来，天台一宗史传的撰述，可说已粗具规模。但此书作者志磐认为以上各书都还没有达到完整无缺的阶段。他曾指出：“镜庵则有不立体统之失，良渚则有名位颠错之谬。至于文繁语鄙，事缓义乖，则皆有之。”（此书《通例》）又说：“良渚之著《正统》，虽粗立体法，而义乖文秽；镜庵之撰《宗源》，但列文传，而辞陋事疏。至于遗逸而不收者，则举皆此失”（此书《自序》）。作者为了弥补这些缺点，使所述能更好地显出天台一宗的全貌，于是在《正统》《宗源》二书的基础上，加以改编，并扩大范围，依仿《史记》和《资治通鉴》体例，编成此书。内分本纪、世家、列传、表、志五科，不仅内容增加，而且组织严密，并广泛涉及佛教名方面，而不限天台一宗。作者自宝祐六年（1258）着笔，到咸淳五年（1269）八月，凡阅十年，五次改易其稿，夜以继昼，撰成此书。其用力的辛勤，可以想见。完成之后，又请释必昇、慧舟、善良、宗净、法照五人校正，才作为定本。咸淳七年（1271）刊成行世，他已经是卧病的暮年了。

此书卷首有《通例》一篇，说明此书的体制、内容、写作的旨趣和方法。关于此书的命名，作者解释说："佛祖者何？本教主而系诸祖也；统纪者何？通理佛祖授受之事也。"表明此书是释迦牟尼和以下各祖师教法传授的历史记载。关于近代诸师的立传，作者提出三个标准：一是"观行修明"，二是"讲训有旨"，三是"著书明宗"。此外，"经理法事，旁赞教门"的僧人及通达台宗的搢绅名贤儒生居士，也有所收录。关于诸师的称谓，作者标出从国号、山名、师号、生地、寺名、自号、郡名、著书之名八例。关于引用的书籍，列举有大藏经典七十二部，天台教文二十一部，释门诸书二十四部，儒宗诸书四十一部，道门诸书二十部，事实上引用的典籍文章还不止此数。至于此书的体裁，是每类的前面有"序"，纪的后面还有"赞"。书中凡是遇到要辩论释疑的地方，则用"述"来阐明。引用前人的议论作按语则标明姓氏。有些名相或事实需要解释的，则用双行小字注于文中。资料的来源则注于篇末，有些地方不注出处，则是"或因旧文以删削，或集诸文以补足，或取师友之论著，或考碑碣之撰述，不复一一注所出者，修史之法当若是也"。状这些凡例上，可以看出作者是十分讲究史法，而且是有着较深研究和著述经验的。

此书内容：本纪部分凡八卷（卷一至八）初为《释迦牟尼本纪》，从明本迹、叙圣源起、至分舍利、集三藏止，引用经论教文，按年排次，从天台宗的角度来阐述释迦一生的法化，共四卷。次为《西土二十四祖纪》，自大迦叶尊者至师子尊者，都是历代嫡传的大师，悉依《付法藏经》叙述，凡一卷。三为《东土九祖纪》，自北齐慧文禅师至荆溪湛然禅师，是中国从北齐到唐代远宗龙树开创天台宗派和继承显扬的诸师。其中，智顗以下六人是吴越王钱俶请谥过的，共二卷。四为《兴道下八祖纪》，自兴道法师（道邃）至法智法师（知礼）共八人，继荆溪之后传播台教，但都没有师号，所以作者摭取他们的行实，冠以尊号，同于私谥，共一卷。

世家部分凡二卷（卷九至十），《诸祖旁出世家》，都是传教明宗，分灯照世，与本纪诸祖互相辉映的大师，凡有南岳、天台以至宝云十三世家，二百有五人（不尽有传纪）。

列传部分凡十二卷（卷十一至卷二十二）首为《诸师列传》，自慈云以下，至法智十世止，而以广智、神照、南屏三家最为繁衍，共十卷。次为《诸师杂传》，为净觉、神智、草庵三家，认为这三家都曾“背宗破祖，别树门庭”，所以区别开来。共一卷。三为《未详承嗣传》，载东阳傅大士以下四十余人，因“有功教门事远失记”，所以别为一卷。三类列传，合四百四十一人（现行本有传者仅百七十一人）。

表的部分凡二卷（卷二十三至卷二十四）。首为《历代传教表》，从梁武帝天监元年（502）起，到宋仁宗明道二年（1033）止，以年为纲，排比慧文至知礼诸师的大事，以明台宗的授受和传播，共一卷。次为《佛祖世系表》，就前面本纪、世家、列传中诸人（末尾略有所增），列表来表示传承的关系，共一卷。

志的部分凡三十卷（卷二十五至卷五十四），首为《山家教典志》，为慧思、智顗等六十一人的著述目录，同于史书的《艺文志》，共一卷。二为《净土立教志》，首载莲社七祖、十八贤和入社百二十三人和不入社三人的传，附有宋契嵩撰的《东林影堂六事》。十八贤传是据宋陈舜俞、释怀悟等所刊正详补的传又加增补而成。次纪往生高僧一百三十四人、高尼七人、杂众六人、公卿三十一人、士庶二十三人，女伦四十三人、恶辈五人及往生禽鱼等，这些乃是根据宋释海印撰的《净土往生传》十二卷删削而成。后附往生续遗十人，引自《报应记》《冥祥记》等书，共三卷。三为《诸宗立教志》，记禅宗达摩等六人，贤首宗法顺等九人，慈恩宗玄奘等二人，瑜伽密宗金刚智等五人，南山律学道宣等三人，共一卷。四为《三世出兴志》，记过去、现在、未来三世成住坏空大小各劫的演变和人世及佛教的情况，共一卷。五为《世界名体志》，绘有华藏世界、万亿须弥、九山八海、大千三界、忉利天宫、诸天和震旦、西域、五印及地狱等国，并引经文作为说明，共一卷。六为《法门光显志》，记录佛教各种仪式和事相的起源，共一卷。七为《法运通塞志》，主要是记佛教的出现、传播及中国佛教盛行与衰落的状况，同时也记载历史上的大事，自周昭王二十六年（前1027）起，依年月编次，到宋理宗宝庆三年（1227）止，是一部佛教大事记，尤详于宋代，约占其中三分之一的篇幅。这一志是参考宋释祖琇的《佛运统记》、释德修的《释氏通纪》而成，共十五卷。八是《名文光教志》，选录有关天台宗的重要的碑文、序言、论述、书牍等，前面是名人居士的文章十七篇，后面是高僧及作者自撰的文章七篇，共二卷。九是《历代会要志》，集有关佛教的史实，旁及道教，按时代先后分类编排，凡六十五项，共四卷。

在宋代，禅宗和天台宗为了西土传承二十八祖和二十四祖的问题，曾有过一段争论。释契嵩据《宝林传》，主张二十八祖，子昉则谓这些“渎乱正法，瑕玷禅宗”（卷二十一本传为本书内，以天台宗的立场，认为：“吾宗谓祖承止师子，而禅林加四人，于是竞相是非，连代不息。……嵩明教作《定祖图》，谓禅经具载二十八祖。今检经但列九人，而名多不同。昉法师作《止讹》以斥之，宜矣”（卷五《师子尊者纪》）。此中门户之见，自然难免了。不但如此，即在天台宗内，宋代也有山家、山外二派的分别。作者是拥护山家派的，曾撰《宗门尊祖议》一文（见卷五十）尊山家派为正统；对于山家的倡导者知礼的所谓辟异端、再清教海的功绩，是极端称赞的（见卷八本传）。因此，在列传内，另辟《诸师杂传》一类，收“录诸师之未醇正者，故净觉以背宗录、神智以破祖录，草庵以失绪录”（卷二十一）。《诸师杂传序》为这三家都是山外派，《释门正统》把前二人列于《扣击宗途传》内，对他们还有恕词（见卷五），本书则加以贬黜，“置之杂传，以示家法之所在”（卷二十一《神智传论》）了。

此书作者幼年曾从儒者袁机受学（见卷四十五嘉祐七年及庆历八年条），在文、史学及文章方面，都有一定的基础。而平日又留心僧传，爱好钻研，所以他曾说："昔鲁直（黄庭坚）见僧传文鄙义浅，欲删修之而不果，惜哉！如有用我者，吾其能成鲁直志乎？"（卷四十二端拱元年条）本书的注重体例和章法，融合纪传、编年、会要于一书，正证明作者在史学方面的湛深修养，故能纲举目张，文采斐然，在佛教史传中，可算是成就较高的著作。作者在选择史料上，态度也颇为矜慎，重视史料的真实性。例如，《传灯录》谓志公令人对慧思说何不下山教化众生。作者根据南岳愿文，证明志公早已逝世，慧思没有可能见到他，所以正文中不记此事（卷六《慧思纪》）。又晁说之撰《明智塔铭》，谓荆溪传法于行满，行满递传法于广修。作者则根据《大宋高僧传》，作荆溪道邃、广修递相传受（卷八《道邃纪》）。此外在智顗（卷六）、义通（卷八）、知礼（卷八）等纪中，对旧传的一些错误，也于注中加以纠正。另外在此书各部分中，还保存了许多珍贵的佛教史料。《法运通塞志》载太平兴国七年（982）六月译经院建成，天息灾述译经仪式（见卷四十三），淳熙十年（1183）释若讷上试经度僧的札子（见卷四十七），嘉泰二年（1202）臣寮请禁止吃菜事魔的奏状（见卷四十八），在各卷中又引用了许多条（宋）《国朝会要》（见卷四十三干德三年小注），这些多是有关一代典章制度和社会史料，甚为可贵。在《历代会要志》中，关于佛教制度的建立和沿革，佛教盛衰消长的演变，都有简明的记载，并旁及儒家、道教、摩尼教、白云菜等，足供研究社会动态和宗教发展的参考。

此书是一部洋洋五十万言的巨著，因而在前后照顾上，也不免有些误失。例如，卷十五《法邻传》中说，高丽义天请法邻"跋所受教乘归国、师援笔立成"。注说"文见《名文光教志》"，但《光教志》中实无此文。卷三十三《十王供》中，欧阳修梦十王下注见《通塞志》嘉祐六年，实应作熙宁五年（1072）。但这些都是很细微的缺点。

此书现有两种版本，一是明南藏和嘉兴藏本，作五十四卷；一是日本卍字续藏本，作五十五卷。但卷二十一空卷，第二十二卷就是明藏本的第二十一卷，所以二者仍是一样的。

此书列传部分，残缺极多，有些人在其他书中，还可以找到传记。例如，卷十八所缺的正庵端信、晦庵慧明，在《释门正统》卷七中都有传存在。同卷的古镜文杲、卷二十的顽空智觉，也见于《续佛祖统纪》卷上。此外，卷十七的佛光法照，卷十八的云梦允泽，古源永清，也都见于《续统纪》卷上。再者，法照逝世于咸淳九年（1273），允泽逝世于元大德元年（1297），永清逝世于元至正二十八年（1291），这些人的卒年晚于此书的刊行年代，他们的传是不应出现在此书中。《续佛祖统纪》著者所见到的此书，和现今流传的版本不一样，是没有这些人的，故此才在《续统纪》中著录。此书现在流通的本子，则是经过后人的增补。再者，卷十八现存目录上，载有佛光照法师法嗣子庭师训等二十三人，佛光照就是法照，也是此书的校正人之一，不应列入此书，更谈不到他的法嗣了。卍字续藏本在卷十九目录后面，还存《文节传》一篇，他是元至正二年（1342）逝世的，卷四十八还载有咸淳后直至元顺帝至正二十八年（1291）的记事，后人附益进去的痕迹，更为显然。又卷二十四《佛祖世系表》中，也载有以上元代逝世的人。卷五十三《历代会要志》经目僧数条由记录元世宗时代僧尼人数和寺院所数，同样都是后人所补入的。

（苏晋仁）

历代三宝记

《历代三宝记》，或作《开皇三宝录》，简称《三宝记》《长房录》，十五卷，隋代费长房撰。长房是蜀郡成都（今四川省成都市）人，本出家为僧，博学而精于玄理。北周建德三年（574）废佛法时，他乃还俗。隋开皇初佛教复兴，他被召任翻经学士，在大兴善寺国立译场，参加译事。自开皇四年到十七年（584—597），那连提耶舍译《大方等日藏经》《力庄严三昧经》，阇那崛多译《佛本行集经》《善思童子经》《移识经》《观察诸法行经》《商主天子问经》《金光明经·嘱累品》《银主陀罗尼品》等凡八十余卷，都由他笔受（见此书卷十二及彦琮《合部金光明经序》）。同时，他又致力于佛经目录的纂辑，到开皇十七年（597），撰成此书十五卷，同年十二月二十三日进献于隋文帝。

作者在《总目序》（卷十五）中，曾说明此书的编写缘起，认为过去的佛经目录有的散佚，有的记录不完备，作者处在南北统一的隋代，又参加国立译场，接触到更多的经籍。于是在这种条件下，总结前人的成果，把目录编纂得更全面和系统化，自有必要。开皇十四年（594），隋文帝曾命释法经等编辑《众经目录》七卷，在分类上虽有所长，但记载不够详尽，正如法经自己所说："既未尽见三国（齐、陈、周三朝）经本，校验同异"，"唯据诸家目录，删简可否，总标纲纪，位为九录"（见《众经目录》卷七序文）。费长房编写的此书，和《众经目录》体例不尽相同，而在内容和幅度上，则比《众经目录》要远为丰富。

此书所根据的资料，作者在总目序言中曾说道："显兹三宝。佛生年瑞，依周夜明，经度时祥，承汉宵梦，僧之元始，城堑栋梁，毗赞光辉，崇于慧皎。其外傍采，隐居历年，国志典坟，僧祐集记，诸史传等仅数十家，摘彼翠翎，成斯记翮。”（卷十五）在这数十种书中，有史传，有佛经目录。史传如《魏书》《高僧传》《象法正记》《萨婆多记》《名僧传》等，除《魏书》《高僧传》外，其他多是后世已不存的著作。在佛典目录中，他引有当时存在的六家目录，即《众经别录》（似刘宋时述）、《出三藏记集》（僧祐撰）、《魏世众经目录》（李廓撰）、《齐世众经目录》（法上撰）、《梁世众经目录》（宝唱撰）、《大隋众经目录》（法经等撰）。这六家目录中，现在《众经别录》只残存一部分（敦煌残卷），魏、齐、梁三家目录已全佚。此外，他还间接引用了《古录》《旧录》《朱士行・汉录》《聂道真录》《赵录》《二秦录》《道安录》《竺道祖录》《支敏度录》《王宗录》《宋齐录》《始兴录》《正度录》《岑号录》《菩提流支录》《灵裕录》《东录》《一乘寺录》等，这些目录早已不存。此书在每经之下引用，都注明出处，使这些已佚的目录还保存一些面目，对于研究古代佛典目录和译经史很有作用。

此书共分四部分，前三卷是“帝年”，以周庄王十年（前687）为释迦降生之年，从这年开始，到隋开皇十七年（597）止，分上下排列，上列各朝帝王、年号和干支，下记佛教的兴替，佛典的传译，旁及当时史事，是佛教年表的雏形。其中第一卷是周、秦。第二卷前汉、后汉。第三卷魏、晋、宋、齐、梁、周、隋，而附列吴、苻秦、姚秦、乞伏秦、北凉、后魏、北齐、陈代，因为这八代都曾经有佛经的传译。至于蜀汉、前凉、前赵、后赵等十四代，则因为没有佛典传译，故仅在叙录中提到，而年表中没有列入，这与后面的代录一致。《隋书・经籍志》《旧唐书・经籍志》《新唐书・艺文志》著录本书为三卷，就是指帝年而言，说明这一部分已为历代史学家所重视。第四卷到十二卷是代录，就是以王朝为线索，把每个不同历史时期的佛教译著，作了统一的阐述。通过它，可以看出佛典的译传在各个朝代的情况。所载从后汉到隋共十六代，每代前有叙录一篇，说明当时的政治情况及与佛教的关系。里面则以译述的人为主，考订他们译经的卷数、部类、经名异称、第几次翻译、译经年代和地点、参与工作的人员、曾经著录的经录以及译人的传记等。梁释僧祐的《出三藏记集》是在目录之外别有传记部分，本书则把目录和传记合并叙列，对于了解一个翻译家的具体情况实有很大的便利。这当然是由于代录是以译人为主的体裁，可以赋予这种形式，以便于知人论世；但作者是在过去经录已有的基础上，加以综合提高，并吸取儒家目录如王俭《七志》、阮孝绪《七录》的优点，而加以组织和发展的。

朝代	译述人数	译翻		失译		撰述		共计	
		部数	卷数	部数	卷数	部数	卷数	部数	卷数
后汉	12	233	318	125	148	1	1	359	467
魏	6	13	25					13	25
吴	4	145	186	110	291	3	4	258	481
西晋	13	440	700	8	15	2	2	450	717
东晋	27	180	464	53	57	35	60	268	581
苻秦	8	16	201			24	28	40	229
姚秦	8	116	648			8	27	124	675
西秦	1	14	21	8	11			22	32
北凉	8	32	266	5	17			37	283
宋	23	208	489			2	6	10	495
南齐	19	40	306			7	34	87	340
陈	3	37	139			13	108	50	247
北魏	13	84	295			3	7	47	302
北齐	2	8	53					g	53
梁	21	49	108			39	767	88	875
北周	11	15	51			19	57	34	108
隋	19	45	266			30	188	75	454
共计	198	1675	4536	309	539	186	1289	2170	6364

代录著录的各代实际译述人和经籍部数、卷数如前表。

（疑、伪、抄经都包括在翻译项内，但据本书卷十五《总序》所载：译述者共为一百九十七人，译述典籍合为二千一百四十六部，六千二百三十五卷。）

第十三、十四两卷是入藏目录，第十三卷是大乘录，第十四卷是小乘录，都分经、律、论三类，每类又分有译人名和失译人名二项，疑惑、伪妄、别生诸经，都没有列在内，以卷数的多寡作为先后的次第。其实际著录的经目如下表（本书原载各类有译、失译部、卷的计数，和实际著录的很多不符，今不从）：

入藏目录	大乘录	修多罗	有译	312部	1067卷		
			失译	245部	404卷		
		毗尼	有译	21部	42卷	387部 1373卷	646部1798卷
			失译	12部	14卷	259部 425卷	
		阿毗昙	有译	54部	264卷		
			失译	2部	7卷		
	小乘录	修多罗	有译	122部	554卷		
			失译	323部	488卷		
		毗尼	有译	41部	347卷	188部 1293卷	551部1874卷
			失译	20部	66卷	363部 581卷	
		阿毗昙	有译	25部	392卷		
			失译	10部	27卷		

第十五卷是总目，载有本书的表文和本书总序及全书目录，末尾附有宋、梁、魏、北齐、隋六家经录和已佚的古代二十四家经录，保存了古代佛教目录的丰富资料。

作者对于佛教史籍有相当研究，在本书编纂过程中，曾经参考群书，综合各家目录，采取比较慎重的态度。例如，魏竺律炎的名字各家记载不一，“或云将炎，或云持炎，或云律炎”（卷五）；乞伏秦圣坚，“或云坚公，或云法坚”（卷九），作者因“未详孰是，故备举之”。又菩提流支和瞿昙般若流支，时代有前后，“众经目相传抄写，去上菩提及般若字，唯云流支译”，有些书不能确知是哪一个流支所译，作者因说：“今群录交涉相参，谬滥相入，难以详定，后贤博采，幸愿讨之。”（卷九）又《高僧传》云“（觉）贤（佛陀跋陀罗）出《泥洹》及《修行》等十五部，一百一十七卷，依《宝唱录》，足《无量寿》及《戒本》。部数虽满，尚少二卷”（本书著录十五部、一百一十五卷），但是未详何经，故盼“来哲博闻，式希续继，冀补遗漏”（卷七）。至于过去目录中的错误，作者也多所订正。例如，《放光般若经》二十卷，竺道祖、僧祐、王宗、宝唱、李廓、法上、灵裕等录都作朱士行译，经作者校勘，认为“《支敏度录》及《高僧传》《出经后记》、诸杂别目等，乃是无罗叉、竺叔兰等三人详译，朱士行身留停于阗，仍于彼化，唯遣弟子奉赍经来到乎晋地，斯岂得称士行出也”（卷六）。又僧祐把大月氏沙门昙摩罗察和法护分为二人（见《出三藏记集》卷二）。作者认为：“其（月）支菩萨（昙摩罗察）即竺法护，无别二人，《出三藏记》便成二举，小非详审。”（卷六）这说明作者编写时的求是态度，可惜这种精神没有贯彻在全部书中，有些地方还存在着混滥的缺点。

此书著录的翻译家和经典，较之过去各家目录，显著增加很多。比《出三藏记集》卷二《新集经论录》所载自后汉至梁的翻译人数增多一倍半以上。再以著录的译经来看，如后汉安世高，《祐录》作译经三十五部，四十一卷，本书则作一百七十六部，一百九十七卷；吴支谦，在《祐录》作译经三十六部，四十八卷，本书则作一百二十九部，一百五十二卷；晋竺法护，在《祐录》作译经一百五十四部，三百零九卷，本书则作二百一十部，三百九十四卷；姚秦鸠摩罗什，在《祐录》作译经三十五部，二百九十四卷，本书则作九十四部，四百二十五卷，似这种情形很多。其中虽然有些错误，已为唐释智昇所指出（见《开元释教录》卷一至卷四各本条），但不少是经过作者搜寻研究而后才收入的。在安世高译经下面，作者说：“房广询求，究检群录，记述世高，互有出没。……今总群篇，备搜杂记，有题注者，多是河西、江南道路随逐因缘从大部出，录目分散，未足致疑。彼见故存。此宁不缵？敢依诸集，辑而编之，冀广法流，知本源注。”（卷四）在支谦的译经下面，作者也说：“僧祐《三藏记集》录载唯三十六部，慧皎《高僧传》述止四十九经。房广检括众家杂录，自《四十二章》已下，并是别记所显杂经，以附今录。……录目广狭，出没多异，各存一家，致惑取舍。兼法海渊旷，事方聚滞，既博搜见闻，故备列之。”（卷五）另外，《祐录》中失译的经典在本书中也勘查出一些翻译人名。他的筚路蓝缕之功，还不难看出，至于本书卷十二《大隋录》一卷，所记都是当代的事，像那连提耶舍、阇那崛多等人的译经，详载翻译的起讫年月、译经场所及度语、笔受、制序人等，都极新颖翔实可贵。

此书除著录译经外，还记载当时的佛教著述，这里面包含有注疏、论著、传记、目录、类书等，很多是现已不传的书，如北周昙显的《菩萨藏众经要》《一百二十法门》，慧善的《散华论》，隋灵裕的《塔寺记》《僧尼制》，僧粲的《十种大乘论》，彦琮的《通极论》《辩教论》《通学论》，慧影的《伤学论》《存废论》《厌修论》，刘凭的《内外傍通比较数法》，开皇十五年（595）撰的《众经法式》等，并一一加以扼要的记载，使后人能知道这些著作的大概。从所记的著述中，还可以看出各个时期佛教发展的趋向。

此书取材广泛，错误之处也在所多有，作者自己就说：“自从后汉迄我大隋，其间译经凡十六代，所出之典诸大小乘，或处经同缘人致别，或时世异而人出同，或止一翻，或复重译。无问人撰传录集记，但是一言赞述三宝，语诚鄙野，意在光扬，疑妄伪真，注解论记，依括群目，稷稗皆存，合彼金沙，为其录体。可谓兰艾共篋，龙蛇未分者焉。”（卷十三《大乘录入藏目叙录》）唐释道宣也评本书：“房录后出，该赡前闻；然三宝共部，伪真淆乱。”（《大唐内典录》卷十）由于此书是综合前代的经录而成，虽然所费的功力很多，但是因为时地的限制，不可能完全看到所著录的书，致有以讹传讹的地方。例如，《二百六十戒合异》，本书据别录作竺法兰译（见卷四），智昇则根据《合异》序文，勘正应作东晋竺昙无兰撰（《开元释教录》卷十五）。支娄迦谶译经中，此书列有《古品遗日说般若经》一卷，《宝积经》一卷，乃是根据《出三藏记集》卷二而来，智昇则考证二经“既是同本，不合再出”（《开元释教录》卷一）。类似这种情况的很多。也有由此书作者的疏忽而造成的错误，如西晋法立和法炬共译的只有《法句本末经》和《福田经》，这在《出三藏记集》卷二中记载得很明白，但是此书除此二经外，把法炬译的《楼炭经》《大方等如来藏经》一并误作两人共译（见卷六）。后汉严佛调是沙门，此书误作清信士（见卷四）；西晋竺叔兰是居士，此书则误作沙门（见卷六）。此外在各代译经中，把译人的名字张冠李戴，或是有译人名的误作失译人名，失译人名的误作有译人名，或是失译经误加年代，或是一经重见复出，或是异经误作同本，这些错误《开元释教录》中都已分别指出。

在帝年中，纪年也有错误的地方。魏高贵乡公甘露元年（256）的干支应推迟一年，南齐永明元年（483）、永泰元年（498）、永元元年（499）的干支应提前一年。其他如梁的承圣，苻秦的皇始、寿光、永兴、甘露、建元、大安、太初、延初，姚秦的皇初、弘始，乞伏秦的建义、更始、太初、永康、永宏，后魏的正平、后元，北凉的永安、玄始、承玄、义和、永和，陈的永定、至德，纪年或提前或推后，有的以少作多，有的以多作少，都有不同的错误。

此书的入藏录部分，有许多经典作者没有亲见，以致糠稗同收，而且分类简单，与代录也不尽一致，因此这一部分最为后人所诟病。道宣批判说：“入藏瓦玉相谬，得在繁富，失在核通。”（见《大唐内典录》卷五）智昇也说：“长房入藏录中事实杂谬，其阙本、疑伪皆编入藏，窃为不可。”并举出其中重复及前后不一致的十处错误（见《开元释教录》卷十），实际错误还不止此，小乘阿毗昙失译录中有《六足阿毗昙》一卷，就明显是有部《六足论》之误，这一部分，是据法经《众经目录》增减而成，与代录很多矛盾，甚至将疑伪一并收入，潦草成篇，比前两部分远为逊色。

此书流传既久，其中有后人羼杂的成分。卷三帝年本应到此书进至隋文帝开皇十七年（597）丁巳为止，但是后面却增加了六十六个年代，迄于癸亥（即唐高宗龙朔三年，663），在开皇十八年（598）以后，到隋炀帝大业年间，还有纪事。唐自武德元年（618）戊寅以下，则只有干支。这可能是武德元年（618）史的人所补入，所以没有标明武德元年（618）以下的年号，只是把干支预填到这一甲子完了为止。此外卷九北凉失译经后所载的《入大乘论》二卷，乃后人据《大唐内典录》（卷三）所附入，而佚去译人道泰的名字。又高齐那连提耶舍的译经中有《大世三十论》一卷，下注“见《唐内典录》”，同卷陈真谛的译经中有《大空论》三卷，下注“《唐内典录》云《十八空》”，后人据《大唐内典录》增补的痕迹是很显明的。

前代经录大抵专纪经典，此书是三宝通纪，体裁也多新创，而功力最深的则是代录部分。此书对于隋以前的译经和撰述，提供了丰富的资料，并保存了一部分过去已佚经录的面貌，但是取材还不够谨严，所收多有混杂，尚有待于加以拣别。

此书成后即上于隋廷，文帝曾下令流通，自唐开元以后遂收入大藏经中。在它以后的《大唐内典录》《古今译经图记》《开元释教录》《贞元新定释教目录》等，有的模仿它的体例，有的承袭了它的一部分内容，有的在它已有的基础上加以勘正提高，足见它在佛教目录学上有过很大的影响。

（苏晋仁）

僧传

僧传是记载古来对于中国佛教有贡献的僧人传记的总称。

僧传的撰作，最早为个别僧人的传记。其次是同一类别僧人的传记，其中有的专记西行求法僧人，有的专载高逸人物，有的专记一山一寺僧人，有的专志某宗某派大德。再次是综合性的僧传，这种传记，幅度宽广，时代绵长，人物众多，卷帙也较大。自从梁释慧皎著《高僧传》以后，它的分类方式和写作形式便一直影响于后代，成为总传的典范。

以上三类僧传产生的时代虽有先后，但它们在佛教历史上，都有重要的地位。因为僧传主要记载僧人的活动，而这些活动是在一定的历史条件下进行的，因而和一切有关佛教的大事——佛教的盛衰，经典的翻译、注疏，宗派的建立，学说的传播及典章制度，寺宇建筑、国际间佛教交流等，都会在他们的传记里反映出来。这就成为研究佛教历史必不可少的资料了。

现在分别介绍三类传记如下：

一、总传，现存的有：

（一）《名僧传》摘抄本一卷。原三十卷，《序目》一卷，梁释宝唱撰，今佚。此书创始于天监九年（510），搜集前代僧录、碑志以及口述等，区别部类，到十三年（514）始编纂完成。作者在编纂中因将谪配越州，加紧做缵集芟改，而成定本。其第十八卷有《僧祐传》，祐卒在书成之后（天监十七年，518），当是出于增补的。僧祐是作者的老师，祐著《出三藏记集》末三卷是僧传，对此书有直接影响（见此书自序）。

此书分法师、律师、禅师、神力、苦节、导师、经师七科。又分子目：外国法师四卷，包括一般法师和神通弘教二类；中国法师十三卷，包括高行、隐道和一般法师三类；律师一卷，禅师二卷，神力一卷，不分类；苦节七卷，分兼学、感通、遗身、宗索（素）、寻法出经、造经象、造塔寺七类；导师一卷，经师一卷，不分类。正传共四百二十五篇，著录后汉、吴、晋、姚秦、北魏、宋、齐七个王朝名僧四百二十五人；附见的僧人甚多，今不得其详。正传中竺佛图澄、慧远传的篇幅都很长，人各一卷。又晋、宋、齐等南朝的僧人，在全书中所占的比重最大，这与作者身处南方受到地域的局限有关。从现存的抄本传第十八谈“礼法”一篇是属于律师科的序文来看，大概原书每科之前都是有序的。卷末有自序和目录，自为一卷（见《法苑珠林》卷一百及《续高僧传》卷一《宝唱传》）。此书搜罗繁富，正传有八十余人为《高僧传》所无；又有些人在此书中有专传，而在《高僧传》仅是附见，可见《高僧传》不如此书记载的详细；即两书同样有传，而从现存的抄本“说处”来看，有些事情也是《高僧传》所未载。又此书还记录学说和著作，如三乘渐解实相事、无神我事、慧远习有宗事、竺道生立佛性义、观空义、善不受报义、昙济七宗论序等，都是佛教教义上的重要言论，《高僧传》也缺载，由此可见本传是有许多优点的。

此书现存抄本是日本释宗性在文历二年（1235）所摘录。卷首保存全部目录，卷中也有原文的片段，末附“说处”即要点的条目。抄本重点虽放在有关弥勒感应的记载上，但保存了原文一小部分，使此书的面貌仍可依稀辨认出来。这实在是于《高僧传》以外，研究中世纪佛教所不可缺的一部传记。

（二）《高僧传》十四卷，梁释慧皎撰。（另见专条）

（三）《续高僧传》三十卷，唐释道宣撰。（另见专条）

（四）《宋高僧传》三十卷，宋释赞宁撰。（另见专条）

（五）《新修科分六学僧传》，简称《六学僧传》三十卷，元释昙噩（1285—1373）撰。此书根据梁、唐、宋三部《高僧传》重编，撰稿于至正九年至二十三年（1349—1363），依照六学分类而完成。其自序说，梁、唐、宋三传的文字，大率是六朝五季的风格，制体卑弱，缺古文的气息。宋代黄庭坚尝有意删除而未果，释慧洪也仅仅润色了《梁传》，因此他就三传重新编修，而以慧、施、戒、忍辱、精进、定六学来分类，表示与旧有的十科分法不同。在六学中每学又分两科，计译经科二卷，传宗科六卷，遗身科一卷，利物科一卷，弘法科四卷，护教科二卷，摄念科二卷，持志科二卷，义解科三卷，感通科三卷，证悟科二卷，神化科二卷。正传共著录一千二百七十人。六学之下各有小引，说明立科的宗旨。每科之后有赞言，作为一科的总结。这种分类法并不比旧的分法好。旧分类法依据时代的演进和佛教本身的发展而设立科目，符合了历史的要求，反映了佛教的真相。所以，《梁传》有的，《唐传》不一定有。此书企图把九百多年的史实，纳入统一的规格中，因此在旧有资料的基础上，某些方面就难免参差不齐。再以十二科而论，弘法科和义解科，感通科和神化科，都密切联系，很难分割，故某人归入某科，时有可议之处。但此书在梁、唐、宋三僧传而外也补充进去一些人物，如勒那摩提、僧璨、慧文等二十余人都是根据他书而补入的。作者在辞句修改上曾费了很大斟酌，删去了许多文句，并有所改写，使明白易懂，现在用来和梁、唐、宋三传对阅，不失为很好的参考书。

（六）《大明高僧传》八卷，明释如惺撰。（另见专条）

（七）《补续高僧传》二十六卷，明释明河（1588—1640）撰。作者因宋代以后，僧传阙如，乃遍游南北名山古刹，于断碑残碣间，搜剔刻文，并委托同学释读彻于两粤和云南代为搜罗材料。其后又参考曹能始的藏书，经历三十年，数易其稿，犹未成书。及崇祯十三年（1640）作者临卒，嘱咐弟子道开继续其事。到清顺治四年（1647），道开加工编辑，始大致告成。此书记载从唐代到明万历末的高僧事迹，这不但继续了《宋传》的编纂，还补充了它对于唐、五代部分的遗漏，所以书名“补续”。作者虽编写此书在《大明高僧传》之后，但并没有见到《明传》，所以毫未提及。此书分类，仍是采用十科。在体裁上，除了附传以外，增加了合传，时常以二三人合为一传，对于事迹不太多而行事类似的人物，是比较适宜的。在《习禅》篇中，有一部分传后有“系曰”的评语，这说明这一部分是经作者整理肯定下来的稿子。在其他篇中，有些传后有“明河曰”的按语，这可能是保存作者准备作“系曰”的原稿。另外，有些传后则有未署名的按语或引用的参考资料，或是道开整理时所加。从这些可以看出它的体例还没有完全统一，释读彻序谓本书中“人之今古，采之得失，列之诠次，尚俟商榷，可称未全之书”，此说是不为无因的。此书内容是《译经》一卷，《义解》四卷，《习禅》十一卷，《明律》《护法》《感通》《遗身》《赞诵》《兴福》各一卷，《杂科》四卷；所著录的人数，正传五百四十九人，附见七十五人。而《译经》《明律》《护法》《赞诵》《兴福》等科都比较贫乏，如《明律》篇中，明代竟无一人。像如馨、寂光等律师，均略而不载，殊难理解。又辽、金两代，著录的高僧很少。《习禅》方面篇幅过于庞大，这虽由于此时期禅宗盛行，但宗门语录载的过多，未免形成偏重。作者除根据碑刻外，还采用了《禅林僧宝传》《佛祖统纪》《佛祖历代通载》《释氏稽古略》，以及宋、元、明人文集等书，组成这样大的著作，虽然不够谨严，间有错误和遗漏，而功力之深，仍是值得称赞的。后世见到此书的人不多，所以都以如惺的《大明高僧传》来继续《宋高僧传》，实则《大明高僧传》的规模篇幅都不如此书。

（八）《新续高僧传四集》六十六卷，二十世纪初喻谦编。卷首一卷，正文六十五卷。卷首有引用书目，凡引用灯录、传记、山志、寺志、文集等六十四种，另外还参考了各省通志、县志，宋、辽、金、元、明诸史及众家语录，数量相当多，但是像《续藏》中有关佛教史传的作品和宋、辽、金、元、明、清人文集中所存在的原始的资料，没有能选择利用的也不少，因而许多传文，仅根据辗转陈述的记载，不很全面；有许多值得写录进去的高僧也遗漏掉，如明末遗老不愿投降清朝而遁迹方外有成就的很多不见记载，就是一例。此书内容始自宋初，终于清末。包括一千多年的时间，凡《译经》二卷、《义解》八卷、《习禅》十六卷、《明律》六卷、《护法》三卷、《灵感》三卷、《遗身》二卷、《净读》八卷、《兴福》十一卷、《杂识》六卷，正传七百七十一人，附见六百十七人，可谓洋洋大观。同时，里面记了一些偏远省份的高僧，在地域上，比过去的范围广泛。分类仍为十科，不过改《读诵》为《净读》。本书于有名的高僧，如宋代的道济、道隆，元代的正澄、一山，明代的一如、通润，清代的续法、通琇、溥畹，以及传教海外的性滔、性敦、心越等，为数很多，都没有搜罗进去，不能不说是遗憾。另外有些僧人，并无可传的事迹，仅因和主持编书的人有旧交，而得增饰入传，则不免混滥之嫌了。

（九）《高僧摘要》四卷，清徐昌治编辑，成于顺治十一年（1654）。作者刊布过《佛祖指南》《法苑醒世》两书，对于单传直指的禅宗和佛教中的幽明感应，曾经有所撰述。他认为《高僧传》有正续四部，都以十科分类，不免有“拘格拘例”之嫌，于是除上二书已有的不录而外，另按照道高、法高、品高、化高四类，将历代高僧的事迹摘要叙述，即分为四卷。道高自东汉至清凡四十二人（居士都觃一人不计算在内），法高自晋至清凡四十三人，品高自晋至清凡四十七人，化高自东汉至清凡四十一人。其中摘自四部《高僧传》的占十分之八，选自他书的有三十余人。就全书来看，此书有些传文是全部照录旧传，有些摘录一半，或一小部分，很不完备，其中又以禅门宗师为最多，有些且以记言为主，颇近于语录。由此可见，作者是用禅宗的观点来编辑成书的。

（十）《重编八十八祖道影传赞》，或作《诸祖道影》《诸祖道影传赞》《祖师传赞》《八十八祖传赞》，四卷，卷首附录各一卷，明释德清（1546—1623）撰，清高承埏补。明代宫中藏有诸祖道影八十八尊，洪武元年（1368）传摹供奉在南京牛首山祖堂中，万历十二年（1584）真可禅师请名画家丁云鹏临摹三堂，置于五台、峨眉、南岳等处。后画家史宷再摹写成册。泰昌元年（1620）释德清纂成小传，各系以赞。崇祯五年（1632）钱应金去其像，以传赞付梓，但止七十七人，崇祯十七年（1644）高承埏复补齐，编为四卷。卷首为徐芳、今释等的序文、题辞和目录，卷一为西天二十七代祖师和旁出一人的传赞；卷二为汉季六朝神僧五人，禅宗祖师六人，唐朝教主七人的传赞；卷三为唐朝禅师十六人、后梁禅师一人的传赞，而文偃、文益两人以无像故不立传，但以赞附于后；卷四为宋朝禅师十人，法师一人，元朝禅师十一人，明初禅师三人的传赞。以上以禅宗大师为多，至于天台、慈恩、律、华严、密、莲宗也各有数人，并将天台宗十七祖、慈恩宗三祖、律宗九祖：华严宗五祖、密宗五祖的名号附在唐朝各家教主的后面；又在卷二慧远的传后，附有虞淳熙作的《莲宗十祖赞》。附录一卷，是顺治间高承埏写的祩宏、真可、德清三人和附入的圆信的传赞。全书的传除明代数人外，其他篇传都是据《灯录》《佛祖统纪》等书编写而成。

二、类传，现存的有：

（一）《大唐西域求法高僧传》二卷，唐释义净撰。（另见专条）

（二）《神僧传》九卷，明永乐十五年（1417）辑。卷首有明成祖的序，此书在国史《经籍志》卷四上，《阅藏知津》卷四十三，《四库全书总目提要》卷一百四十五，《铁琴铜剑楼书目》卷十八，都不著编录人名。但今从序文“故间繙阅，采辑其传”来看，显然是明成祖所编。王圻《续文献通考》卷一百七十九说此书繙是永乐间命侍臣辑，当属实在情况。《四库提要》（附存目）推测为元人著，误。正如序中所说，编者把过去记载中有神通僧人的事迹集合在一起，以便阅览，因此，编辑时削去与主旨无关的记载，而使神通方面突出。书中共著录二百零八人，自后汉起到元初为止。后汉、吴、元占的人数最少，唐人最多，几达全书之半。所据史料，以梁、唐、宋三部《高僧传》中的神通或感通科为基本来源，其他科中有关神通的也剪裁收录。另外，还引用《禅林僧宝传》《五灯会元》等，然在全书中不足十分之二，可见引用的范围并不太广，即在三部《高僧传》中，记有神通的高僧还很多，也没有全收进去。

（三）《比丘尼传》四卷，梁释宝唱撰。（另见专条）

（四）《武林西湖高僧事略》一卷，宋释元敬、元复撰。本书莫子文序说，释了性创建一阁，用以供奉曾在杭州各寺居住过的高僧，阁未成而迁职。继任释元敬在阁建成后，搜辑高僧二十四人，命释元复摭取他们的史实，系之以四言赞，后又访得六人，由元敬加以赞述。这些高僧的图像都绘在阁上，事略则刊版印行，即是此书。书中以图赞为重点，事迹说明乃据梁、唐、宋《高僧传》《五灯会元》《释门正统》及碑志等摘要而成。凡晋、南齐、隋各一人，唐九人，五代五人，宋十三人；有古代印度来华的高僧，有法师，有禅师，有律师。书成于宝祐四年（1256）以前。其中，唐代韬光、五代道翊，名不见于他书，唯此书载其事迹。

（五）《续武林西湖高僧事略》一卷，明释袾宏（1535—1615）辑。此书继续前书，只载明僧慧朗、梵琦、景隆、本善、雪庭五人小传，没有赞。卷首有识语，说明一般传说元释明本曾住吴山云居庵，所穿的麻鞋到明代还保存在庵里，但是根据他的行状、志铭和著作——《中峰广录》，丝毫找不出住持过云居庵的迹象，因此没有徇俗列入。由此可见，作者选录的标准是相当谨严的。作者另一著作——《皇明名僧辑略》里，也载有此五人的行实和语录，并有景隆自撰的塔铭，慧朗作慧明，本善作季善，均比较正确。

（六）《禅林僧宝传》，简称《僧宝传》，三十卷，宋释惠洪（1071—1128）撰。嘉祐（1056—1063）年间，释昙颖曾撰《五家传》，记载云门、曹洞、法眼、临济、沩仰五宗机缘语句。惠洪以为既载语言，则当兼记行事，方能使人景仰，于是博采别传遗篇，参以耆宿言论，增补上书，又补载嘉祐以后云门、临济两家一些杰出的禅师，写成从五代到政和末

（1118）八十一人的传记。其中属青原系统的十一人，曹洞宗的十人，临济宗的十七人，云门宗的十五人，法眼宗的五人，沩仰宗的一人，黄龙宗的十五人，杨岐宗的四人，下余三人法系不明。里面有些是开创宗派的大德，其他也是各派中特出的人。作者很久以来，不满意唐、宋《高僧传》，有意另外编写某些禅师的传记，在经行诸方时，搜集了一些材料，大观元年（1107）写成《林间录》两卷，虽是笔记体裁记载禅林掌故的著作，其中谈到躭章、智觉、契嵩、了元等禅师的语录偈颂及轶闻遗事，便有意于编写本传。他后来被贬到海南岛，回来之后，宣和初开始编写，到宣和二年（1120）完成。他的改编昙颖《五家传》，是有所去取的。《林间录》卷上的天皇寺道悟及卷下的同安察禅师条，都引了五家宗派（即《五家传》）；而在《僧宝传》中以此两人时代过早即没有收录进去，此外当还有删掉的人。此书是专写禅门的传记，与一般僧传略有不同，除记事迹外，还录了一些机缘语句，以见其了悟境界及门庭设施，所以这种传记是介于僧传和灯录之间的一种体裁。另外，在一篇传或几篇传之后有赞，赞为散文，或为韵语，颇显示作者的文学才华。此书融会众说，自成一家之言，所以后人都目之为“丛林之扶风龙门”（见《禅籍志》下）；虽有部分史料不尽可信（如《本寂传》中的《宝镜三昧》等），但在禅宗史传中仍不失为一部较好的作品，故经常为后来的僧传、灯录所引用。《补禅林僧宝传》一卷，宋释庆老（？—1143）撰。庆老乃宗杲弟子。书中载法演、悟新、怀志三人传，传后有赞。悟新卒最迟，在政和五年（1115），故名补传。体裁和前传完全相同，文字典雅，亦可和前传媲美。此书，宋代已附在前传后面流通，《郡斋读书志》卷九著录前书作三十二卷，即连此补传一卷计算在内。

（七）《僧宝正续传》七卷，宋释祖琇撰。前六卷载北宋仁宗至南宋孝宗初约一百多年间二十八位禅师的事迹，而机缘语句在传中占着很大的比重，有的传后有赞。其中曹洞、临济宗各一人，黄龙、杨岐宗各十三人。第七卷《德山木上座传》与《临济金刚王传》是两篇寓言。另有《代古塔主与洪觉范书》，是驳《禅林僧宝传》卷十二《承古传赞》对于三玄三要的批评的文字。此书初写于绍兴二十九年（1159）以前，曾寄正贤禅师审阅。至于正贤、宗杲、道震的传，则是后来增入，全书的完成，约在隆兴二年（1164）左右。

（八）《南宋元明僧宝传》十五卷，清释自融（1615—1691）撰，门人释性磊补辑。书成于康熙三年（1664），纪录南宋建炎元年（1127）到清顺治四年（1647）五百多年间禅宗僧人传记九十四篇。卷二道祖、世奇二人合传，卷十梵琦、智及、昙噩三人合传，共九十七人。凡宋僧四十五人，元僧十五人，明僧三十七人，绝大部分属临济、曹洞两宗。此书本系续《禅林僧宝传》之作，故士珪、景元、心道、宗杲、法顺的传都和《僧宝正续传》重复。自融搜集材料，凡经二十余年，自序中谈到因见海舟永慈或讹为普慈，事实混淆，年代错误，疑端难决，于是发奋著此书，成传五十三篇，付弟子性磊补辑传四十一算。但现在的目录上标明辑舞的只有二十七篇。性磊在后序中说则从顺治到康熙年间，禅门大德颇不乏人，因为他的师祖道忞大都已作碑铭，流通世上，如明方、本豫、通奇、通问、智远、明道，在《布水台集》中都有记载，所以就不再录进去。卷末有《明代广真传》一篇，乃本书于乙丑（1685）重刊时拾遗补录进去的。

此外，如唐开元中佚名撰《历代法宝记》一卷，净觉撰《楞伽师资记》一卷，宋嘉定初（1208）士衡编《天台九祖传》一卷，清康熙十九年（1680）续法辑《法界宗五祖略记》一卷，清道光四年（1824）悟开撰《莲宗九祖传略》一卷，虽然都和分类的僧传相近，但属于专宗师承的记载，今即从略，不一一说明。

三、别传，现存的有：

（一）《法显传》一卷，晋释法显撰（即《历游天竺记传》，另见专条）。

（二）《天台智者大师别传》一卷，隋释灌顶（516—632）撰，宋释昙照注，二卷。智者去世后的第四年（隋仁寿元年，601），开府柳顾言向灌顶询问智者的俗家情况及入道因缘。灌顶乃根据平日的记忆，并访询前辈，写成此传。传末所列感通事迹第八条，是大业元年（605）二月二十日的事，故此传的写作当即在此后不久。传中关于智者的家世、出家学道、修持弘法、居瓦官寺、住天台山、受朝野的尊奉，以及神通感应等，都有很详尽的记载，特别是智者的品德，通过作者亲切的感受表达出来，极富有感染力。当世还有智者弟子法论、智杲、法琳三人分别所写的传记，但俱不传（法琳所写和此传略有出入，已引用在《续高僧传》里）。宋代先有吴兴广福寺释智湛作本传的笺注，今不传。昙照继于宣和三年（1121）作注，曾引用智湛之说。此外，还引有《国清百录》《续高僧传》卷十七《智𫖮传》《玉泉行状碑》《功德疏碑》《南史》《隋书》，并询问在玉泉寺住过曾读殿壁记录的行脚僧。解释清楚明白，考证也很仔细，关于不同的说法，也都并存于注中。

（三）《唐护法沙门法琳别传》，或作《法琳别传》，三卷，唐释彦琮撰。法琳在唐初以护法知名，在唐帝面前直陈佛道优劣，甘心囹圄而不屈，《续高僧传》卷二十四有传。此传则作于《续传》之后，以年为纲，将法琳的事迹和作品及其他有关的诏、序等文字都容纳在内，但作品占主要地位。当时所争执的问题，是佛、道两教一向争论的焦点，故此书为两教关系史上的一部重要著作。其中，纪年和事实，都可以补《续高僧传》中《法琳传》的不足。法琳本是文章能手，益以彦琮的润色，故全书文采可观。法琳有集三十余卷（见《续高僧传》卷二十四本传），今不传，他的一部分文章幸借此书以传。

（四）《大唐大慈恩寺三藏法师传》十卷，唐慧立本，彦悰笺。（另见专条）

（五）《曹溪大师别传》，一卷，无撰人名。卷中有慧能在“先天二年壬子岁（713）灭度，至唐建中二年（781）计当七十一年”之语。从先天二年（713）到建中二年（781）只有68年，与71年的数字不符，或是计错。

关于六祖慧能的史料，其先有法才的《光孝寺瘗发塔记》（作于676年，见《全唐文》卷九百十二），法海的《坛经略序》（约作于714年），王维的《六祖能禅师碑铭》（作于759年以前，见《全唐文》卷三百二十七），柳宗元的《曹溪第六祖赐谥大鉴禅师碑》（作于816年，见《全唐文》卷五百七十八），刘禹锡的《曹溪六祖大鉴禅师第二碑》（作于819年，见《全唐文》卷六百十）。此外，《神会和尚语录》《历代法宝记》《祖堂集》《宋高僧传》《景德传灯录》《传法正宗记》等书都有记载，但此传则是写作较早的一本。其中记载了求那跋摩、智药、真谛等三藏的悬记，慧能的家世，为无尽藏尼释《涅槃经》义，至黄梅得法，南归避难，于制旨寺论风幡义，在法性寺受戒，在宝林寺广开东山法门，中宗（传中作高宗大帝，误）勅迎大师入宫，慧能表辞，又遣中使薛简问道，以及临寂时说传法不再传衣的缘故，和唐肃宗对他的尊敬，末记灵瑞事六则。它保存了以往一些史料，对它以后的传记、坛经、灯录也产生了很大的影响。虽然里面有一部分是传说，年代不符，文义也多不贯，这或者是传抄错夺和后人附益，并不妨碍其为禅宗史上值得参考的著作。

（六）《唐大荐福寺故寺主翻经大德法藏和尚传》，或作《贤首国师传卷，新罗崔致远（857—?）撰。此传撰于天复四年（904），在其前唐释千里曾著有《藏公别录》，但未传海东。作者于是根据一些零散的记载，编纂成篇，并用法藏所著《华严三昧观》里直心的十义，配喻行事，分为十项：1.族姓广大心，2.游学甚深心，3.削染方便心，4.讲演坚固心，5.传译无间心，6.著述折服心，7.修身善巧心，8.济俗不二心，9.垂训无碍心，10.示灭圆明心。叙述涉及的面很广，也曾加入一些作者的解释。所引用的诏文及卷首附录阎朝隐的康藏法师碑，都是很重要的史料。

（七）《明州定应大师布袋和尚传》，或作《弥勒传》，一卷，无编辑人名，乃明人所集。内有元释昙噩所作的传，并有明释广如所写的后序。布袋和尚契此，在唐末五代时以神通传闻于浙、闽一带，《宋高僧传》卷二十一有传。昙噩的传更补充契此当时所传闻的许多神奇事迹，并于其去世后宋、元人对契此崇奉的情形也写得很详细。广如则因岳林寺僧刊《弥勒传》，乃据别传语录，将契此的事迹和语录汇为后序。卷末又附《布袋和尚传》一篇，系从《五灯会元》卷二转载。

此外，高僧别传散见于各家文集的为数很多，此处不再论列。

（苏晋仁）

高僧传

《高僧传》，或作《梁高僧传》，十四卷，梁释慧皎撰。《隋书·经籍志》杂传类误题作释僧祐撰，清姚振宗《隋书经籍志考证》中已有辨正。

此书是总传体。在作者撰述的当时，正是梁武帝崇敬佛教，上行下效，风靡全国的时候。那时庞大的僧伽队伍中，能文善辩则享大名，潜修实行为人所忽。其中，名僧高德固不乏人，而徒具虚名的也为数不少。作者为了矫正时弊，乃提出“高”字的标准来作为编集本传的尺度。又从晋至梁，曾出现不少部僧传，但是在规模上、体例上，还没有构成完整的、严谨的综合性的传记。作者在前人已有的基础上，撷取各家之长，重新规划，撰成此传，遂为后来总传体例的僧传树立了典范。同时，作者对于较他略早的宝唱所撰的《名僧传》，是不太满意的。他认为名僧未必都有真实的修养和学识，而有真才实学的人又每每不随俗俯仰，未必能知名当世。因而易“名”为“高”，专门记录他认为是品德高尚、学识优长的僧人。这种观点贯串在全部书中，所以在本传中不止一次地显现出许多“高隐者”的形象来。而高僧传的称号，也即创始于此传。《四库全书总目》子部释家类《宋高僧传》提要根据《郡斋读书志》，以为“高僧传之名起于梁释慧敏，分译经、义解两门；释慧皎复加推扩、分立十科”（见卷一百四十五）。实际慧敏即慧皎，敏字乃皎字的笔误（《中国佛教史籍概论》卷二《宋高僧传》中考证很详）。

此传记录了从后汉明帝永平十年（67）到梁武帝天监十八年（519）四百五十三年间魏、吴、晋、宋、齐、北魏、姚秦九个朝代中高僧的事迹。著作年代，书中没有明文。《开元释教录》卷六题作天监十八年撰，是不确的。这年是《高僧传》序文中所称纪载断限的最末一年，完成当然需要一段时间。作者撰写时，曾请当代名士王曼颖审阅义例内容（见《答王曼颖书》）。根据《梁书》南平王伟（卷二十）和江革（卷三十六）、南康王绩（卷二十九）的传，王曼颖的逝世，在天监十八年（519）到普通四年（523）之间，《高僧传》的撰成，最迟不得迟于普通四年。本书卷十三上定林寺《法献传》中有佛牙以普通三年（522）正月遗失之语，当是本传实际上最末的纪事，距离完成期间不会太远，大约就完成在普通三年（522）或四年（523）。这时上距宝唱《名僧传》完成的年代天监十三年（514），相差不到十年。

此传是在已往僧传的基础上写成的一部综合性的传记。他批评过去的僧传，有的偏叙一类，所涉不广；有的仅举一方，记录不全；有的纪事阙略，繁简不一；有的只录名僧，高蹈之士多所遗削。所以“尝以暇日遇览群作，辄搜检杂录数十余家，及晋、宋齐，梁春秋书史，秦、赵、燕、凉荒朝伪历，地理杂篇，孤文片记；并博谘故老，广访先达，校其有无，取其同异”（见序录），撰成此传。就其所引用的著作来看，是极为繁富的。可考知的有：晋竺法济撰《高逸沙门传》、晋郗超撰《东山僧传》、南齐释法安撰《志节僧传》、南齐释僧宝撰《游方僧传》、南齐释法进撰《江东名德传》、南齐萧子良撰《三宝记传》、南齐王巾撰《僧史》、梁释僧祐撰《出三藏记集》、梁张孝秀撰《庐山僧传》、梁陆明霞撰《沙门传》、梁释宝唱撰《名僧传》、不详作者撰《安清别传》和《于法兰别传》、晋王秀撰《高座别传》、晋康泓撰《道人单道开传》、宋王微撰《竺道生传》、宋张辩撰《僧瑜传赞》和《昙鉴传赞》（以上僧传类）。《晋书》（未详何家）、魏崔鸿撰《十六国春秋》、宋徐爰撰《宋书》、宋沈约撰《宋书》、秦车频撰《秦书》、燕田融撰《赵书》（以上史籍类）。晋释法显撰《佛国记》、晋庾仲雍撰《荆州记》、宋释智猛撰《游行外国传》、宋释昙宗撰《京师寺塔记》、南齐刘悛撰《益部寺记》（以上地志类）。晋陶潜撰《搜神录》、晋朱君台撰《征应传》、宋王延秀撰《感应传》、宋刘义庆撰《宣验记》和《幽明录》、南齐王琰撰《冥祥记》、梁任昉撰《述异记》(以上杂记类)。不详作者撰《四十二章经序》、吴康僧会撰《安般守意经序》、晋孙绰撰《正象论》《喻道论》《道贤论》《明德沙门论目》、晋康法畅撰《人物始义论》、晋张野撰《远法师铭》、晋袁宏撰《罗浮山疏》、晋周颙撰《玄畅碑文》(以上文章类)。此外，象释道安撰的《综理众经目录》，也曾引用了许多次，可见引用的书籍还不仅如上所述。史料的丰富，所用功力之深，涉及方面之广，这里很明显表现出来。至引用的书中，如《出三藏记集》卷十三至卷十五的僧传部分，大都融会吸取；如《冥祥记》，引用达二十余事，也是相当多的(《冥祥记》已佚，由《法苑珠林》及《太平广记》所引的和本传对照可知)。另外，《名僧传》中，有二百一十六人收入本书正传，七十八人入附见，所采撷处一定更多。

本传综合已往僧传的体例，分为《译经》(三卷)、《义解》(五卷)、《神异》(二卷)、《习禅》《明律》(共一卷)、《遗身》《诵经》(共一卷)、《兴福》《经师》《唱导》(共一卷)十科。在草创时，原只八科，后因宋、齐杂记中很多记录转读、宣唱的事迹，而且这二种方式在传教上有它的作用，因加上后二科，足成十数。这十科虽然各有重点，但它们之间也有着联系。在组织形式上，这种分类法，要比《名僧传》的七科分类为整齐全面而有条理。全书著录正传二百五十七人，附见二百七十四人，列表如下。

此传前八科之末有论有赞，末二科纂辑在后，有论有赞。作者说："及夫讨复源流，商榷取舍，皆列诸赞论，备之后文。而论所着辞，微异恒体：始标大意，类犹前序，末辩时人，事同后议。若间施前后，如谓烦杂，故总布一科之末，通称为论。"(见《序录》)"论"实际概括了前序和后议，对一科的主旨源流有所阐明，对其中突出的人物也予以评定。另外还透露出作者对某些事物的看法，反映出一些历史上的情况。例如，《译经论》中评论："顷世学徒，唯慕钻求一典，谓言广读多惑，斯盖堕学之辞。"《亡身论》中评论："凡夫之徒，抛舍身命，欲邀誉一时，流名万代。

及临火就薪，悔怖交切，于是僶俛从事，空婴万苦。”都是针对当时僧人不好学习或妄邀名誉所提出的针砭。

共计		梁		齐		宋		姚秦		北魏		晋		吴		魏		汉		科别	卷别
附	正	附	正	附	正	附	正	附	正	附	正	附	正	附	正	附	正	附	正		
91	51											8	8	3	2	3	1	6	4	译经	1
5	7											5	7								2
4	31			1	1	3	12														3
22	41											22	14							义解	4
31	51											13	15								5
31	31											13	13								6
54	23					45	32														7
67	72	14	8	59	17					2	2										8
1	4											1	4							神异	9
9	61	2	1	2	3	3	4				1	2	7								10
11	12			6	4	2	9			2	1	2	7							习	11
8	31		1	3	4	5	8													明	
3	11				2	2	7	1	1				1							遗	12
21	12	1	2	7	7	2	8					2	4							诵	
2	41		2	1	3		5					1	4							兴	13
	11				5		4						2							经	
	10				5		5													唱	
360	500	17	14	79	51	62	94	1	1	4	4	69	86	3	2	3	1	6	4	共计	

卷十四是《序录》，有序录和全部目录，末附王曼颖致慧皎书一篇，慧皎答书一篇。《序录》和两篇书札对编写本传的意旨，都有所申述，对前代有关僧传的作品也有所评价，是研究自晋到梁天监末年包括本书在内有关佛教传记的重要史料。

此传包含了后汉至梁代中叶佛教发展的轮廓和不同行谊人物的面貌，

以及佛教思想潮流的发展倾向。尤其《译经》《义解》两科，作者特别重视，著录人物既多，内容也极繁富。关于翻译家的事迹、学派、迻译的经过、译品的好坏；以及义解高僧的学识、学说、著作、与当代社会上名士的往来，和对玄学的激扬，都有所记载。另外，对于东来传译卑摩罗叉，佛驮跋陀罗（均见卷二）等为法忘躯的精神，西行求法的昙无竭、法显、智严、宝云、智猛（均见卷三）等不避艰险的事迹，也是欢喜赞叹竭力加以表扬。对高蹈离俗、遗弃名利、甘心枯槁的帛远（卷一）、支孝龙、僧度（均见卷四）、竺道壹（卷五）、道恒、道标、僧肇（均见卷六）等，也予以很高的评价。此外，如求那跋陀罗（卷三）、慧永（卷六）、慧安、道汪、法瑶（均见卷七）、僧远（卷八）、僧隐（卷十一）、法愿（卷十三）等的蔬食，严佛调（卷一《支娄迦谶传》）、朱士行（卷四）、刘元真（卷四《竺潜传》）、邵硕（卷十）等的仍用俗姓，竺法乘（卷四）、竺法旷（卷五）、于道邃、于法威（均见卷四）等的随师为姓，竺法雅、支遁（均见卷四）、慧远（卷六）、昙谛（卷七）、法瑗（卷八）等的讲授外典，于法开（卷四）、竺法旷（卷五）、竺佛图澄（卷九）、法颖（卷十一）等的兼行医术，反映了天监十二年（513）梁武帝敕断肉食以前蔬食还不是定制，道安以前僧人的姓氏，及外典与医疗在弘法上的作用，而显现出佛教在某一时代的精神面貌。复次，此传所记中印文化的交流，以及中亚的史实和地理情况，都是今日研究古代中西交通史上很珍贵的资料；而研究南北朝历史，传中所提供的材料也可以互相参证。清代学者孙星衍尝注意及此，他认为此传“足资考史，地方古迹亦可借证，实为有用之书”（见《善本书室藏书志》卷二十二）。又说：“《通鉴》宋文帝元嘉十年，沮渠牧犍改元永和，此书《浮陀跋摩传》作承和，与《北史》同，足资考证。”（见《平津馆鉴藏记书籍补遗》）实则足资考史的地方很多。至于《晋书》卷九十五《艺术传》中佛图澄、鸠摩罗什、麻襦、僧涉、昙霍、单道开、王嘉诸人的传，《南史》卷七十六附见宝志的传也都可以和本传参照。又唐代释道宣撰《大唐内典录》，释智昇撰《开元释教录》，都曾大量利用本传来充实其著作的内容，释道世在《法苑珠林》中引用的也很多。

此传受到前代学者广泛的好评，王曼颖说它是“不刊之笔。属辞比事，不文不质”（致慧皎书）。费长房认为是“为时所轨”（《历代三宝记》卷十一）。道宣说它“文义明约，即世崇重”（《续高僧传》卷六《慧皎传》）。梁代藏书家梁元帝为江州刺史时（大同六年至太清元年，540—547），张绾就曾以此传为赠（见《金楼子聚书篇》），其为时人所重视可知。

唐释道宣在《续高僧传》序中，曾指出本传的缺点说：“辑裒吴越，叙略魏燕，以博观未周，故得随闻成采。加以有梁之盛，明德云繁，薄传五三，数非通敏，斯则同世相侮，事积由来。中原隐括、未传简录：时无雅赡，谁为补之？”因为作者是梁朝人，当时南北分裂，对北朝资料的掌握，自然要受到地域的限制，作者是无能为力的。至于梁僧记录的不多，则因此传断限到天监十八年（519）止，而且生存者不录。再者梁武帝时代佛教虽发达，但实行潜修的高僧并不多，这也不能归过于作者。但在个别地方，传中也还有欠精确之处。如鸠摩罗什的卒年，作者虽加以考证，但仍有错误，而应以僧肇撰的《竺罗什诔》（见《广弘明集》卷二十三）作弘始十五年癸丑（413）为确。另外关于各家的学说，虽然提到，但失之太略，没有把内容或论点扼要地记录下来，较之《名僧传》，这点是有逊色的。

此传的文字典雅流畅，在六朝作品中，也属上乘。它不但在佛教史上占有重要地位，就是在研究哲学、历史、文学方面，也有重要的参考价值。

（苏晋仁）

续高僧传

《续高僧传》，或称《唐高僧传》，三十卷，唐释道宣（596—667）撰。《旧唐书·经籍志》杂传类重出二部，一部作二十卷；《新唐书·艺文志》释氏类重出三部，两部作道宗撰；均误。

道宣早年即有志于僧传的著述。他以为慧皎《高僧传》中记载梁代的高僧过少，而需要做补辑的工作，于是经过相当时期的收集资料，写成《续高僧传》三十卷。内容从梁代初叶开始，到唐贞观十九年（645）止，一百四十四年的期间，共写正传三百三十一人，附见一百六十人，即于贞观十九年（645）完成。但在成书后二十年间，陆续有所增补，又成后集《续高僧传》十卷，书名见于他自己所著的《大唐内典录》第十卷和与他同时代道世著的《法苑珠林》第一百卷中。但是，此十卷书后来即按科分别羼入初稿中，所以现行本记载贞观十九年（645）以后永徽、显庆、龙朔年号的事情很多，最迟到麟德二年（665）为止（见卷二十二《昙光传》）。又玄奘卒于麟德元年（664），在传中也已提到（卷四）。慧璧记事到贞观之末（卷十三），《僧辩传》撰于贞观二十年（646）（卷十五），而在《义解论》中也提到"暠（慧暠）璧（慧璧）抗声于金陵"，"常（法常）辩（僧辩）宏扬于三辅"。可以证明玄奘、慧璧、僧辩等传是道宣自己所补入，而且据此修改了初稿的《译经》《义解》两篇论。再道世《法苑珠林》引用此传数十篇，第六十三卷中引的慧聪（见此传卷十五）、六十四卷中引的慈藏（见此传卷二十四）、六十五卷中引的智聪（见此传卷二十），都是贞观十九年（645）以后去世的人，而所引出处一律称为《唐高僧传》，可见道世引用的，也是已经合并的本子。这说明道宣在世时，《后集》已和初稿融合而不别行了，但卷数仍作三十卷，所以开元十八年（730）智昇撰的《开元释教录》中说《后集》十卷已“寻本未获”（见卷八），事实上，他在卷八中玄奘的传、卷九中那提的传，都是引自此书属于《后集》的部分。

此传根据的资料，如道宣自序所说：“或博咨先达，或取讯行人，或即目舒之，或讨雠集传。南北国史，附见徽音，郊郭碑碣，旌其懿德。皆撮其志行，举其器略。”现在总括起来，所据的资料可以分为三类：一类是著作，如杨衒之的《洛阳伽蓝记》（见卷一《菩提流支传》）、亡名的《僧崖菩萨传》（见卷二十七《僧崖传》）、灵裕的《十德记》（见卷首自序）、侯君素的《旌异记》（见卷二十八《志湛传》）、灌顶的《智者大师别传》（见卷十七《智顗传》）、王劭的《舍利感应记》（见卷二十六《道密传》）、行友的《知己沙门传》（见卷十三《海顺传》、十八《智通传》）、净辩的《感应传》（见卷二十六《净辩传》）、李廓的《众经录》、宝唱的《众经目录》（均见卷一《菩提流支传》）、费长房的《历代三宝记》（见卷一《拘那罗陀传》、十六《信行传》）、彦琮的《众经目录》（见卷一《阇那崛多传》），及佚名的《草堂法师传》（见卷六《慧约传》）、《观音感应传》（见卷二十五《法力传》）、《益部集异记》（见卷二十七《僧崖传》）等。一类是碑铭，如梁明帝（见卷六《僧迁传》）、陈叔宝（见卷七《法朗传》）、庾信（见卷十六《僧实传》《僧玮传》）、道安（见卷十六《僧实传》、二十五《慧达传》）、法宣、明则等所撰的碑铭记。一类是作者亲身采访的资料，如功迥（卷十三）、慧頵（卷十四）、慧休（卷十五）、僧达（卷十六）、志超、慧熙（均卷二十）、智首、明瓒（均卷二十二）、智则（卷二十五）等传，其中有的是作者从学的老师，有的是交往的朋友，有的是曾经去访过的遗迹，有的是别人的传述。在取材上、地域上都相当广泛，又加上长时间的编修增补，才完成这样一部洋洋大观的作品。作者在后记中说：江表陈代，河北高齐，都有许多大德高僧；但是，作者去访问时，连他们的名号也不为人所知，更不用说到德行事迹了。作者有鉴于此，所以“仰托周访，务尽搜扬”“微有操行，可用师模，即须缀笔，更广其类”，这也说明他编选的尺度是相当宽泛的。

此传的体例，正如它的题名所示，是继续慧皎《高僧传》的著作，也分为十科，但每科之后有论而无赞，又改《神通》为《感通》，《亡身》为《遗身》，《诵经》为《读诵》，合《经师》《唱导》为《杂科》，另增《护法》一科，适当地反映出佛教在发展过程中的时代背景。另外，《梁高僧传》不著录生存的人，本传则把一些当时仍存在而有名望的僧人编写入传，如慧净（卷三）、慧休（卷十五）、法冲（卷二十五）等。又传中录文甚多，如智恺、慧净、洪偃的诗（卷一、三、七）、亡名的《宝人铭》（卷七）、刘孝孙的《诗英华序》（卷三《慧净传》）、真观的《愁赋》（卷三十），都是文学作品。彦琮的《辩正论》（卷二），则是有关佛典翻译的重要文献。

此传《译经》凡四卷，记载梁至唐代重要的翻译家，而汉僧占的比例相当大。这意味着中国佛教发展到梁、陈、隋、唐时代，已有了自己能直接从事翻译的专家，并显出佛典翻译文学已进入相当繁荣的时代。《义解》凡十一卷，其中包括了各宗派的大师，这些人对当时的教派、教义的组织和传播上，起着很大的作用，而且撰述了大量的作品，包括流传到今天还是佛教里的重要著作。但是，在这科中，有一些高僧关于他们参加隋仁寿年中建舍利塔的神异事迹记得太多，这不能说不是一点缺憾。《习禅》六卷，里面包括了禅宗、天台宗和三阶教的一些开宗人物，是研究这些宗派的建立和学说演进的重要文献。《明律》三卷，其中有许多是四分律宗先驱者的传记。《护法》二卷、《感通》三卷、《遗身》一卷、《读诵》一卷、《兴福》一卷，《杂科》一卷，其中包括了许多佛教界中的出色人物，如昙无最，菩提流支称他为东土菩萨，并翻译他所作的《大乘义章》为梵文，传之西域，受到彼方学者的敬佩（卷二十三）。《法冲传》中记录了许多有关禅宗初期的史实（卷二十五），都是值得重视的。

此传著录从南北朝以至唐麟德间高僧凡正传四百九十八人，附见二百二十九人，较他初稿增加十分之四以上，兹列表如第160—163页。

此书著作于初唐全国统一的时代，所以在地域上南北兼收，已弥补了慧皎写作于南朝的时代和地区的欠缺。关于北魏南齐方面，还补充了《梁高僧传》之不足。《慧达传》（卷二十五）则是《梁高僧传》卷十三《慧达传》的续编。僧伽婆罗、僧若在《梁高僧传》中虽曾言及，但都很简略，此传中则立有专传（见卷一、卷五）。此外，传中还包含很多极为重要的史料，如梁武帝欲自兼白衣僧正，管理僧众，后因智藏抗议，才停止这一打算（见卷五《智藏传》）。这是汉族中统治者要把政教权合而为一的特殊记载。又如洪偃为陈文帝接待齐使崔子武（卷七），道宠为魏收、邢之才之师（卷七），法雅组织僧军，帮助唐高祖作战（卷二十四《智实传》），都可以和正史互相参考。

此书也存在一些缺点，如卷十六有《佛陀禅师传》，卷二《菩提流支传》中又附见《佛陀扇多传》，不知此二人实即一人，有卷二十一《慧光传》可证。阇那崛多、波颇的译经年代，与作者的《大唐内典录》就互不一致，这早已为《开元释教录》所指摘（见卷七、卷八）。又初稿中著录生存的人，但在后来二十年间陆续增补的年代里，有许多人已去世，则应将他们后来的事迹和去世的年代补充进去，使之成为完整的传文。例如，《道绰传》中说："绰今年八十有四，而神气明爽，宗绍存焉。"（卷二十）这年就是贞观十九年（645），但道绰即于同年四月间去世，见于迦才的《净土论》。《道绰传》附见的道抚，也于同时去世，见于《佛祖统纪》卷二十七。道宣撰传时，由于交通阻隔，可能当时不知道，但后来也没有增补。又《慈藏传》说藏于贞观十七年（643）返新罗国，《法苑珠林》卷六十四，则谓藏卒于永徽中，道宣在传文中记载的也不全面，似此情况很多。又慧重在卷二十六有传，而卷十《僧昙传》中又附见，所记的事迹相同。附见的传当是最初根据某一史料写成，后来又据另一史料写成专传，而未将附见的削去，以致重出复见。这都是作者疏忽的地方。

此传卷十七缺大善、慧照、法咏三传，按大善与慧照都是南岳慧思的弟子，《佛祖统纪》卷九中有关于二人的纪事（慧照作僧照），可以参阅。卷二十二《道冑传》《昙逞传》，明本有目无传，丽本亦无此二传，但道冑附见于道亮传末，云“自生上党，僧贯太原”云云。宋本、元本则在《道冑传》目录下注“下文缺后”，《昙逞传》目录下注“下文缺头”，现存的传也是前面六十余字记的是道冑的事，后面则完全记昙逞的事，不过这两篇没有分开，因而混作一传，五代释义楚在显德元年（954）所撰的《释氏六帖》卷十一把道冑、昙逞合为一人，名道逞，即根据本传而致错误。

<table>
<tr><th colspan="3">卷数</th><th rowspan="2">科别</th><th colspan="2">北魏（西魏、东魏附）</th><th colspan="2">南齐</th><th colspan="2">梁（后梁附）</th></tr>
<tr><th>藏编本</th><th>藏宋元本</th><th>藏明清本</th><th>正传</th><th>附见</th><th>正传</th><th>附见</th><th>正传</th><th>附见</th></tr>
<tr><td>1</td><td>1</td><td>1</td><td rowspan="5">译经</td><td>2</td><td>12</td><td></td><td></td><td>2</td><td>8</td></tr>
<tr><td>2</td><td>2</td><td>2</td><td></td><td></td><td></td><td></td><td></td><td></td></tr>
<tr><td>3</td><td>3</td><td>3</td><td></td><td></td><td></td><td></td><td></td><td></td></tr>
<tr><td rowspan="2">4</td><td rowspan="2">4</td><td>4</td><td></td><td></td><td></td><td></td><td></td><td></td></tr>
<tr><td>5</td><td></td><td></td><td></td><td></td><td></td><td></td></tr>
<tr><td>5</td><td>5</td><td>6</td><td rowspan="10">义解</td><td></td><td></td><td></td><td></td><td>12</td><td>19</td></tr>
<tr><td rowspan="2">6</td><td rowspan="2">6</td><td>7</td><td>3</td><td>2</td><td></td><td></td><td>4</td><td></td></tr>
<tr><td>8</td><td>1</td><td>3</td><td></td><td></td><td>12</td><td>14</td></tr>
<tr><td>7</td><td>7</td><td>9</td><td>1</td><td></td><td></td><td></td><td></td><td></td></tr>
<tr><td>8</td><td>8</td><td>10</td><td></td><td></td><td></td><td></td><td></td><td></td></tr>
<tr><td>9</td><td>9</td><td>11</td><td></td><td></td><td></td><td></td><td></td><td></td></tr>
<tr><td>10</td><td>10</td><td>12</td><td></td><td></td><td></td><td></td><td></td><td></td></tr>
<tr><td>11</td><td>11</td><td>13</td><td></td><td></td><td></td><td></td><td></td><td></td></tr>
<tr><td>12</td><td>12</td><td>14</td><td></td><td></td><td></td><td></td><td></td><td></td></tr>
<tr><td>13</td><td>13</td><td>15</td><td></td><td></td><td></td><td></td><td></td><td></td></tr>
<tr><td>14</td><td>14</td><td>16</td><td rowspan="3">义解</td><td></td><td></td><td></td><td></td><td></td><td></td></tr>
<tr><td rowspan="2">15</td><td rowspan="2">15</td><td>17</td><td></td><td></td><td></td><td></td><td></td><td></td></tr>
<tr><td>18</td><td></td><td></td><td></td><td></td><td></td><td></td></tr>
</table>

续表

卷数			科别	北魏（西魏、东魏附）		南齐		梁（后梁附）	
藏编本	藏宋元本	藏明清本		正传	附见	正传	附见	正传	附见
16	16	19	习禅	1				3	3
		20						6	
17	17	21							
18	18	22							
19	19	23							
20	20	24							
（无）	21	25							
		26							
21	22	27	明律					2	
22（少传 4 篇）	23	28							
		29							
23（少传 2 篇）	24	30	护法	2					
24（少传 5 篇）	25	31							
		32							
25（少传 1 篇）	26	33	感通	9	4			4	2
		34						3	
（无）	27	35							
26	28	36							
27	29	37	遗身			1			
28		38	读诵	2					
29	30	39	杂科					1	
30	31	40							
总计				21	21	1		49	46

续表

北齐		北周		陈		隋		唐		总计	
正传	附见	正传	附见	正传	附见	正传	附见	正传	附见	正传	附见
				2	7					6	27
						4	9			4	9
										12	19
										7	2
1										14	17
1		1	1	7	3					10	4
8	1	3				2	1			14	2
		1				13	6			14	6
						17	5			17	5
						7	3	5	2	12	5
						8	1	7	6	15	7
								17	9	17	9
								14	5	14	5
								10		10	
								5	4	5	4
4	8									8	11
		3		1		5	4			15	4
		1	3	1		12	6			14	9
						12	4	1		13	4
								14	1	14	1
								14	5	14	5
								13	2	13	2
								7	2	7	2

续表

北齐		北周		陈		隋		唐		总计	
正传	附见	正传	附见	正传	附见	正传	附见	正传	附见	正传	附见
2	5			2		6	7	3		15	12
								6	5	6	5
								8	1	8	1
1		3	4			2				8	4
								6	3	6	3
								4	2	8	2
3										16	6
2		1		1		7	2	7	2	18	4
1		4				16	3	15	1	39	4
						45	2			45	2
		2				3	1	6	5	12	6
						2		10	8	14	8
		1	1			1		9	4	12	5
				1		7	8	3		12	8
24	14	20	9	16	10	169	62	189	67	489	229

此传也有后人补入的文字。例如，卷四《玄奘传》说："其茔与兄捷公相近，苕然白塔，近烛帝城。寻下别勅，令改葬于樊川。"玄奘改葬是总章二年（669）事，见《大慈恩寺三藏法师传》卷十，这时道宣已逝世两年，此语自是后人所补。《开元释教录》卷八玄奘的事迹，就是引用本传的文字，作"至总章元年（668）四月八日，有勅改葬樊川北原"。可见补入的年代是相当早的。

此传的卷数，各藏不一。丽藏本作三十卷（北宋官版藏本同，见《大藏经纲目指要录》卷八），宋、元藏本作三十一卷，明、清藏本作四十卷。丽本较宋藏以下各本少传七十一篇。但丽本并非原来的初稿三十卷本，也是已经瀶和过的本子，故较初稿要多八十三篇传，并且有所删节，如《明琛传》见于定本卷二十六，丽本则无此篇。但《明琛传》在本传中应是原来所有，所以《义解》论中有“明琛蛇势，会空屋子”之语，丽本不知是何人所删。五代时，义楚撰《释氏六帖》，很多篇引用本传，在文字上虽加以节缩，而前后次第则完全照本传的排列。丽本所少的《习禅》一卷，《感通》一卷，在《释氏六帖》卷十一中都曾引用，而且排列的次序和宋、元藏本完全一样，可见宋、元藏本是根据最早的写本而来。《开元释教录略出》卷四著录，本传已作三十一卷，宋、元藏本当即是根据唐代入藏本而写刻的。此传在大藏中历来就分成四帙，明、清藏本每帙又重分为十卷，故成四十卷。

（苏晋仁）

宋高僧传

《宋高僧传》，或作《大宋高僧传》，三十卷，宋代释赞宁等撰。

赞宁俗姓高，吴兴郡德清县（今浙江省杭州市德清市）人。后梁贞明五年（919）生，后唐天成间（926—929）在杭州祥符寺出家，清泰初年（934）入天台山受具足戒。通南山律，有“律虎”之称。任两浙僧统，吴越国王授以“明义宗文大师”的称号。宋太平兴国三年（978）吴越降宋，宁随钱俶来到汴京。宋太宗在滋福殿召对，授予紫衣，赐“通慧大师”号。六年（981）任右街副僧录。七年（982）奉令修《大宋高僧传》，乃请命回杭州编纂，到端拱元年（988）完成。淳化元年（990）又奉令编《三教圣贤事迹》，宁担任其中的佛教部分，撰成《鹫岭圣贤录》五十卷。二年（991）任史馆编修，咸平元年（998）任右街僧录，次年迁左街僧录。咸平四年（1001，一说咸平五年，1002）入寂，年八十三岁。撰佛教著作共一百五十二卷，一般著作四十九卷。

宋代开创以来，一变后周王朝对待佛教的限制政策，于是雕大藏经，设译经院，普度僧尼，营建寺宇。太宗还注意到佛门中的高贤景行的人物和事迹要加以编纂（见卷首批答），特命赞宁担负这个任务。赞宁在杭州与弟子显忠、智轮等从事编撰，历时将近七年，撰成本书三十卷，受到太宗的奖励，令僧录司编入大藏。到至道二年（996），赞宁又修理重治，补进去一些材料（见后序），始成定本。

作者为编纂此书，广泛采摭了各方面的资料。他上太宗表文中曾说：“遐求事迹，博采碑文。”自序中也说：“或案诔铭，或征志记，或问辖之使者，或询耆旧之先民。”而以采自碑文塔铭的为最多，就现在的碑版文字来对照，还可以看出其中采撷的痕迹，如《道因传》（卷二）是据李俨撰的碑文（见《金石萃编》卷五十四），端甫、宗密传（卷六）是据裴休撰的碑文（见《唐文粹》卷六十二，《金石萃编》卷一百十四），惟宽（卷十）、上恒、神凑（卷十六）、寂然传（卷二十七）是据白居易撰的碑铭（见《白氏长庆集》卷四十一、六十八）。这些传中都曾经提到某某人为他撰碑或铭，这就等于注明了出处。另外有的虽没有说明出处，实际也是从碑铭中来，如《玄素传》（卷九）是据李华撰的《润州鹤林寺故径山大师碑铭》（见《唐文粹编》卷六十四）、《道光传》（卷十四）是据皎然撰的《唐杭州华严寺大律师塔铭》（《皎然集》卷八），似此者还很多。此外，如《知玄传》（卷六）引用僧彻撰的传，《怀素传》（卷十四）引用如净撰的传，《鉴真传》（卷十四）引用思托撰的《东征传》，又如羲寂（卷七）、德韶（卷十三）、王罗汉（卷二十二）等，或是赞宁的同学，或是赞宁曾经撰过塔铭，这些传也就是参照赞宁自己的原作写的。再如法翫（卷九）、志鸿（卷十五）、允文（卷十六）、《道育传》（卷二十三），则是经过赞宁亲身采访写成的。另外，作者还根据了一些唐人的著作，虽没有注明，但仔细考察还不难复按，如不空（卷一）、一行（卷五）、难陀、义师（卷二十）、智灯（卷二十四）、守素、法正、惟恭、会宗、道荫（卷二十五）等传，都是据段成式的《酉阳杂俎》及《续集》；明瓒（卷十九）、圆观（卷二十）等传，都是据袁郊的《甘泽谣》；搜集方面之广，由此可见。

此传分《译经》《义解》《习禅》《明律》《护法》《感通》《遗身》《读诵》《兴福》《杂科》十篇，每篇之末有论，均与《续高僧传》相同。但在有些人的传末又附以系曰，来申明作者的宗旨，或者自为问答，来解释某一疑难，则是前传所无。

此传著录自刘宋到宋初十个朝代的高僧，正传得五百三十一人，见于附传的一百二十五人。

赞宁明习掌故，对于史书写作的体例，颇为重视，在某些篇传中，就表达了这种意见。《钦师传》（卷十八）中说明作传的人受到条件的限制，难免遗漏。此书中记载上涉到魏、齐、陈、隋的僧人，用来补《续高僧传》之阙，就是这个缘故。《道鉴传》（卷十八）说一件事有许多不同的说法，史家记录，可以按传闻异辞的例来记载。《清彻传》（卷十六）说明有的传太简，乃因记载阙如；撰史要求实录，繁略都必须有据等。作者在这几篇中，发凡起例，说明写作的标准和态度，《四库全书总目提要·宋高僧传》谓："赞宁此书于武后时人皆系之周朝，殊乖史法。"又谓："本书所载，即托始于唐，而《杂科篇》中乃有刘宋、元魏时代两人，亦为未明限断。"（卷一百四十五）实则武后时人系之周朝，完全符合史实，而上纪宋、魏，也如前面所说，是为了补《续高僧传》的遗漏。并且此书不是断代的著作，不能以"限断"来说明它的不谨严。相反地，赞宁则是极其讲究史法、重视史法的。他"曾撰《非史通》六篇，为王禹偁所激赏"（见《青箱杂记》卷六），就是明证。

此传《习禅篇》的篇幅比较多，所记都是禅宗著名人物。从唐代迄宋初，正是禅宗兴盛时期，五家渐次成立，宗派之争也最激烈，在禅宗灯录诸书则大半隐讳而不载。此书在神秀、神会（卷八）、灵坦、圆寂（卷十）等传及《习禅篇》论（卷十三）中，将南顿北渐斗争的情况客观地反映出来，是研究禅宗史的很好资料。其次，律宗的南山、相部、东塔三家的争执，记载在道岸（卷十四）、如净、昙清、圆照（卷十五）等传和《明律篇》论（卷十六）中。它虽于各家所根据的理论没有详细的说明，但是关于律宗的发展，则是很宝贵的记录。此外，密宗是唐代新传来的宗派，其中几位主要人物如金刚智、不空（卷一）、善无畏（卷三）、一行（卷五）等事迹，都是比较详细的，另外，《译经篇》论（卷三）中所载译经的六例，译场的设官分职，也是译经史上重要的文献。

在此书中又记载有一些有关佛教掌故的考证，例如《菩提流志传》（卷三）中论"莎嚩诃"的译音，《元康传》（卷四）中的解释"纳播"，《智藏传》（卷六）中的证"杭乌山"之讹，《道膺传》（卷十二）中的记"卓祭"，《义宣传》（卷十五）中的解释“不避祖讳”等。

此传在分类上，也有些是不完全恰当的。智常、楚南、玄泰（卷十七）、希运（卷二十），全豁（卷二十二）都是禅宗的人物，似不宜归入护法、感通和遗身科；玄朗（卷二十六）、延寿（卷二十八）都是对佛教理论有深厚的素养，不宜列入兴福科；道邃（卷二十九）是天台宗第十祖，智宣（卷三十）西行求法，归来译经，都不宜列入杂科。另外，还有一部分传，如圆测、慧沼（卷四）、法藏（卷五）、光仁、灵彻（卷十五）、道义（卷二十）等，都失之太略。按宋复有《大周西明寺故大德圆测法师佛舍利塔铭》、李俨有《唐故白马寺主翻译慧沼神塔碑》（均见《玄奘师资传丛书》），可以补圆测、慧沼传的不足。崔致远有《法藏和尚传》，记法藏的事极详。澄玉有《疏山白云禅院记》（《全唐文》卷九百二十），刘禹锡有《彻上人文集序》（《刘梦得文集》卷二十三），载有光仁、灵彻二人的氏族、籍贯和事迹。《广清凉传》卷中有“道义和尚入化金阁寺”，记道义事，又朝鲜的高僧义湘、元晓（卷四）、真表（卷十四），在《三国遗事》中引有《浮石本碑》（卷三），《义湘本传》《元晓行状》《真表事迹》（均见卷四）等，可以和本传互相参证。

此书中个别的记载也有错误之处，《道宣传》（卷十四）、《善无畏传》（卷二）记善无畏到唐，愿依止道宣。其中还杂以怪诞之谈。作者明知无畏来时，道宣已去世五十年，但是仍说无畏出没无常，非人之所测，而宁违背史实。《善无畏传》又载北邙山巨蛇事，据《旧唐书·五行志》（卷三十七），此事发生在天宝年间，时善无畏早已逝世。这段根据《宣室志》（卷十）而转载的事，也是妄传而非事实。《不空传》（卷二）中有咒北邙山蛇死的事，此处或即不空的事之误传（见《隆兴编年通论》卷十六）。又《法藏传》（卷五）记他曾经参与玄奘译经，后因见识不同而退出译场。按法藏生于贞观十七年（643），至麟德元年（664）玄奘卒时，才二十一岁，尚未出家。考崔致远撰的《法藏和尚传》也没有参与玄奘译场的记载，这段记录也是不可靠的。《澄观传》（卷五）作“元和年卒，春秋七十余”。

应改为开成三年（838）102岁卒才是（见《隆兴编年通论》卷二十五）。《齐翰传》（卷十五）作大历十年终于本院，春秋六十八。按皎然撰的《唐苏州东武丘寺律师塔铭序》作“某年终于本院”（《皎然集》卷八），某年并没有具体指明是何年，作大历十年，是承上文入流水道场的年代而致误。《惟俨传》（卷十七）说他谒石头希迁禅师，密证心法，《隆兴编年通论》（卷二十四）说《传灯录》等都以药山嗣石头迁，而药山去世后八年弟子们立的碑则谓得法于马祖道一，碑即指唐伸撰的《澧州药山惟俨大师碑铭》（《唐文粹》卷六十二），作从马祖道一二十年，当以碑文所载为确。

还有些高僧没有收入此传，后人对这点颇有意见。如宋释慧洪说：“云门大师僧中王也，与之同时，竟不载，何也？”（《林间录》卷上）又说：“予初游吴，读赞宁《宋僧史》，怪不作《云门传》。有耆年曰，尝闻吴中老师自言，尚及见宁，以云门非讲学，故删去之。”（《石门文字禅》卷二十六《题询上人僧宝传》）明释大巇在《建州弘释录序》中，清徐昌治在《高僧摘要目录》里，都有此议。又宋释智圆说，汇征应“列传于高僧，播美乎百世，而不见大宋之十科者，虽曰传者不蔽贤，吾不信也”（《闲居篇》卷十《佛氏汇征别集序》）。文偃是云门宗开山始祖，虽有雷岳撰的《匡真大师塔铭》和陈守中撰的《匡圣宏明大师碑铭》（见《南汉金石志》卷一、卷二），但在偏僻的广东乳源县，因而没有列入。这正是作者在《钦师传》中所说：“亦犹大宋文轨既同，土疆斯广，日有奇异，良难遍知。纵有某僧也，其奈史氏未编，传家无据，故亦阙如弗及录者，留俟后贤者也。”（卷十八）若说因非讲学而被删去，则不是事实。至于汇慈在吴越国以文学出名，赞宁曾从之学文章（见《小畜集》卷二十《右街僧录通慧大师文集》序），没有列入，自然难免“蔽贤”之讥了。

总的说来，本书根据大量原始资料，整理排比，剪裁融贯，然后成书，而叙事清楚；虽间有神奇怪诞记载，仍不失为这一时代中有关佛教历史人物的一部重要著作。

（苏晋仁）

大明高僧传

《大明高僧传》，简称《明高僧传》，八卷（清藏作六卷），明代释如惺撰。如惺号幻为，为天台宗真清的弟子，复从千松得禅师习禅宗，曾住天台山慈云寺及嘉兴楞严寺；除此传外，还有《得遇龙华修证忏仪》四卷，今存（见袁黄撰《象先禅师塔铭》及管志道撰《龙华忏仪序》）。

此传作者成于万历四十五年（1617）。自序中谈到前代高僧传止于宋初，以后无人续编。同年，又将在庚子岁（1600）校刊的《金汤编》加以补辑。作者在涉猎史志文集中见到一些名僧的碑传，随喜录出，从南宋到明末共得若干人，题名《大明高僧传》，以备后来修史者的采摭。书名“大明”乃指编撰的时代而言，不是指的内容范围。他本拟上继《宋高僧传》，但《宋高僧传》止于北宋初，此传则始于北宋末，中间相隔一百数十年，仍有一段空白。

此传只有《译经》《解义》《习禅》三科。《译经》科中著录的仅元代沙啰巴一人，《解义》科中著录的自南宋迄明万历间四十四人，《习禅》科著录的自北宋末迄元仁宗间六十七人，共正传一百一十二人，另附见六十八人。其中，普交卒于宣和六年（1124），则是北宋人，序中所言始于南宋，当是作者的忽略。又《习禅》科没有著录明代僧人，也无梁、唐、宋僧传的后面七科，可见是尚未完成的著作。传中著录的僧人，大都居南方，居北方者仅数人，金僧仅教亨（卷五）、海慧（卷七）二人。

此传根据的史料，作者没有指明。但可以考知的，如必才、允若（卷一）、弘济（卷二）、士璋、大同、慧日（卷三）诸传，是据宋濂撰的《大用才公行业碑》《若公塔铭》《天岸济公塔铭》《璋公圆塚禅铭》《别峰同公塔铭》《东溟日公碑铭》(均见《宋学士文集》卷五、五十二、五十七、五十八、六十)等而成。真清的传(卷四)是据袁黄撰的《象先禅师塔铭》(见《天台山方外志》卷二十四)而成。《道震传》是参考晓莹的《罗湖野录》卷上而成。全书《习禅》科绝大部分是据《五灯会元》删节成篇，因而语录的气氛很浓厚。又教亨(卷五)、崇岳、道悟(卷八)等传皆据《佛祖历代通载》卷二十，沙啰巴(卷一)、文才、英辩、德谦、达益巴、妙文、了性、宝严(卷二)等传皆据《佛祖历代通载》卷二十二写成。至《沙啰巴传》中所说："今于《元史》仅得此人"，史字当是世字之误，因《元史》中不载沙啰巴，而在《元史·释老传》卷二百零二中则有必兰纳识里的传，必兰纳识里曾译经六部，不为此传所载，足证作者没有利用《元史》。

此传体裁与以前的梁、唐、宋三部僧传同，而每科之后无"论"，当是因为全书尚未完成之故。有的传后有"系曰"，则是仿自《宋高僧传》。在"系曰"中，透露出作者一部分观点。《祖觉传》(卷六)"系曰"："古为人师者……，未尝轻许而贼夫人子；今人才见灵利后生，便使拈弄公案，作得一偈顿焉称赏。"《弥光传》(卷六)"系曰"："世之灵利汉，靡不坐晦庵(弥光)膏肓之疾……曾未服医父起死回生之剂，且急欲为人指迷，不亦谬乎?"《蕴能传》(卷七)"系曰"："世之师徒宾主相见，能具此(大沩瑃禅师和蕴能)风采作略，庶两无遗憾。"明代末叶，禅宗极盛而混杂，师徒之间，问答之际，颇多狂禅滥调，自谓解人。作者此论，当是针对时弊而发。《法忠传》(见卷五)和《自回传》(见卷六)的"系曰"都指出习教者固执门庭，歧视禅家，不知禅宗自有悟处，则是调和禅与教的论调。各宗融和，正是时代要求的反映。

此传在编纂方面，并不是没有缺点的。首先，一些篇传所载事迹较略，如性澄、蒙润(卷一)、本无(卷二)、祖你、如玘、绍宗(卷三)在《续佛祖统纪》中都有传；又了然、若讷(卷一)在《释门正统》(卷七）中有传；善悟、士珪（卷五）在《僧宝正续传》（卷四、卷六）中也有传，所记事迹和卒年等，都较此传为详，可以参阅。另外，在个别地方也时有错误：一、祖觉在卷一有传，卷六中又重出，而卷六的传系据《五灯会元》，较卷一的传为详，未将二传合并，误作二人，分入二科，实嫌疏忽。二、沙啰巴姓积宁氏（见《佛祖历代通载》卷二十二），允若俗姓相里（见《宋学士文集》卷五），乃认积宁、相里为地名、误作籍贯。三、又《文才传》谓元成宗署才为真觉国师，“总释源宗，兼祐国住持事”。按《佛祖历代通载》卷二十二，洛阳白马寺是佛教创始的庙宇，故称“释源”。其宗主殁，诏以师继之。作者删节不当，乃致原意晦碍难明。四、此外，《宗杲传》作绍兴三十一年（1161）卒，应据《大慧年谱》作隆兴元年（1163）卒；《道冲传》作理宗三年（原书年号不明）卒，应依赵若琨撰的《径山痴绝禅师行状》（见《痴绝道冲禅师语录》卷下）作淳祐十年（1250）卒为确。五、建文帝出家号应能事，为千古疑案，传说纷纭，殊不足据。作者谓《应能传》“于僧传是不可阙”，实则阑入不可靠的记载，有欠妥当。

正如作者自序所说，是随喜录之，以备后之修史者采摭，因而没有严肃加工整理，不免存在缺点，尤其不是全豹，不能算作代表某一时期的综合传记，也无法满足后世的要求。虽然如此，但是在此书中还保存了一部分为它书所无的传记，而且纂集三个朝代部分僧传在一起，对佛教史的研究仍有一定的参考价值。在过去这类传记缺乏的年代里，将它作为前三部高僧传的继续，实际它是很难和前三部具有代表意义的僧传相并提的。

（苏晋仁）

比丘尼传

《比丘尼传》，略称《尼传》，四卷，有序。梁代宝唱撰，是晋、宋、齐、梁四朝著名的比丘尼六十五人的传记。

宝唱约生于刘宋泰始元年（465）前后，吴郡人，十八岁从建初寺僧祐出家，住庄严寺，遍学经律。天监四年（505）住新安寺，先后帮助僧旻编撰《众经要抄》，助智藏编撰《义林》，助僧朗编撰《大般涅槃经注》，又助萧纲编撰《法宝联璧》等，并自撰《续法轮论》七十余卷，《法集》一百三十卷。天监十一年（512），参与僧伽婆罗译场，笔受《阿育王经》等十一部经。十三年（514）开始自撰《名僧传》三十一卷，十五年（516）重撰《华林佛殿众经目录》四卷（原录僧绍所撰），以博学多识见称，梁武帝因此令他掌华林园宝云经藏，广搜遗逸经籍。同年，宝唱又撰《经律异相》五十五卷和本传四卷（《开元释教录》卷六）。此外，又撰有《众经饭供圣僧法》等五种十七卷及《出要律仪》二十卷。今仅此传和《经律异相》尚存，其余都佚失了。

宝唱所撰的《比丘尼传》和《名僧传》（现仅存日僧宗性从《名僧传》中抄出的《名僧传抄》一卷）的取材和起迄颇多相同之点。《名僧传》取材至梁天监十八年（519）止，《比丘尼传》取材至天监十五年（516）止，完成时间相近。《名僧传》详吴越，略魏燕，《比丘尼传》主要叙述南朝人物。《名僧传》偏重有名的大师，而不甚注意网罗隐逸（见慧皎《高僧传序》），《比丘尼传》也同样偏重在当时南朝的首都和各大城市为帝王贵族所供养的比丘尼。《名僧传》的资料，据《续高僧传》中宝唱自序说，是在帮助僧祐著述的时候搜集来的。《比丘尼传》的写成，或许也有同样情形。至于《比丘尼传》的撰录，不见于宝唱此传，而最初见于《开元释教录》，其他较早的经录都没有记载。但据它与《名僧传》有上述相同之点，可以相信它同是出自宝唱之手。现存《比丘尼传》丽藏此与宋、元、明藏此文字颇多出入，有两种异此流行，似是此书曾经他人改窜过。

此书四卷所收人物：卷一东晋一十三人，卷二刘宋二十三人，卷三南齐一十五人，卷四梁一十四人，以上此传六十五人外，还附见五十一人。

此书没有像《名僧传》那样分作多科，但也具备《名僧传》那些科目类型的人物。

有如道馨、道仪善《小品》，道仪、净曜能讲《维摩》，智胜、净行、妙祎、惠晖通《涅槃》，妙祎讲《法华》《十地》，净行学《成实》《毗昙》《华严》，昙晖解佛性常住义等。又如净检、慧果、僧果、僧敬、德乐等始受尼戒，道仪究律藏，净秀、僧述、妙祎、法宣学十诵，都可列入法师之类。

如光静、僧果、静称、法辩、僧蓋、法全、慧绪、净秀、昙晖、僧述、可列入禅师之类。

如净检、道容、静称、冯尼等有一些异闻，可列入神力之类。

如善妙、道综、惠曜、昙简、净珪、昙勇、冯尼等事迹，可列入遗身之类。

如智贤、道仪、慧玉、道寿、玄藻、普照、僧念、惠晖俱诵《法华》，慧玉诵《楞严》，慧木诵《大品》，僧端、冯尼、惠晖诵《涅槃》，道贵诵《胜鬘》及《无量寿经》，可列入经师之类。

如安令首、慧琼、慧濬、僧猛、净秀、昙晖的建寺，道瑗、慧木、智胜、僧述、法宣的造像写经，可列入造经像苦节之类。

关于比丘尼戒由斯里兰卡传入中国，本书提供了重要的史料。东晋净检从智山受十戒，为中国有沙弥尼之始。当时，《僧祇尼羯摩》及《戒本》已初步译出，净检等四人又从昙摩羯多受具足戒，为中国比丘尼从大僧受具足戒之始，原先中国尼众受戒但从大僧受。据此书僧果传等说，元嘉六年（429），有外国舶主难提从师子国载比丘尼来至宋都，住景福寺，时景福寺尼慧果、净音等，欲如大爱道之缘（大爱道得戒，五百释女以爱道为和尚）重请受戒，于是别请难提更请师子国尼来满十数。嗣后，元嘉十年（433），难提复将师子国铁萨罗等十一尼至。这时先至诸尼，已通宋语。请僧伽跋摩于南林寺坛界次第重受尼戒者三百余人。此为中国比丘尼二部僧受戒之始［《出三藏记集》卷十《后出杂心序》，说僧伽跋摩于元嘉十一年（434）至建业，同书卷十四《僧伽跋摩传》，说即于其年九月前为僧尼数百人传戒，此书《宝贤传》及《德乐传》，也说传戒是元嘉十一年（434），只是《慧果传》说元嘉九年（432）受戒，十年去世，后者年代有误］。

此书所载这些比丘尼，多出身于士大夫的家庭，出家后多出入宫廷，为帝王后妃所供养，因此，也出现了比丘尼有弄权乱法的事。例如，晋支妙音为殷仲堪谋荆州刺史，宋法净参与孔熙先的政变事件，也见于此书记载。此外，诸王贵族供养诸比丘尼，世族名士礼敬诸比丘尼的事迹，反映了佛教在南朝士大夫阶级中的情况。

此书也反映了一些南朝的佛教制度。例如，宋宝贤为都邑僧正，月受俸钱一万；法净为京邑都维那，以及晋智贤遇杜霸沙简，齐慧绪遇沈攸之沙简等事。

此书记录了当时尼众人才辈出和受到崇敬，也记载了当时妇女受到封建婚姻制度的压迫而出家的事情，如令首、僧基、僧端、昙晖、法宣等尤为突出。

统计此书所载诸比丘尼的寺庙，多在南朝的首都和附近地区，其中有三十七人都住在建康（南京——东晋、宋、齐、梁四代的首都），有十三人散布在建康不远的各大城市，有五人在洛阳（西晋的首都），有三人在江陵（后为梁元帝首都）。还有少数人分布到很远的地区，东北至渤海，东南至钱塘，南至广州，西北至高昌。这些比丘尼的乡贯，多属于江南或原系北人，侨寓南方。所以就此书所涉及的地域来说，主要是中国南部。

此书叙事，起晋愍帝建兴（313—316）至梁天监十五年（516），历四朝二百年，正是中国佛教兴起的时期。当时西土僧人络绎东来，中国佛教中也名僧辈出，晋朝南渡以后，江南文化相当繁荣，比丘尼在当时出现了这些人物，是与其时代背景有密切关系的。

（隆蓬）

居士传

《居士传》，五十六卷，清代彭际清编，收集从后汉到清康熙间在家奉佛的人士（限于男性）三百一十二人的传记，编成列传体裁的专传或合传五十五篇，乃是记载历代居士事迹比较完备的一部书。此书的编辑，是因为过去专载佛门人文事迹的书，像《弘明集》《广弘明集》《佛法金汤》《金汤征文录》《法喜志》等，以及兼带记载居士事迹的书，像《佛祖统纪》《佛祖通载》《传灯录》《续传灯录》《五灯会元》《东林传》《往生传》等所录各人言行，编者认为不是失之太繁，便是失之太略，总觉得不恰当。还有像《居士分灯录》《先觉宗乘》《居士禅灯录》等书，只是宣扬禅宗，对于其他法门也不齐全。所以编者节取了上说各书内容的若干部分，另外又引用了史、传、诸家文集、诸经序录、百家杂说，编成列传，详述各人学道的经历，不局限于一家之言，一宗一派的范围（见此书发凡）。

此书从乾隆三十五年（1770）开始编撰，至四十年（1775）完成。

此书编例的特点，表现于三方面：一、关于人物，编者认为宗门中冒滥的很多，像夏竦、吕惠卿、章惇这些人原不足道，就是白居易、苏轼对于佛教也是别有所长，而和宗门无关。并指出各书所载一些禅机因缘，并无可取。至于韩愈、李翱、周敦颐、欧阳修等，明明都是护儒辟佛的，不能拿偶然随喜佛法的一件事就来牵强附会，替佛教装门面，所以采择从严。二、关于言论，编者认为护法的文章，要从"真知灼见"自然流露出来的才可取，无贵乎词藻华丽。所以像王巾的《头陀寺碑》、王勃的《释迦成道记》、柳宗元的诸沙门碑铭，只有文章而没有行解相应的都从割爱。三、关于行事，编者从儒家伦理的观点，认为学佛的基础在五戒，五戒就是儒家五常的体现，不能实行五常，就谈不到五戒。认为南北朝中的不明忠义的人，如魏收、范晔、沈约、江总等，不应视为佛教居士，所以一概削除（见此书发凡）。

此书内容，卷首是汪缙写的序文，尾卷（卷五十六）载罗有高写的《知归子传》，即是编者此人的传，汪和罗是协助编者编集此传的人。此文五十五卷，每卷收列传一篇，传末均系有编者的赞，有些还附有汪缙、罗有高的按语。列传从后汉的牟融、安玄等开始，迄于清康熙时的周梦颜，共三百一十二人。其先后编次大致依时代顺序，但也有以人物的性质相同，汇为合传，以致在时代上不能和前后各传相连贯。其内容大概，卷一、卷二，十二人，时代为后汉、三国、两晋。卷三至卷十一，四十六人，时代为两晋、南北朝、隋、唐。卷十二，十二人，时代为南北朝、唐、宋、明。卷十三至卷十九，二十六人，时代为唐。卷二十至卷三十四，八十三人，时代为宋、元。卷三十五、卷三十六，十人，时代为金、元。卷三十七至卷五十二，一百一十三人，时代为明。卷五十三至卷五十五，十人，时代为明、清。

此书因对以上人物评价的差别，列传体裁分为三类，即专传、合传及附传。计列于专传的十七人，列于合传的二百一十九人，列于附传的七十六人。

专传是专就一人作列传一篇。编者认为“庞居士（蕴）之于宗，李长者（通玄）之于教，刘遗民（程文）之于净土”，造诣很深，所以各撰专传，用以表示尊崇。此外，立专传的有：南齐竟陵文宣王（萧子良）、傅大士（傅翕），梁昭明太子（萧统）、李纲、赵贞吉、张九成、王日休、袁黄等。

合传是合两人以上为一传。一篇合传内大都是行事性质相类似，而无专传必要的人。合传略有六类：一、传一的牟融、安玄等宏法扶戒、导信化疑，同为佛教初传中国时的启蒙人物。二、传三的张野、王乔之等同为庐山白莲社中的著名居士；传二十四的钟离瑾等都持名念佛勤修净土。三、传十八的王敬初等同沐曹溪之风，究心禅道；传二十的杨大亿和李遵勗同得临济的机用，不舍尘劳，顿明心性；四、传十三的梁肃受教于湛然，裴休得法于宗密，都是能各宏其教的士大夫（以上三类是净土、宗、教三类人物）。五、传十二的江纴等都能以佛法来行孝道；传三十的宗泽和张浚都于佛法有得，能抗拒异族的侵凌。六、传十九的王维、柳宗元、白居易，传二十六的苏轼、黄庭坚、晁补之，都是游心于佛海的文学家。

附传是附叙于他人传中，这些大概是有师友、父子、兄弟等关系，连类而叙及的。例如，支谶和支亮附于支恭明传中，戴逵附于谢敷传中，李端愿附在李遵勗传中，赵蒙吉附于赵贞吉传中等。

此书乃采辑各种史料而成，对于原文大都有些删改，在各传文篇末或一段后都注明资料出处，便于复勘原书。至于史料有讹误处，常有校正。例如：一、卷一《阙公则传》后附注出于《大唐内典录》《念佛宝王三昧论》，并指出他书误引公则为东林社中人，今据二书改正。二、卷四《刘谦之传》后注，指出澄观《疏钞》以谦之为北齐人，又谓感第三王子焚身供养文殊事因而发心，但按北齐无太和年号，且魏齐诸王子在史书列传里，也无焚身之事，今据《内典录》削去。三、卷十二《李观传》后注，指出此处李观和《唐书》所载字元宾者先后相悬，而《法喜志》《金汤录》错为一人。四、卷十三裴休传后注，指出《清凉通传》载河东节度使李诜使五台还，裴休和他论佛法，其言甚辩。但诜使五台是贞元十一年（795）事，其时裴休年才数岁，何由与诜问答？明明是后人附会，所以削去。这些都足见编者对于资料的处理审慎和核实。

编者虽专信净土，但此书则遍载教、禅、净三方面的人物。从此书可以见到各时代居士信仰的趋向及前后的变化，所以它在佛教史上是有参考价值的。此书只载男性人物，其在家女子著名的信佛者的传记，编者另撰有《善女人传》一卷。

（李安）

历游天竺记传

《历游天竺记传》，一称《法显传》，或称《佛国记》，一卷，晋法显于晋安帝义熙十二年（416）撰。法显，平阳郡武阳（今山西省襄垣县）人，出家受戒后，常慨叹当时传译的律本不全，决心前往古代印度寻求。他于晋安帝隆安三年（399）和同学慧景、道整、慧应、慧嵬从长安出发，次年秋间出敦煌，经历西域到达古代印度诸国，又泛海前往师子国，于各处写得经律论十部，途经南海而归，于义熙八年（412）秋间还抵青州长广郡牢山（今山东省青岛市即墨区境）。次年到了晋都建康（今江苏省南京市）。义熙十年（414），他追忆西行经过，把在各国的见闻记述下来。又隔了两年，有人请他冬斋，重新问起游历情况，劝他将前记加以补充，他便详细改写，成为此书。

此书内容是撰者于四世纪末至第五世纪初，前后十三年又四个月间、陆海旅程的记录，内容大体可分为出国西行的往程，去古代印度和锡兰的巡礼佛迹和求法，道经南海返国的归程这三大章段。第一大段，叙述自隆安三年到五年（399—401）从长安动身，出敦煌，经历西域鄯善、偽夷等六国达葱岭。第二大段，叙述自隆安六年到义熙七年（402—411）度葱岭入古代印度，游历西、北印陀历等十国，中印度摩头罗等十三国（内罽饶夷、迦维罗卫、拘夷那竭三城作三国计算，所述南印达嚫国情况系得之传闻，不计入），东印多摩梨帝国，共经历二十三国，从此泛海南下，到古代印度以外的师子国。第三大段，叙述自义熙七年冬到八年（411—412）秋间海行的归程，即从师子国搭大商船东行，中途遇大风，漂流到南海耶婆提，另搭船拟赴广州，又遇暴风雨，漂到东海，终于航抵青州牢山南岸，最后附记从青州转赴建康，并叙述经历。卷末更附有迎法显冬斋的人劝他作传的跋语。

此书是中国古代高僧以亲身经历介绍古代印度和锡兰诸国情况的第一部旅行记。虽以有关佛教的记事为主，但于所经各国的里程方位，山川形势，民情风俗，以及当时印度笈多王朝时的社会情况等，都附带述及，保留了许多宝贵的古代史地的资料（由于法显严格守戒，虽在旅途，也实行安居，因此他行程的年月，都明确可考。其记述各地里程，在到毗荼以前，都以所经日数计算，其后乃改用由延计算，也提供了各地间距离远近及与行旅险易情况等有关的资料）。其记载佛教事项，主要是当时西域、古代印度和锡兰诸国佛教的传播和残存的佛教史迹。在西域方面，首先说到诸国原来语言虽不尽同，而僧人一致学习印度语文，其间鄯善、偽夷各有僧四千余，竭叉有僧千余，都奉小乘教，于阗和子合都盛行大乘佛教。其在古代印度，则陀历、乌长、罽饶夷、跋那等国都奉行小乘教，罗夷、毗荼、摩竭提等国都大小兼学，毗荼僧众多至万数，摩竭提则教化普及民间。东印多摩梨帝国有二十四伽蓝，佛教亦盛。当时的古代印度，除拘萨罗、迦维罗卫、蓝莫拘夷那竭诸国教势已趋衰落外，其他诸国大都保持盛况。至于古代印度以外的师子国佛教尤盛，僧众多至六万。关于佛教史迹，本书记载了佛陀降生（在迦维罗卫）、成道（在伽耶）、初转法轮（在波罗㮈）、论议降伏外道（在舍卫）、为母说法（在僧伽施）、为弟子说法（在王舍）、预告涅槃（在毗舍离）、入灭（在拘夷那竭）的八大名迹及其他遗迹。又记载了佛石室留影（在那竭）、栴檀像（在舍卫）、发爪塔（在那竭）等，以及佛顶骨、佛齿和佛遗物钵、杖、僧伽梨等的保存处所和守护供养的仪式。又记佛的大弟子阿难分身塔、舍利弗本生村（那罗聚落），阿阇世、阿育、罽腻迦诸王所造塔，阿育王铭记及泥梨城石柱铭记（都在巴连弗），过去三佛遗迹诸塔（在沙祇、瞻波等处），菩萨割肉（在宿多）、施眼（在犍陀卫）、截头、饲虎（都在竺刹罗）的四大塔，祇洹、竹林、鹿野苑、瞿尸罗诸精舍遗址，五百结集石室（在王舍），七百僧检校律藏纪念塔（在毗舍离），以及各地的著名伽蓝、胜迹，都备载无遗。此外，如记述中印度僧众住处随宗供养诸圣弟子的风气，诸国王供养僧众行食的仪式，于阗、摩竭提的行像节目，竭叉国王作五年大会（般遮越师），师子国出佛齿及其国王为入灭罗汉举行阇维葬仪等法会的盛况，乃至舍卫城调达徒众的供养过去三佛、不供释迦文佛等，都系他当时亲见的实录。此书还记载北印陀历国有阿罗汉协助巧匠雕造的长达八丈的弥勒木像，当地古老传说，立此像后，便有印度沙门带着经律渡过新头河去传教（《西域记》乌仗那国条，说此像系阿育王时派遣到北方传教的末田底迦阿罗汉所造），认为这是与佛教最初东传有关的重要史迹。又载师子国出佛齿的仪式，提到佛入灭以来已历一千四百九十七年，法显到达师子国时当晋义熙六年（410），依此逆推，佛的诞生应在公元前一千余年，这是和一般所传的佛灭年代相差很大的一说，可作为佛传资料之一项异闻。又此书记经历北印见闻处，并未见提到无著、世亲两论师的事迹；记中摩竭提国瞻礼舍利弗此生村那罗聚落处，也未提到佛教著名学府那烂陀寺；可见无著、世亲的出世和那烂陀寺的建立，都在这时期以后，这也是印度佛学发展史阶段划分上一个很重要的旁证。

在一般历史方面，此书的记载保留了当时中印度社会情况的重要史料。那一时期，正值古代印度有名的超日王在位，为笈多王朝的最盛时代。此书记载摩头罗处，说到过了蒲那河以南，名为“中国”，即指笈多王朝统治的摩竭提帝国。这里寒暑调和，人民丰乐，刑法不用，耕种王地的农户只安输纳地利，去住可以自由，已不同于固定的农奴。可见当时生产已比较发达，社会呈现了繁荣气象，所以国王、长者在各处为僧众造立精舍，有足量的田宅园圃、饮食衣服等种种供给。又说举国人民都不杀生，不饮酒，不食葱蒜，各处不畜养猪鸡，不卖牲口、酒肉，属于旃荼罗的渔猎师，则和一般人分别居住，可见佛教的教化，对当时社会生活已起了一定的影响。印度史家常称笈多王朝为古印度的黄金时代，而苦于文献不足，本书的记载，可以补充印度古史之所未详。

此外，此书记载往返旅程，指出了当时东西商业交通和文化交流的一条主要路线。它记载了从东印多摩梨帝国泛海前往师子国，又从南海耶婆提泛海东归，都搭乘可载二百人的大商船，耶婆提到广州的航程预计是五十日，以及在师子国无畏山伽蓝见有商人以晋地白绢扇供养，和听说海上还有很多抄贼等，可知当时东南亚一带的海道贸易已相当发达，而造船及利用季候风航行的技术也十分纯熟了。

和法显同时或稍后的西行僧人，有的也曾写了行记，但先后散失，惟本书得保存流传，因此它对后来去古代印度求法的人，起了很大的指导作用，如唐代玄奘法师编译的《大唐西域记》，义净法师所撰的《南海寄归内法传》和《大唐西域求法高僧传》等，都曾以此书做过参考。中国其他史地志内亦多援用，如北魏郦道元所撰《水经注》，即常引用此书记述，近人还发现其中有此书现行本所无的文句，知此书历经传钞，不无脱落之处；又此书在叙述上也存在一些错误，这些在明代汲古阁刊本的跋文中已略举了出来。

此书在近代有法文译本和几种英文译本，1957年北京曾出版有李荣熙的英译本。

（游侠）

大唐西域记

《大唐西域记》，简称《西域记》，亦称《西域行传》，十二卷，唐玄奘编译，辩机缀文；成于唐太宗贞观二十年（646），是一部记述当时唐朝迤西各国风土国情及佛教事项的史地书志。玄奘法师于唐贞观三年（629）秋间离高昌西行求法，经历西域各地，于贞观十九年（645）初还国。他到洛阳第一次会见唐太宗时，太宗即要他叙述西游经历，而编写一部西域传。于是，玄奘根据自己游历见闻，口授他的门下辩机，编撰此书，到次年七月告成。书内所述，很多地方取材于所经各地的古籍，所以经录家把它列入译本一类。玄奘在上进本书的表文里，提到书内的记述包括他亲到的和听到的地方，共一百三十八国。

此书虽属地志性质，而大体上是顺着游历行程的次序（但与《慈恩传》所载不尽同）编纂的。全书可分为三个部分，即第一卷顺着西行的往程，记述高昌迤西的北道三十四国；从第二卷至第十一卷，顺着游历古代印度的行程，记述五印度八十二国；第十二卷顺着离开古代印度回国的归程，记述西域南道二十二国。全书卷首有敬播的序（丽刻大藏本）及于志宁（旧作张说）的序（宋、元、明刻大藏本），卷末附有辩机撰的记赞。各卷内容，大略如次：

第一卷，前有玄奘自序一小段，次依古代印度的世界构成说，叙述四天下及瞻部洲形状，四方国土的特征等。次总序黑岭以东西域诸国的概况。以下正叙西域阿耆尼、屈支、跋禄迦等以至雪山以南的迦毕试，共三十四国。第二卷，先总叙古代印度概况，包括名称、地势、度量、岁时、都邑、衣食、语文、教育、宗教、族姓、兵制，刑法、礼仪、医疗、丧葬、行政、租税、物产及贸易、货币等项。以下依次分述北印度滥波、那竭罗喝、健驮逻三国。第三卷，叙述北印度乌仗那等八国。第四卷，叙述北印度磔迦等五国，及中印度波理夜呾罗等十国，共十五国。第五卷，叙述中印度羯若鞠阇等六国。第六卷叙述中印度室罗伐悉底等四国。第七卷，叙述中印度婆罗痆斯等五国。第八、第九两卷，叙述中印度摩揭陀国。第十卷，叙述中印度伊烂拏钵伐多等四国，东印度迦摩缕波等七国，及南印度憍萨罗等六国，共十七国。第十一卷，叙述路次传闻，先附出印度以外的僧伽罗国，次叙述南印度恭建那补罗等七国，西印度阿难陀补罗等三国，南印度邬阇衍那、掷枳陀二国，中印度摩醯湿伐罗补罗国，西印度信度、茂罗三部卢二国，北印度钵伐多国及西印度阿点婆翅罗等五国，中间记述路次传闻，附出印度以外的波刺斯国，共二十三国。第十二卷，叙述西域漕矩吒等二十二国。于各卷中附带提到的还有觏货逻故国（见第一卷），洛护罗等三国（见第四卷），室利差呾罗等六国（见第十卷），那罗稽罗等四国（见第十一卷），都逻折摩驮那和纳伐波故国（见第十二卷），共十六国。

此书记述西域和印度各国，自以玄奘游历期间（即第七世纪的四五十年代间）的情况为主，但对各国政教兴衰，旧史往事以至民间传说，也有闻必录，保留了很多古代史料。至于佛教方面，则当时各国佛法的传播概况，以及过去的史迹，都记载特详。或叙述佛灭后诸重大史事（如三次结集等），或上溯佛在世时代（如佛出家、成道、说法等事）、或佛出世以前（如过去诸佛等）的重要故事，记述范围上下涉及千余年，大部分是印度佛教史上极宝贵的资料。

此书叙述各国，一般都列举国境山川、疆域大小、国都、气候、物产、风俗、语文、衣食住及著名城市等，次专述有关佛教事项。对于西域诸国，特别注意记述种族、王统及其建国的传说，语文的异同，它们相互间的联系或隶属的关系。其间述及生活于跋禄迦和羯霜那两国之间的窣利族的人种风习，及覩货逻故地分治的情况，都是其他典籍所未详的东方民族史料。

此书叙述当时佛教的传播情况，极为详尽，这是本书的一大特点。当时五印度以外的西域五十六国中，佛教传播达二十余国，以奉小乘说一切有部的占多数。此外，惟小乘说出世部盛行于梵衍那国，大众部在安呾罗缚国则仅存三寺、数十僧人。盛行大乘佛教的有漕矩吒、瞿萨旦那、迦毕试等国，都有寺院逾百，僧徒众多者至万余人。大小乘兼学的有活国。其在古代印度方面，当时中印度羯若鞠阇国戒日王统治势力遍及于殑伽河流域全部的时期，治境包括北、东、南印，政治重心已由摩揭陀北移至羯若鞠阇；此书第二卷总叙印度概况，盖以这一带所见闻的为主。在五印度八十二国中，佛教流行达七十三国，其中奉小乘教的约四十五国，奉大乘教的十七国，大小乘兼学的十一国。小乘教以正量部为最盛行，南印摩腊婆特盛，西印信度等国次之。其次为上座部，以南印达罗毗荼为盛（古代印度以外的僧伽罗国亦盛行上座部）。其他小乘部派惟说一切有部较盛，余则寥落无闻。大乘教以北印乌仗那和中印的憍萨罗、东印的乌荼为盛。摩揭陀与羯若鞠阇，都为大小兼学的中心地。就这些记载看，虽个别地方佛教还盛行，而一般实已趋于衰颓了。

关于佛教史迹，此书于各地见闻所及，都记载无遗，而对摩揭陀方面尤详。举凡与佛陀的本生、降诞、成道、说法、入灭以及分舍利、建塔、造像等有关的遗迹，佛灭年日的传说，诸大弟子遗事以及佛灭后历次结集，部派分裂，阿育王、迦腻色迦王建立石柱、造塔等事项，著名的伽蓝、胜迹等，都就各地分别记述。尤其值得注意的是关于历代诸大论师的记述，从迦多衍那、马鸣、龙树、提婆、无著、世亲、陈那、清辩、德慧、安慧、护法，以及胁尊者、童受、世友、法救、如意、众贤、德光，以迄当时的大家戒贤、胜军等，都备载学行和诸重要论书的制作因缘，对于印度佛学史的研究，提供了极重要的资料。虽于年代记载有仅据传闻而未加精确考证的地方，但无损其史料的价值。他如在教学上起过很大作用的那烂陀寺的沿革、规模和学风，在艺术上有卓特成就的阿折罗窟寺的宏丽雕刻，都是佛教在印度学艺史的伟迹，后代湮没无闻，而在此书中都有详细的记载。佛教以外，如尼乾子教派在各地的传播，大自在天、那罗延天、日天、毱那天等崇拜，以及著名的天祠等，亦都有记述。

此书内容虽以游历见闻为主，但其素材多取自西域和印度古籍，或访问耆旧，同时也参考中国古师的行传，像法显的《历游天竺记》等，并间有改订旧说之处（如第十卷憍萨罗国五层伽蓝建立因缘，第十一卷僧伽罗国开国传说等）。其中附记土俗、博物，丰富多彩，尤多前史所未闻。是故此书一出，当时学者都惊为奇制，在著述中竞相援用，如唐道宣著《释迦方志》，道世著《法苑珠林·感应篇·圣迹部》，慧立撰《大慈恩寺三藏法师传》，都以它为主要典据。官书如《新唐书》等于此亦多采用。又此书是兼有行记性质的地志著作，对于各国各地间的途程方向，距离里数，记载很详备，其间计算虽偶有彼此参差处，但比较推寻，仍可得其实落。如现代印度对那烂陀寺遗址的发掘，以及阿折罗石窟的发现，得此书之力极多，可证其记载之正确性。又此书所译地名，译音精确，一无省略，尤为特点。有些地名译音，经过还原为梵语，还可从名称的来源上推出那地方的自然环境和文化生活的风貌。总之，此书记载全面，精确，已成为现代研究西域和印度史学、古地志学、考古学的主要参考书，在学术上实有其不朽的价值。

此书记载各国，有亲到其地的，也有得之传闻的，书中并未一一标明，仅仅在记各国方位时，用从何方行至某国，或但说从何方至某国，这样一种体例来表示区别（见辩机《记赞》）。但因此书撰述时行文偶有疏忽，以致间或脱漏行字（如第一卷记顺缚刍河下流到达呾密，从呾密经活国到达缚喝，都脱“行”字）。又或误书“行”字的（如第十卷的秣罗矩吒国）。这些都可从《慈恩传》对勘出来。依敬播的序上说，此书所载一百三十八国中，传闻的二十八国。现在即从上述体例，并经订正后，推定那二十八国，应该是怖悍、弥秣贺、劫布呾那、屈霜你迦、喝悍、捕喝、伐地、货利习弥伽、赤鄂衍那、忽露摩、愉慢、鞠和衍那、镬沙、珂咄罗、拘谜陀、缚伽浪、纥露悉泥健、忽懔、咀刺健（以上见第一卷），钵露罗（见第三卷），尼波罗（见第七卷），秣罗矩吒（见第十卷），僧伽罗、波剌斯（以上见第十一卷），阿利尼、曷罗胡、钵利曷尸弃尼（以上见第十二卷）。除此诸国而外，即为所亲践者一百一十国。

此书于清代乾隆初年，曾经工布查布译为藏文（日本大谷大学图书馆现藏有此写本）。近百年内，又有法文译本、英文译本，又有小野玄妙的日文译本。关于此书的研究，以托马斯·沃特斯的英译本所附综合研究的考证为前导，日本崛谦德曾据此加以补充，著《解说西域记》（东京，1912），继出的有足立喜六的《大唐西域记的研究》上下两卷（东京，1942）及高桑驹吉著《大唐西域记所记东南印度诸国的研究》（东京，1926）等。

（游侠）

大唐西域求法高僧传

《大唐西域求法高僧传》，二卷，是691年唐代高德义净在南海室利佛逝国（今印度尼西亚苏门答腊岛）时的作品。书中记载玄奘西行回国（645）以后，到本书写出为止的四十六年中间，中国僧人和朝鲜、越南僧人及中亚细亚僧人西行求法的一些事迹。

传中记述当时的中国僧人玄照、道希、师鞭、道方、道生、常愍、常愍弟子、末底僧诃、玄会、质多跋摩、文成公主妳母两子、隆法师、明远、义朗、义朗弟子（义玄）、益州智岸、会宁、信胄、彼岸、高昌智岸、昙润、义辉、唐僧三人、道琳、昙光、一唐僧、慧命、玄逵、善行、灵运、僧哲、智弘、无行、法振、乘悟、乘如、大津及附传贞固、僧伽提婆、道宏、法朗等四十四人，朝鲜僧人阿离耶跋摩、慧业、玄太、玄恪、二新罗僧、慧轮、玄游等八人，越南僧人运期、木叉提婆、窥冲、慧琰、智行、大乘灯等六人、中亚细亚僧人佛陀达摩、僧伽跋摩两入的西行求法情况，大部分是每人一传，也有几篇是两人或三人的合传。各传篇幅一般多是数十字乃至一千多字的短文，其中有些传后还附有四言或五、七言感叹或赞颂的诗偈。前面列举的人物，据作者自叙是："多以去时年代近远而比其先后的。"而作者本入游学的事迹，则分别记述于玄逵传后及无行、大津、贞固等传中。

此书各传大都记述各人的籍贯乡里、西行所经的路线和在各国学习佛法等情况。文虽简短，却保存有相当多的当时佛教史料和一般史料。

当时诸僧出国西行的路线，已因中国与邻国人民之间来往频繁，交通知识的进展而有水陆不同的路线。在陆路方面，如道宣《释迦方志·遗迹篇》说，大唐使者前往古代印度有三条道路：一条是东路，由河州（今中国甘肃省临夏回族自治州兰州市西北）西北经鄯州（今中国青海省海东市东都区）、吐蕃（今中国西藏自治区拉萨市）等地，通过泥波罗（今尼泊尔）往中印度。一条是中路，由鄯州经凉州（今中国甘肃省武威市）、甘州（今中国甘肃省张掖市）、沙州（今中国甘肃省敦煌市）、瞿萨恒那（今中国新疆维吾尔自治区和田地区）、佉沙（今中国新疆维吾尔自治区疏勒市）、朅盘陀（今中国新疆维吾尔自治区塔什库尔干塔吉克自治县）、迦毕试（今阿富汗境内）、伐刺拏（今巴基斯坦西北境，印度河西之本努）等地往中印度。一条是北路，由长安经瓜州（今中国甘肃省瓜州县）、伊州（今中国新疆维吾尔自治区哈密市）、高昌（今中国新疆维吾尔自治区吐鲁蕃市）、屈支（今中国新疆维吾尔自治区库车市）、葱岭北面热海（今吉尔吉斯坦伊西库尔湖）、笯赤建（今哈萨克斯坦境内）、铁门（今乌兹别克斯坦境内）、乌仗那（今巴基斯坦境内）、迦湿弥罗（今克什米尔）等地至中印度。这三条路线中，第一条东路，即由长安贯通西诚地区经尼泊尔而往古代印度的路线，也就是唐贞观、显庆中李义表、王玄策等前后三次出使古代印度所经行的道路。第二条中路，即由天山迤南的戈壁南道越帕米尔高原经阿富汗入印巴次大陆的路线，也就是玄奘于贞观十九年（645）由古代印度回到长安所经行的道路。第三条北路，即由天山迤南的戈壁北道经帕米尔高原北面过阿富汗、巴基斯坦而入克什米尔的路线，也就是贞观三年（629）玄奘由长安前往古代印度所经行的道路。在本书中可以看出，当时玄照、道希、师鞭、玄太、玄恪、道方、道生、末底僧诃、文成公主妳母两子、慧轮等人西行，似都走了东路；玄照第二次西行以及玄会、质多跋摩、隆法师，唐僧三人，信胄等人西行，则大概是走了北、中两路。

又传中诸僧泛海西行的，比陆行的为多。这是由于当时海上交通已因航海术的进步而相当发达的缘故。《唐书·地理志》载有一条由广州出发，经屯门山（中国香港迤北）、占不劳山、陵山、门毒国、古笪国、奔陀浪洲、军突弄山（以上均今越南沿岸）、罗越国（今马来半岛南端）、佛逝国间海峡（今马六甲海峡）、诃陵国（今印度尼西亚爪哇岛）、师子国（今斯里兰卡）而到古代印度的航线。此书所载义净、明远、义朗、义玄、会宁、大乘灯、道琳等三十七人的西行，主要是走这条路线；但也有由中国钦州、合浦或交州登船，也有行到诃陵、佛逝或师子国而止，也有航经扶南（今柬埔寨）、郎迦戍（今泰国南部）或诃利难罗国（今缅甸西部阿拉干地区）等地。

另外，还有如此书《慧轮传》所说，三世纪间，中国二十多僧人从蜀川牂牁道出至中印度的路线，即经今中国滇、川边境及缅甸北部往阿萨姆的道路。后来慧琳在《音义》中，对这方面曾有详述。

此书所载当时僧人西行的不同路线，保存了古代的中国同亚洲各国陆海交通的历史资料，这是此书的特点。

从此书中可以看出，当时中国境内政权统一，经济文化有所发展，与邻近国家友好使节往来相当频繁。如此书所载，玄照在中印度和出使古代印度的王玄策相遇，另一僧人也和北道使人相随至缚曷罗国（今阿富汗境内）；在海道方面，大乘灯曾于杜和罗钵底国（今泰国境内）随唐使邳绪来到长安，彼岸、智岸与唐使王玄廓（丽藏和金陵刻本作王玄策）相随泛舶往中印度，大津也随唐使泛舶月余到达室利佛逝。所有这些唐朝遣使循陆海两道出国通好的史料，可以补充正史之缺。

至于传中诸僧西行求法的目标，则不外两种，一种是寻求佛教的知识，另一种是朝拜佛教的胜迹。在寻求佛教知识方面，他们多数在当时印度佛教学府那烂陀寺、大觉寺（即菩提寺）、羝罗荼寺、信者寺等处学习。

学习内容，以因明、对法（俱舍）、戒律、瑜伽、中观等五科佛学为主。据义净《南海寄归内法传》（卷四）说，当时学人，大都“致想《因明》，虔诚《俱舍》，寻《理门论》比量善成，习《本生》贯清才秀发，然后函丈传经三二年，多在那烂陀寺或居跋腊比国”。此书所载玄照，即是“沉情《俱舍》，既解对法，清想《律仪》，两教斯明，后之那烂陀寺留住三年，就胜光法师学《中》《百》论，复就宝师子大德受《瑜伽十七地》”。智弘也是学《律仪》，习对法，既解《俱舍》，复善《因明》，于那烂陀寺则披览大乘，去信者道场乃专攻小教。无行也是“向那烂陀听《瑜伽》，习《中观》，研味《俱舍》，探求《律典》，复往羝罗荼寺，……习陈那法称之作”。这些记载，对研究古代佛教史都有参考价值。

在朝拜佛教的胜迹方面，此传诸僧游旅的范围，除古代印度外还广泛地及于巴基斯坦、阿富汗、尼泊尔以及南亚等国。如道琳、僧哲等之于当时的乌苌、犍陀罗（均今巴基斯坦境内）、三摩呾吒（今孟加拉国境内）等国，玄照、道琳等之于当时的缚曷罗、迦毕试（均今阿富汗境内）等国，玄会、智弘等之于当时的羯湿弥罗国，道希、玄太等之于当时的泥波罗国，义朗、明远等之于当时的师子国；昙光、智弘等之于当时的诃利难罗国，常愍、义净等二十余人之于当时的室利佛逝、诃陵、渤盆（均今印度尼西亚境内）等国，义朗、智岸等之于当时的朗迦戍、扶南等国，都曾餐风宿露，瞻礼胜迹，对增进当时各国宗教界的友好关系，起了不同程度的作用。

此书作者义净本人于公元671年（三十七岁）由广州乘波斯舶到室利佛逝，停留六月学习梵语，得到佛逝国王支持，乘王舶往古代印度，“在那烂陀十载求经”，然后带着梵本三藏，五十万颂于687年（五十三岁）途经佛逝，留居七年，常与当地著名学者释迦鸡栗底研核佛乘，深研义学。中间还回广州一趟，邀同贞固等四人至佛逝相助他从事整理、写作、翻译工作。此书和另一名著《南海寄归内法传》，就是他于692年（五十八岁）在佛逝写出寄归本国的。这是当时西行求法的僧人中一个突出的例子。

此传是古代中国和朝鲜及越南等国僧人留学海外的重要纪录，同时也是当时中国和邻国有关交通史地的珍贵史料。此书1894年译成法文，1942年又译成日文。

（高观如）

大慈恩寺三藏法师传

《大慈恩寺三藏法师传》，简称《慈恩传》，十卷，唐慧立本，彦悰笺，成于武周垂拱四年（688）。此传详述唐玄奘法师一生事迹，为有关奘师传记作品中最详细的一书。题称“大慈恩寺三藏法师”，是因为奘师西游回国以后，曾经长时期住在当时新建的大慈恩寺翻经院，专事翻译，时人对他的称呼加上寺名以表尊敬（奘师的学派，也因此称“慈恩宗”）。据传首彦悰的序说，此传原稿只有五卷，慧立卒后就分散各处，经门弟子重搜齐全，要求彦悰加以序次，乃成此传。现存传本十卷，其中慧立原作是那些部分，已分别不出来，不过彦悰的重加序次，一定有根据见闻和遗文资料加以补充的地方，因而原来五卷的底稿扩大为十卷（在卷六、七、十都有彦悰笺述文字，这些只是评论性质，当然所补充的不限于此）。

此传内容，可分前后两大部分。前五卷述奘师出生、出家学历、西游行程及各地参学经过，后五卷述奘师回国以后和宫廷来往关系，译经事业以至最后在玉华宫示寂等。各卷叙事起讫，大体如次：

第一卷记述奘师出生、出家、受戒、各地参学，发心前往古代印度求法，贞观三年（629）由长安出发，过玉门关外五烽，度莫贺延碛，经伊吾，西行到达高昌的情形。

第二卷记述奘师从高昌西行，至阿耆尼等国，越葱岭到素叶城逢突厥叶护可汗，过千泉、笯赤建等国，度大雪山过梵衍那、迦毕试国进入古代印度，经北印度滥波、那揭罗曷、健陀罗、乌仗迦那、呾叉始罗、迦湿弥罗诸国。又西南行经中印度波理夜呾罗、秣兔罗诸国，到达羯若鞠阇国的情形。

第三卷记述奘师从羯若鞠阇东南行，经中印度阿踰陀、阿耶穆佉等国到达摩揭陀园那烂陀寺。又往王舍城观礼圣迹，还寺听戒贤法师讲《瑜伽》等论，其后南游到达伊烂拏钵伐多国的情形。

第四卷记述从伊烂拏钵伐多国顺恒河南岸东行，经中印度瞻波等国。又东南行经东印度羯罗拏苏伐剌那等国到羯餕伽国，再西北行过中印度憍萨罗国，又东南行经南印度案达罗等国到达西印度伐腊毗国。又西北行经西印度阿难陀补罗等国，最后经北印度钵伐多罗国，折还摩揭陀国那烂陀寺，又东印度迦摩缕波国王慕师德义，遣使来请的情形。

第五卷记述奘师在那烂陀寺欲归祖国，因应东印度鸠摩罗王请赴迦摩缕波国，又应戒日王请赴羯朱嗢衹罗国，赴曲女城大会弘宣大乘，赴钵罗耶迦国无遮大施会，从此辞戒日王东还，经中、北印度憍赏弥等国，度雪山，出葱岭经乌铩等国到达于阗。在于阗向朝廷表奏还国，乃至到达漕上的情形。

第六卷记述奘师于贞观十九年（645）正月入长安，谒太宗于洛阳，回长安弘福寺组识译场，创译《菩萨藏》等四经，并表进新译经论及《大唐西域记》，蒙太宗制《大唐三藏圣教序》等情形。

第七卷记述东宫制“述圣记”，奘师居弘法院译经以及大慈恩寺建成，另造翻经院，迎请奘师为寺上座，专务翻译，乃至前后讲译造像请营经塔，并答中印度摩诃菩提寺大德智光、慧天书等情形。

第八卷记述永徽六年（655）奘师与吕才对定因明，显庆元年（656）高宗令大臣于志宁等赞助译事，并制大慈恩寺碑文。

第九卷记述显庆元年（656）表谢大慈恩寺碑成，又谢冷病中蒙赐医药，请定佛、道名位次第及废僧尼依俗科罪。显庆二年（657）继在洛阳积翠宫翻译，表陈翻译次第，又请入少林寺翻译未许等情形。

第十卷记述显庆三年（658）从洛阳还长安居西明寺，四年（659）迁住玉华宫，五年（660）春创译《大般若经》，到龙朔三年（663）冬全部译成，麟德元年（664）二月五日圆寂于玉华宫等情形。卷末附慧立的论赞。

此传的撰述者慧立和彦悰，都曾参加译场，亲近奘师多年，所述事迹大都得之亲自见闻，故此传可称为奘师传记的基本资料。其前五卷述奘师西游经历，与《大唐西域记》互为经纬，可见出当时西域和印各国情况和相互间的关系，为近代研究西域和印度的史学、考古学者所重视；其间还记述印度诸论师遗事及重要论书造作因缘，尤为有关印度佛学的宝贵资料。其后五卷记述奘师回国以后，他和宫廷关系的事特详，对历年所译诸经论反多漏略，这是一缺点。然于此可以见唐太宗、高宗时期的长安社会风气、宗教生活之一斑，亦为了解当时帝都情况颇为重要的资料。

此传所依据的资料，最主要的是奘师制作的表启和奘师于太宗贞观二十年（646）口授辩机写出来的《大唐西域记》。奘师回国以后，太宗和高宗都对他特殊礼敬，他从住持译场以来，对于朝廷也时有表启之作。此传的后五卷，主要是以所辑奘师表启为中心而写成的。关于奘师的表启，除本传所依据的辑本之外，还流传有两种单行的抄本。一种是765年以前的抄本，题名《大唐三藏玄奘法师表启》，共十三篇，篇末都附注年月，甚便查考，文句时日和本传所载的当有出入。这一抄本现存日本京都知恩院，曾收印于日本出版的《续藏经》内。另一种题名《□寺沙门玄奘上表记》上半卷和上举抄本相同，仅缺第一篇，各篇不记年月；下半卷多出二十一篇，对于奘师晚年行事和年岁问题，都有可供参考之处，这一抄本为日本人小泉氏所藏，收印于《大正新修大藏经·史传部》。《大唐西域记》是奘师回国以后应太宗的要求而修撰的，记中详载西域和印度各国的山川道里，风土人情，以及教势兴衰，圣迹遗址，无所不备，其资料以游历见闻的记述为主，故有“行传”之称。本传述奘师西游行迹的部分，大概取材于此。但本传所述经历西域和印度各地的行程方向，似以当时的实际旅况为据。故与《大唐西域记》带有地志性质的叙述有不同之处，足资对照的研究。如此传第四卷所记奘师回国之前游历南印度的行程中，并未到达珠罗矩吒国，关于此国的事，只是得之传闻，但《大唐西域记》卷十，却误用亲到其地的体裁来叙述，即其一例。

此外，关于奘师传记的作品，如唐道宣《续高僧传》卷四《京大慈恩寺释玄奘传》，唐靖迈《古今译经图记》卷四所记，唐冥译撰《大唐故三藏玄奘法师行状》，记载互有出入，但大都已为本传撰述时参考取用。惟晚出的唐刘轲撰《大唐三藏大遍觉法师塔铭》一种，成于唐开成四年（839），距奘师示寂175年，则是以本传为依据的。又《旧唐书》卷一百九十一方伎传部门也载奘师本传，取材不明，且极其简略。

此传记载上最堪遗憾的事，是关于奘师的前半生重要行事都未有明确的年代。传首于奘师生当何年既无记载，传末记奘师卒于玉华宫，也没有说明享寿岁数，因而奘师的年寿问题遂久成悬案。另外，此传各卷记载涉及年岁之处，也前后计算标准不一。如卷一，记奘师年满二十（《续高僧传》，《行状》作二十一），即以武德五年（622）于成都受具，依此推至卒年（664）应享寿六十三岁（《行状》即作六十三岁）。又记奘师于贞观三年（629）秋八月首途西行，时年二十六（《行状》作二十九），则推至卒年应享寿六十一岁。又卷九，记关师于显庆二年（657）九月曾表请入少林寺专事翻译，表中有“岁月如流，六十之年飒焉已至”之语，依此推至卒年，应为六十七岁。又卷十，记奘师于显庆五年（660）翻《大般若经》时，说今年六十有五（回鹘文译本作六十三），必当卒命于此伽蓝（指玉华宫）。（《续高僧传》及《行状》都说是麟德元年（664）之语，《开元释教录》附奘师小传，则说是《大般若经》译了时语。）依此推至卒年应享寿六十九岁（此与刘轲撰《塔铭》同）。

此传对于奘师确实的年寿既无明确的记载，此一问题只可等待其他有关资料的发见再为考定：惟中国内学院旧刻本《大慈恩寺三藏法师传》于1954年重校时，曾依《□寺沙门上表记》所载显庆四年（659）《重请入山表》（此传未收载），奘师有“行年六十”之语，并对照奘师前后行事年岁记载，暂定奘师年寿为六十五岁，似亦为比较可信之一说。

此传以记载详博著称，但对于奘师主要事业，仍多漏述之处。特别是关于奘师翻译事业方面，此传所记载的，从太宗贞观十九年（645）在长安弘福寺翻译《菩萨藏经》等四种经论开始，到高宗龙朔三年（663）译完《大般若经》为止，前后列举译典名称仅十七种（据本传卷十所载，共译出经论七十四部、一千三百三十五卷），与奘师学说有关的《成唯识论》《广百论释》等典籍的翻译，都未见提及。又据唐道宣《续高僧传》卷四和《集古今佛道论衡》卷丙所载，奘师于贞观二十一年（647）曾应东印度童子王的要求，将中国旧籍《老子》译成梵文，流传于迦摩缕波。《续高僧传》并载奘师以《起信论》文出马鸣，印度诸僧思承其本，乃译唐为梵，通布五印，使法化之缘东西并举，这些都是值得记述的有关中、印思想交流的事业，而此传一概不提，显然是遗漏了。

此传编在《大藏经》中土撰述内，1923年中国内学院曾校刻一单行本。用宋、元、明和丽四种《大藏经》本及可洪《音义》、唐慧琳《音义》等校勘文字，又用《西域记》《续高僧传》《开元释教录》《玄奘法师行状》《大遍觉法师塔铭》《玄奘法师表启》等对勘记载，并于各卷卷端编年记载奘师岁数。此本在1954年复经重勘一次，现为此传最通行的刊本。此传曾译成回鹘文，其写本残卷1930年前后在新疆出土，现藏国家图书馆。日本东方文化学院京都研究所，曾于1932年影印高丽高宗乙巳年（1245）高丽大藏经刊本《大唐大慈恩寺三藏法师传》，并对勘十一世纪至十三世纪的写本和宋刻大藏经本及旧抄本表启、上表记等，附印考异和索引。

近世本传的西文译本，有法文本和英文本。最近又有李荣熙英译本（1959）。

此传的注解，有日本护命撰《解节经》四卷、《记》三卷等。

（游侠）

弘明集

《弘明集》十四卷，梁释僧祐（445—518）撰（僧祐行事见本书“僧祐”条）。《出三藏记集》卷十二所载僧祐自撰《弘明集》目录作十卷三十三篇，而现行本作十四卷五十八篇（包括书末附僧祐后序）。十卷所载都是梁以前的文章，后来增入的，多半是梁代的文章（亦有少数梁以前的文章），而两唐志均载《弘明集》十四卷。因此，现行十四卷本由来已久，或为僧祐自行增补亦未可知。

此书搜集范围，从东汉末迄梁代止。时间三百多年，作者百人左右，僧侣仅有十九人。

此书各卷主要内容如下：

第一卷，论著两篇：第一篇《牟子理惑论》（牟子书原名《治惑》，唐人避讳改“治”为“理”）。此文共三十七章，多半记载佛法初来史事，并涉及夷夏剃度、报应生死等问题，意在牵缀经典阐扬佛教。第二篇是《正诬论》，未详作者，作者本人针对一般人所注意的吉凶寿夭灾祥等具体问题为佛教辩诬。

第二卷，论著一篇：宋宗炳的《明佛论》，一名《神不灭论》。此文对晋宋之际争辩神灭不灭问题，提出自己的看法。宗炳是庐山慧远的弟子，他的主张不出慧远学说的范围。

第三卷，书启五篇，论著一篇：书启都是何承天与宗炳两人对慧琳《白黑论》互有不同的意见而争论的。《白黑论》论儒释同异，虽主张两家殊途同归，但意在抑佛扬儒，宗炳竭力反对这种议论，何承天却表示赞同。晋孙绰的《喻道论》，是对当时本末（后世体用）问题，提出佛教明白主张。

第四卷，论著一篇，书启五篇：何承天除了对慧琳的《白黑论》激赏而外，还著了一篇《达性论》来诽谤佛教，颜延之写信驳斥他，此下五篇书启都是二人来往的争论。

第五卷，论著七篇，书启四篇，共十一篇：自罗含《更生论》起至慧远《沙门不敬王者论》止，前后六篇，辩论焦点均在神灭与神不灭问题上。慧远《沙门袒服论》以下三篇，辩论礼制问题。慧远《明报应论》与《三报论》，乃阐明佛教根本教义之一因果报应的，这个问题，在晋、宋间也是争论焦点之一。

第六卷，论著书启共八篇：晋义熙年间有人比沙门为五蠹之一，道恒乃撰《释驳论》驳斥。宋末道士顾欢撰《夷夏论》，虽以孔老释同为圣人，但坚执夷夏界限排斥佛教，明僧绍的《正二教论》以及《谢镇之书与两封顾与道士书》都是和他争辩这个问题的，张融的《门律》以反周颙的《难张长史门律》并问答三首所辩论的都是当时儒道释三家的本末问题。

第七卷，论著四篇：从朱昭之的《难顾道士夷夏论》，到僧敏的《戎华论折顾道士夷夏论》，一望而知都是驳斥顾欢《夷夏论》的。

第八卷，论著三篇：玄光的《辩惑论并序》条举五逆六极痛斥道教。齐世有道士假张融的名义作《三破论》（入国破国、入家破家，入身破身）诋毁佛教，于是梁刘勰作《灭惑论》，僧顺作《析三破论》，痛加驳斥。

第九卷，梁武帝《立神明成佛义记并沈绩序注》一篇，阐明成佛以心为正因的道理。范缜著《神灭论》，想从佛法根本教义上推翻佛教，萧琛与曹思文均著《难神灭论》来驳斥他。范缜《神灭论》全文，载《梁书》本传中，本卷仅载他《答曹舍人书》一首。

第十卷，梁武帝《敕答臣下神灭论》，释法云《与王公朝贵书》并六十二人答书均站在神不灭的立场破斥《神灭论》。

第十一卷，书启二十七篇，内容可包括为四点：一、赞扬佛事，二、辩难佛不现形，三、论心源一本，四、辞世从道不受爵禄。而最重要的是萧子良与孔稚珪往来三书，二人均主张一本之书，这与当时学术思想极其有关。

第十二卷，书启表诏四十篇，所谈的都是当时现实问题，如沙门踞食问题，沙门应不应敬王问题，恒玄料简沙门与求沙门名籍等问题。

第十三卷，文三篇：晋郗超的《奉法要》谈三归五戒六斋等具体问题。颜延之的《庭诰》二章、谈道教重在炼形，佛教重在治心。王该的《日烛》意思是佛教主要在说明生死根源及善恶报应的道理等，恐一般人不明白，写这篇文章来“助天扬光”，所以叫《日烛》。

第十四卷，文共四篇：竺道爽《檄太山文》、智静《檄魔文》，宝林《破魔露布文》，以上三篇均是摧魔之说，末了一篇为僧祐的《弘明集后序》。《出三藏记集》僧祐自撰目录末后有《弘明论》一卷，而本文前面亦作“论云”字样，因而近人认为此篇绝非后序，而实是《弘明论》。

此书的主要宗旨在现行本《弘明集后序》里，作者指出时人对佛教有六种怀疑：“一、疑经说迂诞大而无征；二、疑人死神灭，无有三世；三、疑莫见真佛，无益国治；四、疑古无法教，近出汉世；五、疑教在我方，化非华俗；六、疑汉、魏法微，晋代始盛。”这六疑其实都是当时儒道两家攻击佛教的焦点，第二疑就是有名的神灭不灭之争的问题，第五疑就是夷夏之争的问题。从佛教立场看来，这六疑都是异端。作者撰集此书的主要宗旨，就在于排斥这一些异端，为法御侮而达到弘道明教的目的。

此书主要的价值有三点：

第一，此书反映了佛教和儒道思想的斗争。佛教和儒道思想的斗争主要表现在两个问题上：一为夷夏之争，一为神灭与神不灭之争。

关于夷夏问题，远在春秋时代，由于现实的种族斗争的剧烈，反映在当时以华族为中心的士人阶层的思想里，就形成了一种夷夏之分的看法。最主要的代表就是儒家的创始人孔子，从政治统一的观点出发在《春秋》中他主张尊王攘夷；从文教风习的观点出发，在《论语》中他主张用夏变夷。从此，严夷夏之分的思想就成了儒家主要传统思想之一。到汉武帝罢黜百家独尊儒术之后，儒家学说占了统治地位，作为儒家主要思想之一的严夷夏之分的看法，更普及到一般社会人心中。

东晋刘宋之际，道教的势力逐渐确立。严夷夏之分的儒家学说又变成了儒道两家共同反对外来思想佛教的旗帜，特别是道教反对佛教尤为激烈。

刘宋末年，道士顾欢作《夷夏论》，表面上虽然主张孔老释同为圣人，而实际上他却坚执夷夏界限来排斥佛教。本来宗教与学术思想是有国际性的，就不应该说什么夷夏的界限，不过在儒家思想占统治地位的时代里，这种说法是可以根本颠覆佛教的。所以，两家的争辩异常激烈，顾欢的《夷夏论》发表之后，明僧绍就写了《正二教论》来驳斥他，其次谢镇之、朱昭之、朱广之、释慧远、释僧愍也均写了书启或论著加以论驳。成为宋、齐之际思想斗争中的一件大事。

此外还有一件大事，即齐、梁之际神灭与神不灭的论争。神灭思想在两汉本来是与自然科学思想结合的道家反对儒家有神论的鲜明旗帜。到了魏、晋，道家思想一部分变质而为讲究导引炼丹以求长生的神仙派，与佛家的神不灭思想渐趋一致，而原来的道家神灭思想反为儒家所继承而用来作为反对佛教主要旗帜之一（清谈家也利用神灭思想反佛）。

当时的佛教主张众生有神明相续一直至于成佛。如果主张神明不相续，当然就不会有成佛这一回事。这个问题，早在东晋、刘宋之际就已开始争论，到萧齐时代范缜《神灭论》出，佛教与儒道两家的思想斗争就达到了白热化阶段。

范缜是“博通经术尤精三礼”的儒家，而又吸收了道家自然主义的思想。这样他的《神灭论》出，当时就引起竟陵王萧子良聚集众人来和他辩难，萧琛、曹思文、沈约等作文章加以驳斥，但都不能屈服他。梁武帝令臣下答复他的神灭论，当时答复者有六十二人之多。这是齐、梁之际中国思想史上的一件大事。

第二，此书反映了当时人对佛教的理解。佛教是世界上含有丰富哲学思想的一种宗教。它的教义不但广阔而且渊深，部派也多，部派的学术思想也异常复杂。它的全部学说不是一下子传入中国，而是随时间的推移一部分一部分地传来，终至于几乎全部传入中国。当某部分佛教思想传入而得到高僧大德弘扬的时候，传入的这部分思想就对一般佛教徒起了支配的作用。以对神不灭这个问题的看法为例，它不但反映了当时人对佛教的理解，同时它也说明了那种理解和当时传入的佛教思想有怎样的关系。东晋、南朝佛教徒对神不灭的理解，是和当时所传小乘中的犊子部和正量部的有我论有相当关系。

《弘明集》所载第一篇主张神不灭的文章，是宋宗炳的《明佛论》（又名《神不灭论》）。宗炳为庐山慧远的弟子，慧远乃当时内外宗仰的大德，在他的《沙门不敬王者论》五篇中，最后一篇就是《形尽神不灭》。他所谓神指的是精灵（灵魂），和犊子部正量部的胜义补特伽罗并无二致，这也不是偶然的。在《高僧传》卷六《释慧远传》中，曾记载晋太元十六年（391）有一个罽宾沙门叫作僧伽提婆的来到了浔阳，慧远特地请他翻译《阿毗昙心》与《三法度论》，还替他制序弘扬。其中《三法度论》是贤胄部的著述，贤胄部与正量部都同出于犊子（犊子部分为四派，他们是四派中的两派），所以犊子部与正量部的根本思想——有我论就反映在《三法度论》中。而犊子部与正量部的这一思想，又通过《三法度论》而影响于东晋、南朝佛教思想界。不但慧远的《形尽神不灭》的理论应用到它，乃至后来与范缜作斗争的一切神不灭的理论，都无不和它有关。

第三，此书保存着珍贵的文献。《弘明集》的作者百人都是当时的名流。百人中如习凿齿、罗含、孙盛等虽有专集行世，但其余没有专集行世的人不少。这些名流的文章，要不是《弘明集》的编集，可能都没有机会保存下来而早就失传了。

（田光烈）

广弘明集

《广弘明集》，三十卷，唐京兆西明寺释道宣撰。这是继承并扩大梁僧祐《弘明集》而作的书。在《旧唐书·经籍志》里，《广弘明集》虽与《弘明集》同列于丁部集录三类中的总集内，但它的体制和《弘明集》却稍有不同。《弘明集》分卷不分篇，《广弘明集》则除分卷而外，还按照所选文章的性质分为十篇：一、归正，二、辩惑，三、佛德，四、法义，五、僧行，六、慈恻，七、戒功，八、启福，九、悔罪，十、统归。每篇之前各冠以小序。不仅如此，《广弘明集》还用这十种范畴给僧祐《弘明集》所选的文章分类列目，而将它们收在除戒功、悔罪而外的八类中。又《弘明集》皆选辑古今人的文章，作者僧祐自撰的除末尾《弘明论》而外，只第十二卷开头有一篇小序，总计不过两篇。但《广弘明集》则除选辑古今人文章而外，作者道宣自撰的叙述与辩论的文章编入甚多。因此，《弘明集》仅是选辑，而《广弘明集》则叙述辩论与选辑并用。

现在通行的《广弘明集》有两种版本：一为吴刻本［万历十四年（1586）丙戌吴惟明刻本，出于宋、元藏］三十卷；一为嘉兴方册藏本四十卷。

本书各篇内容如次：

《归正篇》第一，从孔、老、释三家的比较上单独推尊佛教，以为只有佛才是归于正觉的，这和以前调和道释的看法不同，自第一卷《列御寇商太宰问孔子圣人》起至第四卷隋释彦琮的《通极论》止，所选文章共十五篇，都不外阐明这个宗旨。

《辩惑篇》第二，一般人的疑惑不外两种：一是不相信佛是圣人，二是不相信佛法是实在。这些疑惑的产生，固然由于未能好好地研究佛理，同时也惑于道家相胜之说，这就须加以辩解。自第五卷魏曹植的《辩道论》起至第十四卷李师政的《内德论》止，所选文章共十九篇，都属此类。

《佛德篇》第三，这里将有关叙述佛的祥瑞与颂扬佛的盛德的文献选辑出来，以启发人们对内教的信仰。自第十五卷晋支遁《释迦文佛像赞》起至第十七卷隋安德王雄百官等《庆舍利感应表并答》止，所选文章共十四篇，都属此范围。

《法义篇》第四，这里辩解真俗二谛等佛教的法义。自第十八卷晋戴安《释疑论》起至第二十二卷太常博士柳宣《与翻经大德等书》并《答》止，所选文章共八十篇大都阐明此义。

《僧行篇》第五，佛法的弘扬，全靠学行高尚的僧友，自第二十三卷东晋丘道护的《道士支昙谛诔》并《序》起至第二十五卷彦琮的《沙门不应拜俗总论》止，所选辑的都是有关高僧大德的行事，共三十六篇。

《慈济篇》第六，释迦施教首重止杀并培养慈心，人都以慈为怀，自可胜残去杀。自第二十六卷沈休文的《究竟慈悲论》起至卷末梁高祖《断酒肉文》止，所选文章共五篇，都阐明此义。

《戒功篇》第七，欲登圣域，必先以戒德约束自己，戒律首重慈悲，一念慈悲即功德无量。自第二十七卷晋庐山释慧远《与隐士刘遗民等书》起至卷末唐终南山释氏的《统略齐文宣净行法门》止，所选文章共九篇，都阐明此义。

《启福篇》第八，佛教以慈济利众修福。自第二十八卷拓跋珪《与朗法师书》起至《唐西明寺钟铭》并《序》止，所选文章共三十八篇，皆阐明此义。

《悔罪篇》第九，诸佛大悲不忍众生因造罪业长沦生死，规定悔罪仪式使得自新。自第二十八卷梁简文帝《谢勅为建涅槃忏启》起至卷末梁、陈两朝皇帝《依经悔过文十首》止。所选文章共十五篇，皆阐明此义。

《统归篇》第十，以上九篇总从各方面护法明教。此篇系就佛法陈词颂德。自第二十九卷梁武帝《净业赋并序》起至三十卷今上《游京师大慈恩寺诗》止，共五十一篇，均此类文献。

此书撰述的主要宗旨，作者道宣在第十《统归篇序》的开头自己就说过，是为了“弘护法纲而开明有识”。这与《弘明集》的主要宗旨在于排斥异端而弘道明教的目的大致相同。

此书所收重要资料，首先是佛道之争，主要的有三次：在北魏时代因太武帝信奉道教并由崔浩的进谗，北方佛教遭受了第一次毁灭性的打击。在北周武帝时代复因黑衣当王的谶记，并经道士张宾、卫元嵩的构陷，北方佛教又遭受了第二次毁灭性的打击，但同时道教亦受到破坏。在唐高祖武德年间有沙门法琳与傅奕之争，这次佛教虽未受严重的打击，但后来韩愈辟佛，武宗毁法，直接间接都与傅奕的议论有关。其次是佛教思想史的问题，主要的有二：一在佛性问题，二为二谛问题。

佛性是《涅槃经》的中心思想，《涅槃》源出《般若》，但《般若经》未明言佛性，所以在两晋、南北朝时期，北方的鸠摩罗什虽宏《般若》而未畅说《涅槃》。门下道生始于佛性问题有大创见，即顿悟渐修说。道生以为佛性就是一切众生的本性，本性真实不虚，凡夫由无明而起乖异，是谓迷惑。以智慧力量除去迷妄，佛性自现，这是一个以不二的智慧冥契不分的真理而豁然贯通的顿悟过程。但觉悟非是自然生起，有赖于教与信修，即渐的功夫。道生的顿悟渐修说，大致如是。谢灵运作《辩宗论》并与法勗等诸家往返答辩，主顿悟信修说，而为道生张目。此外道生尚有阐提成佛说。

道生当时所见《涅槃》经文为法显所得的六卷本，其中本无阐提成佛义。但道生独具只眼，竟说此经传度未尽。他以为佛性为众生本有之性，反本即得。所谓见性成佛者，不过此本性的自然显发而已。阐提既是众生，当然也有佛性，既有佛性，当然也能成佛。道生之说虽受非难，六朝以后却大为盛行。

其次二谛，是《般若》三论学的骨干。当《般若》学流行于晋代，宋、齐间《涅槃》与《成实》并盛，而成实师之说，易与《般若》相乱，它不但于人空外主张法空，并且还大谈二谛与中道。梁代成实师的代表如庄严僧旻、开善智藏、龙支道绰诸家都认为二谛可以相即而与《般若》三论说法抵触，因此，《般若》三论学者，不能不对成实师之说加以批判。从周颙作《三宗论》而攻难之后，双方争论遂络绎不绝。例如，梁武帝注《大品经》，昭明太子谈二谛并与二十二家往返议论，都对《般若》三论的弘扬有很大影响，而此集都保存了这些资料。

此外，此书在北周佛道二教论争中所收的《二教论》《笑道论》，又在初唐佛道论争中所收的《破邪论》《决对废佛法僧事》《辩正论·十喻九箴篇》等，也提供了中古宗教史上好多宝贵的资料。

（田光烈）

集古今佛道论衡

《集古今佛道论衡》四卷，唐代京兆西明寺释道宣撰。此书在《唐书·经籍志》和《新唐书·艺文志》均有记载。但《宋高僧传》卷十四《道宣传》反而漏列。此书系“唐龙朔元年（661）于京师西明寺实录”（据此书卷首序题下注），至麟德元年（664）才最后撰定。丽刻此卷四续附首云“唐麟德元年于京师西明寺撰述”。其后三年，即乾封二年（667），作者去世，因之此书是他晚年的作品。

此书撰集的宗旨，据作者在自序中说，是因为佛教传入中国以来，道教人士时有异议，为了明辨是非，作者才“商榷由来，铨衡叙列”，撰成此书，名之为《佛道论衡》。

据《新唐书·艺文志》所载，道宣著述有二十二种，其中与此书最有关系者为《广弘明集》。《广弘明集》分十篇，第一《归正篇》与第二《辩惑篇》收集历代佛道争论有关的文献。本书第一、二卷所收唐代以前的文章多半是内容相同的。从分量上看，几占本书全书五分之二。其次与此书有关系者，为《续高僧传》。此书部分材料亦有采自《续传》而稍加补充的。

佛法从后汉明帝时传入中国，到唐高宗麟德年间，约六百年，其间佛道争论的事情很多，此书但录其有代表性的事件或言论三十篇（附录未算在内）。第一卷录后汉明帝时事一篇，三国吴主孙权时事一篇，元魏时事一篇，刘宋文帝时事一篇，元魏明帝时事一篇，梁武帝时事一篇，北齐文宣帝时事一篇，共七篇。附录曹植、孙盛等论文三篇。第二卷录北周武帝时事三篇，北周宣帝时事一篇，隋文帝时事二篇，共六篇。第三卷录唐高祖时事三篇，唐太宗时事七篇，共十篇。第四卷录唐高宗时事七篇，附录道士郭行真舍道归佛文十六章。

此书四卷，现存宋、元、明各刻本，一般都以唐高祖、太宗时十事为第三卷，高宗时七事为第四卷，郭行真舍道归佛之文附于末尾。惟北宋初刻本及丽藏初刻本失第三卷，误以第四卷当之，又误以郭行真舍道归佛文十余段补为第四卷。但丽藏再刻本即已改正。

此书所收有关佛道论争的问题，有些是在《弘明集》《广弘明集》中就已提过的，有些是只在此书中才见到。其中重要的如：一、佛道二教的夷夏问题，《牟子理惑论》中早已提到（见《弘明集》卷一），在南北朝时一直是作为道教反对佛教的口实，北周武帝灭佛即以“佛经外国之法，此国不须”为主要理由，虽经慧远抗辩，终无济于事（此本书卷二）。二、佛道二教的真伪问题，道士以华夷不同来攻击佛教，佛徒则以为当时的道士是“黄巾之余”“妄托老君之教”，用以还击道士（此本书卷三）。三、佛道地位先后问题。佛教传入中国之后，关于名位次第的问题就与道教有争执。李唐王朝为了巩固其统治，自称是道教祖师老子李耳之后，在三教名位次第上极力抬高道教。高祖武德八年（625）下诏说：“老教孔教此土元基，释教后兴宜崇客礼，今可老先次孔，末后释宗。”当时胜光寺沙门慧乘与道士李仲卿等在国学中对此问题争辩得很激烈。后来贞观十一年（637）太宗又下诏说：“殊俗之典，郁为众妙之先，诸华之教，翻居一乘之后，流遁忘返，于兹累代。……自今以后，斋供行立，至于称谓，道士、女道士可在僧尼之前，庶敦返本之俗。”沙门智实还因抗命被放还（见此书卷三）。玄奘于入灭前几年为此事表陈高宗。高宗也没有听从他的请求（见《慈恩传》卷九）。但不到五十年，天授二年（691）则天武后便改令：“释教在道法之上，僧尼处道士女冠之前。”（见《旧唐书》卷六）

以上争论的问题，在佛、道两教历来都很重要，至于涉及两教教理的争论，在此书谈到只有两次。一次是贞观二十一年（647）唐太宗诏令玄奘译《老子》为梵文，玄奘与道士蔡晃等辩论道与菩提的异同。玄奘以“末伽”译“道”，而说老子为存身存国之说，与佛教理致不同。又一次是显庆三年（658）高宗召佛、道二宗到宫中详述名理，道士李荣立道生万物义，沙门慧立反驳他以后，标出佛法是以因缘为宗。这两个命题表现出两家不同的论点。

此书保存了许多思想史料，例如第四卷收集了唐初佛、道交涉事件七桩，《广弘明集》中未曾收录，而亦不见于他书。再如玄奘翻译《老子》与道士等论议一事，就较《续高僧传·玄奘传》所载详细，这都是很有价值的记载。不过，此书有些史料如《汉法本内传》等，显系伪造，而道宣未加以鉴别，这未免是缺点。

道宣入灭后约五十年，唐玄宗开元年间，西崇福寺沙门释智昇又撰《续集古今佛道论衡》一卷。它对道宣之作稍加补充，现不赘述。

（田光烈）

辩正论

《辩正论》，八卷，唐沙门法琳著。据贞观十三年（639）法琳自述，他在武德四年（621）仲冬月得到清虚观道士李仲卿所制《十异九迷论》和刘进喜所制《显正论》等，于是作《辩正论》八轴（卷）以破之（彦琮《唐护法沙门法琳别传》卷中）。事实上，法琳这部著作从初稿到完成经过很长的时间，据彦琮著《法琳别传》卷上，法琳因为参考的文籍不足，因循多年没有成书，后来向右仆射蔡国公杜如晦借书参考，重修初稿才算完成。又此书卷四叙法琳参译波颇蜜多罗所译《般若灯论》一事说到贞观六年（632）冬译毕，因此此书的撰写完成至早也要到贞观七年（633）。书成之后，他的弟子颍川陈子良就替它做了略注。

此书内容共分十二篇。一、《三教治道篇》（卷一、二），假设上庠公子和古学通人的问答，辩论儒、道、释三家的优劣，从三教对于社会国家的作用，提出“儒以忠孝，道以道德，释以慈悲为立教之本，而释教的慈悲范围最广”。又仿《汉书·艺文志》的办法，分佛教为九录：（一）真诠，举《华严》《涅槃》《法华》《般若》四经；（二）权旨，举四《阿含》，八部譬喻，本事，本生等经；（三）戒品，举天竺流行的五部律，中国传习的四部律；（四）禅门；（五）咒术；（六）论部，举《发智》《婆沙》《成实》《毗昙》等小乘论，及《中》《百》《十二门》等大乘论；（七）注解，举道生、僧肇的《净名（维摩诘）经注》等；（八）章疏，举道凭，僧敷的《大品注》，觉爱、宝亮的《涅槃疏》等；（九）传记，举慧皎《高僧传》十科等。又对儒家的五常而列举三归、五戒、十善、六斋的功德。

又说《般若经》的护国功德（以上卷一）。其次辩道教所据经典多为三张以下之作。这里又假设刘姓儒生和通人的对辩，以后又与总持开士问答《老子道德经》的义理，剖析其与佛法的异同，并判道教应入儒流。二、《十代奉佛篇》（卷三、四）举晋、宋、齐、梁、陈、元魏、高齐、周、隋、唐十代敬信佛法的帝王、三公、宰辅、通儒等建寺，度僧、译经、得福等故实。这一部分有很大的史料价值。三、《佛道先后篇》（卷五），辩正释迦与老子出世的先后，并证明《老子化胡经》为晋道士王浮依《西域传》制造。四、《释李师资篇》（同卷五），引道经《元皇历》《三洞经》《西升经》《化胡经》《关令传》，证明佛为道师。五、《十喻篇》（卷六），因道士李仲卿所举道与佛的十异，假设开士以十喻解答。其次又别立十喻以答十异，（一）从生有胜劣，（二）立教有浅深，（三）德位有高卑，（四）化缘有广狭，（五）寿夭有延足，（六）化迹有先后，（七）迁谢有显晦，（八）相好有少多，（九）盛仪有同异，（十）法门有顿渐。六、《九箴篇》（同卷六），因道士举信仰佛教者的九迷，即举九箴作答，（一）周世无机，（二）建造像塔，（三）威仪器服，（四）弃耕分卫（乞食），（五）教为治本，（六）忠孝靡违，（七）三宝无翻（翻译），（八）异方同制，（九）老身非佛。七、《气为道本篇》（同卷六），假设考古通人与占衡君子的问答，辩明当时道教的一般信仰。以上七篇，道宣《广弘明集》卷十三全加引录，乃是此书的中心，我们可以从佛道两家的对辩中看出初唐时佛教和道教的宗教信仰的内容，他们所争论的问题虽然从佛教的教理说好像无足轻重，但由当时双方斗争的剧烈情况看来，正是佛教作为宗教而存在，并为了取得社会上的信仰所必须争执的问题（张陵所注《道德经名想尔注》，为现存老子最古的注解，残本已在敦煌发现，缺首章注。此卷内《九箴篇》第四箴引有张陵此章释文，可以补佚）。八、《信毁交报篇》（卷七），据《感应传》《齐竟陵王内传》《晋录》《宣验记》《冥祥记》《灵鬼志》《幽明录》《续搜神记》《建康别记》《崔皓传》《搜神记》《梁后记》《冤魂记》《颜氏家训》《颜氏家语》等书而记其信佛及毁佛的报应故实。九、《品藻众书篇》（同卷七）述开士与野老的问答，野老详举儒家及中国相传的典籍，并指出孝经为首要，开士则举佛教中三藏、三轮之文，四乘、四阶之说，半字、满字之旨，贯华、散华之谈，表明微妙深远。十、《出道伪谬篇》（卷八），共举道教八事：（一）灵文分散，指出道教所说“灵文”八百部曾经分散改易为不合理。（二）灵宝太上随劫生死，指出道教所说“灵宝”“太上”随劫运而同生同灭为不合理。（三）“改佛经为道经”，举道教的《太上仙公请问经》《太上灵宝五练生尸妙经》《本相经》《妙法弥多子经》《智慧思微定志经》《太玄真一本际经》《升玄内教经》《九转仙经》《灵宝经》《仙公请问经》《不积真人行品》《元阳经》《灵宝妙真经》等有佛经文句义理之处，证明道经除五千文外多属依据佛经所造。（四）“佛法四果十地”，说道经采用佛教四果、十地、罗汉、五通、如来等名相及所说九重天、八十一天、六十大梵、九真天王、九气天君、玉清大有等名目。（五）道经未出言出，依宋道士陆修静于泰始七年（471）所上经目，《上清经》有一百八十六卷，只有一百十七卷行世，《洞玄经》三十六卷，只有二十一卷行世，证明唐初玄都观道士所上经目多属陆修静以后伪作。又述张陵、葛玄、鲍静、寇谦之等欺诳事迹以证道经的穿凿之作。（六）道士合气，引道教的《真人内朝律》《真人内礼》《道家内侍律》《诣师家行道律》《道士礼律》等所述男女合气之术认为不正。（七）叙天尊及化迹，说《灵宝智慧定志通微经》《灵宝度命经》所说天尊成道应化的因缘。（八）诸子为道书，检查初唐《玄都观经目》，称道家的传记、附、图、论等，共有六千三百六十三卷。但其中四千三百二十三卷查陆修静上宋文帝的目录都无其目，不过杂集《汉书·艺文志》中诸子的书目加注而成，所以得出陆修静的经目以及《玄都录》都有问题的结论。十一、《历代相承篇》（同卷八）分九段：（一）道家无金刚密迹师子，广引道家经典以证明。此段引《曹氏太一戒经》说道士改金刚为天冈，可知后代所谓天罡神本名天冈。（二）释老形服异，说唐代道士别立“道神老子”之像以与佛像立异为无据。（三）

道家节日，引道家《金录》《玉录》《黄录》等斋仪和《洞神》《自然》等八斋法只有上元节（正月五日）、中元节（七月五日）和下元节（十月五日），证明唐代道士别立七月十五日一节为无据。（四）道家钟幡不同，依佛道两家经典证明打钟悬幢是佛教行法。（五）器名不同，说使用澡罐和咒愿、唱供以及檀越、优婆夷等名目都是出于佛典。（六）不合行城，说行城是佛教行法。（七）依法朝拜，说只有佛教才有僧不拜俗的规矩，道士应当依本师之法朝拜君王。（八）请立经目，请朝廷令大德、名僧、儒生、道士对宰辅朝臣，依据经史刊定是非，定立道经目录，以备慕道之人的修学。（九）玄都东华非观，说太玄是都，东华是宫，称之为观不合适。十二、《归心有地篇》（卷八），引天监三年（504）梁武帝萧衍的舍道敕文等说明佛教是归心之地。卷八末附法琳致尚书右仆射蔡国公杜如晦书，请求供给参考典籍以为重修《辩正论》的依据。

《辩正论》本身虽然对于佛教的教理上没有多大贡献，但是对于尔后佛教的昌盛起了很大的作用。因为贞观十三年（639）九月秦世英控告法琳此论谤毁皇帝的祖宗，太宗震怒，派刑官推问，法琳答辩不屈。太宗又亲自按问，法琳对答有二百多条，终于使太宗悦服。从历史上看，贞观十四年（640）以后唐太宗对于佛教的态度确实有些转变，如迎供杜顺的遗体（贞观十四年十月，640），在弘福寺为母后追福制疏自称菩萨戒弟子并向寺主道懿表白尊崇佛教的心迹（贞观十五年五月，641），遣梁怀璥、李义表、王玄策等通使印度（贞观十五年，641；十七年，643），以极隆重的仪式迎接玄奘法师（贞观十九年，645），并制《三藏圣教序》等（贞观二十二年，648）。以后直到会昌五年（845），“唐朝各代帝王都对于佛教崇敬不衰，国家主持的大规模翻译事业相继不绝，佛教的各宗也相继兴起”，极绚烂之至，法琳的《辩正论》的制作和它所起的影响可以说是开了这一代佛法昌隆的光芒之端。

由于法琳本人博极群书，文词华美，他的这部著作又风行一时，为士林所传诵，因此对于初唐的文风也有很大的影响。又法琳曾参考杜如晦的藏书，因此书中广引历史故实，很多都是现代已佚的史料。此书的史料价值实在可以和《洛阳伽蓝记》等书媲美。关于道教在唐以前的发展情况，此书也提供了很详尽的叙述，佛、道两家宗教信仰的面目也可由此书得到明确的概念。因此，此书可以列为佛教重要的历史性著述之一。

（郭元兴）

佛典音义

佛典音义，是汇集解释佛教经典中难读谁解的字音和字义的著述。它产生的来源有二：首先是为读习佛典的需要。中国译经，始于东汉，历二百余年迄刘宋时，即已卷帙浩繁，义理丰富。其间古代学者对于各别经典多有注释，但对于一切经典文字的读音解义，需有音义专著详加注释，方能使学人从音通义，明白了解经论内容。而音义书的出现，就是适应这种需要的。其次是外受小学家的影响。班固《汉书·艺文志》，列小学凡十家，均属于字书训诂之类。汉、魏以来的小学家，有许多有关字学、训诂、音韵之作，如孔安国、郑玄的《尚书音》，孙炎、郭璞的《尔雅音》，孙登的《道德经音》等。这不能不给佛家著述以相当的影响。刘宋时，慧叡开始以经中诸字与众音异旨为材料，著《十四音训叙》。到了隋唐之际，佛典音义书籍就逐渐多起来了。

佛典音义，与一般书籍的音义一样，有的仅注字音（如道慧《一切经音》，处观《绍兴重雕大藏音》三卷等），有的也兼释字义（如玄应《一切经音义》等）。从内容方面来分，大致有三类：一、音译部分的音义，二、义译部分的音义，三、咒语证音。

音译部分的音义，起源很早。东汉安世高、支娄迦谶、昙果、康孟详诸人翻译佛经时，对音译梵语即加以注释。其后，吴支谦、西晋竺法护、安法钦、法炬，东晋法显，齐昙景，姚秦鸠摩罗什等新译，也有音译注释。在这些音译注释基础之上，乃有《道行品诸经梵音解》《翻梵言》《翻梵语》等书的出现。这些是早期的佛典音义作品，没有音义之名，而且只限于音译部分。其次是义译部分的音义，这在音义书中占的分量较多，因为在翻译佛典的过程中，除了所谓“五不翻”必须用音译而外，其余大部分仍以义译为主。最后是咒语证音，这部分虽不太多，而它的应用价值却很大，可借以研究各时代汉语字音，解决音韵学上的许多问题。

另外，从音义和经典的关系来看，它的内容又可分为三种：一、一经部分的音义，如窥基撰《法华经为为章》等，二、一经全部的音义，如慧苑撰《新译华严经音义》，净昇撰《法华经大成音义》等，三、一切经音义，如玄应撰《一切经音义》，慧琳撰《一切经音义》等。

佛典音义，从体制上看，又可分为三种：一、随函逐经注解的，如可洪撰《新集藏经音义随函录》，云胜撰《大藏经随函索隐》（今佚）等。二、统一众经分韵编类的，如行均撰《龙龛手鉴》等，三、统一众经依文字部首编类的，如处观撰《绍兴重雕大藏音》等。

现存音义书中，以玄应与慧琳二家的著作最为重要。

玄应撰《一切经音义》二十五卷。本名《大唐众经音义》，道宣序及所撰《大唐内典录》卷五，均用此名。其后《开元释教录》卷五著录此书，改名《一切经音义》。其实，此书所注经籍，仅四百四十余种，未尽全藏。此书将藏经中难字录出，为之注音释义，广引群籍，大都凿然有据。但有不足之处，如庄炘谓玄应说字“以异文为正，俗书为古，泥后世之四声，昧汉人之通借，其识仅与孔颖达、颜师古同科”。这些缺点，在其后慧琳书中，始大部分得到纠正。

慧琳撰《一切经音义》一百卷。慧琳为不空三藏的弟子，于显密教及印度声明、中华音韵训诂之学都相当通达。唐德宗贞元四年（788），他年五十二，开始撰《一切经音义》，至唐宪宗元和五年（810），历二十三年撰成，书中所释，悉为《开元释教录》入藏之籍。始于《大般若经》，终于《护命法》，总一千三百部，五千七百余卷。有玄应旧音可用者用旧音，余则自撰。其释音多据《韵英》《考声》《切韵》等书，释义多据《说文》《字林》《玉篇》《字统》《古今正字》《文字典说》《开元文字音义》等书。

其有诸书所不备者，则兼采儒经杂史百家之说。所引书籍，达二百四十余种之多。此书音义精核详审，前后诸家所作均不能出其右。除有助于读经注经之外，凡研究儒经诸史疑义，求之于注疏而不得者，也往往可于此书采获佐证。另外，所引书传皆隋末唐初之本，文字审正，可以校正今本伪脱之失。但此书也间有以古字误为俗字的；有引《说文》窜改本的讹字而未能改正的，但不过是小疵而已。

佛典音义之较早出者有高齐释道慧所撰《一切经音》若干卷，见《开元释教录》卷八（转引自庄炘撰《唐一切经音义序》），但其书不传。此外尚有云公撰《涅槃经音义》一卷。慧苑撰《新译华严经音义》二卷。此外，有窥基撰《法华经音训》一卷，太原处士郭迻撰《新定一切经类音》八卷（见日僧智证《请来录》，今佚），后周雪川西峦行瑫律师撰《大藏经音疏》五百卷（今佚）。后晋汉中沙门可洪撰《新集藏经音义随函录》三十卷（《佛祖统纪》卷四十三称可洪进《大藏音义》四百八十卷，误）。辽希麟撰《续一切经音义》十卷（凡《开元录》以后至《贞元录》之间续翻营论及拾遗律传等书二百二十六卷，本书都续注了音义）。其次，有宋太祖乾德五年（967）释云胜（一作文胜）撰《大藏经随函索隐》六百六十卷（见《佛祖统纪》卷四十三，今佚）。宋仁宗天圣三年（1025）释惟净等撰《新译经音义》七十卷（见《景祐录》卷十五，今佚）。南宋处观撰《绍兴大藏经音》三卷，清净昇撰《法华经大成音义》一卷等。

佛典音义在学术研究上还有几种作用，首先，如玄应《一切经音义》，所引群籍，关于儒经有郑康成《尚书注》《论语注》《三家诗》，贾逵、服虔《夏秋传注》，李巡、孙炎《尔雅注》。字书有《仓颉》《三仓》，卫宏《古文》，葛洪《字苑》《字林》《声类》，服虔《通俗文》《说文音隐》及《汉石经》之属，皆非世所经见。至于慧琳的《一切经音义》，希麟的《续一切经音义》，证引经、史等古籍更多，且大部分均已遗佚，皆可供学者补辑逸书之用。其次，许氏《说文解字》，乃文字体制兼训诂之书，在小学中非常重要。两千年来，展转传抄，其中伪脱、讹音、错字、逸句等不一而足，琳、麟二家音义所引，大都可以补正，足供语文学者研究参考。又密咒一部分，因夙重音读，它的翻译与注音均经严格的选择，而保存字音比较正确；另一方面梵文的音读，虽经过长久时间而变化甚少，故以梵文原音为标准，刊定咒语的音译，对考定译音时代汉字的音读提供了便利。凡此均可供音韵学家研究汉语古音参考之用。

（田光烈）

一切经音义

《一切经音义》一百卷，唐释慧琳撰。慧琳（737—820），唐京师西明寺僧，俗姓裴氏，疏勒国人，幼习儒学，出家后，师事不空三藏，对于印度声明、中国训诂等，都有深入的研究。他认为佛教音义一类的书籍，在以前虽有高齐释道慧撰《一切经音》（若干卷），唐释玄应撰《众经音义》（二十五卷），云公撰《涅槃经音义》（一卷），慧苑撰《新释华严经音义》（二卷），窥基撰《法华经音训》（一卷）等，但有的只限于一经，有的且有讹误。因在各家音义基础之上，他更根据《韵英》《考声》《切韵》等以释音，根据《说文》《字林》《玉篇》《字统》《古今正字》《文字典说》《开元文字音义》等以释义，并兼采一般经史百家学说，以佛意为标准详加考定，撰成《一切经音义》百卷。自唐德宗贞元四年（788）年五十二开始，至唐宪宗元和五年（810）止，中经二十三年方才完成。后十年，即元和十五年（820），年八十四，卒于西明寺。

首先，此书为经典文字音义的注释之作。它将佛典中读音与解义较难的字一一录出，详加音训。并对新旧音译的名词，一一考正梵音。所释以《开元释教录》入藏之籍为主，兼采西明寺所藏经，始于《大般若经》，终于《护命法》，总一千三百部，五千七百余卷（此据景审《一切经音义序》说，实际不足此数），约六十万言，凡玄应、慧苑、云公、基师等旧音可用者则用之，余则自撰。其用旧音之处，也往往加以删补改订（其用云公及基师音义，皆注明删补，又引用《玄应音义》也多所改订，如第九卷《放光般若经》卷一“绪，旧作辞吕反，今改用徐吕反。”“甫，旧作方宇反，今改用肤武反。”“俞，旧无反切，今补庾朱反”等）。本书撰成后，于宣宗大中五年（851）奏请入藏。

后经变乱，本书之存于京师者亡佚。后五代时契丹据燕云十六州时，本书在契丹流行。后周世宗显德二年（955），高丽国派人来吴越求此书不得。至辽圣宗统和五年（987），燕京沙门希麟继玄应书，撰《续一切经音义》十卷（就《开元录》以后至《贞元录》间，续翻经论及拾遗律传等书，约二百二十六卷，为之注音解义）。后来，辽道宗咸雍八年（1072），高丽国于辽得本书。元代至元二十三年（1286）释庆吉祥撰《法宝勘同总录》，著录此书，可见元时此书犹存，其后一度亡失。到光绪初年，我国复从日本得到此书，民国元年（1912）始由上海频伽精舍印行。

此书内容精审，非前后诸家音义所能及。它在学术上的影响，有下列几方面：首先，是对佛教义学的贡献。佛典翻自梵文，无论是意译，还是直译，均难免有所讹略。且笔受者往往“妄益偏旁，率情用字”，而书写者又随便增减点画，不但“真俗并失”，而且“句味兼差”。加以长期间展转传钞，错误更多（如“羯鞞”写作“鹖鸨”，“鞭鞕”写作“鞠鞕”，“扉㽾”写作“蓓蕾”，“娉莇”写作“嬦耡”，“庶几”写作“谯讥”，“狎习”写作“評謵”，“被褡”写作“被阘”等）。使人多有隔膜。慧琳注释佛经，一本汉儒小学家以字音释字义的原则，使人由普通义而明其理。这样，开元入藏的佛经，由于此书之助，大都可以理解。

其次，是在文字学方面的贡献。东汉许慎撰《说文解字》一书，成为训诂学的标准，惟传本不一，经后人刊落，伪误甚多。如用慧琳《音义》对勘，就知后人所刊《说文》中有逸字（如《说文》无“涛”字，而琳《音义》八十三卷，引《说文》云：“涛，潮水涌起也，从水寿声。”脱字（如《说文解字后叙》谓说解凡十三万三千四百四十一字，胡秉虔氏撰《说文管见》谓说解止十二万二千六百九十九字。据此则说解脱漏一万零七百四十二字，而琳《音义》卷二与卷六《大般若经》痌字注引《说文》云：“风病也。”今说文即脱“风”字）、逸句（如此书卷十三与十四《大宝积经》

及《集古今佛道论衡音义》，“桎梏”注引《说文》云：“桎足械也，所以质地也，梏手械也，所以告天也。”今《说文》逸“所以质地也，所以告天也”二句）、删改句（如此书卷九十八《广弘明集音义》，“瑶”注引《说文》云：“石之美者也。”徐《说文》改石为玉）、传写讹误的字句（此书卷八十六与九十六《辩正论》及《广弘明集音义》，甃注引《说文》云：“井甓也。”徐《说文》误作璧），凡此均可以用慧琳《音义》增补订正。可见此书在文字学上的价值。

最后，是在音韵学方面的贡献。《说文解字》一书，素为研究古音者的准则。惟《说文》古音经南唐二徐刊定之后，被窜乱者不少，而慧琳《音义》所引《说文》，则能保存古音，可为研究古韵和音读者之助。唐、宋韵书，多祖陆法言《切韵》一派，《切韵》为六朝旧音，保存于江左；因此唐人称为吴音。另外，还有元廷坚《韵英》及张戬《考声切韵》一派为秦音。慧琳熟悉关中汉语，所以本书独取元廷坚《韵英》一派的秦音（王国维据景审序，谓琳音音切依据元廷坚与张戬书，而此书注中却指明专依廷坚的《韵英》），而不取陆法言一派的吴音，（如此书卷八椓打下注云：“下德耿反，陆法言云：都挺反，吴音，今不取。”如此书卷首音《大唐三藏圣教序》复载二字云：“上敷务反，见《韵英》秦音也；诸字书皆敷救反，吴、楚之音也。”）可见一斑。后世，《切韵》一派的吴音盛行，而《韵英》一派的秦音衰歇，今可藉书上窥往古的关中音系。又此书卷五音玄奘译《大般若经》第四百十五卷，四十三梵字，悉改旧文，谓奘译为边方不正之音，因此摈而不用。这是因为玄奘所学梵文为当时中天竺音系，慧琳所学则为北天竺音系（但慧琳自称为中天音），故有参差，特加改易。（慧琳书对旧翻陀罗尼有梵本可考者，都重新译过，如《大般若经》护法陀罗尼，《十轮经》护国不退转心大陀罗尼，《涅槃经》波旬献佛陀罗尼等。又于《涅槃经》音义附辨悉谈十八章。）这也是对于梵文音韵研究方面可资之处。

此书在国内久已失传，自清光绪初年复得之于日本，即为学术界所重视。一般学人对它的利用：一为辑佚，二为考史。因为此书所用材料，都是隋唐时代通行的古籍，而且征引广博，计经、史、小学书籍共达二百四十余种。其中所收经部如郑玄《周易注》、韩康伯《周易注》等，史部如宋忠《世本》、姚恭《年历帝纪》等，小学部如李斯《苍颉篇》、赵高《爰历篇》《文字典说》《古今正字》等久已亡佚。所以自此书取回后，会稽陶方琦即利用它辑《苍颉篇》以补孙星衍之不足。又续辑《字林》以补任大椿之不足。山阳顾震福利用它辑《苍颉》《三苍》《劝学篇》《文字集略》四十六种，为《小学钩沉续篇》（任大椿辑小学逸书二十四种名曰《小学钩沉》）。此外，如汪黎庆辑《字样》《开元文字音义》《韵诠》《韵英》四种为《小学丛残》，易硕辑《淮南许注钩沉》，十之八均取材于慧琳《音义》，十之一取材于希麟《续音义》，采用他书者不过十之一而已。此书还可用以考史。例如，敦煌发见慧超《往五天竺国传》，首尾残阙，不知何人所作。罗振玉据此书卷一百所标难字，考知为慧超所撰。近人陈援庵考《四库提要》惠敏《高僧传》之伪，利用此书卷八十六考知为慧皎书之前帙，等等皆是。另外，此书还保存了一些佚书目录，如《五天雅言》《七曜天文经》《西域志》《南海志》《崇正录》《释门系录》《利涉论衡》《道氤论衡》《无行书》，稠禅师《宗法义论》等。

此书也有一些粗疏之处，即间有以古字误为俗字的，有引《说文》窜改本的讹字而未能正其误的，也有因失检而自错乱的（如浮字凡五见，卷七浮囊下注浮附五反，玉篇音扶尤反，陆法言音簿谋反，下二反皆吴楚之音，今并不取。然卷三浮囊下注浮，又用符尤反）。但这些只不过是小疵而已。

（田光烈）

经录

经录，即佛教经籍的目录，称众经录、内典录、释教录、法宝录等。经录的起源甚早。自后汉以来佛教传入中国，经典的翻译随之而兴，其后译籍日富，部帙增多，于是弘道之士，为了综理存佚，研核异同，因而有“经录”的创制，并以“别真伪，明是非，记人代之古今，标卷部之多少”，而后纲举目张，使佛教典籍昭昭可考。

历代经录之制作，可依其发展的历史区分为四个时代述之。一是两晋时代。此为经录创始时期。依《历代三宝记》（简称《三宝记》）卷十五，晋代以前已有三部经录：即《古录》一卷，谓“似是秦时释利房等所赍来经目录”；《汉时佛经目录》一卷，谓“似是迦叶摩腾创译《四十二章经》目即撰录”；《旧录》一卷，谓“似是前汉刘向搜集藏书所见经录”。但秦和前汉佛教尚未传来，自然不能有目录出现，迦叶摩腾译经亦有问题，故所传三部目录显然是不足为据的。《三宝记》还载有魏沙门《朱士行汉录》一卷，并且引用三十处，但东晋释道安和梁僧祐的经录中均未引此录，而此录记载又到晋代沙门康道和所译的《益意经》为止；故其书恐系后人所依托，也不足为据。

只有西晋时，译师竺法护撰《众经目录》一卷，纪他自己所撰各经，当是最早的经录，但久已散佚。惟聂道真记竺法护的译经年月很详，或即据此录而来。

其次，聂道真撰《众经目录》一卷，记载汉、魏、晋的译经，则是通录各代，不限一朝，而且注重译出经典的时间，笔受的人和经名异称，这些都影响到后代的经录。东晋成帝时支敏度撰《经论都录》和《别录》各一卷，前者似是总录，后者似是分类目录，但因早佚，它的内容无从知悉。此录就《三宝记》所引用的来看，恐有后人增入的部分。

石赵时有《二赵经录》一卷，但记载不仅有前赵和后赵时代的译经，而且有刘宋时代的译本，或是以二赵的地域为范围的经录。以上各录，受时代和地域的局限，还只是处在草创阶段。

到晋武帝时，道安的《综理众经目录》一卷出现，才为经录的发展奠定下良好的基础。道安自述说："此土众经出不一时，自孝灵光和以来，迄今晋康宁（应是'宁康'之误）二年（374），近二百载。值残出残，遇全出全，非是一人，难卒综理，为之录一卷。"（见《出三藏记集》卷五）它的内容共七部分：一、经论录，二、失译经录，三、凉土失译经录，四、关中失译经录，五、古异经录，六、疑经录，七、注经及杂志经录。这样的分法，是综合了以前经录的优点，而又有所发展，一方面以有译人的按时代排列，使佛学的派别和演变有线索可寻，一方面把失译大的和摘译别出的分开，以便于了解考察。对于疑伪的经严加区别，不使真伪混淆，自撰的著作则附之于末。此外，作者还对古代的译经有些遗失译人的，都"校练古今，精寻文体"，就其译语和译风比较研究，查勘为某人所译，或非某人所译。并对译人的译笔优劣，也有所评定。这些评语是适当中肯的，故梁释慧皎撰《高僧传》，多加以引用。僧祐也说他"诠品译才，标列岁月，妙典可征，实赖伊人"（《出三藏记集》卷二）。他把经录从内容到形式，大大向前推进一步，使经录得到比较完整的定型，作用因而大显。此录重要内容自被《出三藏记集》收入后，终至佚失，只面貌在《出三藏记集》中还可以见到而已。

姚秦时僧叡撰《二秦众经录》一卷，以苻、姚二秦时代译经为主，间及吴和北凉的译经。

其后，晋释道流创撰《魏世经录目》《吴世经录目》《晋世杂录》《河西伪录》四部，未成而卒，他的同学竺道祖继续完成之，共四卷，断代的经录即始于此。

南北朝时期，为经录组织渐备时期；南朝刘宋有不详作者的《众经别录》二卷，为分类体裁，上卷载：一、大乘经录，二、三乘通教录，三、三乘中大乘录；下卷载：四、小乘经录，五、（篇目本阙），六、大小乘不判录，七、疑经录、八、律录，九、数录，十、论录。宋道场寺释慧观立五时教，中有三乘通教，此录以三乘通教为类，当是受慧观的影响。又从此录的分类看，以经律论为类，经中又以大小乘划分，疑经则另作专篇，这比它以前的分类法，要更为通宜。此录又有一特点，即在每经之下，用简明的辞句标明一经的宗旨，并标出文、质等字样，作为对译本的评价，这正是当时人重视译文的反映。此录现有敦煌卷子写本，仅残存上卷一部分。

南齐释王宗撰《众经目录》二卷，通纪各代，分大小乘。

又释道慧撰《宋齐录》一卷，专纪宋、齐译经，尤偏重宋代。

另有不详作者的《始兴录》一卷，始兴即今广东省韶关市，故此录多纪南方所译经论，也名南录。梁代释僧祐撰《出三藏记集》十五卷，其中《铨名录》部分即佛经目录（详见“出三藏记集”条），乃据道安的目录加以增补扩充，其著录方法创例颇多，但需和其他三部分对照参看，才能全面。此录为现存经录中最早的一部。天监十四年（515），梁武帝敕释僧绍撰《华林佛殿目录》四卷，纪录宫廷所藏的佛经。僧绍即据《出三藏记集》目录部分，分为四科，加以增减。因不合梁武帝的意旨，所以十七年（518）又敕释宝唱重撰。“宝唱乃因绍前录，注述合离”《见《续高僧传》卷一本传），“显有无译，证真伪经”（见《三宝记》卷十一）。成书四卷，名《梁代众经目录》，其分类为：一、大乘有译人多卷经，二、大乘无译人多卷经，三、大乘有译人一卷经，四、大乘无译人一卷经，五、小乘有译人多卷经，六、小乘无译人多卷经，七、小乘有译人一卷经，八、小乘无译人一卷经，九、先异译经，十、禅经，十一、戒律，十二、疑经，十三、注经，十四、数论，十五、义记，十六、随事别名，十七、随事共名，十八、譬喻，十九、佛名，二十、神咒。所分甚为详细，把譬喻、佛名、神咒等各自为类，并注意到注经和义记，这更扩大了所录的范围。以有译、无译、一译、异译、多卷、一卷分类，在藏经的整理上，也有一定的便利。

北朝元魏永熙中（532—534）命舍人李廓撰成《魏世众经录目》，它分为：一、《大乘经》，二、《大乘论》，三、《大乘经子注》，四、《大乘未译经论》，五、《小乘经律》，六、《小乘论》，七、《有目未得经》，八、《非真经》，九、《非真论》，十、《全非经愚人妄》作十类。其中，大乘未译经论目录当是指菩提流支所携来的经论梵本而言。而有目未得经目录，以便征求佚亡的典籍，也是很好的体例。至非真经、非真论、全非经愚人妄作目录，则是指的疑伪经而又加以细分。

北齐武平中（570—576）释法上撰《齐世众经目录》，分为：一、《杂藏录》，二、《修多罗录》，三、《毗尼录》，四、《阿毗昙录》，五、《别录》，六、《众经抄录》，七、《集录》，八、《人作录》，以杂藏居首，与修多罗分列，为它录所无，这已启经部再分细类的先声。后面四类也与以后经录以影响。以上各录，大都注意于分类。

隋、唐时代为经录大成时期。隋文帝开皇十四年（594），命释法经等二十大德撰大隋《众经目录》七卷（通称《法经录》），前六卷为别录，后一卷为总录，凡分九录四十二分：一、《大乘修多罗藏录》，二、《小乘修多罗藏录》，三、《大乘毗尼藏录》，四、《小乘毗尼藏录》，五、《大乘阿毗昙藏录》，六、《小乘阿毗昙藏录》（以上六录均各包括众经——译、异译、失译、别生、疑惑、伪妄六分），七、《佛灭度后撰集录》（包括《西域圣贤抄集》《此方诸德抄集》二分），八、佛灭度后传记录（包括《西域圣贤传记》此方诸德抄集二分），九、佛灭度后著述录（包括《西域诸贤著述此方诸德著述》二分）。法经在上表中说："初六录三十六分，略示经律三藏大小之殊，粗显传译是非真伪之别。后之三录集传记注，前三分者并是西域圣贤所撰，以非三藏正经，故为别录。后之三分并是此方名德所修，虽不类西域所制，莫非毗赞正经，发明宗教，光辉前绪，开进后学，故兼载焉。”（见《法经录》卷七）它的分法已撷取前代经录分类之长而加以整齐系统，这是一大进步；但著录译经只记时代，不详年月，不别有佚，排次不依时代，不注引用的出处，都是缺点。智昇也指出它的一些错误（见《开元录》卷十）。开皇十七年（597），费长房撰《历代三宝记》十五卷，凡帝年三卷，代录九卷，入藏目二卷，总目一卷。其中代录为全书的重点，收罗繁富，译人附有小传，在体例上又有所创造。入藏目是据《法经录》增减而成，颇为潦草，但大藏经即从此开始。仁寿二年（602），释彦琮奉命撰《众经目录》五卷，分：一、单本，二、重翻，三、圣贤集传，四、别生，五、疑伪，六、阙本六类。乃以《法经录》为基础加以补充而成。单本、重翻之下分大小乘，下又分经律论；别生也分大小乘，下又分别生、别生抄、别集抄等。分类简明而不如《法经录》的细致，《开元录》卷十曾指责其中错误六处。彦琮又撰有《昆仑经录》五卷，这是大业中隋平林邑所获的佛经，合五百六十四夹，一千三百五十余部，是用多梨树叶昆仑文写的，有命付琮执笔，并使编叙目录，渐次翻译。此录分：一、经，二、律，三、赞，四、论，五、方，六、字，七、杂书七类，是一部专记昆仑文经典的目录。此时，又命释智果于东都内道场撰《诸经目》，分：一、经，二、疑经，三、论，四、戒律，五、记，经、论、戒律中每类又分大乘、小乘、杂经三类，共十一类，与法经、彦琮二录颇相近。

唐代贞观初年，释玄琬撰《众经目录》五卷，乃就彦琮录补入唐代译经而成。麟德元年（664），释道宣撰《大唐内典录》十卷，分为十类：一、《历代众经传译所从录》，按代纪人，即是代录。二、《历代翻本单重人代存亡录》，内分大小乘及西梵圣贤集传，大小乘下又分经、律、论，即单译和重译互勘的目录。三、《历代众经总撮入藏录》，分类与上同，即入藏的目录。四、《历代众经举要转读录》，是为了便于诵读的举要目录。五、《历代众经有目阙本录》，即阙本目录。六、《历代道俗述作注解录》，即中国僧俗所撰有关佛教的注释和著述目录。七、《历代诸经支流陈化录》，即大小乘别生目录。八、《历代所出疑伪经论录》，即疑经和伪经目录。九、《历代众经目录终始序》，即唐以前经录的目录。十、《历代众经应感兴敬录》，所记都是一些关于经的感应事迹，或引自古籍，或出自当代，但与经录则并无关系，反成疣赘。此录大体根据《三宝记》和《法经录》撰成，但是不似《三宝记》中记录的真伪杂糅，也不似《法经录》分类的琐碎，而综合二录的优点于一处，使经录在记录上和形式上更加全面。但也有一些小的缺点，智昇虽曾举出它的九误和八不然，仍称赞它为“类例明审，实有可观”（均见《开元录》卷十）。不失为一部较好的目录。参德年间释静泰撰《大唐东京大敬爱寺一切经论目》五卷，乃据《彦琮录》增补唐代译经而成。释静迈又撰《古今译经图纪》四卷，因大慈恩寺翻经堂中，壁画有古来传译的缁素，于是据《三宝记》撰成此书，从后汉迦叶摩腾起，至唐代玄奘止，按时代先后排比，以译人事迹为主，附列所译各经于传后，可以说是经录的别裁。

武周天册万岁元年（695），释明佳等奉命撰《大周刊定众经目录》十五卷，分为：一、《大乘单译经》，二、《大乘重译经》，三、《大乘律》《大乘论》，四、《小乘单译经》，五、《小乘重译经》，六、《小乘律论贤圣集》，七、《大小乘失译经》，八、《大小乘阙本经》，九、《见定入藏流行目》，十、《伪经》。此录虽名为刊定，但内容杂沓，不少繁秽，所以智昇评它，“当刊定此录时，法匠如林，德重名高，未能亲览；但指扮末学，令辑撰成之，中间乖失，几于太半”（《开元录》卷十）。颇中其弊。

开元十八年（730），释智昇撰《开元释教录》二十卷，分《总括群经录》和《别分乘藏录》二部，前者包括后汉到唐十九代的译人译经。后者包括：一、《有译有本录》，二、《有译无本录》，三、《支派别行录》，四、《删略繁重录》，五、《补阙拾遗录》，六、《疑惑再详录》，七、《伪妄乱真录》。其下都再分子目，末为大小乘入藏录。此录体例完善，条理清晰，而且分类细致，考证精详，勘正前人的误处很多，后来经录很少超出它的范围，为经录中集大成的著作。智昇又有《开元释教录略出》四卷，即《开元录》第十九、二十卷见定流行入藏目，但标明部类，注有千字文次第，是藏经排架的目录。智昇另撰有《续大唐内典录》一卷，仅历代众经传译所从录，续以从麟德元年（664）到开元十八年（730）所译的经典，但现存此书已不是智昇的原本，而是《内典录》的残卷。智昇又撰有《续古今译经图纪》一卷，增补唐代译人自智通到金刚智等人。另有释玄逸撰《开元录·广品历章》三十卷，记历代经典，尤详于唐代，每经的下面具列品，分子目，译经起讫年月、口传、笔受的人，可以和《开元录》相辅而行。稍后，有毋照奉命撰的《开元内外经录》十卷，为释道二教的经目，有序述其大旨。

德宗贞元十年（794）释圆照奉命撰《大唐贞元续开元释教录》三卷，纪录玄宗、肃宗、代宗、德宗四朝的译经，并载有上表、制诏、赐赍、碑文等，保存了当时很多有关佛教的史料。贞元十五年（799），圆照又撰《贞元新定释教目录》三十卷，除把《开元录》全部收入外，增加特旨承恩录于总集群经录之前，另外补充开元十八年（730）以后六十五年间新译入藏的诸经和译人事迹，并据《续开元录》载入奏议、诏谕等文字，体例和《开元录》殊不一致。

南唐释恒安于保大三年（945）撰《续贞元释教录》一卷，又补充新编入藏的唐代译经和著述一百四十部。

宋至清代为经录变化时期。北宋大中祥符六年（1013）赵安仁等奉命撰《大中祥符法宅录》二十二卷，天圣五年释惟净撰《天圣释教录》三卷，景祐三年（1036）吕夷简等奉命撰《景祐新修法宝录》二十一卷，都是变更从前经录体裁，只记录当代的译经，而对于译入、教乘、部别、梵本来历、译场和翻译情况，及表奏、诏谕等记得很详细，给译经史提供了许多宝贵的资料。

元代有《弘法入藏录》，记载当代译经的入藏者。至元二十四年（1287）释庆吉祥等撰《至元法宝勘同总录》十卷，以经、律、论、圣贤传记分类，而大乘经中分显教、密教，则为以前经录所无。每经又以藏文译本对勘其有无，并注出音译梵文名称，为研究西藏佛教的重要著作。明代之后，乃无全经录著作出现。

此外，历代刻藏编目，等于经录中之入藏录，亦可视为经录之类。现存之目，有福州开元寺板《大藏经目录》、平江府碛砂延圣院《新雕经律论等目录》，元代杭州路余杭县白云宗南山大普宁寺《大藏经目录》，明代《大明三藏圣教北藏目录》《大明三藏圣教南藏目录》，清代《大清三藏圣教目录》《嘉兴藏目录》等；又清代有《如来大藏经总目录》《御译大藏经目录》等，则为汉文翻译的藏文本版甘珠尔，满文版甘珠尔的目录。

（苏晋仁）

出三藏记集

《出三藏记集》，十五卷，梁代释僧祐（445—518）撰，是现存最古的三藏目录和译经文献并传记的撰集。后世经录家又简称它为《僧祐录》或《祐录》。

此书在宋、元、明三代各种大藏经刻本中均收入，惟清藏独缺。又明北藏分卷稍异，作十七卷。

中国佛典的翻译，自后汉末安世高、支娄迦谶创始以来，历代译籍积累日多，学者整理著录，因而有佛经目录的编制。最初的完备经录为道安所作的《综理众经目录》（又略称《安录》），同时有《支敏度录》，稍后有《竺道祖录》《众经别录》《王宗录》、道慧《宋齐录》等（这些录早已遗佚）。僧祐于齐、梁间，以定林寺、建初寺造立经藏写一切经的因缘，在《道安录》的基础上，旁考诸目，“订正经译”，撰成《出三藏记集》。它算是现存经录中最古的一种，并还转载道安等录的重要材料而保存了佛家经录的原始面目。

此书编纂的用意，重在对于三藏翻译“沿波讨源”，所以将全集分为四个部分：一、《撰缘记》，二、《诠名录》，三、《总经序》，四、《述列传》。这些如僧祐的自序说：“缘记撰，则原始之本克昭；名录诠，则年代之目不坠；经序总，则胜集之时足征；列传述，则伊人之风可见。”合拢四方面，翻译的原委才说得完全。四部分的内容，大要如次：

一、《撰缘记》，凡一卷。记经典的结集和翻译的来源。首先引《智论》《十诵律》及《菩萨处胎经》文叙述三藏结集的缘起及经过和八藏的名称，其次论胡汉译经音义的同异，最后列举新旧译（以鸠摩罗什翻译的前后区分）重要名相的不同，一共五篇。

二、《诠名录》，凡四卷（自第二卷至第五卷）。这可说是全书的：正宗部分。从汉至梁六代四百多年间，译出和撰集的一切典籍，不管有无译人名氏，一一搜罗归纳为十四录。因对所依据的道安旧录有所增订，一律称为“新集”。内容是（一）《经论录》，（二）《异出经录》，（三）《安公古异经录》，（四）《安公失译经录》，（五）《安公凉土异经录》，（六）《安公关中异经录》，（七）《律分五部记录》，（八）《律分十八部记录》，（九）《律来汉地四部叙录》，（十）《续撰失泽杂经录》，（十一）《抄经录》，（十二）《安公疑经录》，（十三）《疑经伪撰杂录》，（十四）《安公注经及杂经志录》。末附录小乘迷学竺法度造《异仪记》及慧叡造《喻疑》。在十四录中，标题安公的，基本上保存了道安旧录的原样撰述，而加以补订。其余也都是按照《安录》的规模加以扩大。

集中所补订《安录》的七录内容是：（一）《经论录》，以译人年代为次，《安录》自后汉安世高至西晋末法立，共著录十七家（其中误以竺法护和昙摩罗刹为二人，所以实际只十六家），二百四十六部，四百五十九卷。僧祐对于这些译本，都参照其他经录，注出异同并补缺，又标明当时有本或缺本。另外于法立以前补出张骞等七人，法立以后补出卫士度等五十五人，译撰各书连前总共四百五十部，一千八百六十七卷（这和《历代三宝记》及现刊本实际的数目均有出入）。

（二）《古异经录》（《安录》原来编在篇末，今移前）。大都是从大部中单篇译出，没有译者名字，为古代的遗文。共九十二部，九十二卷。僧祐也注出余录异同和存缺。

（三）《失译经录》。一般不详译者姓名的，这一类经《安录》原列有一百三十一种，但经名简略，未列卷数。僧祐均加以整理，注出异名、出据、存缺，并从《安录》注经末移来十一种，十二卷，厘定为一百四十二部，一百四十七卷。

（四）《凉土异经录》。失译经存在于凉土的，共五十九部，七十九卷。

（五）《关中异经录》。失译经存在于关中的，共二十四部，二十四卷。

（六）《疑经录》。鉴定为伪托的经典，共二十六部，三十卷。以上三录，僧祐都加注异同具缺。

（七）《注经录》。道安自己所注释群经的，共二十一种，三十五卷。僧祐又补入杂著经录等五种六卷。

其次，僧祐扩充了《异经录》的编制而续成《异出经（即异译本）录》和《抄经（即别生经）录》，又续撰《失译杂经录》《疑经伪撰杂录》，另外又将列入《经论录》里的律藏译书本源，别为律分五部记等三录。

以上十四录共收经目二千一百六十二部，四千三百二十八卷（据《历代三宝记》卷十五所总计）。这比较《安录》增加了一千五百余部，三千三百余卷。但他所搜罗到的写本和参考的经录侧重南方，因地区的限制而不免有遗漏，这是参考它的记载时应该预先注意到的。

三、《总经序》，共七卷（第六卷至第十二卷），可分两类：前六卷是抄录一些经律论的前序与后记，自《四十二章经序》起至《千佛名号序》止，共一百一十篇，为《序集录》。后一卷录陆澄《法论目录》、竟陵王《法集录》序及僧祐自撰各书目录序，共十篇为《杂录》（十篇中僧祐自撰者占八篇），序文以外备载篇目，现在根据篇目即可略知那些著述的内容。这一种体裁，创见于此书，价值极大，无异是一种佛藏提要，而且保存了许多可贵的资料。近世严可均辑《全南北朝文》，文廷式补《晋书艺文志》“释家类”，均采用本书这一类的材料。

四、《述列传》，叙述历代译家和义解僧人的生平事略共三卷（第十三卷至第十五卷）。亦分两类：前二卷主要著录外国人如安世高等为一类，共二十二人；后一卷中国僧人法祖等为一类共十人（附见者尚有多人）。这是现存最古的僧传，其史料多被宝唱《名僧传》、慧皎《高僧传》所依用。慧皎以后，各代僧传的叙述方法，大致因袭本书，而略变其体例。

此书的优点，除在翻译方面、传记方面保存很多原始史料而外，它还为后来经录的编纂开辟了许多门路，如有名的法经《众经目录》，分一译、异译、失译、别生、疑惑、伪妄等六类，几乎全采本书分类方法。后来，集佛教经录之大成的智昇所撰《开元释教录》，分《有译有本录》《有译无本录》《支派别行录》《删略繁重录》《拾遗补缺录》《疑惑再详录》《伪妄乱真录》等七类，亦皆不出此书的范围。至于作者对于一切经论都曾作过鉴定，甄别它的异同和真伪，判明译者和翻译的地点时间，这些对学术研究的贡献都是很大的。

不过，此书也不是毫无缺点的，如后来《法经录》所指出："大小雷同，三藏杂糅，抄集参正，传记乱经，考始括终，莫能该备。"至于智昇《开元录》说它以法护与昙摩罗刹为两人，新旧译名对照不尽符合等，则不过是小疵而已。

（田光烈）

开元释教录

《开元释教录》，略称《开元录》，二十卷，唐代释智昇撰。智昇生平事迹不甚详明。他精通律学，擅长文史。曾于唐玄宗开元中，住长安西崇福寺。开元十八年（730）撰成了《开元释教录》，此外还撰有《开元释教录略出》四卷（即前录中《有译有本录》的简目）、《续大唐内典录》一卷、《续古今译经图纪》一卷、《续集古今佛道论衡》一卷、《集诸经礼忏仪》二卷。

此录内容分两大部分，一为总录，即总括群经录。二为别录，即分别乘藏录。

一、总录。以译人为主，分十九个朝代出译的经籍记录。第一卷后汉、魏两录，第二卷吴、西晋两录，第三卷东晋、苻秦两录，第四卷姚秦、西秦、前凉、北凉四录，第五卷刘宋录，第六卷齐、梁、元魏、高齐四录，第七卷北周、陈、隋三录，第八、九两卷唐录。每录都先记朝代、都城、帝系、年号、译家（兼及作家）人数，所译（兼及所撰集）的典籍部数卷数，并注明存缺。然后再按译人（及撰人）详细记载所译（和所撰集）的典籍、名题、卷数、译时、译地、笔受润文者、单重译等，及各人小传，一十九代一共有一百七十六人。还列有失译的经，附在每一朝代录之末。

总录末卷即第十卷，载历代佛经目录，分二类：一为古目录，从《古经录》至《众经目录》共二十五家，依《长房》《内典》两录仅列各古录名目。二为新目录，从《众经别录》至《大唐内典录》共十六家，详述内容，重要的还略加批评，指出它的缺点。

二、别录。以经典为主，分七类：（一）《有译有本录》（附失译有本），从卷第十一至卷十三，共三卷。其中包括三录：第一是《菩萨三藏录》，这就是菩萨契经藏（即大乘经藏）、菩萨调伏藏（即大乘律藏）和菩萨对法藏（即大乘论藏）。第二是《声闻三藏录》，这就是声闻契经藏（即小乘经藏）、声闻调伏藏（即小乘律藏）和声闻对法藏（即小乘论藏）。第三是《圣贤传记录》，内包含有赞佛、明法、僧行、护法、外宗五类的撰集，而以梵本翻译的放在前面，中国撰述的放在后面。三大类共计一千一百二十四部，五千零四十八卷。

（二）《有译无本录》（附失译缺本），卷第十四、十五共二卷。这就是大小乘三藏经典及圣贤集传名存本阙的目录，此录的分类法也和前一录相同。合计一千一百四十八部，一千九百八十卷。

（三）《支派别行录》，卷十六，一卷。这是从大部中抄出一向单独流行的大小乘三藏经典及圣贤集传的目录。合计六百八十二部，八百一十二卷。

（四）《删略繁重录》，卷第十七上半卷。这是各经录里同本异名或广中略出误为别种，而实际应该删去的各书目录。共一百四十七部，四百零八卷。分为四类：第一是《新括出别生经》，即从大部译典中抄出而旧录误为独立翻译的。第二是《新括出名异文同经》，即异名同本的经典而旧录误为是别本的。第三是《新括出重上录经》，同一本经而旧录数处重出的，如真谛译《摄论释》十二卷与《摄论》十五卷内容相同而分卷不同，旧录即误为别本等。第四是《新括出合入大部经》，合部和零本重出的，如《合部金光明经》是揉凉、陈、隋三种译本而成的。合部本既已入藏，前三种译本即是重出本。

（五）《补缺拾遗录》，卷第十七下半卷。凡旧录（主要是《大周录》）缺载或新译未及入藏的，今都另为目录（这些书并都编入现定入藏录）。共三百零六部，一千一百一十一卷，按照旧译大乘经律论，小乘经律及贤圣集传；新译大乘经律论，小乘经律及贤圣集传；戒律羯磨；此方撰集传记的次第分别编录。

（六）《疑惑再详录》，卷第十八上半卷。记载真伪可疑尚待考定的经典，共十四部，十九卷。其中如《毗罗三昧经》等八部九卷，旧录本编在伪妄，《大周录》附入正经，今以为有再研究的必要。此外，还有《法社经》等六部十卷皆内容可疑，均须再详。

（七）《伪妄乱真录》，卷第十八下半卷。记录后人随意编造伪撰的经典，共三百九十二部，一千零五十五卷，分为十三类：第一，《开元释教录》新编的伪经，这一类以前诸录均未记载，是智昇新加搜集的。第二，苻秦释《道安录》中的伪经。第三，梁释《僧祐录》中的伪经。第四，萧齐释道备伪撰经。第五，萧齐僧法尼诵出经。第六，元魏孙敬德的梦授经。第七，梁沙门妙光的伪造经。第八，隋《开皇众经录》中的伪经。第九，隋《仁寿众经录》中的伪经。第十，《大唐内典录》中的伪经。第十一，《大周刊定录》中的伪经。第十二，隋沙门信行的《三阶集录》。第十三，各种名滥真经或杂糅异义的伪抄经。

卷十九为大乘经律论入藏录，卷二十为小乘经律论及贤圣集传入藏录，以上入藏的总计一千零七十六部，五千零四十八卷（这和《有译有本录》内容相同，但计部数有异），四百八十帙。

总别二录的内容，大略如上。总录完全依照僧祐的《出三藏记集》、费长房《历代三宝记》的历代录，以及道宣《大唐内典录》的《历代众经传译所从录》，第十卷仿照《内典录》的《历代所出众经录目》而作，并无创例。惟别录中分类最详，创例颇多，为此书的精彩部分。

此录撰述的宗旨，据作者在总序中说，是因为佛法东传以来年代已相当长远［从后汉明帝永平十年（67）到唐玄宗开元十八年（730），凡六百六十四年］，翻译的经典，“屡经散灭，卷轴参差”，更有一些人掺入妄伪，弄得混杂难以考究。从前虽有不少学者，用心整理写成经录，当时所存凡六七家，但还没有穷极根源，因而颇多遗漏。此录就是为了要考校这些异同，指出它们的得失，而使佛典叙次有条不紊。

由于此录在诸家目录的基础上加以补阙订讹，分析整理，使佛教目录学大大地推进了一步，此书的优点也就比较多。其主要的有下面几点：

一、此录大体依照道宣的《大唐内典录》，而对于译撰各书的分类则更加精密。前此诸录只区分大小乘经律论，此录则在大小乘经律论中再加细别。例如，大乘经分单重合译（诸大部中有的单译，有的重译，今以大部统摄散本，故云单重合译）与单译两大类。单重合译中又分《般若》《宝积》《大集》《华严》《涅槃》五大部和部外诸经六类，大乘律自成一类，大乘论分释经与集义两类。小乘经也分单重合译与单译两大类。单重合译中又分根本四阿含——《长》《中》《增一》《杂》及其他诸经五类。小乘律中分正调伏藏与调伏眷属二类，小乘论中分有部《根本身足论》等及余部诸论二类。《圣贤传记录》中分为梵本翻译集传与此方撰述集传二类。

二、对于旧录的纠正考订与整理。特别是对费长房《历代三宝记》滥收各书的删削。这可分两类：（一）将别生经滥收入正经的或记载错误的，一概删去。举其大者，如在安世高译录中删去《八光经》等八十五部，康僧会译录中删去《阿难念弥经》等七部，竺法护译录中删去《宝女问慧经》等二十七部，聂道真译录中删去《菩萨奉施诸塔作愿念经》等二十九部，昙无谶译录中删去《救护身命经》等四十八部，鸠摩罗什译录中删去《十诵律》等三十五部。（二）失译录中“或翻译有源，或别名异号，或大部流出，或疑伪非真”的，一概加以删订。举其大者，如后汉失译录中删去六十六部七十三卷，魏吴失译录中删去二十三部三十卷，西晋失译录中删去五部十二卷，东晋失译录中删去五十一部五十四卷。其次关于考订旧录如《安录》《祐录》《内典录》中误为失译、或不详时代、或译人题误等也很多。

三、历代录与刊定入藏各录、现定入藏录之间，保持密切的联系。

四、总录卷四，于北凉之前，特补前凉一代，不但为前此诸录所未载，而前凉张氏奉晋代正朔，这一史料也赖以保存。

五、总括群经录之末，列举四十余家目录，并择要地加以分析批评，为中国目录学上的重要史料。

六、各书子注详细，间有长达数百字的，俨然成为一种提要形式的述作。

从这些优点看来，此书在现存各种经录中，可算最精之作。《宋僧传》称赞它说“经法之谱无出升之右”，并不过分。不过，它也不是毫无缺点的，如刊定异译、失译等似乎还不彻底，如佛驮跋陀罗的《菩萨本业经》仍曲从《大周录》以为异译，又如失译本《宝积经》《净居天子会》仍曲从《法上录》以为竺法护译等。

（田光烈）

至元法宝勘同总录

《至元法宝勘同总录》，简称《至元录》，十卷，元代释庆吉祥等撰。

至元年间，元世祖“见西僧经教与汉僧经教音韵不同，疑其有异，命两土名德对辩，一一无差。帝曰：‘积年疑滞，今日决开’”（见《佛祖历代通载》卷二十二引《弘教集》）。由此有法宝勘同之举。此事系至元二十二年（1285）开始，即此书叙录所说：“大元世主……谕释教总统合台萨里，召西蕃板底答、帝师拔合思八高弟叶琏国师、湛阳宜思、西天扮底答尾麻啰室利，汉土义学亢理二讲主庆吉祥及畏兀儿斋牙答思，翰林院承旨旦压孙、安藏等，集于大都大兴教寺，各秉方言，精加辩质。自至元二十二年（1285）乙酉春至二十四年（1287）丁亥夏，顶踵三龄，诠雠乃毕。”于是，“复诏讲师科题总目，号列群函，标次藏乘，互明时代，文咏五录（即指引用的唐代《开元释教录》《大唐贞元续开元释教录》、宋代的《大中祥符法宝录》《景祐新修法宝录》、元代的《弘法入藏录》），译综多家”，而成此书。此书的主要内容因系对勘汉文藏经和藏文藏经的异同，所以题名作“勘同总录”。

此书卷首列有庆吉祥为首的编修、执笔、校勘、校证、译语、证义、证明诸人的衔名，共二十九人。庆吉祥等十五人系汉僧（名字下带有吉祥字样，当是受其时藏僧常以吉祥命名的影响）。其中演吉祥本名定演，事迹见赵孟頫所撰的《大元大崇国寺佛性圆融大师演公塔铭》（《松雪斋文集》卷九）。又元廷官吏五人中，迦鲁拿答思和安藏在《新元史》卷一百九十二中有传。

此书分两部分，第一部分总叙，标示此书的缘起和大纲，又分四科：第一是“总标年代，括人法之弘纲”，简单地记录自后汉明帝永平十年（67）到元至元二十二年（1285）二十二个朝代译出三藏的部数和卷数。第二是“别约岁时，分记录之殊异”，列载后汉到元五个阶段中译人和传译经典的数字。第三是“略明乘藏，显古录之梯航”，著录《开元》《贞元》《祥符》《景祐》《弘法》等录所记的经律论部卷数目。第四是“广列名题，彰今目之伦序”，标明此书的分类和部卷数目。第二部分是此书的正文，文前有一段说明：从有翻译以来经律论等的卷目、年代、译人事迹等在《开元》等录中，已有记载，对于这一方面即不再详述，而只按类分载各经。

此书的分类是按契经（经）、调伏（律）、对法（论）三识，每藏又分菩萨和声闻二乘，末尾有圣贤传记录。在菩萨契经识中分显教大乘经和密教大乘经二类。显教大乘经中又分《般若》《宝积》《大集》《华严》《涅槃》诸大乘经六部；密教大乘经中又分秘密陀罗尼和仪轨二部。在菩萨对法识中分大乘释经论和大乘集义论二类。圣贤传记也分梵本翻译集传和东土（指汉地）圣贤集传二类。这种分类法，大致是依据《开元释教录》。例如，关于菩萨契经藏以《般若》部居首，小乘契经藏以《阿含》居首，及圣贤传记所包括的内容等的说明都是照《开元录》原文迻录。只是把密教和显教分列，则是此书所独具。自唐宋以降，密部教典翻译日多，附列在显教经籍中已不易包容，同时，藏传佛教在元代极为朝廷所重视，把密教和显教并列，正反映出密教在当时佛教中的地位。也有可能，显密并列是受藏文藏经目类归类的影响。例如，现存的古录登迦目录，在大乘经、小乘经而外，另列“秘密呾特罗”一大类。后来的藏文经录，一般也是分为经部和续部，因而为《至元录》所采用。兹将此书的分类和经典部、卷数目（依实际数目）表列于第242页。

此书的组成是以《开元录》所载为骨干，再以《贞元》《祥符》《景祐》《弘法》等录所载补充，故引用《开元录》经目所占比重量大，约近四分之一。

- 契经藏（1176部 3656卷）
  - 菩萨契经藏（885部 2945卷）
    - 显教大乘经（535部 2304卷）
      - 般若部 40部·794卷
      - 宝积部 84部·177卷
      - 大集部 27部·156卷
      - 华严部 31部·239卷
      - 涅槃部 6 部·59卷
      - 诸大乘经 347 部·879卷
    - 密教大乘经（350部 641卷）
      - 秘密陀罗 261部·527卷
      - 仪轨 89部·114卷
  - 声闻契经藏 281部·711卷
- 调伏藏（98部 564卷）
  - 菩萨调伏藏 28部·56卷
  - 声闻调伏藏 70部·508卷
- 对法藏（155部 1339卷）
  - 菩萨对法藏（117部631卷）
    - 大乘释经论 21部·157卷
    - 大乘集义论 96部·474卷
  - 声闻对法藏 38部·708卷
- 圣贤传记（214部 1607卷）
  - 梵本翻译集传 95部·231卷
  - 东土圣贤集传 119部·1376卷

此书是以藏文大藏经目录，对勘汉文经藏（见卷首释净伏序），凡是有汉译本同时也有藏译本的，很多将梵文原名用汉文音译注在经名之下，作者在《般若》部的梵名下发凡起例说：“今此总录，于题目内间有一二所以安梵名者，自来三藏但以梵文译为华言，所以不存梵名。间有存者，于五义中亦有具一二义故不翻者也。今因与蕃相对，随彼蕃云有无记录，有者著之，无者仍旧。或有的对，或约蕃义，不可一准也。义学高德善二音者，请勿疑矣。”（卷一）这是因为藏文翻译的经典，卷首大都保留着梵文原名的音译之故。汉文与藏文译本有不同之处，则勘其同异，加以注明。例如，《大般若经》第一会下加注：“此会经与蕃本《十万颂般若》对同。”小注，“此会比西蕃本多‘常啼’、‘嘱累’、‘法涌’三品，其蕃本却在第五会中”。又在同经第五下加注：“此会经与蕃本《八千颂般若》对同。”小注“此会比蕃本少‘常啼’、‘法涌’、‘嘱累’、‘慈氏所问’四品，前三品却在前第一会中，‘慈氏所问品’全阙”（均见卷一）。又如《大集会正法经》下注：“此经与蕃本相对，彼经稍少”（见卷二）。《华手经》

下注："亦名《摄诸善根经》，此名与西蕃本同"（卷三）。这些校勘，对于研究汉藏教典是很好的资料。在校勘过程中，也提出一些问题，如《大方等大集经》下注说："梵文云，此《大集经》一十一分，四十八品，品局当部，分及支派。今勘本经总有八品三分，于三分中曲分二十八品，共成三十六品。云四十八，未详所以。"（卷二）这还有待于后人的研究。至于某些藏文译本有疑问的经，如《仁王护国般若经》（见卷一）、《观虚空藏菩萨经》（见卷二）、《成就妙法莲华经王瑜伽观智仪轨》（卷六），都注明"蕃疑，析辨入藏"等字样。

此书着重在汉藏对勘，著录的典籍方面，唐以前同于《开元》《贞元》二录，宋代同于《祥符》《景祐》二录，所增补的不多。著录辽代、元代的译述，仅只慈贤、思孝、非浊、八思拔、安藏等数人。但是此书所征引的《祥符录》《景祐录》，现只存残本，《弘法入藏录》久已失传，从此书中还可以了解三录的内容。

此书在对勘汉文藏文方面，虽大力进行，但存在一些疏漏的地方。第一，同本异译的经，因为立名不同，有的则注"蕃本有"，有的则注"蕃本缺"，而表现出自相矛盾。如《大宝积经》第十二《菩萨藏会》，注云"与蕃本同"（卷一），《佛说大乘菩萨藏正法经》，虽注明与上经同本，但却说"蕃本缺"（卷四）；又如《大乘日子王所问经》，注明与《优填王经》同本（卷四），《优填王经》，即《大宝积经》第二十九《优陀延王会》，注云"此会与蕃本同"（卷一），而《大乘日子王所问经》却注"蕃本缺"（卷四）。第二，有些同本异译的经，没有勘出，因此在加注藏文本有无上也不一致。有如《如来庄严智慧光明入一切佛境界经》与《度一切诸佛境界智严经》，注云"同本异译，蕃本缺"（卷三），而《大乘入诸佛境界智光明庄严经》则注云"与蕃本同"（卷四），不知此三经原系同本异译。又如《善法方便陀罗尼经》与《金刚秘密善门陀罗尼经》《护命法门神咒经》，注云"同本异译，蕃本缺"（卷五），又如《延寿妙门陀罗尼经》则注云"与蕃本同"（卷六），不知此四经原系同本异译。第三，有的经不是同本，误作同本，如《妙法圣念处经》下注“与《大宝积经》第四十三《普明菩萨会》同本”（卷四），实际是错误的。第四，在对勘藏文本时，常常依据书名判别有无，而实际不然。如《阿毗达摩集论》《杂集论》，皆注“蕃本缺”（卷八），而实际皆有藏文本。又如《观所缘论护法释》，注“蕃本同”（卷九），而实际缺藏文本。这类例子很多。第五，在梵名经题上，也间有错误。如《大宝积经》第二十九《优陀延王会》，梵题作“阿唎亚 乌答亚拿 哇忒萨阿啰扎 拿麻 八哩 哇通怛 八哩巴哩赤”（卷一），后半应作“八哩巴哩赤拿麻巴哩哇哩怛”。《优填王经》与上经同本，梵题作“阿唎亚 乌达牙拿哇忒萨 阿啰扎 拿麻八哩瓦八哩巴哩赤 啰答”（卷一），后半也应作“八哩巴哩赤拿麻八哩瓦啰答”。又如《大方广佛华严经》，梵题作“晡怛 阿瓦怛萨甘 拿麻麻诃布噜亚 摩诃衍那 苏怛啰”（卷二），摩诃下脱val字之音译。另外有的梵题和汉译经名配合错误：如《大宝积经》第十五《文殊师利授记会》，注云“蕃本缺”，然第四十六会《文殊说般若会》的梵题“阿唎亚 曼殊师利 晡怛 乞室怛啰 孤拿 尾喻诃 拿麻 摩诃衍那 苏怛唎”（卷一），正是第十五会的梵名，而不是第四十六会的梵题。又如《般舟三昧经》与《拔陂菩萨经》《大方等大集贤护经》是同本异译，注说“蕃云对同，未见其本”（卷二），所以没有梵名，但是《大方等檀特陀罗尼经》的梵题“阿唎亚 钵拿 帝乌都巴拿晡怛三穆迦 阿瓦思滴怛 三麻帝拿麻 麻诃衍拿苏怛啰”（卷五），就是《般舟三昧经》的梵名，与《大方等檀特陀罗尼经》则毫无关系，都是对勘误解所致。第六，在译人方面，也间有错误，如《文殊师利一百八名梵赞》作施护译，《圣观自在菩萨梵赞》作法贤译（卷十），但在《祥符录》卷七上都作法天译。此外，误题、漏注或重复之处尚多。

汉藏佛典的对勘，本是艰巨的事业，在当时政府的主持下，集合了许多汉藏有名的专家来工作，经过三年的时间，完成了这部巨著，对于佛教经典目录的整理研究，有其一定的作用。此书保存下来的经论梵名译音，可供语言音韵学家作参考，所勘藏文经典的有无，也是研究古代藏族佛教有价值的资料。后世在经典分类上，以密教独立为部，如明寂晓的《释教汇目义门》，智旭的《阅藏知津》，都是受此书的影响。

此书在清代乾隆年间（1736—1795），工布查布著藏文本《汉土佛教史》曾抄译本录为其最后一部分。又1883年日本南条文雄英译《大明三藏圣教目录》，也曾利用此录，注出各书的梵文原名。由此可见此录应用之广。

（苏晋仁）

阅藏知津

《阅藏知津》，四十八卷，明释智旭于崇祯八年至永历八年（1635—1654）编撰。宋、明以来有关藏经提要的著述以此书为比较完备。它编撰的目的在于使阅读藏经的人都能“达其旨归，辨其权实”（见此书自序）。就是提出“品中事理大概，使人自知纲要”，同时也依佛说法的先后次第来分别部类（见此书凡例）。作者因为“历朝所刻藏乘，或随年次编入，或约重单（重译、单译）分类，大小混杂，先后失准”，阅者茫然不知道缓急可否；又因过去的藏经提要一类的书，如宋朝王古的《法宝标目》，“仅顺宋藏次第，略指端倪”，明代蕴空的《汇目义门》，虽然“创依五时教味”来分部，也只“粗陈梗概”，都未能尽善尽美，所以他从三十岁时发心阅藏（明刻南北藏）开始，前后历龙居、九华、霞漳、温陵、幽栖、石城、长水、灵峰八地，花了二十年的时间，随阅随录而编成本书，“俾未阅者知先后所宜，已阅者达权实所摄；义持者可即约以识广，文持者可会广以归约”（见此书序）。

此书的编撰上有三种特点：一、部类的划分。依古来判法，菩萨、声闻两藏中各有经、律、论三藏；又据《出曜经》说，于经律论外加第四杂藏，因此总别为经、律、论、杂四藏（凡“理兼大小，事涉世间，二论既不可收，故应别立杂藏”），并各以大、小乘分，先大后小。本来据五时次第，《华严》之后应列《阿含》；但以小教加于《方等》《般若》之前，甚为不可，所以改为大小各自一类，分别出权实轻重的不同。在大乘经中，又分《华严》《方等》《般若》《法华》《涅槃》五部，此系将《开元释教录》

部目中《宝积》《大集》和《密咒》等合并为《方等》，而别加《法华》在《涅槃》之前，以应五时的次第。又论藏区分释经、宗经、诸论释三类，先叙西土，后叙此土。

此土大乘宗经论中唯收僧肇和慧思、智顗的述作，其余诸师的入杂藏中。杂藏又分西土撰述与此方撰述两类，此方撰述即包括各宗各类不同的体式而名为杂。二、重译的编次。选取翻译比较善巧的一本为主，其余重译的经典就列于其后（这些在总目中都低一字列出，使人易晓），在后面提要中就将它的同异注了出来，使人知道或应并阅或可不阅。三、提要的制作。各书但列其中品名，或各品中事理大概，使阅者知其纲要；只有疏钞、玄文，才略出其释经之法，使知各家制立轨则的不同。又久已流通或卷帙不多的书，所录从略；久不流通卷帙多而人罕阅的所录稍详，使人染一指而知全鼎之味（见此书《凡例》）。

此书这样分部编列，是对全藏有重新编目的用意。因宋元以来刊刻全藏都是以《开元释教录》入藏的各书为基本，再把续收入藏的书汇列于后，并未编次。明代南、北藏虽略有改动，不依《开元释教录》先大乘经律论，次小乘经律论的次第，但也是依《至元录》粗分经律论三藏，先大后小，分别将续收入藏的附加于后。此书作者加以全盘整理，重新组织，虽然有些也未尽恰当（如有些重译未经勘出或部类隶属不适合等），但编者的锐意改革之功是值得尊重的。

此书内容分两大部分：前四卷为总目，后四十四卷为各书提要。

总目所收典籍共一千七百七十三部，在经、律、论、杂四藏中。一、经藏的大乘经九百七十六部（其中《华严》二十九部，《方等》显密合有七百八十八部，《般若》二十八部，《法华》十五部，《涅槃》十六部）。小乘经二百一十一部，大小乘经共为一千一百八十七部。二、律藏的大乘律三十部，小乘律六十一部，另附疑似杂伪律一部，共为九十二部。三、论藏，大乘论的释经论七十一部（西方三十三部，此土三十八部），宗经论一百一十八部（西方一百零四部，此土十四部），诸论释三十二部（西方十一部，此土二十一部)。小乘论四十七部，大小乘论共为二百六十八部。四、杂藏的西方撰述四十八部，附外道论两部、疑伪经一部，共为五十一部。此方撰述，计忏仪十部、净土四部、台宗十五部、禅宗二十二部、贤首宗十部、慈恩宗三部、密宗三部、律宗五部、纂集十二部、传记十二部、护教十六部、音义三部、目录十二部、序赞诗歌三部，连同应收入藏的四十六部，共为一百七十六部。此目所收各书均出于明刻南、北藏，两藏编次不同，函号各异，所以总目在每书下部分别注了出来。

此书提要部分即依总目次第，于每一部类的开端有一简短的总述，说明该部的性质或分部的缘由，如在“方等部”首说：“始从《华严》终《大涅槃》，一切菩萨法藏皆称《方等》经典；今更就大乘中别取独被大机者名‘华严部’，融通空有者名‘般若部’，开权显实者名‘法华部’，垂灭谈常者名‘涅槃部’其余若显若密，或对小明大，或泛明诸佛菩萨因、果、事、理、行、位、智、断，皆此‘方等部’收。”(见此书卷二)又于每一种书，先注明卷数，再南、北藏函号和译著的人，再撮要说明内容，列其品题并品中事理大概，如《大般若》《宝积》《大集》《阿含》等经，均颇详尽；特别是《大般若经》的撮要从卷十六至卷二十三，竟占七卷之多。此外，还有些书附加有作者的按语的，约分五类：一、说明重译的巧拙和异同的，如对唐提云般若译的《华严经不思议佛境界分》说“与前经同本异译，文颇艰涩”(见卷一)；对宋法贤译的《无量寿庄严经》说“法贤本中有慈氏问答尤妙，但止三十六愿”(卷三)；对唐实叉难陀译的《入楞严经》说“文笔顺畅，……多初品及后二品”(卷六)等是。二、指出宜于流通的，如对唐般若译的《普贤行愿品》说“最宜总流通”，又对提云般若译的《华严经·修慈分》说“宜急流通”(均见卷一)等是。三、指明与疏钞的关系的，如对《观无量寿佛经》说“天台智者大师有《疏》，四明法智尊者有《妙宗钞》，深得经髓，宜精究之”(卷三)；对《金光明经》说“智者依此译说《玄义》及《文句》”(卷六)等是。四、说明疏钞制作轨则的，如对《观无量寿佛经疏妙宗钞》说“体、宗、力、用，义并从圆，判教属顿”（卷三十九）；对《观音玄义》说“以灵智合法身为体，感应为宗，慈悲利物为用，流通醍醐味为教相”（卷三十六）等是。五、予以批判的，如说唐宗密的《禅源诸诠集序》是“未究七种二谛，五种三谛之旨”（卷四十二）；说元德辉重编的《百丈清规》是“不唯非佛世芳规，亦且非古百丈风格”（卷四十三）等是。

此书的刻本共有三种：一、清康熙三年（1664）夏之鼎刻，有夏作的“缘起”。二、康熙四十八年（1709）朱岸登刻，有德成的“跋”说智旭著述中此书流行最广。三、光绪十八年（1892）金陵刻经处刻，补订了末卷最后四十八种的撰述人名。此外，在日本有天明二年（1782）刻版二十卷本，还有四卷的总目本单行。

此书对于后来大藏经类的编辑发生了相当的影响，如日本弘教书院排印《缩刷大藏经》即采取它的组织形式；中国杨仁山居士手订《大藏辑要目录》以及上海排印《频伽藏》也都依照了它的分类法。

（李安）

中国佛教教理

二执

二执，即我执和法执，又称人法二执，或生法二执。这是两种错误的执见。执有常一自我的实体，叫作我执。执诸法皆有实体，叫作法执。

我执在小乘部派佛教里有各种说法。有部设人我、法我二我，否定作为个体生命的我（人我），但认为有构成存在要素的实体的我（法我）。犊子部、正最部等认为有一种非即非离蕴的我，这种我既非带有五蕴假合而成的个体（蕴），也非五蕴以外称为我的我（离蕴），而是同五蕴非即非离的我。经量部又有胜义补特伽罗之说。《成唯识论》卷一把佛教以外及部派佛教里的各种我的说法分成三类：蕴我（世间一般说法）、离蕴我（数论、胜论、经量部等）和非即非离蕴我（犊子部、正量部等），并一一予以破斥。

大乘佛教不仅否定人我，而且也否定法我。五蕴诸法，但有假名，如幻虚假，无有定实，说人法二无我，一切皆无自性空。《成唯识论》把我执和法执各分为俱生起和分别起两种。俱生起，指无始以来熏习于虚妄分别，由此为内因，出生后存于六、七二识，起任运妄执。第七识的妄执相续不断，第六识的妄执时有间断。分别起，指由非理学说和见解而起的妄执，存于第六识的妄分别。

《成唯识论》卷五："补特伽罗我见起位，彼法我见必现前。我执必依法执。"又《成唯识论·掌中枢要》："有法不带人，人用必带体。人执定有法。"即法执迷于诸法的体，我执迷于诸法的用。

因为同一烦恼有我执和法执两个方面，所以分别立为烦恼障和所知障，即迷于诸法的体者谓所知障，迷于诸法的用者谓烦恼障。比如，有情皆为五蕴假合，如果对之而起贪爱，这就是对五蕴如幻虚假不能通达。由此不能通达便对五蕴假合的有情，和对起贪爱产生惑障，前者是迷于法体的法执，即所知障；后者是迷于法的用的我执，即烦恼障。如果悟觉五蕴之体如幻虚假，那么对这假合的有情也就不会起贪爱了。因此说，我执依法执而起，烦恼障依所知障而起。

（姚长寿）

三藏

经律论三藏是佛典的总称，佛陀一生所说的教法，后来弟子分类结集为三大部类，故称三藏。精通三藏的僧人称三藏法师。经藏，梵语音译修多罗或素怛缆藏；律藏，梵语音译毗尼或毗奈耶律；论藏，梵语音译阿毗昙、毗昙或阿毗达摩藏。此即通称经律论三藏。经有綖贯佛法，令不散失之义，藏有包含蕴积之义。类集一切经部名经藏。律有灭诸过非，如世间法律，断决轻重之罪；止恶修善，调伏诸根，令其如法如律之义，类集佛为弟子所制的戒律名为律藏。论即决择辨论一切法义，以无漏圣道智慧对观四谛诸法之理，即名对法，类集一切对法名为论藏。三藏与三学相配，即经藏为定学，律藏为戒学，论藏为慧学。

结集三藏是为佛法久住，令后世众生有法为所依，是佛徒的头等大事，如《长阿含经》的《众集经》中，舍利弗就召集僧众，提出“我等今者宜集法律，以防诤讼，使梵行久立”，所以对“如来所说正法，当共撰集”。并从一法集至十法，受到佛陀的称赞。佛灭度后，由大迦叶选五百学德兼高的上座比丘僧，在王舍城结集经律论三藏，此是第一次结集，又称五百结集。依《大智度论》卷二则有“大迦叶选得千人”，“从转法轮经至大般涅槃，集作《四阿含》：《增一阿含》《中阿含》《长阿含》《相应阿含》，是名修妬路藏”，集“八十部作毗尼藏”，集阿毗昙藏，大众定为佛说。这是特指小乘三藏，总称声闻藏。亦说在大迦叶结集三藏不远处的界外，别有结集三藏及杂藏、禁咒藏为五藏，此称大众部结集。

由于众生有上下钝利之根的不同，因此佛说大小乘之法义，如是则有大乘三藏和小乘三藏之别，称声闻藏和菩萨藏。《大智度论》卷一百：“摩诃衍经，佛灭度后，文殊尸利弥勒诸大菩萨将阿难集是摩诃衍”，“名大修多罗”，“以经大事异故别说，是故不在（小乘）三藏之中”。意指大乘律经和阿毗达摩经都归摩诃衍藏所摄。大乘三藏究有多少，如何分类，尚无明文，只在《大智度论》卷一百中说“摩诃衍甚多无量无限”，“无量无边”，阐述大乘能包括小乘之义。亦有说菩萨藏、缘觉藏、声闻藏为三藏。

中国汉地所译的大小乘经律论三藏，在《开元录》中则有详细分类。《般若》《宝积》《大集》《华严》《涅槃》五大部，及诸大乘经，编入大乘经藏；《菩萨地持经》《梵网经》等律经，编为大乘律藏；《大智度论》等，编为大乘论藏。以《四阿含》等为小乘经藏；以《僧祇律》等为小乘律藏；以《六足》等为小乘论藏。论藏除舍利弗的《品类足论》、目犍连的《法蕴足论》和迦旃延的《施设足论》是佛在世的论著而外（佛经中的阿毗达摩大乘经未见有译），其余所译的大小乘论都是佛灭度后弟子所著，亦分别编入大小乘论藏。

（任杰）

三科

三科是指五蕴十二处十八界，这是佛教中对于宇宙万有的广略不同的三种分类，其中最略的是蕴，最广的是界，酌中的是处。佛说一切法本来有有为、无为，有漏、无漏，世间、出世间等分别，就一切法加以深入的分析和归纳便组织成了蕴、处、界三科。因此，三科可以说是能总摄一切法。

蕴、界、处的名称，在唐以前的旧译中也有作阴持入或阴界入的。唐代窥基法师曾对这些译名加以抉择。他认为把梵语的塞建陀译成“阴”字（取荫覆义）是不对的，因为“荫”字梵语应作钵罗娑陀。又有把它译成“众”字的，也不对，“众”字梵语应作僧伽。“处”字旧译作“入”也不对，“入”字梵语是钵罗吠舍。至于旧译也有把界译作“持”字的也不妥当，那只是偏据原文的一义，不能尽其理致。三科的译名经过这样的抉择取舍改用蕴处界以后，就为佛教的著述通用迄今，而旧译名只三论天台各家尚还沿用。

蕴的意义，《俱舍论》以“聚”义来解释。该论说，一切有为法和合聚义就是蕴义，如契经上说，把所有的一切色法，包括过去、未来、现在，内、外，粗、细，劣、胜，远、近等，总为一聚叫作色蕴。该论文举异释说，能荷负重担义是蕴义，因为梵语塞建陀也有肩的意义，肩能荷负为物所聚，所以也可以做蕴的引申义。又蕴也可以取分段义，如该论所说。大乘的《辨中边论》也以三义释蕴即非一义，总略义和分段义。这里，非一义和《俱舍论》的和合聚义相当，总略义和《俱舍论》的肩义（荷负重担，为物所聚）

相当，分段义和《俱舍论》所举的第三义名义相同。

处义，《俱舍论》解释为心心所法的生长门，以能生长心心所法所以叫作处。《辨中边论》也以出生六识之门处来解释处义。

界义，《俱舍论》以法种族义来解释，这是说，一有情身或一相续共有十八类诸法种族，叫作十八界。《辨中边论》则以种子义为界义。《俱舍》以种族义释界，大乘以种子义释界，意义微有不同，但《俱舍》说种族是生本义，则也隐含大乘的种子义了。

蕴、处、界的名数，自从一开始建立就是相当固定的，这就是通常所说的五蕴、十二处、十八界。五蕴是色蕴、受蕴、想蕴、行蕴和识蕴。十二处是眼处、色处、耳处、声处、鼻处、香处、舌处、味处、身处、触处、意处和法处。十八界是眼界、色界、眼识界、耳界、声界、耳识界、鼻界、香界、鼻识界、舌界、味界、舌识界、身界、触界、身识界、意界、法界和意识界。关于蕴、处、界的体性，五蕴因为以积聚为性，所以唯是有为，如《俱舍论》说，"蕴不摄无为，义不相应故"。在三性中，五蕴不是遍计所执而属于依他起性，因为是谈有法故；又因五蕴也通无漏故，所以也是圆成实。在五法中，五蕴属于前四（即相、名、分别、正智），除如如。至于十二处十八界则通以有为无为为体，总摄五法。在三性中，属于依他、圆成二性，除遍计所执性。

蕴处界的假实分别（五蕴中的色蕴包括四大种和四大种所造），依《俱舍》和《杂集》，色蕴的详细内容如下表：

- 色蕴
  - 四大种
    - 地大
    - 水大
    - 火大
    - 风大
  - 大种所造
    - 五根——眼根，耳根，鼻根，舌根，身根
    - 五境——色，声，香，味，所触一分
    - 法处所摄色
      - 极略色（极微色）
      - 极迥色（离余碍触色）
      - 受所引色（无表色）
      - 遍计所引色（影像色）
      - 定自在所生色（解脱静虑所行境色）

总的说来，色蕴通于假实。这里面，大种唯实，造色通假。造色中，五根是实，五境（亦称尘）通假。五境中，色又有青、黄、赤、白、长、短、方、圆、粗、细、高、下、正、不正、光、影、明、暗、云、烟、尘、雾等分别，其中青黄赤白四者是实，其余是假。声香味三者也通假实。如香也有好香、恶香、平等香、和合香、俱生香、变异香等，前三种据性是假，论体是实，和合香一种是假，俱生香、变异香二种是实。味尘（境）据性是假，论体是实。触尘通于假实，其中能造触是实，余总是假。法处所摄色有五（见上表），其中前四唯假，定自在所，生色是实。

其次，受蕴有六受身，包括眼触所生受、耳触所生受、鼻触所生受、舌触所生受、身触所生受和意触所生受。这六受身又各有乐，苦，不苦不乐等分别，总的说来，都属实法。想蕴有六想身，包括眼触所生想、耳触所生想、鼻触所生想、舌触所生想、身触所生想和意触所生想。由有想的作用就能了解有相、无相、大、小、无量、无少所有无所有处。总的说来，想蕴也属实法。

- 行蕴
  - 六思身——眼触所生思、耳触所生思、鼻触所生思、舌触所生思、身触所生思、意触所生思
  - 心所法
    - 遍行——触、作意、思（见上）除受想
    - 别境——欲、胜解、念、三摩地、慧
    - 善——信、惭、愧，无贪、无嗔，无痴，轻安，不放逸，舍，不害
    - 烦恼——贪、嗔，慢，无明、疑，萨迦耶见，边执见，见取，戒禁取，邪见（百法合后五为恶见）
    - 随烦恼—忿、恨，覆，恼、嫉、悭，诳，谄，憍，害，无惭，无愧，惛沉，悼举，不信，懈怠，放逸，妄念，不正知，散乱
    - 不定——睡眠，恶作（悔），寻，伺
  - 心不相应行——得；无想定，灭尽定，无想异熟；命根，众同分；生，老，住，无常；名身，句身，文身；异生性；流转，定异，相应，势速，次第，时，方，数，和合、不和合等

行蕴中各法通假或实，随应分别，广如《俱舍》及《杂集》所说。识蕴的内容，大小乘中各不相同。因为在小乘中没有建立第八阿赖耶识，所以只以六识身为识蕴。大乘中则举心意识的分别，以阿赖耶识为心，末那为意，六识身为识，合为识蕴。诸识都认为是实法。

十二处的内容名目如上所举。其中前十处和色蕴里的大种所造色的五根五境诸色法相同。识蕴即意处。除五根五境外其余无表色，受蕴，想蕴，行蕴，另外加上无为法，总名法处。因为法处可摄无为法，这就是蕴唯有为而处通有无为的原因。这里，五根处是实，五尘（境）通假，意处唯实，法处中二十四不相应行及寻伺是假，无为法是实，其余随应分别。

十八界中，眼界，色界、耳界、声界、鼻界、香界、舌界、味界、身界、触界和色蕴中的五根五境（尘）相同，也就是十二处中的前十处。眼识界、耳识界、鼻识界、舌识界、身识界、意识界和意界摄属五蕴中的识蕴或十二处中的意处，法界的内容和十二处的法处相当。各界的假实分别同十二处说。

蕴、界、处的相摄，总的说来，色蕴摄十二处中的十处或十八界中的十界。色蕴中的一分和受想行三蕴以及五蕴所不摄的无为法摄于十二处中的法处或十八界中的法界。识蕴摄十二处中的意处或十八界中的七界（六识界和意界）。蕴界处和百法相摄已散见上文，总之，五蕴中的色蕴摄十一种色法，受蕴摄遍行中受数，想蕴摄遍行中想数，行蕴摄相应心所四十九法和摄不相应行二十四法，共七十三法，识蕴唯摄八种心法。因此，五蕴只摄百法中的九十四法，六无为法不在内。十二处中内五处和外五处摄十种色法，意处摄八识，法处摄四类法，一是色法中五种法处所摄色，二是五十一种相应心所法，三是二十四不相应行法，四是六种无为法，共八十六法。至于十八界，只不过是把十二处中的意处立为意界外别开眼、耳、鼻、舌、身、意等六识界，所以和百法的相摄与十二处同。

三科的废立，依大小乘论典所述，有好几种原因，众生迷执有一个实我，佛为破众生的人我执所以分别说蕴处界。为破一性我执，说积聚性的五蕴法；为破受者我执，说以生长出生为义的十二处，为破作者我执，说以种族为义的十八界。《俱舍论》中关于三科分别对治的解释，认为有的迷心总执为我，就以五蕴来对治，因为五蕴中一个蕴摄色法（色蕴），三个蕴摄心所（受想行三蕴），一个蕴摄心王（识蕴），心色平行，不能偏执。有的迷色执以为我，就以十二处来对治，十二处中有二处非色法，但包含广大的内容。有的迷色心总执为我，就以十八界来对治，十八界中有十界属色，七界属心，一界包括色心两法，这是因为有情愚于色心轻重不同，所以应机别说。另外有情根器也有利根，中根，钝根的分别，有情意乐也有乐略、乐中和乐广文的差异，根据根器和意乐的次第，世尊分别为说蕴处界的三科。

佛法以破我为宗，因此蕴处界三科的法义建立，分别就在小乘经论中居基本的地位，以至大乘的对法论典，三科的抉择仍然是知法知义的基本的和中心的问题。这种情况，可以从法胜的《阿毗昙心论》，法救的《杂心论》，有部的《发智论》《六足论》和《大毗婆沙论》，世亲的《俱舍论》，无著的《大乘阿毗达摩集论》和安慧糅释的《杂集论》等的内容组织看出来。至于三科内所摄法数，大小乘中有好几种说法，如《成实论》举六十九法，《俱舍论》举五位七十五法，南传上座部举八十三法，大乘《瑜伽师地论》和《杂集论》所举也互有增减，最后世亲菩萨概括为五位百法。

三科的法义，很早就由汉桓帝（147—167）初年来华的安世高传译过来。因为他是一个精于毗昙的学者，所以译本有单行的《阴持入经》，这可算是介绍三科学说之始。他并译有《阿毗昙五法行经》，就是世友《品类足论》的初品。也和三科说有关。从此以后，三科学说的介绍可说和毗昙的传译相终始。举其要者，如411年鸠摩罗什译出《成实论》，563年真谛译出《俱舍论》，都曾衍为学系，在三科方面做过详细的分析和研究。隋代慧远撰《大乘义章》曾就蕴处界各立专章加以综述。到唐代玄奘法师重翻《俱舍》《发智》，创译大乘毗昙，十余年间翻译大小对法论典四百七十余卷，三科法义可以说是大备了。他的弟子们对于新翻的《俱舍》《杂集》各有疏记。窥基法师且撰有《大乘法苑义林》，专章抉择三科要义。但以后因为毗昙之学少有致意研究的人，所以三科之说也就不受重视了。

（郭元兴）

三惑

三惑是天台宗所说的三种障惑。天台宗人把一切迷事、迷理的妄惑归纳作三类：一、见思惑，二、尘沙惑，三、无明惑，总称“三惑”。

第一，见思惑，是把小乘教中所说见、思二惑合而为一而立此名。见惑是见道位上所断的惑，是属于知识的错误见解，即意根对于法境，由不合理的推度分别而起各种邪谬的见解。如于名色、五阴、十二入、十八界妄计为我的身见，及于身见上计我为断为常的边见，乃至邪见、见取见、戒禁取见等五利使，又贪、嗔、痴、慢、疑等五钝使，都称为见惑。见惑总有八十八使，欲界苦谛，具足利钝十使；集、灭二谛，除身见、边见、戒禁取见，各有七使；道谛，除身见、边见，有八使；四谛下合为三十二使。色无色二界，只在每谛下除嗔使，其余都和欲界相同，所以二界各有二十八使，合为五十六使。三界相加成八十八使。思惑是思维道（修道）位上所断的惑，是属于情意的颠倒执着，即眼、耳、鼻、舌、身五根对于色、声、香、味、触五境，贪爱染着，倒想邪求。例如，于一切顺适心情的境界所起的贪欲及于一切违反心情的境界所起的嗔恚，乃至痴、慢等，都称为思惑，又州作修惑。思惑总有八十一品。三界合为九地，地地各有九品（上上、上中、上下，中上、中中、中下，下上、下中、下下）贪、嗔、痴慢（上八地无嗔），合称八十一品。这个见思二惑都是对于三界内的事理迷惑不了，因而招致三界的生死，所以称为界内惑。又因障于空理，是声闻、缘觉、菩萨三乘所通共应该断的，所以又称为通惑，而断除这两惑的方法，是用空观，因此把这两惑合称为见思惑。

第二，尘沙惑，是执着于空，迷于界内外尘沙数法，障出假利生。此惑通界内外。界内通二乘有，以见思为体。界外只限于菩萨所断，所以又叫别惑。

第三，无明惑，是一切生死烦恼的根本。昏迷痴暗，障蔽中道实相理，于诸法事理无所明了，所以称为无明。在见思惑中的无明是障蔽空理的惑，是枝末无明；此惑是障蔽中道理的惑，是根本无明，能招致三界外的变易生死，所以称为界外惑。此惑也只限于菩萨所断，也称为别惑。

在四教中，藏、通二教以见惑为理惑，以思惑为事惑，即见惑为迷于无常无我等四谛真理的惑，思惑为迷于色、声等世法事相的惑。别、圆二教以根本无明为理惑，以尘沙及见思为事惑，即根本无明惑为覆蔽中道理的惑，尘沙惑障碍化导，为覆蔽俗谛法的惑。见思惑障碍空寂，为覆蔽真谛法的惑。

三惑是和三谛不相应的，即不明了空谛理起见思惑，不明了假谛理起尘沙惑，不明了中谛理起无明惑。所以明了三谛理，断三惑，即证三智，成三德。但是三谛是实相的三方面，空、假、中，都是一实相的全体。空显破情之德，假显立法之德，中显绝待之德。所以说空，假、中就在其中，非是和假、中相对之空，而是和假、中相即之空，于是一空一切空；说假、说中，同样一假一切假，一中一切中；这就是三谛圆融。三谛圆融，所以证一谛即证三谛。三智是一切智、道种智、一切种智；一切智是于色心依正一切诸法通达毕竟空寂之理，即空谛智；道种智是了知一切种种差别的道法，即假谛智；一切种智是于一切诸法上通达本有性德之体，即中谛智。在四教的别教中，三惑其体各别，因而次第断除，三智也次第发得。就中先修空观，破见思惑，得一切智，证真谛理。次修假观，破尘沙惑，得道种智，了知假谛恒沙法门。后修中观，破无明惑，得一切种智，证中道法身。这样，由隔历的次第三观断三惑、得三智。然而在圆教就不这样，三谛既然圆融，而能障蔽它的三惑也就同体，即就迷于绝对理的一惑，把它的粗分叫作见思，细分叫作尘沙，极细分叫作无明。一惑即三惑，所以起一惑即障蔽三谛，粗分的见思障蔽空谛，细分的尘沙障蔽假谛，极细分的无明障蔽中谛，其实，却是一心三惑，又称为同体三惑。断一惑即断三惑，得一智即得三智，这称为“三惑顿断”，“三智一心中得”。但就断惑的渐次上，先在十信位断见思和尘沙，其中初信断三界的见惑，次六信断三界的思惑，后三信断界内外的尘沙惑。从十住位的初住以后到十地渐次断无明品，证中道理一分，即断四十品惑。更破一品无明，进入等觉位。再进而破第四十二品无明，发究竟圆满的觉智，智断二德圆满，即为圆教的妙觉果位。

（黄忏华）

四谛

四谛即苦、集、灭、道四谛，谛谓真实不虚，如来亲证。佛成道后，至鹿野苑为五贤者始说此法，是为佛转法轮之初，故称初法轮，如《法华经·譬喻品》："佛昔于波罗柰，初转四谛法轮。"初转法轮三说四谛，第一说：此是苦，此是集，此是灭，此是道。此是教示四谛四相。第二说：苦当知，集当断，灭当证，道当修。此是教劝修行四谛。第三说：苦者我已知，集者我已断，灭者我已证，道者我已修。此是佛举自己证得四谛，合为"三转十二行相"之义。但此四谛，唯圣者所知，非凡夫能知，如《涅槃经》卷十四：昔我与汝愚无智慧，不能如实见四真谛，是故流转，久处生死，没大苦海，"若能见四谛，则得断生死"。由于圣者所证，故称四圣谛，或四真谛。

苦谛：苦即三界轮回生死逼恼之义，凡是有为有漏之法莫不皆含苦性，故佛经中说有无量众苦，但就身心顺逆缘境，总有三苦、八苦。三苦，从其逆缘逼恼，正受苦时，从苦生苦，名苦苦；从其顺缘，安乐离坏时而生苦恼，名坏苦；生老病死刹那变异而生苦恼，即名行苦。八苦即生、老、病、死、爱别离、怨憎会、求不得和五盛阴苦。外有寒热饥渴等逼恼之身苦，内有烦恼之心苦，所有诸苦皆归苦谛所摄。

集谛：集谓积聚二十五有苦果之因，一切众生，无始以来，由贪嗔痴等烦恼，造积善恶业因，能招感三界生死等苦果。

灭谛：又名尽谛，灭谓灭二十五有，寂灭涅槃，尽三界结业烦恼，永无生死患累。

道谛：道谓修戒定慧通向涅槃之道，总有七科：一、四念处，二、四正断或四正勤，三、四神足或四如意足，四、五根，五、五力，六、七觉支或七菩提分，七、八圣道或八正道。此为三十七替提助道品法。

四谛有两重因果，苦为果，集是因，由苦集二谛成为世间生死因果；灭是果，道是因，灭道二谛为出世因果。即由造积有漏业因而感有漏苦果，由修有漏道因而证灭谛涅槃。如《涅槃经》卷十二：“有漏果者则名苦，有漏因者名为集，无漏果者名为灭，无漏因者则名为道。”此即知苦断集，证灭修道之义。

四谛是佛教的基本教义，是佛教大小乘各宗共修、必修之法。佛说四谛是要众生了知四谛的真理，断烦恼证涅槃，若专修四谛以求涅槃者般称其为小乘声闻人。

（任杰）

五明

五明（具称五明处），是印度古代的五类学术，即声明、因明、医方明、工巧明和内明。其内容如《西域记》卷二说：声明，释诂训字，诠目疏别；工巧明，伎术机关，阴阳历数；医方明，禁咒闲邪，药石针艾；因明，考定正邪，研核真伪；内明，究畅五乘，因果妙理。《瑜伽师地论·菩萨地力种姓品》解释菩萨的求法说，菩萨应当求一切菩萨藏法、声闻藏法，一切处论，一切世间工业处论。此中，菩萨藏法和声闻藏法属于内明，一切处论指声明、因明、医方明，一切世间工业处论即工巧明。因此，五明也包括了大乘菩萨所学的全部学术。

声明的内容，据《瑜伽师地论·闻所成地》的解释具有六相：一、法施设建立，二、义施设建立，三、补特伽罗施设建立，四、时施设建立，五、数施设建立，六、处所根栽施设建立。法施设建立指名身、句身、文身等的构成。名为人对于事物或现象在认识上形成的概念（想或名称）。名的构成，是用按照构词方法所成立的字。梵文中构词的基本单位是字界，字界附加字缘即构成一个字的支分（语基），支分再加上转声（语尾）才构成一个完全的词。用词叙述事物，意义完全，称为一句，也称为章。文指记录语言的字母。梵文字母中有元音一十四个；辅音三十三个，共有字母四十七个。元音可以单独成为一个音节，辅音须附加元音才能构成一个音节。在法施设建立中名、句、文各自多数总合而言，说为名身、句身、文身。义施设建立指字义的一种分类，和中国古代字书《尔雅》相似。《瑜伽师地论》中举出十种义，到九世纪时一些古代印度和中国西藏的佛教学者编纂的梵藏《名义大集》已分为二百余门了。补特伽罗施设建立指名词等有男声相、女声相和非男非女声相，以及动词有初士（第三人称）、中士（第二人称）和上士（第一人称）的区别。时施设建立指动词的时态等变化。梵语文法中有十罗声，其中六罗声为时态。《瑜伽师地论》中举过去、过去殊胜（即差别），未来、未来殊胜，现在、现在殊胜，这些相当于表时态的六个罗声。数施设建立指名词等有一言、二言和多言的分别。处所根栽施设建立指古代印度关于梵语文法等的各种论著，处所是根本论的意思，根栽是支分论的意思。据窥基、道伦和义净等人的记述，声明根本论（处所）有四：一、劫初梵王造一百万颂声明论，二、其后帝释略为十万颂，三、其后迦多设罗（或迦单设罗）又略为一万二千颂，四、最后波你尼又略为八千颂。在玄奘时代，前二种论已失传，只后二论尚流行。这种根本论内容包括五分，一、相续，是字的结合方法；二、名号，包括名词、代名词的啭声方法；三、总略，是复合字的构成方法；四、彼益，现在文法书中也名为第二性语尾，是指加到名词性语基之后可以形成新字的一些语尾；五、宣说，指关于动词的变用法及第一性语尾的附加方法等。声明的支分论综合玄奘和义净的记述有下列五种：一、字体根栽声明论三百颂（义净传为创学《悉昙章》有一万余字，三百余颂），波你尼造；二、声明《略诠》本颂一千颂，波你尼造；三、《八界论》八百颂（义净传一千颂）；四、《闻择迦论》一千五百颂（义净传一千颂）；五、《温那地论》二千五百颂（义净传一千颂）。以上五论据义净所说是印度学习声明开始必修的论典。修学的年限，《悉昙章》约六月，声明《略诠》约八月，后三种约三年。据义净说，继此之后要学阇耶昳底所作的《苾栗底苏呾罗》，有一万八千颂，约学五年。其次为钵颠社罗所造的《波你尼经释》，有二万四千颂，要学三年。最后为护法菩萨的《杂宝声明论》，据玄奘传说有二万五千颂，义净传为一万四千颂，但以本颂为伐檄呵利所造。玄奘和义净两家关于这一部书的传说似乎有互相抵触的地方，但是我们知道护法卒于555年前后，而伐檄呵利据义净所传，他卒于

650年前后，时代显然比护法为晚，所以护法之作应当先出，而后伐檄呵利乃是加以编订或摄略。关于声明论的著作大概以护法这一部论为登峰造极之作了。

关于声明的著作，汉文传译的比较少，唐代有智广的《悉昙字记》，宋代有惟净等编的《天竺字源》，都属于《悉昙章》一类。西藏方面关于声明论的翻译比较完备，重要的著作如波你尼、月官、辩才天女和迦罗波的各种记论和经，都有译本。此外如金师子的《黄金藏》，檀真的《诗镜》等也有译本。西藏历代佛教大师关于声明的著述也很丰富。

佛教中关于“因明”的系统叙述也以《瑜伽师地论》中《闻所成地》一段讨论因明的文字为最早出。在《瑜伽师地论》中所说的因明，事实上是一种辩论的方术，所以书中以和辩论有关的七事来解因明。七事为论体，论所依论处所，论庄严，论堕负，论出离和论多所作法。现存汉译本有传说为龙树作的《方便心论》和《回诤论》，从书的内容看来，不会比《瑜伽师地论》出世更早。在无著所著《显扬圣教论》中，关于因明的部分全引《瑜伽师地论》原文而没有什么改动，但在《集论》中略有发展。到世亲时，据说他有《论轨》的著作，而真谛所译《如实论反质难品》也题为世亲所著（《如实论》原本据达摩笈多传说有两千颂）。以上是500年以前的佛教因明著述。到了六世纪初，佛教因明学者陈那出世改订作法，约五分为三支，所制因明论典共有八部：一、《观三世论》（有西藏译本），二、《观总相论》（义净译），三、《观境论》（即《观所缘论》），四、《因门论》（西藏译本作《因轮》），五、《似因门论》，六、《理门论》（玄奘译，《因明正理门论》），七、《取事施设论》（义净译，《取因假设论》），八、《集量论》（义净译四卷佚；西藏有二译本，现存；1980年，法尊据持财护论师与雅玛参贾藏文译本，参考金铠论师与信慧藏文译本，译编成汉文《集量论略解》六卷出版）。陈那的著作由548年来华的真谛首先译出一部，即《无相思尘论》（《观所缘论》）。综合汉土和西藏的记载，陈那为世亲的弟子，而他的弟子有护法、商羯罗主和自在军。商羯罗主有《因明入正理论》之作，梵本和藏文译本均存，但藏译误题为陈那作。汉译本为玄奘译，玄奘的及门弟子神泰、靖迈、明觉、文备、文轨、璧公、窥基诸人均有疏释，其中只窥基的《疏》八卷现存，为后代研习因明的根本典籍。文轨的《疏》，中国内学院也有辑本印行。据玄奘传，护法也有关于因明的著作，现在已不可考。护法和自在军的弟子为法称，是陈那以后佛教中最著名的因明大师。他出世的年代历来都以为在第七世纪，事实上要早得多，因为护法的《观所缘论释》（义净译）已提到法称的见解，而在跋拿以前出世的妙亲的著作中也提到法称的名字，所以法称也应当是六世纪的人。法称关于因明的著作有七部量论，重要的为，《释量论》《正理滴论》《因滴论》等。法称以后有调伏天出，广释世亲、陈那、法称有关因明唯识的著作，西藏均有译本。据多罗那他《印度佛教史》，调伏天约和无性同时，则也应当在玄奘入印之前出世。但调伏天对于护法学说不尽满意，在著作中时有流露，这或者是祖述护法之学的玄奘在传述中不加称引的原因。佛教因明的发展到法称已达到登峰造极的地步，以后就没有什么特殊的创见了。法称的因明之学古代没有传入汉土，但是在藏地传习很盛，西藏历代佛教大师关于法称的因明著述也很多。

医方明的内容完全和现代的医药科学相同，佛教的学者对于这一方面也曾作过出色的贡献。释迦牟尼在世时代的耆婆有医王之称，是一个虔诚的佛教徒。传说为迦腻色迦王的御医的遮罗迦在《婆伽伐多史传》中曾说他为有余龙王的化身，这有余龙王即佛教经典中常常提到的阿难陀龙王。迦罗迦遗有《医方集》。其后有妙闻的著作出世，为龙树所传习。西藏丹珠尔中现存有龙树的医方著作数种。更晚有父使出世，著有《八支心要集》等，西藏也有译本。父使也是一个佛教徒。

古代印度的医药理论和方法，随着佛教的传入中国也跟着传来。早期经典中的四百四病说，中国古代医籍常常称引。印度医方明中，所谓八支的分类也很早就传入中国。昙无谶在414—421年译出的《大涅槃经》提到八种药，释云公撰的《音义》解八种药为：一、治身，二、治眼，三、治疮，四、治小儿，五、治邪鬼，六、治毒，七、治胎病，八、占星。673—685年在印的义净，在他所撰的《南海寄归传》卷三中曾提到八医：一、论所有诸疮，二、论针刺首疾，三、论身患，四、论鬼障，五、论恶揭陀药，六、论童子病，七、论长年方，八、论足身力。又在义净所译的《金光明经·除病品》中也讲到四种病风、热、痰癀、总集的治疗方法和八术的名称，为针刺、伤破、身疾、鬼神、恶毒、孩童、延年、增气力（五世纪初昙无谶所译的《金光明经·除病品》中没有提到这八术的名称）。古代印度的医书虽然现在没有完全的汉文译本流传下来，但是在唐代孙思邈的《千金方》中已有许多丹方和治病方法是出于古代印度，宋代所编纂的《证类本草》和明李时珍所编的《本草纲目》中也收有不少的古代印度出产的药物和梵文原名，足见在医药治疗的实践上，中国医学仍然受到印度医学的影响（关于西藏医学，参看“八支甘露”条）。

工巧明的范围比较广泛，据《瑜伽师地论》卷十五，工业明处有十二种，营农工业，商估工业，事王工业，书、算、计度、数、印工业，占相工业，咒术工业，营造工业，生成工业（据《伦记》为养六畜等），防那工业（织工），和合工业（据《伦记》为调解诤讼的事条），成熟工业（饮食业），音乐工业。从这些内容看来，佛教中的工业明处偏重于和人民物质生活有关的工艺、农、牧、纺织、建筑等应用技术，和印度古代相传的治病、战斗、星宿、祠天、歌舞等六十四能，大为不同。

所谓内明，即指佛教中的菩萨藏法和声闻藏法，也就是诸佛的一切言教。《瑜伽师地论·闻所成地》举出四相来说明内明处，一、由事施设建立相，二、由想施设建立相，三、由摄圣教义相，四、由佛教所应知处相。事施设建立指由三种事总摄一切诸佛的言教，（一）素怛缆事，（二）毗奈耶事，（三）摩怛履迦事。想施设建立的想，指名相，即佛教中一切专有名相的建立。摄圣教义的义，指佛教所说明解释的义理。佛教所应知处则指佛教所应当知道的法数，在《瑜伽师地论·闻所成地》中曾举二数以至十数的法相若干种，中国的《大乘义章》等书可以算是同类的著作。据

《瑜伽师地论·菩萨地力种姓品》内明论有两个特征（相），一、显示正因果相，二、显示已作不失未作不得相。佛教中分别因果有十因，五果，十因即随说因、观待因、牵引因、摄受因、生起因、引发因、定别因、同事因、相违因、不相违因；这十因又可摄为二因，一、能生因包括牵引、生起二因，二、方便因包括其余诸因；这二因或十因与四缘也可互摄，能生因即因缘，方便因即增上缘，等无间缘和所缘缘摄属十因中的摄受因；五果即异熟果、等流果、离系果、士用果、增上果（关于十因五果的详细解释，可参看《瑜伽师地论·力种姓品》的道伦记）。

佛教中大乘教义的创立和发展，本来含有积极的入世精神，自《瑜伽师地论》中《菩萨地》提出五明为菩萨所求正法的内容，更使大乘救世的思想能够在实践上得到体现。《力种姓品》说，菩萨求学五明，是为了使无上正等菩提大智资粮很快地圆满，并不是不逐步学习五明的人能够得到无障的一切智智。大乘瑜伽系开祖的这个思想之提出，是使菩萨行和人生现实能够正确结合起来的一个特殊贡献。后来，瑜伽系的学者如陈那、护法、法称、月官等人对于古代印度的声明、因明都作有创造性的发展，未始不是由于这一思想的鼓舞。关于医方明的著者父使的学系虽然不明，但是西藏现在通行的《八支甘露心要》则出于莲华生一系的传承，而莲华生则是属于瑜伽系的师子贤门下佛智足的弟子，在显教思想上，这种相承之迹仍是很显然的。

（郭元兴）

南三北七

“南三北七”是隋代智者大师总结当时各家对于佛教所有教判之说的总称。中土判教的起源，凡有两方面：其一，佛教传来，到南北朝时期的两三百年间，三藏经典已大致译出。这些教典在古代印度出现的时地和因缘各异，而且隶属的部派有别，因而所显的义理互有出入，有空性相等许多学说同时分存并立。此土的学者更从而钻研探讨乃至解释阐明又不一其说，遂愈形其异解分歧。然而，佛教的教义，是在多样之中有它的统一的理体，而学者爬罗剔抉，又可把这些分歧的教义加以整理，分别归纳作几个范畴，更把它有秩序地配列，统一在体系的组织之下，于是形成一个佛教大一统的构图。这是“教相判释”发生原因的一面。

其二，由于这时教典略备，学者钻研探讨，各有所崇，思想的体系逐渐成熟，因而逐渐呈现宗派的雏形，毗昙师、成实师、涅槃师、地论师、摄论师等相继而出。他们把释迦如来一代的教法，依一家的义旨，或者加以时间的配列，或者就教理的浅深加以组织而剖判解释，以阐明各家在整个佛教当中所占的地位和价值。这是“教相判释”发生原因的又一面。

给予“教相判释”以重大启发的，乃是中天竺昙无谶三藏在北凉译出《大般涅槃经》(《涅槃经》)。《涅槃经》卷五以梵语《悉昙章》(成就吉祥章）的字本摩多（母韵)、体文（子韵）为半字，用它比喻声闻乘经；以《毗伽罗论》(声明记论）义理皆足成字为满字，用它比喻大乘经典。又卷十四用从牛出乳，从乳出酪，从酪出生酥，从生酥出熟酥，从熟酥出醍醐，比喻从佛出生十二部经，从十二部经出《修多罗》，从《修多罗》出

《方等经》，从《方等经》出《般若波罗蜜》，从《般若波罗蜜》出《大涅槃》。一方面表示了整个佛教的教义有它的体系，另一方面也表示了教义有高下深浅，这可以说是树立了“教相判释”的典型。所以最先由《涅槃经》的启发而从事“教相判释”的，至少也可从现存文献上说是涅槃师，特别是道场慧观。慧观是庐山慧远的弟子，后来师事鸠摩罗什，是刘宋时代有名的佛教学者，著有《辩宗论》《论顿悟渐悟义》等书。《涅槃经》在北方译出，后来却在南方盛行，而南本《涅槃》的修订，慧观亦于其列，所以慧观的思想是深受涅槃的影响的。据隋吉藏《三论玄义》说，慧观立二教五时的教判，把释迦如来一代的教法大别作顿教、渐教二种，以《华严经》为顿教，以从鹿苑到鹄林所说诸经为渐教。于渐教内更开为五时：以说三乘行果不同诸经为第一时三乘别教，以《般若经》通化三机为第二时三乘通教，以《维摩》《思益》等经为第三时抑扬教（赞扬菩萨、抑挫声闻），以《法华经》为第四时同归教（会彼三乘，同归一极），以《涅槃经》为第五时常住教。一说慧观于顿渐二教外立不定教成为三教，这是由于《胜鬘经》（刘宋求那跋陀罗译）、《金光明经》（昙无谶译）的译出而有此看法。《胜鬘》《金光明》不是顿、渐二教所摄而阐明佛性常住，所以叫它作不定教。其次萧齐隐士刘虬在他所作《无量义经序》当中把释迦如来一代的教法分作七阶。然而据净影慧远的《大乘义章》说，刘虬也把一代教法大别作顿、渐二教，华严等经是顿教，其余是渐教，渐教当中有五时七阶。所谓五时是：一、佛初成道为提谓等说五戒十善人天教法，二、佛成道后十二年中说三乘差别教法，三、佛成道后三十年中说《般若》《维摩》《思益》等经三乘教法，四、佛成道四十年后于八年中说《法华经》辨明一乘教法，五、佛临灭度一日一夜说《涅槃经》阐明一切众生悉有佛性法身常住的教法。所谓七阶，是在第二时中更分三阶为拘邻等演说四谛授声闻乘，为中根演十二因缘授缘觉乘，为上根说六波罗蜜授以大乘，和其余四时合成七阶。

“教相判释”在慧观、刘虬之后，一时称盛。大成天台宗的智顗，在他所说的《法华玄义》当中，网罗这一时代的教判，便概括作“南三北七”。南北之分，据荆溪湛然说：“南谓南朝，即京江（扬子江）之南；北谓北朝，河北也。”一般作江南三家、江北七家。南地诸师之说侧重佛说法的形式，主要把一代教法加以时间的配列，而以教理的组织辅之。北地诸师之说侧重佛说法的内容，主要把一代教法就教理的浅深加以组织，其中也有参合时间配列的。

南北诸师的判教互有出入，然而智顗说它们有一个共同的基础，就是都用顿、渐、不定三种教相。他说：“南北地通用三种教相：一顿，二渐，三不定。华严为化菩萨，如日照高山，名为顿教；三藏为化小乘，先教半字，故名有相教，十二年后为大乘人说五时般若乃至常住，名无相教；此等俱为渐教也。别有一经非顿渐摄而明佛性常住，《胜鬘》《金光明》等是也，此名偏方不定教。此之三意通途共用也。”吉藏《大乘玄论》也说：“常途诸师，顿、渐、无方三种判教。”实际南三以顿、渐、不定为通相，北七则以顿、渐、圆为通相。

江南三家

在顿、渐、不定三种教相当中，关于顿教及不定教的判释，江南三家大致相同，他们的分别在渐教。

一、三时教说。虎丘山岌师在渐教内更开作有相教、无相教、常住教三时。依他说，佛在《华严经》以后十二年间所说，阐明见有得道的法门，叫作有相教；十二年以后到《法华经》，阐明见空得道的法门，叫作无相教；最后在《涅槃经》的会上阐明一切众生悉有佛性，如来常住无有变易，是为常住教。岌师不见于僧传，事迹不详。

二、四时教说。宗爱法师在渐教内更开作有相教、无相教、同归教、常住教四时。在岌师所判无相教终末的《法华经》，说会三归一，万善悉向菩提，所以特别把它提出来，叫作同归教。此说为梁京庄严寺僧旻（梁三大法师之一）所采用。宗爱也不见于僧传。

三、五时教说。齐定林寺僧柔、惠次两师，承道场慧观之说，在渐教内更开作有相教、无相教、褒贬抑扬教、同归教、常住教五时。《维摩》《思益》等经，贬抑声闻，褒扬菩萨，所以把它从无相教的终末提出来作为褒贬抑扬教。此说为开善寺智藏、光宅寺法云（智藏、法云是梁三大法师中的两位）所采用。

江北七家

在江北七家中的特点，是开出了圆教。北魏慧光僧统承佛陀扇多之说把一代教法大别作顿、渐、圆三教，并以《华严》为圆教之初，为后世贤首宗所祖述。

一、五时教说。北地某师用刘虬说以《提谓波利经》为人天教，又以《维摩》《般若》两经列为无相教，其余三时和南地相同。其实就是于南地的四时教说加上人天教。

二、半满二教说。北魏菩提留支说佛说法第十二年以前都是半字教即声闻藏，十二年后都是满字教，即菩萨藏。例如，吉离《胜鬘宝窟》说：“从菩提留支度后，大分佛教为半满两宗，亦云声闻、菩萨二藏。”

三、四宗说。又慧光把一代教法分作四宗：（一）因缘宗，指说六因、四缘的《毗昙》；（二）假名宗，指说三假的《成实》；（三）诳相宗，指说凡所有相皆是虚妄的《大品经》及三论；（四）常宗，指说常住佛性本有湛然的《涅槃经》及《华严经》。《胜鬘宝窟》也说：“北土彰于五时，立四宗教，谓因缘、假名及真、不真。”又法藏撰《华严探玄记》说：“齐朝大衍法师（慧光的弟子大衍寺昙隐）等立四宗教：（一）因缘宗，谓即小乘萨婆多等部；（二）假名宗，谓《成实论》及经部等说；（三）不真宗，谓诸部般若说即空理，明一切法不真实等；（四）真宗，谓《华严》《涅槃》明法界真理法性等故。”

四、五宗说。有师在慧光的四宗内，更从常宗中把《华严经》提出，叫它作法界宗。此说是护身寺自轨法师所采用，净影慧远也采用它。

五、六宗说。有师说《法华》《大集》两经，慧光的四宗未收，《法华》说诸佛法久后要当说真实，可称为真宗；《大集》说染净俱融，法界圆普，可称为圆宗；其余四宗同前。此说是耆阇寺法凛法师所依用，凛师也不见于僧传。

六、二种大乘教说。又北地禅师立二种大乘教：（一）有相大乘，（二）无相大乘。《华严》《璎珞》《大品》等经，立十地位次，各说其功德行相，叫作有相；《楞伽》《思益》等经，说真理没有位次，叫作无相。

七、一音教说。北地禅师说佛用一音说法，然而众生随着不同的机类而获得不同的理解，如《大乘义章》等说一音教是菩提流支所立。

依智顗《四教义》卷一：南三以成实师为重点，北七以地论师为重点。这是有相当的见地的。如南地诸师中僧柔、慧次及梁三大法师都是有名的成实师；岌师及宗爱，依《法华玄义》所说，似乎也是成实师。北地诸师中菩提流支是《十地论》译者之一，慧光是地论师的先行者而他的四宗说是北七当中最足重视的，五宗、六宗所据的四教义也是地论师所说。

智顗在《法华玄义》当中纵横难破南三北七十家之说，但他的化仪四教（顿、渐、秘密、不定）实渊源于南地诸师之说，他的化法四教（藏、通、别、圆）也是基于北地诸师之说而发展的，所以他的教判可以说是集南三北七之大成。

（黄忏华）

十二部经

十二部经，又称十二分教，或十二分经。佛说的一切法，皆可统摄为一修多罗，类集为经、律、论三藏。由于一切经的经文体裁和所载的事相不同，因此从三藏分出十二种名称，通称三藏十二部经，总则称一切经，别则称十二部，但并非每一经都具有十二部之名。

一、修多罗、素怛缆，此译为经或契经，如《四阿含》、诸大乘经、戒经及三藏外的一切经典，皆名契经。但此处所说的契经，是单指经中直说法义的长行经文，故又称长行经。

二、祇夜，此译重颂或应颂，颂有一定的字句，四、五、七字一句，三、四、五、六为一颂不定。凡经中偈颂，以偈颂体裁重颂前经长行经文之义，此类颂经，名“重颂经”。

三、和伽罗那，此译授记，凡经中佛于菩萨授当来必当成佛之记，于缘觉后世当得道，于声闻人今后世得道，记余六道众生后世所受果报之处，即名“授记经”。

四、伽陀，此译讽诵，或孤起颂，不依长行，直以偈颂显示诸法的经，如《法句经》等，名“讽诵经”。

五、优陀那，此译自说或无问自说经，凡无请问者佛自宣说之经文，如《阿弥陀经》，名“自说经”。

六、尼陀那，此译因缘经或缘起经，如《大智度论》卷三十三：“说诸佛法本起因缘，佛何因缘说此事，修多罗中有人问故，毗柰耶中有犯是事，故结是戒，一切佛语缘起事，皆名尼陀那。”如来说法必有因缘，即经中见佛闻法因缘，及佛说法教化本末因缘之处，如诸经“序品”，故名“因缘经”。

七、阿波陀那，此译譬喻，凡经律中所说譬喻，以譬喻显示法义之处，故名“譬喻经”。

八、伊帝目多伽，此译本事，或如是语经，即经中讲弟子菩萨声闻等过去世行业事历之经文，及教令精进求道解脱因缘之处，即名“本事经”。

九、阇陀伽，此为本生经，凡经中佛说自身往昔行菩萨道时，修诸苦行，利益众生所行因缘之经文，名“本生经”。

十、毗佛略，此译方广，即一切大乘经之通称，又指词广理正，广辨诸法甚深真理的经。例如，《菩萨地持经》卷三：“十二部经，唯方广部，是菩萨藏，余十一部，是声闻藏。”小乘的方广经，唯以语广，此类经文，名“方广经”。

十一、阿浮陀达摩，此译未曾有，即经中说诸天身量，大地震动，旷古稀有，以及佛力不可思议之事的经文，名“未曾有经”。

十二、优波提舍，此译论议，即佛所说诸经，若作论议问答辩理，分别广说之经文，即名“论议经”。

（任杰）

十二有支

十二有支，也叫十二因缘，十二缘起。原出《阿含》经典，包括无明、行、识、名色、六处（六入）、触、受、爱、取、有、生、老死十二支，称为“十二有支”。

这种结构，在佛教原始经典中是为探求有情众生生死苦恼的缘起而设立的。无明（对佛教真理不能自觉）为缘引起行（善恶行业），行为缘引起识（识别作用），识为缘引起名色（身心），名色为缘引起六处（眼、耳、鼻、舌、身、意六根），六处为缘引起触（反应），触为缘引起受（感觉），受为缘引起爱（妄执），爱为缘引起取（追求执着），取为缘引起有（存在），有为缘引起生，生为缘引起老死。以此次序构成了“此有故彼有，此生故彼生，此无故彼无，此灭故彼灭”的相依相对的因果关系，而说为“十二因缘”。

后来的小乘论书把十二因缘同轮回相配，众生由过去的业而受现世的果报，由现世的业而受未来的果报，就有说众生涉三世轮回的次第缘起。《俱舍论》把十二因缘分成四种：一、刹那缘起，于刹那间立十二支；二、连缚缘起，十二有支因果无间，连续而起；三、分位缘起，立三世两重的因果关系，从胎生学的角度来解释十二因缘；四、远续缘起，悬远相续无始，而立十二支。其中分位缘起说为有部所采用。

依分位缘起说，过去世无始的烦恼，叫作无明。依过去世烦恼而作善恶行业，叫作行。无明和行，称为过去二因。由这过去二因，心识开始活动，在受胎的一刹那成为有情的分位，这就是识。受胎开始的第二刹那以后，六根尚未完备的有情分位，叫作名色。在胎内六根具足，即将出胎，叫作六处。出胎以后至两三岁，只有接触感觉，尚未识别苦乐，叫作触。四五岁以后到十四五岁，对事物渐能识别苦乐，是为受。以上从识到受，称为现在五果。十六七岁以后，爱欲渐盛，叫作爱。三十岁以后，贪欲旺盛，叫作取。依爱取的烦恼，造种种的业，定来世的果，这就叫作有。以上爱、取、有，称为现在三因。依这现在世的三因而于未来出世的分位，叫作生。自生至死，叫作老死。生和老死，称为未来二果。这样，过去世、现在世、未来世的三世，加上两重的因果，合称为三世两重因果。

唯识宗立二世一重因果，《成唯识论》卷八设从无明到有十支为因，生和老死二支为果。此十因二果，必不同世。如从过现二世来看，十因在过去世，则二果为现在世；如从现未二世来看，十因为现在世，二果即在未来世，终究不出二世一重，所以称为二世一重因果。因为无明和行二支是引出识至受五支的因，所以这二支叫作能引支，五支叫作所引支，合这七支为牵引因。爱、取、有三支为因，缘起生和老死二支，所以称爱、取、有三支为能生支，或生起因，称生和老死二支为所生支，或所引生。

天台宗立思议生灭、思议不生不灭、不思议生灭、不思议不生不灭四种十二因缘，与化法四教（藏、通、别、圆）相配，说三因佛性。

十二因缘有各种观，与四谛观同为重要的观法。《大乘阿毗达摩杂集论》卷四，归纳为四种观法：一、杂染顺观，即从无明缘行，行缘识等顺次而观迷惑之生起；二、杂染逆观，即把老死等安立谛说，从老死逆次第而观迷惑之生起；三、清净顺观，即从无明灭则行灭等顺次而观成正觉之真理；四、清净逆观，即从老死灭是由生灭故等逆次第而观成正觉之真理。顺观亦称流转门，逆观亦称还灭门。顺观则为苦集二谛，逆观则为灭道二谛。

（姚长寿）

佛性

佛性、如来藏、如，法性、实际，皆同一性，只是就能知与所知诸法的不同分位，立不同的名称。在众生数上称佛性、如来藏，在非众生数上称法性、如、实际，但此通内外。《大智度论》卷二十七中解释如、法性、实际时说“是三皆是诸法实相异名”，又指内外诸法自性本空皆同一性，故《涅槃经》中说佛性有种种异名。性有不断、不改、不变之义，如麦因果麦性不改变，如矿中金银与出矿的金银体无增减，所以佛性、法性虽无增减，但有隐显净染之分，隐、染即生死，显、净则涅槃，众生因无明所覆而不能见佛性、法性，若修行则能见性获得解脱涅槃。

大乘经中说佛性，《阿含经》亦明佛性，但不甚分明。印度诸宗对此各有所解，如《佛性论》云：“若依分别部（论者假定，非二十部计）说：一切凡圣众生，皆以空为其体，所以凡圣众生，皆以空出故，空是佛性，佛性者则大涅槃；若依毗昙萨婆多等诸部说者，则一切众生，无有性得佛性，但有修得佛性。”该论举此立三种种姓，一、定无佛性，如一阐提；二、不定无有，修时得，不修不得；三、定有佛性，如三乘人。并自立三因佛性，一、应得因，即二空所显真如；二、加行因，由发菩提心，修道品等；三、圆满因，即修加行得果圆满，并以三性三无性摄此三佛性。若依《宝性论》，则以清净无为法身为佛体。龙树中观学派多分是谈法性，以中道实相为体。《涅槃经》卷二十七云：“中道者名为佛性”“佛性者，即第一义空，第一义空，名为中道，中道者即名为佛，佛者即是涅槃。”可见，佛性、法性都是指的诸法真性，众生若断无明，则见佛性，获得涅槃。

佛教传入中国，修行成佛之原因，在佛徒中久久未能正确解决。当晋末法显译出《大般泥洹经》六卷，经中说除一阐提，“一切众生皆有佛性”。道生则认为经义未尽，遂倡一阐提皆得成佛，并立“顿悟成佛说”，受到旧学僧的抨击和摈斥。后来，昙无谶译出《大涅槃经》四十卷，经中明说“一阐提定当成佛”。因而对佛性的探讨风起云涌，各宗无不盛谈佛性。到隋吉藏《大乘玄论》卷三，列举了十一家异说，一一加以评判，而他自己则赞成以中道为佛性。

佛教的根本目的是要成佛证涅槃，佛说佛性是为教化有卑劣慢众生，了知众生究竟，定当成佛以为要旨。《涅槃经》中说一阐提无佛性，是指在犯四重、五逆和谤方等的一阐提位，无善根性，暂无成佛的可能性，若舍一阐提发菩提心修圣道，即非一阐提，定能成佛，这就是《大智度论》中说的“恶可为善，善可为恶”“法无定性”之义。这不仅与一切众生皆有佛性，定当成佛不相违背，同时正显示诸法本空，染净两重缘起的正理。

（任杰）

佛土

佛土在经论中有时也叫作佛刹、佛界、佛国、净刹、净界、净国、净土等。随着大乘教义的开展，佛不仅在本世界有，而且在十方世界都有；佛的体性也有二身、三身等分别，所居的刹土体性也随着不同。因此，关于佛土的差别、体性、分量、处所，共与不共等法门分别也随着展开了。

佛土的差别和佛身的差别有紧密的联系。佛身的分类很多，佛土的分类也因之有异。依佛身有生身和法身的分别，佛土就可以分为生身土和法身土两种，其中生身土通于净秽，法身土唯是清净。又生身也可叫作权身，法身也可叫作实身，所以佛土也有权土和实土的不同。又佛身可有三种：自性身、受用身、变化身。相应的佛土也可分三：一、法性土为自性身所居；二、受用土为受用身所居，这二土唯属于净；三、变化土为变化身所居，通净及秽。在《佛地经论》和《成唯识论》中又述四身和四土。四身是将三身另开，一、非受用非变化名自性身；二、受用非变化名自受用身；三、亦变化亦受用名他受用身；四、变化非受用名变化身。这里，自性身依法性土，如《称赞大乘功德经》说："是薄伽梵住法界藏"，533年菩提流支译《深密解脱经》说"婆伽婆住法界殿如来境界之处"（唐译缺此一语，《佛地经论》解此为受用土）；自受用身依自受用土，如密严世界；他受用身依他受用土，如《佛地经》说所居十八圆满的世界及华严世界；变化身依变化土，如释迦牟尼所化娑婆世界南赡部洲等。于565年译出的《胜天王般若经》就菩萨十地立十佛身：一、平等身；二、清净身；三、无尽身；四、善修身；五、法性身；六、离寻伺身；七、不思议身；八、寂静身；九、虚空身；十、妙智身。此十身皆唯法身别开，佛土也随之而有十种，一、遍行土；二、最胜土；三、胜流土；四、无摄受土；五、类无别土；六、无染净土；七、法无别土；八、不增减土；九、智自在土；十、业自在土。《佛地经论》卷七引经（《华严经》）说十种佛：一、现等觉佛；二、弘誓愿佛；三、业异熟佛；四、住持佛；五、变化佛；六，法界佛：七、心佛；八、定佛；九、本性佛；十、随乐佛。此中，初五可配化身，次二可配法身，后三可配受用身，因之土别仍只三种。隋智者大师曾纂集经义创立四土之说：一、常寂光土，相当于法性土；二、实报庄严土（一作实报无障碍土），相当于受用土；三、方便有余土，为二乘果地所居；四、凡圣同居土，相当于变化身土。

佛土的因缘，窥基法师曾总摄经论之义说净土因有二，一由善根，二由大愿。由修善根为佛土因，《摄大乘论》和《佛地经》皆说佛土为胜出世间善根所起。又由发大愿为佛土缘，《对法论》说佛土由大愿清净善根之所引发。佛土因的总相如此，但四土的胜因也各不同：一、法性土唯以二空无分别智为因缘，因为证法性理只有这一无分别智；二、自受用土唯以自利后所得智为因缘，因为证事五蕴只有这种后得智；最后他受用土及变化土同以利他后所得智为因缘。圆满法性土，十地菩萨不生，但以无分别智为因缘，十地亦可分别证会（参看上文引《胜天王般若》十土义）。自受用土，十地菩萨不生，知而不证；他受用土，十地菩萨以后得智为因缘，无分别智加行智等为助因；变化土，地前凡夫以加行智为正因缘，二乘以后得智为正因缘。诸佛土的果相，依《佛地经》说是以最极自在净识为相，这就是说以佛的无漏心为净土的体相。经文的识字原文作了别，这是说净土的体相是从认识（了别）方面加以判别安立的，离开认识的作用，也就没有这些刹土的分别，所以说非离识外别有其土。这里，法性土就是法性心，因为这种刹土的体相不离无分别智相应净识，没有这种无分别智，这种土相也就无从认识。自他受用及变化土都不离于佛后得智相应净识，但因识有多种，若分别安立则自受用土即第八识（赖耶即密严），他受用土即第七识（华严、极乐），变化土即前五识（娑婆）。上文所说，十地菩萨见法性土（分证）和他受用土，地前三乘见变化土，都是不离能见者的有漏无漏能观净识的。土的净秽既因认识（了别）而异，所以诸菩萨要想严净佛土，先要以方便严净自心，随着诸菩萨自心严净得怎样，就可以得到怎样的严净佛土。

各种佛王的主、伴、眷属等，因土的体性不同也各有异。一、土主，法性土以法身为主；自受用土虽遍法界，然为一一佛自变，各自为主，不相障碍；他受用土及变化土，虽是各佛自变，然而是一合相，各随所应摄受为主不相障碍。二、辅翼，法性土和自受用土只有佛居没有辅翼，十地菩萨虽能分证但不能为辅；他受用土由地上诸大菩萨为辅翼；变化土由三乘等众（即二乘圣人、菩萨、凡夫等）为辅翼。三、眷属，法性土和自受用土没有眷属；他受用土唯有天人以为辅翼。这有二义，一因他受用土虽超三界，但仍属三界摄（一类），所以三界中的人得为辅翼；二是佛为成熟所化有情示现这样的天人等；变化土中以真实天龙八部为辅翼。在他受用土中，菩萨是真，二乘八部是权现；变化土中，二乘八部是真，十地菩萨是权迹。四、任持，法性土不需要任持，自受用土由佛的自法乐来任持，他受用土由佛及诸天菩萨广大法味喜乐所持，变化土以四食为任持，也可说以法味为食。五、事业，法身唯自利或通自他二利，自受用身唯自利，他受用身及变化身唯利他，刹土为身之依，利益事业相同。六、摄益，自性身土及自受用身土，唯佛自证，断障圆满，不说摄益；他受用土灭诸烦恼灾横缠垢；变化土中，二乘圣者亦灭烦恼，地前菩萨及凡夫等烦恼灾横虽未永断，制伏现行亦为摄益。七、无畏，内有摄益，外无怖畏。法性土及自受用土唯佛所居，佛已远离众魔（四魔），无怖畏因故无怖畏；他受用土中十地菩萨离粗四魔无五怖畏；变化土中三乘圣者也能分离诸魔，都可以无畏。八、游路，佛以大念慧行为游路，大念行即无分别智，为法性土之游路（游路之游依藏译本即出离，故游路即指出离之路），大慧行即后所得智，为二受用土及变化土之游路。十地菩萨则大念即闻慧，大慧即思慧，大行即修慧。以此三慧为游路而诣佛土。变化土中三乘皆以三慧为游路。九、所乘，有路必有车乘，《佛地经》说大止妙观以为所乘，止即三摩地（等持），观即般若（慧），佛之三身乘此入三佛土，十地菩萨乘此入他受用土，地前二乘乘此入于净土。十、入门，诸佛土以大空无相无愿为所入门，这有两解。一解，因无相门入法性土，因无愿门入自受用土，因大空门入他受用土及变化土。二解，三门皆入三种佛土，详如《大乘法苑义林章》辨。

经论中常说到的几种佛土还可略加解释如下：

一、法性土，这种刹土本身就是真如理，所以无处可言，又因非色所摄，不可说它的形量大小，但依事相说，其量无边，如太虚空遍一切处。这土是一切如来共同所证，所以体无差别。又因自性身依法性土，而这里的身土体无差别，不过能所依立名有异，以觉相为身，以法性为土。这一句义（范畴）在经论中有许多异名，如真如、法界、不虚妄性、不变异性、平等性，离生性、法定，法住，实际、虚空界、不思议界、无我性、空性、无相、胜义实相、自性清净心、佛性、法身、如来藏、自觉圣智、内证智、涅槃等。后世密宗且根据这种身土一如之义，指其即因位之菩提心，或更立名为法界体性智，或立名为法界身，或指为理法身，其后更人格化而为大乐金刚萨埵（见《五秘密经》）。天台智者大师曾立常寂光土相当于这法性土。考常寂光土初见于《观普贤菩萨行法经》，经说释迦牟尼名毗卢遮那遍一切处，所居佛土叫作常寂光。汉土初以毗卢遮那为法身，故以常寂光为法性土，但据后来翻译的显密经论，毗卢遮那实是他受用身，所以常寂光土的原义只能是他受用土了（376年竺佛念译《璎珞经》说毗卢遮那是法身佛，卢舍那是受用身佛，释迦牟尼是化身佛，但毗卢遮那和卢舍那梵文一名，故其说可疑）。

二、自受用土，本刹土即第八识阿赖耶转依大圆镜智相应净识，由昔所修自利无漏纯净佛土因缘成熟所变，自初成佛尽未来际相续无断，唯以无漏色蕴色香味触相续四尘，及声一种有时间断，共五尘为性，体具事相色法功德，唯佛所觉，非静虑者静虑境界及寻伺境界。它的分量，周圆无际，随法性土其量无边，充遍法界别无处所，虽一切佛各变不同，但都无边不相障碍。这一刹土依义来说即密严刹土（玄奘法师未译此经，故窥基法师《大乘法苑义林章》于此土未举刹名），因为密严经中明说赖耶即密严，与自受用之义相合。在这一刹土中身土也是无别的，唐代密宗即依此而立智法身，并人格化为普贤。例如，金刚智译《金刚顶经》说："普贤法身遍一切，能为世间自在主，无始无终无生灭，性相常住等虚空。"后代解释，或指为四面毗卢遮那，或指为一印会的大日如来，或说为普贤金刚性海。

三、他受用土，这一刹土即第七识转依平等性智大慈悲力，由昔所修利他无漏纯净佛土因缘成就，随于十地菩萨所宜变为净土，器土即以无漏色蕴四尘或五尘（同上）为体性，有十八圆满，如《佛地经论》所说。本刹土即一般所说的华藏世界，分量的大小依窥基解为随十地菩萨所宜，大小不定。《智度论》卷五十说：

（一）三千大千世界名一世界（化佛世界）一时起，一时灭；

（二）如是十方如恒河沙等世界，是一佛世界；

（三）如是一佛世界数如恒河沙等世界，是一佛世界海；

（四）如是佛世界海数如十方恒河沙世界是佛世界种；

（五）如是世界种十方无量，是名一佛世界（报佛世界）；于一切世界中取如是分是名一佛所度之分。

龙树菩萨在这里举出了三千大千世界，佛世界，佛世界海，佛世界种，报佛世界，共五个次第。西藏译《金刚手灌顶续》说一日月所照临为一世界，百俱胝（十万万下同）世界为一三千大千世界，百俱胝三千大千世界为一华藏世界系，百俱胝华藏世界系为一中系（佛世界海），百俱胝中系为一大系（佛世界种），百俱胝大系为一圆满华藏庄严世界相（见克主杰《密宗道次第论》，法尊法师译）。这一次第和龙树菩萨所说相合，但数量更为明确。此一圆满华藏庄严世界种即为他受用身佛毗卢遮那所应化的范围，详细的安立如《华严经》广说。后代密宗立五部如来的他受用佛土，中央为毗卢遮那佛土，另外东方有阿閦佛土；南方有宝生佛土，西方有阿弥陀佛土；北方有不空成就佛土。实际上，依《华严经》意，像华藏世界这样的佛土，在十方也是无量无边不可数计的。他受用身和他受用土也是一合相，因此他受用身量的大小也即以刹土的大小为范围，随地土菩萨的根机而所见不同。这他受用身，在经论中也说住色究竟天。这色究竟天依《长阿含经》卷十八、《大智度论》卷七、《大毗婆娑》卷一百三十三和一百三七四、《俱舍论》卷十一及《华严疏抄》等所说，千四洲日月乃至千梵天为一小千世界，百万（千千）日月乃至百万初禅天及千二禅天为中千世界，十亿（百俱胝=千千千）日月乃至百万二禅天及千三禅天为三千大千世界，第四静虑其量无边（经论各说数量不同，兹略取一义）。大毗婆娑说："由此若依第四静虑起有身见极难除断，以执无边地为我故。"色究竟天为第四静虑之极顶，依其为毗卢遮那住处之义，当即以圆满华藏庄严世界种为范围。这一天是色界的边际，依义当为一报身佛所化有情所感色法的边际，所以形量极大。

四、变化土，就上面所说的他受用土，地前所见即为化土，但有广狭之异。在小乘中唯言释迦牟尼一佛，没有许多化身。大乘资粮道菩萨可见，四天下有一主佛，加行道中即见三千大千世界有一主佛。初地以上所见佛土渐渐增广即为他受用土，详如《十地经》说。如人类所居的四洲即属于名叫娑婆世界（堪忍世界）的一个三千大千世界，为化身佛释迦牟尼所应化的佛土。其余无量无边的三千大千世界，或已有佛，或现有佛，或当有佛，各为一化佛的佛土。一般所说的西方极乐世界也有报化立义。后来，在密宗中分无量寿和无量光二名，前者为报身佛，所居土为他受用；后者为化身佛（现比丘像）所居为变化土。阿弥陀经所说西方去此过十万亿（依梵本为百千俱胝=万万万）佛土，按照上文所举他受用土各级世界的大小，仍和娑婆世界同属于一个世界海而为化土之一。另外如东方药师佛的净琉璃世界，其体相也和极乐世界相同。大乘经中还说到在娑婆世界的兜率天上有宫名内院，是一生补处菩萨弥勒的住处。极乐世界和兜率内院是大乘兴起以后一般佛教徒欣愿往生的处所，如相传龙树菩萨即往生极乐世界，而无著菩萨即往生兜率内院。

对于这些刹土的体性，我们不要忽略了经论中解释的色法（物质）意义。法性土和自受用土体性是一，不过就认识（了别）方面加以区别。所谓法性土即真如理，自受用土以无漏色蕴四尘五尘为体性，就是肯定了这种刹土的物质性。如果我们把法性根据字义解为概念的本性（法为意识之境相当于概念），法界解为内在的规律或本质，则所谓法性土或自受用土其意义不过是理智的认识对象，属于高级认识的范围。至于地上菩萨所见的他受用土，范围广大，也只能是理智的认识对象（见上文他受用土段二级至四级）。地前菩萨二乘圣者以及凡夫则可见的范围自四洲以至三千大千世界，这是一般耳目所可接，一分理智所可及的。佛教大乘对于刹土的这种分类是有其现实意义的。所谓各土皆不离识，一方面是指出各土的不同是就认识（了别）的程度和范围来区分，另一方面也是对于不可知论的一种否定，遮遣了有不能认识的存在。

这样，由凡夫、二乘、地前菩萨、地上菩萨，以至佛地的安立，从佛土的分别来看，毋宁说是认识真理的一种由略到广、由浅入深的上升发展过程。由地前认识耳目所可接的四洲开始，到佛地以自受用身受用无量无边的自受用土和以自性身亲证法性土真如理为止，显然含有对于真理无限地接近的意义。我们也可以这样说，地前的对于刹土的认识，只不过是感觉的认识（前五识—变化土），地上则达到理智（逻辑、思惟）认识的领域（末那识—他受用土），在十地中逐渐扫除认识上的障碍（所知障），步步深入（十地分证法身），同时感觉认识的范围也逐渐扩大（刹土地地增广），但每一阶段仍是有限有量的。到了佛地才达到充认识之量而尽其用的境界。

根据经论和传说，在人间也有不少为大乘菩萨所应化的净妙之土。在《华严经》的《菩萨住处品》中就列举了许多菩萨所住的胜地。西藏后来传说有五方胜土。中央摩揭陀国金刚座为贤劫千佛成道之处。东方有文殊师利菩萨的刹土在中国的五台山。南方有观自在菩萨和多罗（度母）菩萨的刹土布呾洛迦山（见《西域记》十末），吉祥山（参看《西域记》十憍萨罗国条），和驮那羯磔迦窣堵波（粳聚塔，即相传为说《时轮金刚经》的地方）。西方有金刚手的刹土空行密藏邬胝衍那（乌苌、乌仗那）和迦湿弥罗（罽宾）。北方有五法王和二十五部主所居之处苫婆罗（香拔拉）（见松巴《佛教史》第三页）。此中布呾洛迦山在中国也有同名的普陀山为观音应化之处。吉祥山即《西域记》十所记跋逻末罗耆釐（黑蜂山），法显《佛国记》作黑波罗越山。驮那羯磔迦窣堵波，现代学者多推定为塔，遗址已经发现。邬胝衍那和迦湿弥罗属北印度，中国古代也叫作乌苌和罽宾。迦湿弥罗据《大唐西域记》所述本为药叉守护之国，金刚手为药叉主，所以在后代传说中其地就成为金刚手的刹土了。又迦湿弥罗东北，乌苌东部有东女国（金氏），据迦湿弥罗国史也曾为迦湿弥罗所征服。另外，乌苌以东如钵露罗（勃律）、斫句迦（沮渠）、于阗等国，都是古代大乘经典荟萃的地方。西藏传说乌苌有空行母洲，金刚手所结集的密宗经典收藏其中，当和东女国有关。苫婆罗（香拔拉）国的地望据西藏传说在千泉之南和葱岭以北（松巴《佛教史》第六页）大致相当于汉之大宛，唐代的怖捍（拔汗那，宁远国）的地方，其他四面环山和《时轮经》中所说的情况相似。此外，佛经中所说的香山，古代印度也称为鸡罗娑山，西藏称为冈底斯山，为四大河发源的地方（相当于中国古代传说中的昆仑之丘或昆仑虚）。山上（或南部）有池名阿耨达池，古代印度也叫作摩那娑池，并有宫殿名阿拿迦嚩底宫是金刚手，乌蒭瑟摩，毗婆门，吉祥天女，欢喜天的住处，印度传说湿婆和冥天女也住其中。大概迦湿弥罗、乌仗那东女国和鸡罗娑山这一区域，自古传说为药叉守护之域而为金刚手的刹土，后来成为密乘发祥的地方。至于灵鹫山和楞伽山等都是佛在世说法之处，后代也成为佛徒瞻仰巡礼的胜地。以上所说的地方，在大乘经和后代佛教徒的心目中都认为是人间的净胜之土。

（郭元兴）

发菩提心

发菩提心，是大乘佛教区别于小乘佛教的一个根本出发点。这个概念在初期大乘经如《宝积迦叶会》《无量寿经》等中已明显地提出，随着大乘空宗、有宗、密宗教义的发展，它的含义越来越丰富，而在菩萨行和一切密宗的修法中提高到极重要的地位。

菩提心的意义，据龙树的解释是："菩萨初发心缘无上道，我当作佛，是名菩提心。"（《大智度论》卷四十一）在《金刚经》中，佛告须菩提，发趣菩萨乘的人应当发起这样的心，所有一切有情之类我当都使他们在无余依的妙涅槃界中而证涅槃。这一段话在《金刚经》的最早注释《无著金刚论》（隋达摩笈多译，西藏亦有译本）中就判为发心住。

411年来华的昙无谶在译完《涅槃经》以后，续译有《菩萨地持经》。这一部书即后来所谓《十七地论》（《瑜伽师地论》中的《菩萨地》）。其中第二品为《发菩提心品》。品里说，菩萨最初发菩提心是一切正愿的正始，能摄受一切正愿。这初发心是菩提的根本，是大悲的所依，也是菩萨学的所依。关于发菩提心的性质、种类、缘、因、力、退失、坚固、利益等，这些在书中才开始作了一个系统的说明。

六世纪中行世的《大乘起信论》（据《长房录》说为554年真谛译，但晚近中外学者多考证它为汉土著述，并非译本），在中国佛教各宗的理论构成上产生了极大的影响。它提出三种发心之说，一、信成就发心，二、解行发心，三、证发心。后代的解释，以这三种发心配于菩萨的五十二位，即是以信成就发心配于十信、十住，以解行发心配于十行、十回向，以证发心配于十地；前二发心属凡位，后二发心属圣位。就由这一种理论发展出第六识发心和第八识发心的分别，以为凡位的发心是第六识发心，而圣位的发心是第八识的发心。

六世纪中的慧远（523—592）著《大乘义章》十四卷，分五聚二百四十九门（今本二十卷，存四聚二百二十一门）。书中《净法聚》篇有发菩提心义一门，分发心体相为三，即相发、息相发和真发。他该“相发”配《起信论》的“信发”，在种姓位，以“息相发”配“解发”，在解行位；以“真发”配“证发”，在地上位。又广并为六种发心：一、想发，属外凡；二、信发，属十信；三、解发，属习种姓；四、行发，属种姓位；五、观发或道发，属解行位；六、证发，属地上。他认为发心的因起次第是这样：菩萨先要亲近善友，得闻正法（生死大苦，涅槃至乐之法），因闻法而生信、慧（即信此正法，知此正法），因信、慧而生大悲，欲拔济众生于生死大苦；因信、慧而生大慈，欲授众生以涅槃大乐；但欲度人先需自度，由此发起大菩提心（《大乘义章》卷九）。

七世纪中玄奘游学古代印度回来，大量翻译瑜伽系的根本论典。发菩提心的意义在有关论典（如《瑜伽师地论》和《显扬圣教论》等）中得到更详明的介绍。他门下记述师说加以发挥，也备极精审（参看《显扬圣教论》卷二、卷八，《瑜伽师地论》卷三十五、卷四十七、卷五十，以及窥基《瑜伽略纂》、遁论《瑜伽师地论记》等）。

716年来华的善无畏（637—735）在所译的《大日经》中特别提出关于菩提心的解释。从此以后，经中关于菩提心的解释文字就常为后来显密各家所引用，如莲花戒（八世纪人）所著《广释菩提心论》（宋施护译）和《菩提心观释》（据藏译本为莲华戒著，宋法天译）等。经中说佛果一切智智的因是菩提心，它的根本是大悲，它的究竟方便。它解释说，什么是菩提呢？它就是对于自心的如实地了解，也就是无上正等菩提。这里，“如实地”就是“按照真实情况”的意思。下文又说，虚空自性就是心的自性，心的自性就是菩提的自性，所以心、虚空界、菩提（三者）无二，也不应为二。因此，想了解菩提的，就了解自己的心性好了。本经关于菩提心的解释基本上和《菩萨地》所说菩提心是大悲等流（卷三十五）和《大智度论》所提出的心相常清净故如虚空相常清净（卷四十一）意义相同，但本经认为使菩提心清净的过程（即证觉的过程）为了解自心的过程。这就使菩萨行由积集福智资粮的外部行修转变为认识自心从而开显自心（菩提心）本具功德的过程，这是显密义理的一个重要分歧之点。发菩提心由此取得了新的意义，“舍离菩提心”成为真言行者四波罗夷之一（《大日经》具缘品）。

由金刚智（719年来华）和不空所弘扬的金刚顶宗以菩提心即大圆镜智，纥哩达野心，众生内心，不动如来或金刚萨埵。本宗修法以净菩提心为圆明月轮，从这个月轮中开显出佛果的德相、眷属和佛土。所谓发菩提心也成为月轮观的一个组成部分。后代密宗特别结合《大乘起信论》的证发心之义而成立了第八识发心一说。

此外，在西藏方面，墀松得赞王时（742—797在位），佛智足的弟子佛密入藏传《大日经》法，同时有法称入藏传金刚界法，这些法门的经文内容和善无畏、金刚智在汉地所传的大体相同。但由莲花生和无垢友在西藏所传的大圆满法则对于菩提心的意义有深刻的发挥。这一派关于菩提心的理论，无垢光（1306—1363）曾总结为《法界宝藏论》一书，其中分品论述菩提心具足一切相好，菩提心远离一切作意修习和因果，菩提心无所不摄，菩提心中一切任运成就，菩提心中无二，一切法于菩提心中本来解脱等等，而这个菩提心是一切众生所本具的，由此得出不假作意修习亦即是佛的结论。从这一派的理论看来，所谓发菩提心就是本具三身的任运显发，发心和证果已经无二无别了。

如上所述，发菩提心在大乘初期只是当作一种根本性质的愿心，后来教义发展，才赋予菩提心以具体的意义（特别是坚慧著《大乘法界无差别论》，说菩提心就是自性清净心），这一层在密宗的经论中得到更深刻的发挥，一方面丰富了菩提心的内容，另一方面也使发菩提心的意义起了变化。发菩提心在后代密宗仪轨中成为必须具备的仪式。在普贤阿阇黎（不空之师）所集的受《菩提心戒仪》（不空译）中举出的发心次第是：礼佛，运心供养，忏悔，受三归依，受菩提心戒。这个发菩提心的内容就是有名的五大愿，所谓“有情无边誓愿度，福智无边誓愿集，佛法无边誓愿学，如来无边誓愿事，无上菩提誓愿成”。在称诵这五大愿之后再诵受菩提心戒真言，印相用金刚合掌。不空传承系统中各种修法仪轨开头一部分差不多都具备这个次第。在西藏的密宗修法中，发菩提心也是每一部仪轨中不可缺少的开端，但多采用自密部经典中选出的颂文。

（郭元兴）

教判

在佛教中根据义理的浅深、说时的先后等方面，将后世所传的佛教各部分，加以剖析类别，以明说意之所在的叫作教判。教判起源于南北朝时期，到了隋唐还继续盛行。从有判以来，就未得一致的见解。又由于诸家所见各异，遂生宗派之别，所以教判也是宗派成立的原因之一。

在南北朝时期，南北判教著名的有十家，后人谓之"南三北七"。如连同隋唐时代判教之说来看，他们的主张一教乃至六教，大致如次：

一、主张一教的有二：（一）姚秦鸠摩罗什，（二）后魏菩提流支。立一音教，谓一切圣教都是如来一圆音教，因众生根器不同而有种种区别。

二、主张二教的有四：南齐居士刘虬立顿、渐二教，初顿为《华严》；后渐复分为五：人天（提谓）、声闻（四谛）、般若（空）、法华（破三皈一）、涅槃（佛性）。（一）说陈真谛三藏立顿、渐二教，与此大同。（二）隋诞法师，立直往与渐悟二教。（三）宋昙无谶、隋慧远等立半（初说）、满（后说）二教。（四）唐江南印法师、敏法师等立屈曲与平道二教，释迦佛说《涅槃经》，随逐机性破除执着，为屈曲教；卢舍那佛说《华严经》随逐法性自在无碍为平等教。

三、主张三教的有四；（一）后魏统法师立顿、渐、圆三教，为根熟者演常与无常、空与不空等一切具说，更无渐次，名为顿教；其次为根未熟者先说无常后说常，先说空后说不空，名为渐教；最后为上达佛境者，说如来无碍解脱究竟，果德圆极秘密自在法门，名为圆教。（二）陈真谛立转、照、持三教，本《金光明经》说四谛为转教，《般若》为照教，《瑜伽》为持教。（三）隋吉藏立本、末、摄末归本三教，《华严》最初说根本法轮，为三乘等随后说为枝末法轮，《涅槃》《法华》最后说为摄末归本教。（四）唐玄奘本《解深密经》三时说教，初四谛教，次空教，最后非空非有之中道教。

四、主张四教的有五：（一）齐大衍法师立因缘宗等四教，谓小乘萨婆多等部为因缘宗，《成实论》及经部等说为假名宗，诸部般若说即空理明一切法不真实为不真宗，《华严》《涅槃》明法界真理佛性为真宗。（二）梁光宅法云立四乘教，《法华》中临门三车为三乘教，四衢道中所授大白牛车为第四乘教，前三（声闻、缘觉、菩萨）为权，后一为实，合三乘与一乘为四乘教。（三）隋笈多立四谛等四教，谓《阿含》为四谛教，《般若》为无相教，《楞伽》为法相教，《华严》为观行教。（四）隋智顗立藏、通、别、圆四教，依据讲因缘生法而不究竟的小乘经律论立藏教，依据大小乘相共而与前藏后别圆相贯，如《般若经》中共般若之说立通教，依据但说大乘不共佛法如《般若经》中不共般若之说立别教，依据大乘究竟义理，圆满具足圆融无碍之说立圆教。（五）唐新罗国元晓立三乘别教等四教，谓四谛教《缘起经》等为三乘别教，《般若》《深密经》等为三乘通教，《璎珞》《梵网经》等为一乘分教，《华严经》为一乘满教。

五、主张五教的有三：（一）护身寺自轨法师根据光统律师的四教，仅许《涅槃经》为常宗，而推尊《华严经》于《涅槃经》之上，别立为法界宗，这样就成为因缘、假名、不真、真、法界等五宗。（二）唐波颇立四谛、般若（二同笈多之说）、三观（《华严》）、安乐（《涅槃》）、守护（《大集》）等五教。（三）唐法藏立小、始、终、顿、圆五教，谓《阿含》为小教，《般若》为始教、《楞伽》为终教、《华严》为顿教与圆教。

六、主张六教的有一：隋耆阇崛多立因缘等六宗，谓《毗昙论》说六因四缘为因缘宗，《成实论》说三假为假名宗，《四论》说如幻为不真宗、《法华》为真宗，《涅槃》为常宗，《华严》为圆宗。

综计诸家教判之说，不下二十余种。其中，以天台、贤首两家的说法比较特殊，其影响后世也最大，这里略加叙述如下：

天台智顗的教判，即有名的五时八教说，简称四教说。五时是依《涅槃经》里佛说开展如牛乳五味（乳、酪、生酥、熟酥、醍醐）的比喻而建立的。五时即佛一代说法的五个阶段：一、华严时；二、鹿苑时；三、方等时（说《大集》《宝积》《思益》《净名》等经）；四、般若时；五、法华涅槃时。此外又由说法的形式和内容来区别，各分四种，合成八教。形式方面称为化仪四教，内容方面称为化法四教。化仪四教首先是顿教，大乘圆满教理直下全提；其次是渐教，由小而大次第宣扬；再次是秘密教，受教的同听异闻，或顿或渐都以为对自己所说；最后是不定教，也是一齐听法而领会不同，或于顿中得渐义，或于渐中得顿义，但都知道佛是普遍而说。如果用这五教和五时配合，那么最初华严时即为顿教，鹿苑、方等、般若三时为渐教，随着三乘根基逐渐从小入大，在此顿、渐二教中间，又都含有秘密不定，只有第五法华涅槃时，才超然于顿渐秘密不定之外。化仪四教即先所述的藏、通、别、圆。这四教亦可以与五时相配合，最初华严时为圆教而说意兼别，第二鹿苑时但是藏教，第三方等时因为说法通于三乘所以并不属于哪一教，第四般若时，除藏教外兼明后三时，第五法华涅槃时，专门开辟圆顿义理，唯属圆教。《法华》本已究竟，但还有不能得益的，故又重之以《涅槃》。五时配到《法华》为止叫作前番五时；如要到《涅槃》为止叫作后番五时。这样不但推尊了《法华》，《涅槃》亦同时被推尊了。

天台以前教判之说虽多，大概以顿、渐、不定三种为主要区别。《华严》为化菩萨，如日照高山名为顿教，三藏为化小乘，先教半字故名有相教，十二年后为大乘人说五时般若乃至常住名无相教。此等俱为渐教。别有一类经非顿非渐明佛性常住，如《胜鬘》《金光明》等，名为偏方不定教。惟渐教中有分三时、四时、五时等的说法。鸠摩罗什门下慧观结合三时、四时等说，而立五时说，其顺序与天台五时说大体一致，所不同者，慧观于渐教中分有相、无相、抑扬三种，而天台分鹿苑（有相）、方等（抑扬）、般若（无相）而已；至于秘密与不定，仍由前述各家所立的不定教而来。秘密可说是隐复的不定；而不定则是显露的不定。又慧观教判为三乘与一乘之区别，而以三乘为三乘别教（有相教）与三乘通教（无相教）二种。天台由大乘教而来，故援大乘通教、大乘别教，而立藏、通、别之区别；更综合《法华》《涅槃》于其上设为圆教。此藏、通、别、圆之次序，似又与光统所立的因缘、假名、诳相、常宗等四教相通。可见天台五时八教之说，是吸取南北各家异说而加以发展的。

华严、贤首的教判，即有名的五教十宗说：

五教：一、小乘教（唯说眼、耳、鼻、舌、身、意六识为心的即是）；二、大乘始教（说八识阿赖耶的如《唯识论》即是）；三、大乘终教（说现象差别法不外乎真如的，如《大乘起信论》与摄论派等即是）；四、大乘顿教（进一步说妄心妄境俱空，仅一真心朗然，如《维摩诘经》等即是）；五、大乘圆教（更进一步说森罗万象的差别现象，不外乎朗然一心的显现如《华严经》即是）。五教说渊源于杜顺禅师的《五教止观》，其目的不外推尊本宗所宗的《华严经》在诸经中为最尊最胜。贤首于五教之外，又立十宗之名：第一，我法俱有宗（犊子、法上、贤胄、正量、密林山等五部，以及经量部中的一派）；第二，法有我无宗（雪山、有部二部）；第三，法无法来宗（法藏、饮光、大众、鸡胤、制多山、西山住、北山住等七部，以及化地部中的一派）；第四，现通假实宗（说假部及经量部中的一派）；第五，俗妄真实宗（说出世部）；第六，诸法但名宗（一说部）；第七，一切皆空宗（大乘始教）；第八，真德不空宗（大乘终教）；第九，相想俱绝宗（大乘顿教）；第十，圆明具德宗（大乘圆教）。十宗是配合五教而立说的，从一至六属小乘教，从七至十属大乘四教。

贤首五教十宗之说，大体因袭天台，改天台的藏教为小教、通教为始教，别教为终教、圆教为顿教与圆教，这就连本宗的清凉国师也承认过的（见《华严经疏钞序》），故其说无何创见。

（田光烈）

结使

结使，也简单称为结，是一类能够束缚众生的心、结集生死，而使众生不得出离生死流转的烦恼。

从典籍上看，诸结说最初见于《四阿含经》。《中阿含经》卷兰十三说众生有悭、嫉二结；《杂阿含经》卷三十二说众生有爱、恚、无明三结（《俱舍论》卷二十一同），《增一阿含经》卷十七说众生有身邪、戒盗、疑三结（《大毗婆娑论》卷四十六，《显扬圣教论》卷十六说同），《增一阿含经》卷二十说众生有欲、嗔恚、愚痴、利养四结（《成实论》卷十说众生有贪身、恚身、戒取身、贪着是实取身四结），《中阿含经》卷五十六说众生有贪、嗔、慢、嫉、悭五结（《发智论》卷三、《集异门足论》卷十二、《大毗婆娑论》卷四十九、《俱舍论》卷二十一同）。《辨中边论》卷上说众生有爱、恚、慢、无明、见、取、疑、嫉、悭九结（《发智论》卷三、《成实论》卷十二、《俱舍论》卷二十一、《杂集论》卷六同）。总之，这些结使都是系缚众生的身心，使众生永远沉沦于生死流转的烦恼。

众生生死流转的主因是“业”，而诸结为它的增上缘。众生的生死流转，不出乎这个世界，由于众生自身的造业不同，对它的感受也不一样。这世界可分为三种：一、欲界，二、色界，三、无色界，即所谓三界。其中欲界是比较低级的世界，又叫作下界，色界与无色界是比较高级的世界，又叫作上二界。在三界中，有五种结是束缚众生在欲界中的烦恼，有五种结是束缚众生在色界与无色界中的烦恼要素，这样就有五下分结与五上分结。

五下分结——是随顺欲界生死的烦恼里主要的五种：一、欲贪，二、嗔恚，三、身见，四、戒禁取见，五、疑。这五种里欲贪是对于事物贪求的欲望；嗔恚是对于所追求的事物达不到目的而发生的忿怒；身见是于自身执着为我的见；戒禁取见是听闻异端邪说之后，不假思索，就把它所规定的种种“戒”和“禁”及“戒”和“禁”所依附的物我认为最胜而能得无上清净的妙法；疑是被欲望所迷惑，对于正法及生疑惑不信的心理。这五种系缚欲界众生的“结使”，因为它具备“四下”的意思，所以叫“五下分结”。第一，是界下，贪欲、嗔恚这些“结使”惟限于欲界，不在上二界；第二，是果下，由贪嗔戒取这些“结使”为因，能招受“三涂”下劣的恶果；第三，是人下，身见戒取与疑等“结使”，只有凡夫才有，圣人是不会有的；第四，所障下，身见戒取与疑仅能障碍初果。

五上分结——是随顺色界无色界生死的烦恼里主要的五种：一、无明，二、慢，三、掉举，四、色贪，五、无色贪。这里面无明不是根本无明，而只是说由于痴暗不明义盛的那种烦恼；慢是骄傲自满，盛气凌人；掉举是躁动嬉戏；色贪是对于色界的贪爱；无色贪是对于无色界的贪爱。这五种系缚色界无色界众生的“结使”，因为具备“三上”的意义，所以叫作“五上分结”。第一，是界上，无明等五种“结使”均在上二界即色界、无色界中生起；第二，人上，无明等五种“结使”均是“学人”所起的烦恼；第三，所障上，无明等五种“结使”都能障碍“无学”上果。由于有“五下分结”为“业”的增上缘，众生便长此为欲界系缚不能超脱；由于有“五上分结”为“业”的增上缘，众生便长此为色界、无色界所系缚不能超脱。总之，依于上下分结，众生就不得不长此生死流转于“三界”。

（田光烈）

格义

格义是此土初期的佛教学者所用一种解说佛典的方法。据《出三藏记集》（卷五）所载慧叡撰的《喻疑》中说："汉末魏初……寻味之贤始有讲次，而恢之以'格义'，迂之以配说。"而说明格义的运用，是始于汉末魏初。当时佛教传入中土不久，它的理论幽玄，不是一般人所能够了解，于是讲说佛法的人便用格义的方法，和此土旧有的学术思想相配合，来发挥它的意义。例如，魏初康僧会和陈慧合撰的《大安般守意经注》（卷上，此经现行本经注不分），把"安般守意"四个字作了十几种解释，其中就有一段说"安为清，般为净，守为无，意为名，是清净无为也"，即是用此土的道家所说"清净无为"来配释"安般守意"的。又《阴持入经注》（卷下）也用"无为"配释"泥日"（涅槃的古译），这些都是格义最初例子。这个方法，一直传到东晋道安时代，还都只是讲说者应机施设，没有成规，到和道安同学于竺佛图澄门下的河间（一作中山）竺法雅，才把"格义"着了类例。竺法雅是一位兼通外学的佛教学者，依附他的门徒，多半只懂一般世间的典籍，对于佛教的教理还格格不入。竺法雅为了令他们易于理解，于是和中山康法朗等把佛经当中的事数，和老庄等外书比拟配合，递互讲说，并且著为类例，作为讲说的准则。其中事数，依《世说新语》"文学篇"刘孝标注说，是五阴、十二入、四谛、十二因缘、五根、五力、七觉之属，把这些事数用中土原有的事例加以说明。竺法雅以后，"格义"就限于法数的范围。如隋智顗说的《仁王护国般若经疏》（卷二）引用了一段《提谓波利经》，其中就用五星、五岳、五脏、五行、五帝、五德、五色，特别是五常，来配释五戒，说不杀是仁，不盗是智，不邪淫是义，不饮酒是礼，不妄语是信。这个《提谓波利经》，据《出三藏记集》（卷五）《新集疑经伪撰杂录》中说，是刘宋孝武帝时北魏比丘昙靖所伪造。（《续高僧传·昙曜传》也说："旧录有《提谓经》一卷，与诸经语相同，但昙靖增加了五方、五行，致成伪本。"）又隋颜之推所著《颜氏家训·归心篇》也说："内典初门设五种禁（五戒），外典仁、义、礼、智、信皆与之符。"这种以五常配五戒之说，大概即是旧时法雅一流"格义"的遗留。自从法雅等盛倡"格义"的学风，继起者不乏其人，如当时的佛教学者毗浮、昙相等就在讲授佛理时用"格义"的方法训导门徒。道安、支遁等解释佛理时也曾经对比所谓"庄老三玄"中的言句；而慧远讲"实相义"引《庄子》为连类，更是"格义"的流亚。然而，外书和佛典毕竟有相当的距离，所以"格义"容易流于歪典而和佛典的本义乖违，如《高僧传·僧光传》引用道安语说"先旧格义，于理多违"，又鸠摩罗什的弟子僧叡在所撰《毗摩罗诘提经义疏序》当中说："格义迂而乖本。"因此，"格义"的运用终于随佛教的义理渐次流行和发展而止。

（黄忏华）

言教二谛

言教二谛（又作约教二谛），是和境理二谛（又作约理二谛）相对立名，它是三论宗学说特点之一。

三论宗人承印度中观之学，用二谛作中心来组织一切理论。二谛：一、俗谛（又作世谛、等谛、世俗谛）；二、真谛（也译作第一义谛、胜义谛）。

言教二谛的典据，是《中论·观四谛品》，而中论的典据，是《摩诃般若波罗蜜经》。例如，《中论》说："诸佛依二谛，为众生说法：一、以世俗谛；二、第一义谛。若人不能知，分别于二谛；则于深佛法，不知真实义。"《百论·破空品》也说："诸佛说法，常依俗谛、第一义谛，是二皆实，非妄语也。"这都可以证明二谛是属于言教的。所以青目解释《观四谛品》的两颂，说世俗谛阐明虚妄法，但对于世间是实在；第一义谛阐明法空，但对于圣人是实在。又如《二谛章》说，谛是实义，有于凡实，空于圣实，是二皆实。"又《三论玄义》说："有二谛故，佛语皆实。以世谛故，说有是实。第一义故，说空是实。"由此，三论宗的二谛说里，有"于谛"的名目，就是指于世间是实，于圣人是实。

三论一系，从摄山僧诠及其弟子兴皇法朗以来，都根据《中论》《百论》所说，阐明二谛不是所证的道理、所观的境界，而是能诠的言教上的差别，不外乎说法化导的方法形式。只是为破众生的有执用真谛说，为破众生的空执用俗谛说；真谛不是空理，俗谛不是有境。所以叫它作言教二谛，或者约教二谛。例如，《二谛章》说："次明二谛是教义，摄岭、兴皇已来，并明二谛是教。所以山中师手本二谛疏云：二谛者，乃是表中道之妙教，穷文言之极说。道非有无，寄有无以显道；理非一二，因一二以明理。故知二谛是教也。”也就是说，其他宗派明二谛是理，或者是境，而三论宗明二谛即是教门。言教是能诠，境理是所诠；因二谛的言教领悟不二的中道，不二的中道是所诠，如因指得月，月是所诠。总之，不二的中道即诸法实相，言忘虑绝，非空非有，从而非真非俗。但为令众生悟无所得中道理，于无名相中强设名相，说真俗二谛。这就是言教二谛。

综上所说，即三论宗僧诠、法朗、吉藏一系，不把所谓真俗二谛看作所证理、所观境的区别；而说是能诠的言教。然而，三论宗以无所得为宗，所以对于执着二谛是言教，堕于有所得见，也加以破斥。以二谛为言教，毕竟也不过是对缘假说。本来无所得的中道不是真，也不是俗，为引导众生，所以用真俗的名言来说；二谛不是境理，也不是言教，为拔除二理二境的见解，所以明二谛不是境理而是说法教化上的方便。因此说，以二谛为言教，毕竟也不过是适时而用的对缘假说。例如，《中论疏》说：“由来理二谛根深，言二谛有两理，故成画石二见，二心不可除。……为拔二理之见，故言真之与俗皆是教也。至道未曾真俗。即末学者遂守二谛是教，还见投语作解。由来二谛是理为理见，今二谛为教复成教见。若得意者，境之与教皆无妨也。以真俗通理，故名为教；真俗生智，即名为境。如来说二谛，故二谛为教；如来照二谛，即二谛为境。然二谛未曾境教，适时而用之。”又《大乘玄论》说：“为对由来以理为谛故，对缘假说。”

（黄忏华）

四重二谛

四重二谛，是将真俗二谛开显为四重，在中土各宗中，三论宗和慈恩宗都有四重二谛说。三论宗的四重二谛，是就真俗二谛所含有空、二不二、非二非不二等意义互相对比而立论，从粗到细，立为四重。慈恩宗的四重二谛，则是于胜义（真）、世俗（俗）二谛各分四种，从浅到深，合为八谛。此外，天台宗对真俗二谛，依藏、通、别、圆四教来说，也可以说是四重二谛。

一、三论宗的四重二谛。三论宗僧诠、法朗一系所说二谛，是就能说的言教建立。真、俗二谛只是言教上的差别，完全属于说法化导的方法形式，为破空见用俗谛说有，为破有见用真谛说空。随后嘉祥大师吉藏（549—623）为把这个意义阐明得更彻底，在《大乘玄论》（卷一）及《中观论疏》（卷二末）等中将二谛开作四重：

第一重：有是俗谛、空是真谛。这一重是对毗昙师的事、理二谛所立。毗昙师立实有实空的二谛，即空之外实有有，有之外实有空；今为显示俗谛之有由于真谛之空，真谛之空由于俗谛之有，以对破他。既然有是由空之有，就不是实有，而是不有之有；空是由有之空，就不是实空，而是不空之空。

第二重：有、空都是俗谛，非空非有才叫作真谛。这一重是对成论师所立。成论师以有、空为真、俗二谛，今为对治他，阐明把有、空分作两种来看还是俗谛。既然是不有之有，同时是不空之空，那就有、空原来不二无别，所以非有非空，叫它作真谛。

第三重：空、有是二、非空非有是不二，二和不二都是俗谛，非二非不二才叫作真谛。这一重是对地论师、摄论师等以依他（依他起性）、分别（遍计所执性）二为俗谛，以依他无生分别无相不二真实性（圆成实性）为真谛所立。今阐明把二和不二分作两种来看还是俗谛，非二非不二，即二而不二、不二而二才是真谛。

第四重：前三重的二、不二、非二非不二三种二谛都是教门，从而都是俗谛，亡虑绝言才是真谛。这一重是对地论师、摄论师以三性为俗谛，以三无性非安立谛为真谛所立，即前三重都是言语上的戏论，都是从凡夫相对的心念所发，还是俗谛。所以地论师、摄论师虽然说依他、分别二真实不二是安立谛，非二非不二、三无性非安立谛，然而都是俗谛。言语道断、心行处灭才是真谛。

《中论疏》（卷二）说为破四病所以说这四重：第一重明于凡夫是有，叫作世（俗）谛；于圣人是空，叫作第一义（真）谛。第二重明为破有，所以说空；诸法不曾是有，也不曾是空，空有都出于世俗的情虑，所以都是世谛；了知不曾是空，也不曾是有，叫作真谛。第三重明为破空有所以说非空非有，既不曾是空是有，又何曾是非空非有，所以空有非空非有、二不二都是世谛；非空非有、非不空非不有，才是真谛。第四重明说四句是俗谛，非四句才是真谛。

二、慈恩宗的四重二谛。慈恩宗窥基法师（632—682）综合《瑜伽师地论》（卷六十四）、《显扬圣教论》（卷六）所说四种世俗及《成唯识论》（卷九）所说四种胜义的义理，在所撰《大乘法苑义林章》（卷二）“二谛义”中，依世俗、胜义二谛有无、事理、浅深、诠旨等义的分别，把它各开作四重，其中世俗谛四重是：（一）世间世俗谛，（二）道理世俗谛，（三）证得世俗谛，（四）胜义世俗谛。胜义谛四重是：（一）世间胜义谛，（二）道理胜义谛，（三）证得胜义谛，（四）胜义胜义谛。

世俗谛，据窥基说应作“隐显谛”，隐是“隐覆空（真）理”，显是“有相显现”，如同把手巾结扎作兔子等物，本来的手巾的相状掩覆，而兔子的相貌显现。在这里，有无不虚，即称为谛。就中：（一）世间世俗谛，是说瓶衣、车乘、舍宅、军众等，我、有情等。此等假法，只是迷情上所生的妄相，堕在虚伪之中，所以叫作世间；世人都说是实有，依俗情安立名字，所以叫作世俗。只有假名，无其实体，所以也叫作有名无实谛。

（二）道理世俗谛，是说五蕴、十二处、十八界等，依主观、客观诸法的义理把它汇类而区别作蕴、处、界等，所以叫作道理；事相差别易知，所以叫作世俗，也叫作随事差别谛。

（三）证得世俗谛，是说苦、集、灭、道四圣谛等，佛以方便安立知、断、证、修的苦等四谛，阐明迷、悟、染净的因果差别，令行人依此趣入而证得圣果，所以叫作证得。有因果的相状可知，所以叫作世俗。也叫作方便安立谛。

（四）胜义世俗谛，是说二空真如，这是圣者的智慧自内所证，为欲随顺引生这种智解，依世俗安立，所以叫作胜义世俗。又二空真如不是作为解脱的方便而施设的法门，所以也叫作假名非安立谛。

胜义谛，旧名第一义谛，也叫作真谛，胜义有境界和道理两种意义。前三种胜义，依境界义立，即殊特胜妙的智慧的对境，亦即由殊胜的智慧认识真理的境界。第四种胜义是废诠谈旨的一真法界，是依道理立义。在这里，理事不谬，即称为谛。就中：（一）世间胜义谛，即道理世俗谛，亦即三科等法，事相粗显，犹可破坏，所以叫作世间；是圣者后得智所知，超越世间世俗谛，有体有用，不同于那只有名无体无用的假法，所以叫作胜义，也叫作体用显现谛。

（二）道理胜义谛，即证得世俗谛，亦即苦集灭道四谛，这是依知、断、证、修因果差别等义而安立的，所以叫作道理；是殊胜无漏智的境界，超越前二重世俗谛，也叫作因果差别谛。

（三）证得胜义谛，即胜义世俗，亦即二空真如，依诠门显了二空真如理，所以叫作证得；凡愚不能够测知，超越前三重世俗谛，也叫作依门显实谛。

（四）胜义胜义谛，即一真法界。前面的二空真如，还是由言诠说明的，所以说依门显实。这里的胜义胜义谛，即指真如，真如体是超绝言诠的不可安立法，是圣者无分别智自内所证，超越前四重世俗谛，所以重复叫作胜义胜义谛，也叫作废诠谈旨谛。

《法苑义林章》“三乘深浅门”中还分别阐明声闻、缘觉、菩萨三乘的四重二谛。其中声闻乘的四重二谛中：第一，世间世俗谛，是说瓶、军、林、及我、有情等假法；第二，道理世俗谛，是说三科等法；第三，证得世俗谛，是说四圣谛理；第四，胜义世俗谛，是说生空真如。第一，世间胜义谛，是说三科等法；第二，道理胜义谛，是说四圣谛理：第三，证得胜义谛，是说生空真如；第四，胜义胜义谛，是说非安立的生空无我一真法界。缘觉乘的四重二谛中：第一，世间世俗谛，是说瓶、军、林、及我、有情等假法；第二，道理世俗谛，是说十二有支等法；第三，证得世俗谛，是说七十七智、四十四智等法；第四，胜义世俗谛，是说生空真如。第一，世间胜义谛，是说十二有支等法；第二，道理胜义谛，是说七十七智、四十四智等法；第三，证得胜义谛，是说生空真如；第四，胜义胜义谛，是说非安立的生空无我一真法界。菩萨乘的四重二谛中：第一，世间世俗谛，是说瓶、军、林及我、有情等假法；第二，道理世俗谛，是说十善巧（蕴、界、处、缘起、处非处、根、世、谛、乘、有为无为）或大善巧（十善巧中的前六种）；第三，证得世俗谛，是说三性、三无性等唯识妙理，第四，胜义世俗谛，是说二空真如。第一，世间胜义谛，是说十善巧等；第二，道理胜义谛，是说三性三无性等理；第三，证得胜义谛，是说二空真如；第四，胜义胜义谛，是说非安立的二空无我一真法界。以上的三乘四重二谛中：四种世俗都是安立谛，四种胜义中前三种是安立胜义谛，第四种是非安立胜义谛。

三、天台宗的四种二谛。天台宗智顗（538—597）说二谛有二种：（一）理外二谛，（二）理内二谛。如说“真谛非佛性”，即是理外二谛；说“真谛即佛性”，即是理内二谛。理外二谛又有二种：（一）不即二谛，又称生灭二谛；（二）相即二谛，又称无生二谛。理内二谛也有二种：（一）不即二谛，又称无量二谛；（二）相即二谛，又称无作二谛。如说“色灭方空”这是生灭二谛。说：“即色是空”，这是无生二谛。说“分别世谛有无量相，第一义谛亦有无量相”，这是无量二谛。说“无作苦集灭道名为世谛，即一实谛故名第一义谛”，这是无作二谛。就能诠的四教说，就藏教诠理外不即二谛，通教诠理外相即二谛，别教诠理内不即二谛，圆教诠理内相即二谛。又为阐明这四种二谛的发展关系，还又扩充为七重二谛。

（黄忏华）

八不中道

八不中道是三论宗理论与观行的中心。三论宗的根本圣典，是龙树论师所造的《中论》（也叫作《中观论》）。但是，龙树论师自己所造只是《中论》的颂文，现存梵本，叫作《根本中颂》。所谓八不，即龙树论师于《中论》的篇首所说。

龙树论师的思想，渊源同《般若》等经。《般若》立说有为无为一切诸法（即宇宙万有）当体性空，破除由于假名（即概念）认识所执着的实在。龙树论师的立说更发扬性空而无碍于缘起的中道妙理。依他缘起的诸法，当体空无自性不可得，然而，“空”并非“无”的异名，“空”的意义是“不”，“不”是泯义、破义，并非对于“有”的“无”，而是超越有无的“中道”。他为影显此无所得中道实相的妙体，把《般若》等经中散说的不生不灭等，归纳作八不一颂，而在《中论》的篇首说：“不生亦不灭，不常亦不断，不一亦不异，不来亦不出。能说是因缘，善灭诸戏论；我稽首礼佛；诸说中第一”。生、灭、常、断、一、异、来、出，八种概念，是就缘起诸法的假相立名，都和离一切妄见戏论不可得的中道实相不相应，而众生把它执着作实在，堕于无因邪因断常等诸见中。所以，龙树论师对于缘起诸法说“不生不灭，不常不断，不一不异，不来不出”八不，否定这些实在论的见解。但是，《中论颂》在八不中只解释了“不生”一种，这或者是因为所谓无生（藏译《中论》八不作八无，“不生”即“无生”）是一切佛法的中心，所以用“不生”来代表八不。如《中观论疏》就说：“佛虽说八不，则束归一无生。”《中论颂》用自因、他因、共因、无因四句，推检诸法，以证明诸法的无生不可得，所谓“诸法不自生，亦不从他生，不共、不无因，是故知无生”。即于自因、他因、共因、无因四句中，觅生不可得，所以说诸法无生。

“八不”依梵志青目的《中论释》，“生”是说诸法实有生，“灭”是说诸法实有灭，“常”是说诸法常存，“断”是说诸法终归断灭，“一”是说千差万别的诸法实在浑然为一，“异”是说诸法的差别历然，“来”是说诸法从自在天世性（通常叫作自性；在数论学派这是物质的根本质料或者根本原因）、微尘（和原子相当，后世译作极微）等来，“出”是还去至本处。然而，因缘和合而诸法生叫作生，此生相假如实有，就应当不能借因缘；既然凭借因缘而生，即非实有，所以说不生。因缘离散而诸法灭叫作灭，先已无生，何得有灭，所以说不次。假如先有自性（自体），是即为常，既然凭借因缘，即无自性，所以说不常。先有今无，是即为断；即非先有，何碍有断，所以说不断。因果假如是一，就不由因有果，也不由果有因；或者但有于果，更无别因，所以说不一。因果假如是异，因时未有果，就有所续无能续；果时无复有因，就有能续无所续，所以说不异。来无所从，所以说不来；去无所至，所以说不出。此外青目还举了世间现见的谷芽等以显粹八不。然而，青目对于八不的解释，其说理及举喻，有时不够谨严，所以在吉藏以前，讲者多出异解。

八不义到了开创三论宗的吉藏（世称嘉祥大师）而圆备，吉藏于从不十门义中以八不正二谛。现在，依他所撰述的《中观论疏》发《大乘玄论》等略逐于下：

一、不生不灭。世谛生灭非实生实灭，但由因缘生而假名生，因缘灭而假名灭。因缘生虽生而不起，因缘灭虽灭而不失，所以生灭宛然而不生不灭。这样理会不生不灭，即是世谛中道。其次，和世谛的假名生灭相待而有真谛的不生不灭，所以此不生灭非自不生灭。世谛生灭既是假名，真谛不生灭亦是假名。世谛假名生灭既非生灭，所待的真谛假名不生灭亦非不生灭。所以不生不灭宛然而非不生非不灭，这是真谛中道。再次，不生灭而生灭为世谛，生灭而不生灭为真谛。不生灭而生灭即非生灭，生灭而不生灭即非不生灭。这样构成非生灭非不生灭，即是二谛合明中道。如此从实生实灭看为单纯的世谛（一句），从不生不灭看为单纯的真谛（二句），从假名生灭即不生不灭看为世谛中道（三句），从假名不生不灭即非不生非不灭看为真谛中道（四句），最后超过了这些，由非生灭非不生灭两方面结合了二谛来看为二谛合明中道（五句）。以上明生灭二句，余句例此。

二、不断不常。虽于上不生不灭，说世谛因果相生，是假生灭非性实生灭，犹未免因中有果无果等失。如僧佉（数论学派）计自性是常、从自性生大、从大生意（我慢）等，此即执于常义。卫世师（胜论派）执因中无果说一切法因灭果生，此即执于断义。佛法内萨婆多（说一切有）部明三世常有，亦是常义。大众部执三世无，亦是断义。今明因果依因缘而起，只是假名，不可说定有因缘和合先后等，亦不可说定无因缘和合先后等，即虽世谛假名说有常断，而假常不可名常，假断不可名断，不常不断，名为中道。

三、不一不异。世谛虽离性实生灭及决定断常，然而如僧佉说一切法一，又大众部说因果一体如转种子为芽等，卫世师说一切法异，又上座部说因果异体如种子芽各一物等，都破坏世谛因果中道。今明众因缘生法，因果不同，能所二义，所以非一；因是果的因，果是因的果，所以非异，不一不异名为中道。

四、不来不出。虽闻以上六不，然而终究说决定有果，如涂炭外道等计众生的苦乐、万物的生灭，都从自在天来，这是外来义。又尼健陀若提子（耆那教的开祖）等计苦乐的果报都是我的自作、我的自受，这是内出义。又如毗昙（有部宗的论书）计木有火性，从于性火以成事火，是内出义。僧佉计自性是常，也和此执相同。成实（成实论）明木无火性，但假缘生，是外来义。卫世师计二微和合，也和此执相同。如此来出都破坏世谛因果中道。今明众因缘生法果不偏在因，所以不从内出；亦不偏在缘，所以不从外来，不来不出名为中道。

诸法实相的妙体，由“不生不灭、不常不断、不一不异、不来不出”八不而显。横破生灭常断一异来出八迷，竖穷生灭、不生不灭、亦生灭亦不生灭，非生灭非不生灭五句（因为求生灭不得，所以说不生不灭。生灭既去，不生不灭，亦生灭亦不生灭，非生灭非不生灭诸句自崩。如就生灭，对一异等六迷亦如此），洗颠倒之病，令毕竟无遗，即是中道实相。如此就八不即是无依无得无所有中道正观，亦即诸法实相，所以八不是二谛法门的极致。由此八不开显正观，了因缘性空而生二慧。二慧是实慧、方便慧，方便慧是鉴有不取，实慧是观空不证。如《中观论疏》说：“二慧由二谛而发，二谛因八不而正……以不悟八不即不识二谛，不识二谛即二慧不生。”又说：“八不者盖是正观之旨归，方等之心骨。定佛法之偏正，示得失之根原。迷之即八万法藏冥若夜游，悟之即十二部经如对白日。”又《大乘玄论》说：“八不者盖是诸佛之中心，众生之行处也。……竖贯众经，横通诸论也。”

不门无量，如四句百非都是，然而邪见有种种差别，从总的方面说即一切有所得心，从别的方面说不出生灭、常断、一异、来出四双八计。此生灭等八计是众生迷失的根本，始末无量无边的妄执都从这八种主观的偏见派生。破除生灭等八计即为总破除一切偏执。姑且用这八种该摄一切，而在这些相对差别的八种偏见上一一冠不字而遮遣之，洗净一切有所得的偏执，以影显无所得中道。如《中观论疏》说：“以此八事总破一切法。破一切法者，历破众生心所行事。众生心唯行此八事中故今皆悉不之，令心无所行。无所行故无所得，即是迥悟无生。”又《大乘玄论》说：“以八不洗除尽净诸法，故经中具有百非，即还是百不百无等。”所以，八不随根的利钝有开合的不同，开之为充量不，合之为“不生”一不。

三论宗破邪之外无显正，破邪即显正，姑对破有所得之邪显无所得之正。例如，《三论玄义》说：“一微不究，则戏论不灭；毫理不尽，则至道不彰。以无微不究，群异乃息；无理不尽，玄道始通。基以斯文，遍排众计。”又说：“若心存内外，情寄大小，则堕在偏邪，失于正理。既失正理，则正观不生。若正观不生，则断常不灭。若断常不灭，则苦轮常运。以内外并冥，大小俱寂，始名正理。悟斯正理，则发生正观。正观若生，则戏论斯灭。戏论斯灭，则苦轮便坏。”戏论灭，群异息，则无所得的至道彰，即破邪已尽，无有所得。有所得的偏见既无，言虑无寄。此言亡虑绝无所得的境界就是正，所以破邪即显正。无所得是真理的极致，言亡虑绝，非有非无，非亦有亦无，非非有非无；所谓言语道断，心行处灭，所以只是无所得。如此，以无所得为至道为正理，所以八不之外无别中道，八不即中道。

（黄忏华）

三宗

佛教教派有关三宗的论说很多，本文介绍的是指南北朝宋、齐时代名士周颙所立的三宗。周颙是个佛教学者，信仰佛教，曾做官于宋、齐二代，对佛教很有研究。他把当时佛教产生的学术思想，概括地归纳为三宗。作《三宗论》，有名于世。三宗的要义，是在解释空的含义不同而分宗不同。在宋、齐时期，无著、世亲瑜伽之学尚未翻译流行，当时佛教盛行的学说主要是《般若》《涅槃》《三论》《成实》。而《般若》《三论》《成实》都是阐述空义的学说。在晋代研究《般若》就有六家七宗的不同，宋、齐两代，成实、三论诸师谈空也有多种不同、周颙因著《三宗论》以评判之。

三宗者，第一“不空假名宗”。此解释空义，主张只空诸法实性，名为真谛，名为性空，不空因缘假法，缘起假有即是世谛，并非全无，若此都空，便堕断灭。此种主张，名为性空，不空因缘假名。据《名僧传抄》说，宋代名僧觉世，善《泥洹》《大品》立二谛义，以不空假名为宗。

第二“空假名宗”。主张空即假有，为空假名。意谓缘起诸法是假有，名为世谛。此世谛假法，众缘若散，即归空无，名为真谛，即前有假法而后空之。为空假名。此又名为空有二谛，有为世谛，空为真谛，有时无空，空时无有，空有不相即。此是《成实》者的析法空义，明空便空假假有，故称“空假名”。

第三“假名空宗”。意谓从众缘生的假法即是空，为假名空。此义即不存空以遣有，也不坏假有而谈空，即假即空，是非有非无义，虽空而宛然假有，虽假有而宛然是空，空有无碍，不偏两边即是中道。

周颙的佛学思想属于三论学派。著《三宗论》设“不空假名”诘“空假名”，设“空假名”难“不空假名”，又设“假名空”难前两宗。可见周氏所宗为“假名空宗”，此《三宗论》常为三论学者所称道，并谓假名空义出自僧肇《不真空论》。《中论疏》说：“寻周氏假名空，原出僧肇《不真空论》，肇公云：‘以物非真物，故是假物，假物故即是空。’大朗法师关内得此义以授周氏，周氏因著《三宗论》也。”大朗即摄山僧朗，是三论宗的宗师。假名空义，三论学者视为正义。

（刘峰）

六家七宗

一、总说

六家七宗，是说东晋时代的佛教学者对于般若性空的解释，各出异义，纷纭不一。姚秦鸠摩罗什门下沙门僧肇，在他所撰《不真空论》当中，归纳作心无、即色、本无三义。刘宋建康庄严寺昙济扩充作本无宗、本无异宗、即色宗、识含宗、幻化宗、心无宗、缘会宗六家七宗。后来下定林寺僧镜撰《实相六相论》，南齐汝南周颙撰《三宗论》，都是七宗论的流亚。

原来关于主要的性空典籍的翻译，可以分作三期：第一期是从支娄迦谶到鸠摩罗什以前，翻译有《道行》《明度》《光赞》《放光》等经。第二期是鸠摩罗什时代，翻译有《大品》《小品》等经，《大智度》《中》《百》《十二门》等论。第三期是玄奘时代，翻译有《大般若》等经。在第一期性空典籍译出后，《放光》即大行华京，《光赞》却寝逸凉土。而般若性空义的研究，到道安先后才大盛。那个时期，有支孝龙、康僧渊、竺道潜、竺法蕴、支遁、于法兰、于法开、于道邃、僧光、竺僧敷等，大都以讲习般若性空义为业。

般若性空义的研究在这个时期大盛的原因，实在于当时时代思潮的影响。佛教的教理和此土先秦诸子中老庄的学说比较相近，所以初入此土就和黄老并称。到三国时代魏正始年中，何晏、夏侯玄、王弼等，祖述老庄，专谈玄理，时人叫作清谈。渐次而有所谓竹林七贤出现，崇尚虚无，遗落世事。像这样，老庄玄理为魏晋清谈所依讦，而般若空观和老庄玄理相似，所以为晋人所乐道，从而般若性空之学随老庄虚无之说而风行。

然而，其时性空译籍还没有周备，把般若经典的精神所在加以逻辑的体系的说明的论书，如《中论》《百论》等，还没有翻传；而且《道行》"颇有格碍"，《放光》"言少事约"，《光赞》"辞质胜文"，意义又不容易通达。因此，各家对于般若性空义的解释不免模糊影响，各有所偏。即如弥天释道安，为一代般若大师，僧叡称扬他的学说最得性空的实义，然而又慨叹他犹隔一间，所谓"炉冶之功，微恨不尽"，而把原因归到"《中》《百》二论，文未及此"，"无法可寻"。

二、别说

（一）本无宗。昙济的《六家七宗论》原书不传，《名僧传抄·昙济传》述此论关于本无宗的一节说："如来兴世，以本无弘教，故方等深经皆备明五阴本无，本无之论由来尚矣。何者？夫冥造之前，廓然而已。至于元气陶化，则群像禀形。形虽资化，权化之本，则出于自然。自然自尔，岂有造之者哉？由此而言，无在元（似是万字之讹）化之先，空为众形之始，故称本无。非谓虚豁之中，能生万有也。夫人之所滞，滞在未（似是末字之讹）有。宅以本无，则斯累豁矣。夫崇本可以息末者，盖此之谓也。"此文并没有说出本无宗是何人所立。后来，陈小招提寺慧达所撰的《肇论疏》引用此文的数语，说是道安所说。再后吉藏的《中论疏》把本无一家分作两宗，一是道安本无，一是琛法师本无，而他举示道安的本无义也引了此文的"无在万化之前，空为众形之始"等语。那就本无宗是道安所立了。其次，依《中论疏》，本无就是僧叡所谓性空，而他的含义是"一切诸法本性空寂"，也就是性空缘起、缘生无性的意思。

（二）本无异宗。这一宗的宗义已经没有原始的文献足征，似乎就是《名僧传抄·昙济传》所引和本无正义相违的"……虚豁之中，能生万有……”而《中论疏》所举示琛法师的本无义，似乎就是他的解释。其文如下：“次琛法师云：本无者，未有色法，先有于无，故从无出有。即无在有先，有在无后，故称本无。”这是说还没有万物之前，先有所谓无，从无生有，所以万物出于无。这个学说解释经论所说非有非无说，所谓非有是有就是无，所谓非无是无也是无，一切只是所谓无。僧肇评破这个学说，说他是中心崇尚所谓无，所以凡所发言都趣向于无。实在经论成立非有非无的本意，只因为一切诸法都依因缘而有，不是真实有，所以说非有。又因为诸法依因缘而有，不是一向无，所以非说无。何必妄生穿凿，说非有是无却此有、非无是无却彼无呢？元康《肇论疏》说这个本无异义是竺法汰所立，僧肇所破即此。吉藏《中论疏》像在上面所引，说是琛法师（依《中论疏记》，琛法师就是竺法琛，也就是竺道潜）所立，僧肇所破即此。然而，慧达《肇论疏》说僧肇所破是道安义及慧远义。

（三）即色宗。昙济关于即色宗的说明不传。依僧肇，即色义是说色无自性即色是空。其文如下：“即色者，明色不自色，故虽色而非色也。夫言色者，但当色即色，岂待色色而后为色哉？此直语色不自色，未领色之非色也。”但依吉藏《中论疏》，即色义中又有二说，一关内即色义，二支道林的即色游玄义。而僧肇所破是关内即色义。其文如下：“一者关内即色义，明即色是空者，此明色无自性，故言即色是空，不言即色是本性空也。此义为肇公所呵。肇公云：此乃悟色而不自色，未领色非色也。”这说关内即色义所阐明的即色是空，乃是色法都依因缘和合而生，无自性，所以说“色不自色，故虽色而非色”。然而还没有领会因缘所生，无实体性，本来是空。

不偏在无自性一边，进而说色本是空的，便是支道林的即色游玄义。《中论疏》举示道林的学说如下：“次支道林著《即色游玄论》，明即色是空，故言即色游玄论。此犹是不坏假名而说实相，与安师本性空故无异也。”《即色游玄论》不传，据《世说新语·文学篇》刘孝标注及《中论疏记》所引，大意是说“夫色之性，色不自色，虽色而空。知不自知，虽知而寂”。也就是说，色从因缘而有，不是自有。所以当体即空。其次，支道林关于即色义的撰述，除《游玄论》外还有“释即色本无义”，本无就是性空，所以《中论疏》说他和道安义无异。然而，慧达和元康的《肇论疏》却说僧肇所破的即色义就是支道林所说。

（四）识含宗。吉藏《中论疏》说识含义是于法兰的弟子于法开所立，其文如下：“第五于法开，立识含义，三界为长夜之宅，心识为大梦之主。今之所见群有，皆于梦中所见。其于大梦既觉，长夜获晓，即倒惑识灭，三界都空。是时无所从生，而靡所不生。”这是说三界群有都是在大梦中所见，而倒惑的心识是大梦的主体。换句话说，就是宇宙万有都为倒惑的心识所变现。假如觉悟三界本空，惑识就消灭，不再见有宇宙一切诸法。《高僧传》说法开每和支道林争即色空义。又道林讲《小品般若》，法开曾经指示他的弟子法威去攻难他。

（五）幻化宗。吉藏《中论疏》说幻化义是壹法师（依《中论疏》所引《山门玄义》，他就是竺法汰的弟子道壹）所立，其文如下：“第六壹法师云：世谛之法，皆如幻化，是故经云：从本已来，未始有也。”又《中论疏记》说：“玄义云：第一释道壹著《神二谛论》云：一切诸法，皆同幻化。同幻化故，名为世谛。心神犹真不空，是第一义。若神复空，教何所施，谁修道隔凡成圣，故知神不空。”这是说世间诸法都如幻如化，自始非真实有，而心神却不空。这个是空色不空心，和下面的心无义刚刚相反。

（六）心无宗。元康《肇论疏》引《世说新语·假谲篇》，说心无义是支愍度所立；又引《高僧传·竺法汰传》说道恒常执心无义。吉藏《中论疏》又说温法师（依慧达《肇论疏》及《中论疏记》，就是竺法琛的弟子竺法蕴）用心无义。因此执心无义之见于记载的，有以上三家。僧肇在《不真空论》当中首破心无义，其文如下：“心无者，无心于万物，万物未尝无。此得在于神静，失在于物虚。”吉藏《中论疏》引申说：“心无者，无心于万物，万物未尝无。此释意云：经中说诸法空者，欲令心体虚妄不执，故言无耳，不空外物，即万物之境不空。肇师评云：此得在于神静，而失在于物虚。破意云：乃知心空，而犹存物有，此计有得有失也。”这是说经中所说诸法空，并不是说所有外界的万物和内界的心一切都空。外物实在有，不曾无。只是在物上不起计执之心，所以说他空，说他无。就是只内里止歇心的执着系缚，令不想外色，外色的观想就不生，并不是外色化为乌有。这个是空心不空色。僧肇评破这个心无义，就假如就得失说，这个学说得在心能够不在物上起执着系缚，所以心神宁静。失在还没有通达外界的万物也都缘生性空。

（七）缘会宗。吉藏《中论疏》说缘会义是于法兰的弟子于道邃所立，其文如下：“第七于道邃，明缘会故有，名为世谛。缘散即无，称第一义谛。”又《中论疏记》说：“玄义云：第七于道邃著《缘会二谛论》云：缘会故有，是俗。推拆无，是真。譬如土木合为舍，舍无前体，有名无实。”这是说一切诸法由因缘会合而有，犹如房屋，由土木会合而成，但有假名，都无实体。

三、总结

在昙济以前，姚秦僧叡已经有六家偏而不即之说，而以道安的本无义为在六家之外的性空宗，那就成为七宗。僧叡虽然没有说出六家的名称，然而昙济的六家七宗说，大概就是本僧叡说而立的。吉藏《中论疏》在征引六家七宗及其他关于般若性空的论述之后，虽然说“若封执上来有所得，皆须破之；若心无所寄无所得，适缘取悟，皆得用之”，然而仍然祖述六家偏而不即之说，只以道安的本无义及支道林的即色义等为和经论的立义相符，也就是只有这几家的学说是般若性空的正义；而且这几家的学说原来是一种，不过语言文字不同而已。

（黄忏华）

念佛

念佛，是忆念所归依的无上正觉者之意。在修持上，用这样一心忆念佛、明记不忘的法门，就可以达到正念现前。早在《阿含》类经，已列它为六念（念佛、法、僧、施、戒、天，见《杂阿含经》卷三十三第十二经）或十念（加定方便、安般、身、死四种念，见《增一阿含经》卷二《广演品》）之一。经上说，修习此法门的人，应正身正意，结跏趺坐，专精系念佛的十号，或佛的三十二相、八十种好，乃至佛的十力、四无畏、五分法身等诸功德。依此修习，除诸乱想，其心正直，得如来法，于如来所生随喜心，欢悦安稳，于凶险中无诸障碍，入法流水，乃至证沙门果，疾得涅槃。经又说，若人一心念佛而取命终，能离三恶道，得生天上（见《长阿含经》卷五《阇尼沙经》，《增一阿含经》卷三十二《力品》）。这都是以此世界的教化佛为忆念对象的。以后，忆念对象更扩大到他方世界，像《般舟三昧经》提倡系念他方世界现在诸佛，说西方世界须摩提国阿弥陀佛有诸相好威仪，巨亿光明，今在众中说法。若人依所闻系念彼佛一日夜至七日夜，思维观察了了分明，能于定中或睡梦中面见彼佛，因而称此法门为思维一切诸佛现前三昧。此经还说到，专心称念阿弥陀佛名号，即得往生彼佛国土。到了《阿弥陀经》，就特别提倡执持阿弥陀佛名号的念佛法，说若有善男子善女人闻说阿弥陀佛执持名号，若一日乃至七日一心不乱，其人临命终时，阿弥陀佛与诸圣众现在其前，是人终时心不颠倒，即得往生阿弥陀佛极乐国土。这就把念佛法门和求生净土的思想结合起来，修习的方式和所预期的胜果都有了发展。最后，《华严经·入法界品》（晋译本卷四十六）载功德云比丘为善财童子说普光明观察正念诸佛三昧，列举了圆满普照念佛三昧门、得一切众生远离颠倒念佛三昧门、得一切力究竟念佛三昧门等二十一种念佛三昧门及其功德，更丰富了念佛法门的内容。

古代印度的念佛法门逐渐传入中国以后，一般以和净土思想相结合的持名求生极乐世界的信仰最为流行。这大概由于受了龙树《十住毗婆沙论·易行品》以念佛法门为修菩萨行速至不退地的方便易行道说法的影响。明代智旭曾说过，执持名号，念念即佛，不劳观想，不劳参究，当下圆明无欠无余，最为直捷（见《弥陀要解》），可以代表这种信仰的看法。中国各宗派一向重视念佛法门。相传隋代天台智顗撰《五方便念佛门》，说称名往生、观想灭罪、诸境唯心、心境俱离、性起圆通五种念佛三昧。唐代贤首系澄观，倡说缘境、摄境唯心，心境俱泯、心境无碍和重重无尽五种念佛门（见《华严疏》卷五十六）。宗密说称名、观像、观想、实相四重念佛门（见《行愿品别行疏》卷四）。此外，属于净土宗系统的怀感，说有相、无相二种金佛三昧，以念法身佛为无相念佛，念报、化身佛为有相念佛。飞锡提倡通念三世佛法门，说念现在佛，心专注一境：念过去佛，了因果相同，念未来佛，于一切众生起等同想，速成三昧。宋代禅师延寿则主张净、禅合一，亦特赞扬持名念佛法门。天台系传灯主张以现前一心无法不具为本，即本此不可思议之一念念佛，有念自佛，念他佛和自他俱念三种念法（见《生无生论》《楞严圆通疏》卷五）。后明代智旭特弘其说，认为念自佛在观现前一念介尔之心，横遍竖穷，百界千如种种性相自然具足，与三世佛平等无二，如此观察功深力到，得豁破无明，顿入秘藏。念他佛者，以弥陀果德庄严为我所念之境，或念其相好，或念法门，或念实相，总名念他佛。自他俱念者，所谓心、佛、众生三无差别，知众生是诸佛心内之众生，诸佛是众生心内之诸佛，托彼果上依正，显自身之理智，此即我心性本具之功德不可思议，而诸佛果中之威力亦不可思议，是故感应道交，自他不隔，极果与圆因，称理而映发（见《灵峰宗论》卷七）。清代华严学者彭际清著《华严念佛三昧论》，说念佛法门略有二种，一为普念，一为专念。如《观佛相海》《佛不思议境界》等经但明普念，

《药师琉璃光如来》《阿闳佛》《无量寿》等经特明专念，惟《华严经》明一多相入，主伴交融，即自即他，亦专亦普，最为圆融。他标举五义以贯释全经：一、念佛法身，直指众生自性门；二、念佛功德，出生诸佛报化门；三、念佛名字，成就最胜方便门；四、念毗卢遮那佛，顿入华严法界门；五、念极乐世界阿弥陀佛，圆满普贤大愿门。最后结论，针对教、禅各系思想设问："如上五门，为当从一门入，还是五门并入？"他自作解答道："上根利智了得自性弥陀，全显自心净土，举一法身，摄无不尽。"华严教旨，十住初心即同诸佛；然五位进修，不无趋向，未到妙觉，仍分阶次。直到菩萨十地，始终以大愿力不离念佛，于一念顷见多百佛，多千佛乃至无量数佛，所住之地即随所见之佛而分差等。至一般行人，纵能伏惑发悟，而未证无生，宁逃后有，不依佛力，功行难满，必待回向极乐，亲承授记，净诸余习，成满愿王，这才是一门超出妙庄严路。其或粗窥向上，未尽疑情，尤须专一持名、发愿，加以教观熏修，助发胜智，感应道交，功无虚弃，则全凭一念统摄诸门。从历代各家的主张里，可以看出中国所传念佛法门，不论为哪一宗派所采用，都是和持名求生净土的思想相结合的。这对古代印度原来的念佛法门说来，也可算是适合中国情况的一种发展。

（游侠）

五会念佛

五会念佛是净土宗念佛的一种方法。其法主要在于念佛音声的缓急，以此表达念佛的心情安静和急切的意义。第一会是“平声缓念”，即平声静意地念“南无阿弥陀佛”六字佛号。第二会是“平上声缓念”，就是念佛号时声音略高一些。第三会是“非缓非急念”，前两会都是缓念，此言非缓，就是不再太慢，稍快一些，故言非缓；但也不要太快，这叫“非缓非急念”。第四会“渐急念”就是逐渐快念，并带有急切之感。第五会“四字转急念”，前四会都是念“南无阿弥陀佛”六字，此第五会只念“阿弥陀佛”四字，并且要更快、更急地念。这叫“四字转急念”。这种“转急念”是要表达出急切求佛救脱，急切求佛接引的心情，从而达到意志纯诚，一心不乱的念佛境地。五会念佛的方法，是唐代净土宗法照禅师根据《无量寿经》而建立的。该经说：“清风时岁，出五音声，微妙宫商，自然相和，皆悉念佛念法念僧。”这就是五会念佛的出处。法照并有偈赞云：第一会时除乱意，第二高声遍有缘，第三响扬能哀雅，第四和鸣真可怜，第五震动天魔散，能令念者入深禅。

（刘峰）

四悉檀

四悉檀，是佛说法的四种范畴，也是佛度生的四种方法：一、世界悉檀，二、各各为人悉檀，三、对治悉檀，四、第一义悉檀。

悉檀，古释为“宗”，即对法或对教辨明宗要；有时也解作“成”，即所说义理无有乖反；有时也解作“理”，即诸法的理趣（见隋慧远《大乘义章》卷二“四悉檀义”）。嗣后天台宗依陈慧思所说，以悉檀二字为楚汉总称，“悉”的意义是“遍”，檀的义译是“施”，四悉檀是“佛以四法遍施众生”（见《法华经玄义》卷一下等）。

四悉檀义出于龙树《大智度论》卷一。它的大意是：

一、世界悉檀，“有法从因缘和合故有，无别性。譬如车，辕轴辐辋等和合故有车，无别车；人亦如是，五众和合故有，无别人”。又“譬如乳，色香味触因缘有，故有是乳。若乳实无，乳因缘亦应无；令乳因缘实有故，乳亦应有。非如一人第二头，第三手，无因缘而有假名”。

二、各各为人悉檀，“观人心行而为说法，于一事中或听或不听。如经中所说，‘杂报业故，杂生世间得杂触杂受’；更有《破群邪经》中说，‘无人得触，无人得受’”。前者不信罪福，堕断灭见；欲拔彼断见，是故说“杂生世间得杂触杂受”。后者计有我有神，堕计常中，是故不说有受者触者。

三、对治悉檀，“有法对治则有，实性则无。譬如重、热、腻、酢、咸、药草、饮食等，于风病中名为药，于余病非药”。“佛法中治心病亦如是。不净观思维于贪欲病中名为善对治法，于嗔恚病中不名为善，非对治法。所以者何？观身过失名不净观，若嗔恚人观过失者，则增益嗔恚火故。”

四、第一义悉檀，“一切法性、一切论议语言、一切是法非法，一一可分别破散；诸佛、辟支佛、阿罗汉所行真实法，不可破，不可散”。“过一切语言道，心行处灭，遍无所依，不示诸法，诸法实相无初无中无后，不尽不坏，是名第一义悉檀。如摩诃衍义偈中说：语言尽竟，心行亦讫，不生不灭，法如涅槃。说诸行处，名世界法；说不行处，名第一义。一切实，一切非实，及一切实亦非实，一切非实非不实，是名诸法之实相。”

论中并阐释了第一义悉檀与其余三悉檀的相互关系：一、诸余论议、诸余悉檀都可以破，第一义悉檀则离一切过失，不可变易，不可胜。因此，其余三悉檀中所不能通的，第一义悉檀中都能通。二、不仅第一义悉檀是真实，四悉檀各各有实。如如法性实际，世界悉檀故无，第一义悉檀故有；人等亦如是，世界悉檀故有，第一义悉檀故无。三、四悉檀总摄一切十二部经、八万四千法藏，皆是实，无相违背。佛法中实有，以世界悉檀故实有，以各各为人悉檀故实有，以对治悉檀故实有，以第一义悉檀故实有。

中土佛教中广用四悉檀义阐释经义和观法的，莫过于天台宗。如隋代智顗《法华经玄义》卷一下，《维摩经玄疏》卷一，并曾对四悉檀作系统的论述，举其要点如下：

一、世界悉檀是在于随顺众生所欲乐闻，分别为说众生五阴、十二入、十八界等各各不同的正因缘法，令得世间正见。因此，世界悉檀重在随众生乐欲。至于各各为人悉檀，是重在生善，对治悉檀是重在破恶，第一义悉檀是重在悟理。

二、第一义悉檀有两种，（一）不可说，是内证的一面，即是诸佛、辟支佛、罗汉所得真实法；（二）可说，是教法的一面，一切实、一切不实、一切亦实亦不实、一切非实非不实四句，次第以对有、空、亦有亦空、非有非空四门，都令入实。

三、一悉檀通有四悉檀义。例如阴、入、界隔别，原是世界悉檀；但因缘和合故有人，即是为人悉檀；正世界破邪世界，即是对治悉檀，闻正世界得悟入，即是第一义悉檀。其余三悉檀也同样具有四悉檀义。又四悉檀不同，通是世界悉檀；四悉檀遍化众生，又通是各各为人悉檀；四悉檀皆破邪，又通是对治悉檀；随闻一种皆能悟道，又通是第一义悉檀。

四、四悉檀是龙树所说，与《禅经》中佛所说四随义相符合。四随是：（一）随乐欲，（二）随便宜，（三）随对治，（四）随第一义。随乐欲举修因之相，从因得名；世界悉檀明得果之相，从果立称。随便宜是随行人所宜之法；各各为人悉檀是化主鉴机，照其可直。其余两种，名义相同。

五、四悉檀可对四谛。（一）直对一番四谛：约苦集谛明世界悉檀，约道谛能治明为人悉檀，约道谛所治明对治悉檀，约灭谛明第一义悉檀。（二）广对生灭（藏教）、无生（通教）、无量（别教）、无作（圆教）四种四谛——四谛都可对以四种悉檀。（三）总对四种四谛：生灭四谛对世界悉檀，无生四谛对为人悉檀，无量四谛对对治悉檀，无作四谛对第一义悉檀。

六、用四悉檀起观。如从假入空观时，先观正因缘法，殷勤乐欲；并用为人悉檀，令发善根；巧用对治悉檀，令断结使；由此研修，观慧分明，见第一义。如从空入假观、中道第一义观以及一心三观，也都同样要巧用四种悉檀。

七、用四悉檀起教。（一）起四教、十二部经和顿渐经教：佛于生生不可说，用四悉檀赴小乘根性人说三藏教；于生不生不可说，用四悉檀赴三乘根性人说通教；于不生生不可说，用四悉檀赴别教根缘说别教；于不生不生不可说，用四悉檀赴圆机说圆教。又用四悉檀起三藏教十二部经、通教十二部经、别教十二部经、圆教十二部经，用四悉檀起华严教、三藏教、方等教、般若教、法华教。（二）起大小乘论，例如天亲用别圆两番四悉檀造《十地论》通《华严经》等。又五通神仙种种诸论、释天善论、大梵出欲论，也都是用初番悉檀所作的方便利益。

八、用四悉檀起圣默然。四种四谛都是三乘圣人所证法，非是凡夫所能知见，由不能见而称其不可说，由不可说而名为圣默然。如《华严经》中约无量、无作两番四谛，以及不生生、不生不生法，明不可说、不可说，名为圣默然；等等。圣默然即是不可说相，天台一家明义，有六种不可说相：（一）世间禅定二禅以上无觉无观不可说相，（二）外人见心所明绝言之理不可说相，（三）三藏教不可说相，（四）通教不可说相，（五）别教不可说相，（六）圆教不可说相。不可说虽同，解其义趣，实不相混。圣默然正为自乐，傍亦益他，都是由四悉檀而起，利益一切众生。

九、四悉檀的得和用。得是自证，用是利他。四悉檀独有如来究竟具得，微妙能用。下地或不得不用，或得而不用，或不得而用，或亦得亦用。称机才算是能用，差机就是不能用。如果不知人根，就不应当说法。

十、四悉檀的权实。三藏教和通教，教道证道都是权；别教教道权，证道实；圆教教道证道都是实。用此权实约五味教，乳教等有权有实，酪教只有权，法华只有实。法华开权显实，决诸权世界悉檀为妙世界悉檀，乃至决诸权第一义悉檀为妙第一义悉檀；妙第一义不隔于三，也就是决诸权悉檀，同成妙第一义悉檀。

四悉檀的主要意义，在于称机说法，如智顗《摩诃止观》卷三下说："佛知众生种种性、欲，以四悉檀而成熟之。"这样，佛说法就有了种种差别，如《摩诃止观》卷一上说："圣说多端，或次说，或不次说；或具说，或不具说；或杂说，或不杂说。众生禀益不同，或次益，不次益；或具益，不具益；或杂益，不杂益。"而需要从四悉檀去了解佛说法意。智顗在《维摩经玄疏》卷二里，曾经评论地论师计真如法性生一切法，摄大乘师计黎耶识生一切法，认为"理无二是，二大乘论师俱禀天亲，何得诤同水火"。他说："佛有四种之说，皆是悉檀方便入假利物，而诸众生颠倒不了，或执外人邪说四边，或执佛法经论四边，而生见着。……若解四悉檀意，如前异说，皆大利益众生、兴显佛法也。"

唐湛然继续阐扬了智顗的论点，他认为广用四悉檀义是天台一家消释诸经的特点之一，如他在《止观大意》中说：“经论矛盾，言义相乖，不可以情通，不可以博解；古来执净，连代不休。今用四悉檀意，无滞不融，拔掷自在。”

四悉檀义不仅为天台一宗所重视，其他各宗也曾注意到。如隋代慧远《大乘义章》曾经提出下列说法：一、法中有性有相：生死涅槃因缘法相，名为世界悉檀；如实法性，说为第一义悉檀。一切二谛诸法无不是为人和治病，只就一切为人法中，当其门别，随物所宜，应病授药，即名对治悉檀。在一切对治门中，异门相望，互反不同，由此表现了为人的差别，即名各各为人悉檀。二、世界悉檀通于为人和对治，而不通于第一义谛；即说世界差别法门以为对治和为人，不说世界为第一义。第一义悉檀也得通于为人和对治，不通世界；即以宣说第一义谛治物心患，并彰其为人各各不同，而以深浅别异，不通世界。三、四悉檀摄末从本，要唯二谛；通说对治、为人，判属世谛，非是第一义谛。但是就第一义所明对治、为人，即是第一义谛，不属世谛。

唐代法藏曾以四悉檀作为“经论解释分齐生解方便”之一。如《华严经探玄记》卷三说：“或约世界说有，胜义为无，如第一（世界悉檀）说；或胜义为有，世界为无，如第四（第一义悉檀）说；或对异机说有，对余机说无，如第二（各各为人悉檀）说；或治此病为要，于余病为非，如第三（对治悉檀）说。皆须得其本意，法悉有用；随言混取，失意成谤。”

（禹振声）

十不二门

“十不二门”，一作“法华本迹十妙不二门”，是天台宗显示十种不二妙理的义门。天台智顗在所说《妙法莲华经玄义》中曾开示了十种妙（境妙、智妙、行妙、位妙、三法妙、感应妙、神通妙、说法妙、眷属妙、功德利益妙），嗣后湛然作《法华玄义释签》在解释十妙中，把十妙的无边法相摄作色心、内外、修性、因果、染净、依正、自他、三业、权实、受润十门，而在每一门中都运用一念三千、三谛圆融的义理，把它结归无二无碍，即称为“十不二门”。

一、色心不二门，这从十妙中境妙立名。天台宗以十如、十二因缘、四谛、三谛、二谛、一谛、无谛七科概括宇宙一切万法，而一一都有总、别两种意义，从总的方面说，都在众生现前根尘相对日夜起灭的一念；从别的方面说，分作色心二法。就一切诸法互相摄入而论，就随便举出哪一种法都可以作为总，但是在现前的观行上，却可以指一念心法为总。然而，一切诸法无非心性，随染净缘全体起用，心具三千，色亦具三千，心能造，色亦能造；心色只是一个三千，同居一念，体非各别。这就非色非心，而色而心，唯色唯心，是为不二。

二、内外不二门，这从智妙和行妙立名。此门说大小乘中所阐明的观法，所观境不出内外二境。于此内外二境都用圆融三观观察它，心、佛及众生三法的体性，名具三千诸法，本来互受、互摄、互具、互融。佛法具三千，方摄心法及众生法；众生法具三千，才和心法及佛法相融；心法具三千，也和众生法及佛法不相隔历。随便观察内境或者外境，都能遍摄互融，是为不二。

三、修性不二门，这也从智妙和行妙立名。说一切众生的性德，本来具足十界十如三千诸法，然而全体在迷惑之中，必须凭借妙智解了，发起圆修，由妙智起妙行，才能彻照性德，而此智德复由性德而发，全性起修。本来相即不二，在性时修全在性，起修时性全在修，性常不改，修常宛然，这就性外无修，修外无性，性不碍修，修不碍性；性即是修，修即是性；互泯互融，是为不二。

四、因果不二门，这从位妙和三法妙立名，即从人、天到等觉九界众生为无明惑所覆，三千诸法的实相没有显发，都在因位。只妙觉佛无明净尽，诸法实相真如理究竟显发，随机应现，设化无方，才是果位。然而，众生的一念心因已经具备真性、观照、资成三法，此因显发而成为果，因果不殊，始终相即，是为不二。

五、染净不二门，这从感应妙和神通妙立名，即无明和法性，就体说，本来不二；就用说，相去悬殊。迷惑就法性翻作无明，全起无明之用，而起无明之用的在缠染心，变造诸法，一多相碍，念念住着。然而，在缠的一念染心，本具三千的体用，和离障的净心没有差别，所以不二。

六、依正不二门，这也从感应妙和神通妙立名，即如来所证果地，于常寂光土下示现凡圣同居，方便有余，实报无障碍三土，又示现藏、通、别三教的佛果及菩萨等九界身；三土即是寂光、九界无非圆佛；寂光是依根的土，圆佛是正报的身。由于一念心因本具三千诸法，三千法中，众生及五阴二千是正，国土一千属依。依正既居一心，不分能所。因果相摄。身土不二。从而净秽之土，胜劣之身，各具三千，体遍法界，彼此相摄，依正互收，是为不二。

七、自他不二门，这也从感应妙和神通妙立名，即由十界互具，心、佛及众生各具众生及佛。同是一念，自他无别，是为不二。

八、三业不二门，这从说法妙立名，即如来证果后，应机垂化，身轮现通，口轮说法，意轮鉴机。百界千如，不出一念，身口平等，心色一如，是为不二。

九、权实不二门，这从说法妙立名，即菩萨等九界七方便法（藏、通两教的二乘及藏、通、别三教的菩萨所同修）为权，以佛界一乘法为实。说法华以前四时中权实不相融摄。到了法华时，开显九界七方便之权，即是佛界一乘之实。实即是权，权即是实，实外无权，权外无实，非权非实，而权而实，法法皆妙，一一互收，是为不二。

十、受润不二门，这从眷属妙立名，即三草二木七方便众生（三草：下草喻人天、中草喻声闻缘觉、上草喻藏教菩萨；二木：小树喻通教菩萨、大树喻通别教菩萨）为能受，法华时开显前三教法皆即圆教佛乘，七方便众生都蒙授记作佛，譬如三草二木只是一地所生，一雨所润，不再有上下大小的等差，是为不二。

以上十门，是就迹门十妙立说，然而迹不离本，亦即本门十妙之旨。

法华时以前的四时三教，为顺物情为实施权，隔历不融，即称为二。到了法华时，佛随自意开显圆实之理，遍融互摄，平等一如，所以总称为不二。

“十不二门”原来是《法华玄义释签》的一部分，后人把它录出别行，其注解多到五十余部，就中宋代著名的台宗学者知礼（世称四明尊者）作《十不二门指要钞》二卷发挥湛然的真意，为本书主要的疏释。此外唐宋人的撰述现存的有唐道邃的《十不二门义》一卷，宋源清的《法华十妙不二门示珠指》二卷，宗翌的《注法华本迹十不二门》二卷，仁岳的《十不二门义心解》一卷，处谦的《法华玄记十不二门显妙》一卷，了然的《十不二门枢要》二卷，可度的《十不二门指要钞详解》四卷。

（黄忏华）

性恶

性恶是天台宗阐释性德的理论。它主要说明：恶是性德本具，了达恶即法性，就能妙用无染。

性恶说的明确提出，始见于隋代智顗的《观音玄义》。其重要论点是：一、善恶都是性德本具。性德本有，是因果根本。性德了因种子修得即成般若，究竟即成智德菩提；性德缘因种子修得即成解脱，究竟即成断德涅槃；性德非缘非了即是正因，修得成就即是法身。了是显发，缘是资助；缘因资助了因，显发正因法身。缘了二因既具有性德善，也具有性德恶。二、修中善恶可断。一切法不出善恶，由性中善恶起作修中善恶，然后产生世出世法。修中善恶属于事用，才可论及染净逆顺。阐提是染逆之极，断修善尽；佛是净顺之极，断修恶尽。三、性中善恶不断，只是善恶的法门。诸佛向门而入，则修善满足，修恶断尽；阐提背门而出，则修恶满足，修善断尽。人有向背，门终不改。性既不可改，复不可断坏。四、佛和阐提的差异在达与染。佛虽不断性恶，而能达于性恶，不为恶所染，因此永无复恶；阐提染而不达，与此为异（参阅宋知礼《观音玄义记》卷二）。

即修恶达性恶，是性恶说的根本理论。智顗对于“性”的解释是：性以据内，内性不可改。如竹中火性，虽然不可见，不能说没有。心也一样，具一切五阴性，虽然不可见，不能说没有。如果用智眼观察，就能知心具一切性（参阅《摩诃止观》卷五上）。这说明性是本具的理体，性恶虽是修恶的理体，不可改，不可断，但若能达于性恶，就可不为恶所染。智顗曾经着重指出了“达”的意义：善与实相相顺是佛道，恶与实相相背是非道。如果了达诸恶非恶而是实相，就是行于非道、通达佛道；如果对于佛道生着，不消甘露，佛道也就成为非道（参阅《摩诃止观》卷二下）。可见达性恶就是达实相，性恶也就是实相。

智顗曾在阐释“非行非坐三昧”中详细说明历诸恶修止观的要点，这就是即修恶达性恶的具体方法。善恶是相对的，相对的恶未可尽为观境，应当以显著的恶，即与事六度相反的六蔽作为修止观的对象。善法修观，其蔽不息，当于恶中而修观慧。若蔽恒起，此观恒照。当知蔽即法性，蔽起即法性起，蔽息即法性息。常修观慧与蔽理相应，能于一切恶法皆与实相不相违背，破除作为六蔽根本的无明，显出法性，乃至诸佛，尽蔽源底（参阅《摩诃止观》卷二下）。他在阐释“观烦恼境”中并曾说道：“四分烦恼不得随，随则使人入恶道，复不得断，断则成增上慢。应当观烦恼暗即大智明，显佛菩提，惑则不来。”观的方法是三止三观：四分烦恼，体之即空，是体真止和入空观；观诸烦恼药病等法，是随缘止和入假观；观诸烦恼同于真际，是息二边止和入中道观。如果入恶无观，放心行不调事，是名大碍，何关无碍；是增长非道，何关佛道（参阅《摩诃止观》卷八）。

这样，如果了达性恶，恶也就成了善。智顗在阐释“三法妙”中曾经指明了这一点：凡夫心一念即皆具十法界，一一界悉有烦恼性相和恶业性相等。无明烦恼性相即是智慧观照性相。因为由迷明才起无明，如果解无明，即是明。又由恶有善，翻恶即善。恶即善性，未即是恶；遇缘成事，即能翻恶。如竹有火，火出还烧竹；恶中有善，善成还破恶。因此，即恶性相是善性相（参阅《法华经玄义》卷五下）。宋代智圆曾经更明白地说：“性中之恶，恶全是善。理体无差，岂应隔异？”（《请观音经疏阐义钞》卷二）

按照智顗以前弘地论师等的见解，佛断恶种子尽，只作神通现恶化度众生。智顗认为作神通现恶是作意起恶，不是不可思议理，能任运应恶，这与外道无异。他的意见是：佛不断性恶，机缘所激，慈力所熏，还能起恶，同一切恶事化度众生。但是这种起恶跟一般的起于修恶不同，虽起于恶而是解心无染，通达恶际即是实际。因此，他在说明佛“修恶不得起”之后，接着就以“不染故不起”作为它的解释（参阅《观音玄义》卷上）。这一意义，就是但除其病，不除其法，也就是不断烦恼入涅槃（参阅《请观音经疏》）。

唐代湛然对性恶说也曾加以阐明，他特别注意到防止性恶与实恶的混淆。他指明以达恶为善也必须离恶。例如，《华严经》中，婆须密多得菩萨离欲际法门，能化所化并是因欲而得离欲。对于恶法修观，是由于恶可改，其意义在于不可恣恶和存恶。例如，对于贪欲修观，即是以观推究，令欲破坏。既经四句推检，能使贪欲泯然，但有妙观，无复贪欲。因此能使欲转为智，智能进道，运至涅槃。他说明从事来看，六蔽有起息，法性无起息；从理而说，俱无起息。因此，六蔽和法性，其体不二，终成绝待，无蔽无性，亦无起息。若得此意，就能但观贪欲即是法性，而得性空和相空（参阅《止观辅行传弘决》卷二之四）。这明确显示了修观能息六蔽，使之转而为智，因此有破恶和达性的功能。

宋代知礼对性恶说曾力加阐扬，他建立性恶说为天台宗义的特点，认为性中具善，诸师亦知；性中具恶，他皆莫测（参阅《观音玄义记》卷二）。他揭示性恶说的要义在于智照和无作，破斥了山外认为性恶无消伏义的说法。这就是说，众生本来未曾离恶，初心人创心修观都从见思发端，由于藏通别三教不谈性恶，见思不即理性，既非性恶，定为能障，必须别缘真中二理，别修观智，才能破此见思惑心，显出本有常住之体。这样就有了能缘所缘和能破所破，惑智对待，境观不忘，因此成为有作之行。圆教既谈性恶，见思即是理性，惑既即是性恶，只用此惑而为能观；惑既为能观，又复为所观，一心三观，圆顿十乘，更非别修，当处绝待，岂非性德之行。这样还有什么能缘所缘和能破所破，非但所观无明是与法性体性不二，而且能观观智即是无明。能所一如，境观不二，才能初心即修中观，造境无不真实，成为无作之行（参阅《释请观音疏中消伏三用》

《对阐义钞辨三用一十九问》《绛帏问答三十章》第二十五问、《教门杂问答七章》第一问）。

知礼又以此义阐释烦恼即菩提，反破当时禅者讲者以天台所说同于禅宗达摩门下尼总持和道育断惑证理翻迷就悟的见解。他的主要论点是：烦恼生死既是修恶，全体即是性恶法门，所以不须断除和翻转。天台所明"即"义，直须当体全是。不是二物相合，因此不同于尼总持的断惑证理；也不是背面相翻，因此不同于道育的翻迷就悟。又既烦恼等全是性恶，也不可以说是一向本无。由即而论断，就无可灭；由即而论悟，就无可翻。圆教佛法界是十法界互具，所以不须坏九法界或转九法界。圆教所论断证迷悟，只从情和理两方面来看：情着则十法界俱染，有惑可断，为恶所迷；理融则十法界俱净，不断而证，了迷即悟（参阅《十不二门指要钞》卷上、宋可度《十不二门指要钞详解》卷一、宋宗晓《四明尊者教行录》卷四"天童四明往复书"）。

知礼又以性恶理论阐释忏法中的无生忏。一切罪相无非实相，十恶、五逆、四重、八邪都是理毒的法门和性染的本用，以此为能忏，即此为所观，惑智本如，理事一际，能障所障皆泯，能忏所忏俱忘，终日加功，终日无作。这样就是最上第一忏悔，能了我心自空，罪福无主，观业实相，见罪本源，法界圆融，真如清净（参阅《修忏要旨》）。

知礼详尽阐发了即修恶达性恶的一家大旨，也同时对性恶和修恶作了严格的区分。他曾指明：性恶跟性善一样，都是体具微妙法门清净功德，与《大乘起信论》中所说"过恒沙等诸净功德不离不断"等更无少异。至于一切世间生死烦恼妄染之法，都是修恶，虽全性起而违于性，故须永灭。因此在证会时，修恶虽尽，性恶常存（参阅《答日本国师二十七问》第二十三问）。

元代怀则继续发扬了知礼的论点。他在《天台传佛心印记》里首先谈到；"今家性具之功，功在性恶。"他认为诸宗不知性具恶法，不了性恶即佛性异名，因此必须翻九法界修恶，证佛法界性善。这是独标清净法身，都不出于但中之义，从四教说偏属别教，未可称为圆顿心印。他举出《摩诃止观》所明十乘妙观观于十境，一一皆成圆妙三谛，显示了九法界修恶当体即是性恶法门。性恶融通，无法不趣，任运摄得佛法界性善。用这样的绝待妙法作为观体，才是终穷究竟极说，也就是佛祖正传心印。

他对于即修恶达性恶的见解，也发挥了智顗和知礼的观点。迷情须破，法不可破。因此用即空即假即中的三观，达此一念修恶之心即是三千妙境或法界，相相宛然，事理本融。既然情消理显，修恶就不属所破而属所显了。既达性恶，就无修恶可论，可以说修恶断尽。修恶既即性恶，也可以说修恶何尝断。因此，断与不断，妙在其中。佛达性恶，广用诸恶化度众生，乃是妙用无染，表现为性恶法门。性恶法门无染碍之相，而有性具之用。这种性具的妙用，如君子不器，善恶俱能，体用不二。别教行人不达性中具恶，如淳善人被无明所牵，就会造恶。

他曾论及性善恶和修善恶的划分界限。善恶相对，可以从十法界次第迭论：六法界为恶，二乘为善；八法界为恶，菩萨为善；九法界为恶，佛法界为善。九法界为恶乃是恶之际，佛法界为善乃是善之极。上面说九法界修恶当体即是性恶法门，乃是就极而论。

明代传灯著《性善恶论》，更详尽地阐释了天台一家的性恶理论，主要是承继了知礼和怀则的说法。

他曾论及性和修的区别：台宗言性则善恶具，言修而后善恶分。性于善恶未形，本来还不应当以善恶论；但是以修而观于性，修既有善恶，性岂得无善恶？既然修中善恶可分，性中善恶无分，性恶就能任运摄得性善，而使性中善恶与修中善恶不同。修中善恶确然有升沉苦乐的差别，性中善恶则体具三德，皆不二而二，二而不二，并没有升沉苦乐的差别。

他对于即修恶达性恶的解释是：性善性恶乃是真如不变之体，修善修恶则是随缘差别之用。正因为真如不变体中具有善恶二性，随缘时才能有善恶之用。世人日用根尘相对，凡起一念，必属一法界，一法界生起是事造，九法界冥伏是理具。事中九法界是全性恶以起修恶，事中佛法界是全性善以起修善，既全性起，有何一法不即佛法。九法界既从性恶以起修恶，修恶遍处即性恶遍处。而性恶融通，九法界性恶遍处即佛法界性善遍处。如能观修恶即性恶，就可以任运摄得佛法界性善。这正如同即波见水，即器见空一样，不须转侧以明此心而见此性。由此了三德性，离三惑染，顺理无作，就是圆教的称理圆修，也就是随净缘造成佛法界。这时佛法界现起，九法界冥伏，其实所具九法界毫无所改。因此，即修恶达性恶，乃是直指人心，见性成佛的妙门，训人为善的大道。

传灯对于用恶度生的性恶法门，作了详细的阐述，并就佛和菩萨分为究竟性恶法门、分真性恶法门、相似性恶法门和观行性恶法门，分别列举了降魔等事迹。他说到性善法门是常，性恶法门是变，有时善不足以化度，就不得不施于恶。其实，这里的恶只是以“不顺”为义，并非是真正的恶。例如降魔时，变魔逆境以为顺境，或变魔顺境以为逆境，用来恼乱其心，使之于恶得尽。因此，性恶法门乃是佛菩萨大权的能事，是称性施设的妙用，是慈善根力所现。他提出了建立性恶法门的五大因缘：一、理体本来具足善和恶；二、由恶照性，可以成修；三、果地圆证了十法界性，一无所改；四、果地能圆起十法界用，无谋而应；五、众生根性不同，菩萨度生必须有性恶法门，才能示现无量，或如《华严经》中婆须密多等以三毒而作佛事，把自己由修恶悟入性恶的法门用以利生，众生入道也必须有性恶法门，才能适应于由恶缘翻邪归正的情况。

性恶说的依据，从智顗所说佛不断性恶、阐提不断性善来看，是出于《大般涅槃经》南本卷三十二对于佛性有无的四句料简。怀则《天台传佛心印记》并曾指出此说通于诸大乘经，不过立名不同。如《华严经》中的十法界，迷则俱染，悟则俱净：《法华经》中的诸法实相，诸法是同体权中善恶缘了，实相是同体实中善恶正因，九法界十如是恶缘因，佛法界十如是善缘因，又如《请观音经》中的毒害，即是性恶。此外如性净性秽，理明理暗或常无常双寂之体，都是一体的异名。

智顗亲承陈代慧思，性恶说的渊源可以从慧思的著作里看到。《大乘止观法门》卷二曾说，如来藏具足染净有其二种：一是性染性净，二是事染事净。心体或净心具足染净二性而无异相，一味平等。无明染法实从心体染性而起，由于无明体暗，不知从心而起，不知心性平等。因其不能称理而知，所以说它是违性。智慧净法实从心体净性而起，由于智慧明利，能知悉从心生，能知心性平等，因其称理而知，所以说它是顺性。这样，众生遇佛方便教化，随顺净心，就能证真如。又卷一说，众生和佛悉具染净二性，法界法尔，未曾不有。虽因熏力起用，先后不俱，染熏息而转凡，净业起而成圣；然其心体二性实无成坏。因此，就性而说，染净并具；依熏而论，凡圣不俱。大乘止观法门所用的名相和解释虽稍有不同，但是对于性恶说的要义都已经具备了。

（禹振声）

性具

性具是说性具善恶，一说性具十界，一说性具三千，是天台宗的理论。

性具的说法，创始于隋代智顗。他在《观音玄义》中显示性德具有善恶之义。其后宋代知礼在《观音玄义记》中更加以发挥说："夫一切法不出善恶，皆性本具，非适今有。"继知礼之后，宋代陈曜、元代怀则等也都认为性具善恶的具字，足以显示本宗的宗旨（见《三千有门颂》《天台传佛心印记》）。

性具在天台四教中属于圆教，它有广略三说：一、性具善恶，如知礼《释请观音疏中消伏三用》说："如别教道，纵知能造之心体是佛性，而谓无明自住，以不闻（圆教）本具性恶法门，故非即理之惑。别（教）人尚尔，前教（藏通）可知。"二、性具十界，如知礼《十不二门指要钞》卷上说："诸宗既不明性具十界，则无圆断圆悟之义。"三、性具三千，如同书卷上说："色心者，性德三千也。圆（教）家明性，既非但理，乃具三千之性也。"元怀则《天台传佛心印记》更会合以上三义说："善恶不出十界，十界性融互具成百界，界十如则成千如，假名一千，五阴一千，国土一千。如此三千，现前一念修恶之心本来具足。"

性具之说也是天台宗止观法门的一个要点，如唐湛然《止观辅行传弘决》卷五之二说："一家观门永异诸说，该摄一切十方三世若凡若圣一切因果者，良由观具。"这正由于观性具之故。如若不观性具，就须破九法界修恶，才能显佛法界性善，而成为别教的"缘理断九"（缘但中理，断九法界，见《天台传佛心印记》）。

性具又称体具或理具。湛然《金刚錍》曾就体具与心造及心变加以简别。心造出于《华严经》说的“一切惟心造”，心变出于《楞伽经》说的“不思议熏，不思议变”。湛然说明：心造通于藏通别圆四教，心变通于别圆二教，体具唯属圆教和别教后位。

知礼阐释了心造、心变和体具的相互关系，心造有“转变之造”，与心变义相同；还有“构集之造”，与心变义有别。因此，造名则通，变名则局。别圆二教同诠中道实性，由于中道实性妙不决定，因此受熏而变，当体改转。这是转变之造，也就是“指变为造”。藏通二教灰断，不谈常住，既无中道实性之体，只说业惑构造诸法，由于见思烦恼润有漏业，因此构集六凡生死。这是构集之造，非是心变。圆教显示“此心本具三千”，造变则通，具义则局。“变虽兼别（教），造虽通四（教）；今即具心名变，此变名造，则唯属圆（教），不通三教（藏、通、别）。”这是以通从局，三义俱圆。圆教由具而谈变造，乃是全体起用，即湛然《止观辅行传弘决》卷五之三所示“并由理具方有事用”之义（见《指要钞》卷上及可度《详解》卷二）。

知礼即以此义评论贤首宗的性起说。他认为只谈性起变造诸法，不谈性具全具而变，“虽说一一遍收，尚未有遍收所以”，这样就不是体用相即，不成无作之行。他并指明：别教不明性德本具，唯执真心变作，有从心生法之过。圆教先明此心本具三千，方论随缘变造，乃是全性起修，作而无作，既非但理变造，自然就和别教不同（见《指要钞》卷上、下及《详解》卷二、三，《四明尊者教行录》卷三）。台宗后起诸师也曾阐明此义，如宋仁岳说：“起未必具，乃一理随缘，九界须破也；具必有起，即三千随缘，一法不断。”（见《别理随缘十门析难书》第九门）又宋善月说：“惟其不云性具，故性一事异，及即理时，须破差别归乎一性，不能法法宛尔。”（见《台宗十类因革论》卷一“随缘论”）

湛然《金刚錍》以两种遍显示体具：一、宽广遍；二、即狭遍。又《止观辅行传弘决》卷五之二说：“学者纵知内心具三千法，不知我心遍彼三千，彼彼三千互遍亦尔。”心遍乃是即狭遍，互遍就是宽广遍。

知礼曾据此阐明性具有各具、互具二义。性具是说诸法同一真常不变之性，全不变性随缘变造诸法。色心依正、生佛刹尘、一切诸法，既同一性，因此随举一法，无不当处具足三千。又诸法各具三千，实由同一圆融体性，因此三千诸法，从本以来互具互摄。这样，性具的内容一面是诸法各具三千，一面是诸法互具互融，两者是互相关联的（见《指要钞》卷上、下及《详解》卷一至卷三）。

知礼阐述了性具说中的各具、互具二义，建立了山家一派的理论。当时山外诸师如智圆等，持理同事异的见解而加以反对。知礼即依事理互融之旨建立事理总别，以此评破山外立义。他认为诸法既是互摄，因此理具三千、事用三千都有总别，此两总别相即，方得称为妙境。理具三千，随举一法为总，诸法为别，一摄一切；事用三千既全性起，也同样是随举一法为总，诸法为别，一摄一切。山家对于山外持义的评论是：“以彼不晓性具诸法、法法宛然，故无理别。不晓事相本来圆妙，故无事总。”（见《指要钞》卷上及《详解》卷二）

山外诸师如源清、宗昱等只论“真心具三千法”，不曾说到现前妄念阴入之心具足三千。知礼引据湛然之说，指出那是偏指清净真如，专缘理性而破九界，是别教义。并认为像那样偏推真心，就杜绝了初心入路，只不过是滋长名相之境。他认为湛然《十不二门》的本意，在于建立“根尘一刹那心本具三千，即空假中”，初心依此起观，就能成就十妙，不仅是解知而已（见《指要钞》卷上及《详解》卷二）。后来，法登《圆顿宗眼》也曾对于“妄具三千”之义有所阐述：全不变性而随染缘，即全真心而为妄念。因此，妄念其体本真，要识真心，当体妄念。达此妄心无一异相，三千宛然。他推崇知礼“指介尔之心为事理解行之要”，具有深旨，不得此旨，就不能知起观之处和显妙之门。

当时山外诸师，如庆昭等，执“心具三千，色不具三千”，知礼在《十义书》卷上又加以评破。他的重要论点是：一、性具三千虽有依正、色心、内外、己他的区别，却都是彼此融泯，举一全收。譬如帝网百千万珠，彼此光影互具互入。二、内外色心既是互具互收，就能随观一境皆具三千。因此修外观时，就应当先揽万法唯一色，然后专于此一境而观诸法。三、外观原为对治内着，如谓色不具三千，还要摄外归内，摄色归心，便更增内着。四、如谓外色非性本具，举色不能全收诸法，对前德所说“色为法界”“一色一香无非中道”等义，将无从解释。

知礼由性具而论心变心造，以及阐释理事三千各有总别、妄具三千、色具三千等，其根本理论都与性具的各具和互具二义有关。这些论点是知礼中兴台教与山外学派以及贤首等宗论争的主要方面，也是他对于性具学说的发扬。

明传灯更分说五时八教中，对于性具学说的分齐：一、华严时，别兼圆教。只说性具佛法界善，未说性具九法界恶。到了正说圆教时，则备明十法界都是性具。二、阿含时，说小乘三藏教。只说八法界，不曾论及性具十法界。三、方等时，四教并谈，说性具法门处至为周足。四、般若时，带通别二教正说圆教，所说也以性具为主。五、法华涅槃时，《法华经》中，开前四时三教不具的权，以显法华圆具的实，谈性具达于究竟圆满。《涅槃经》中显示阐提善人皆有佛性，则谈性恶。传灯并谓欲明如来出世一大事因缘，如果不知性具善恶之旨，就如同无目夜游，无从直指人心，见性成佛，即显示性具学说乃是天台一宗的重要理论。

（禹振声）

别理随缘

别理随缘，又称但理随缘，或一理随缘，是阐释天台四教中别教所显的真如也有随缘义，是天台宗山家一派的学说。

随缘义本来出于贤首宗唐法藏的《大乘起信论疏》，但是在天台宗唐代湛然的著述中也曾多次引用过。如他在《止观大意》中说：“随缘不变故为性，不变随缘故为心。”又《金刚錍》中也说：“万法是真如，由不变故；真如是万法，由随缘故。”

后来，宋知礼中兴台教，尝著《十不二门指要钞》，认为随缘义通于圆别两教，不仅圆教有随缘义，别教也有随缘义。别教实际具有随缘和不随缘二义，因此建立了别理随缘的理论。他指出湛然的著述中，对于别理随缘虽未明显说出，却已备有其义。并以天台宗立义与贤首宗相衡量，证明贤首宗的随缘义只相当于台宗别教。

知礼确定圆别二教随缘义的差别，在于体用相即与否。他提出必须体用不二，全用即体，才能算是相即。如果单说真如随缘，不谈理具，也仍然不是相即。根据这个意义，可以分析出：一、九法界即佛法界，是圆教义；离九法界说佛法界，是别教义。因此，圆教是体具随缘，修与性体用恒同，修中九法界即性中九法界；别教是但理随缘，九法界不是性具，只随缘起，佛法界但理不即九法界。二、圆教无明与法性体同，全体随缘，随缘事即不变性，障既即德，不须断除；别教无明与法性体异，但中之理能随染缘作九界法，是由于无明的作用，无明惑性定能为障，必须破九法界，显佛法界但理。三、圆教谈理具诸法，方名无作；别教只谈一理随缘变造诸法，不成无作。四、圆教所说的不变是以理具三千为当体体，随缘是以事造三千为当体体，同以一念妄心为所依体；不变是以性具三千，相相宛然为相，随缘是以真如无明互相熏习成染净二用为相。别教所说的不变是以真如一性、如来藏理为当体体，无明差别为所依体，随缘则以无明差别为当体体，如来藏理为所依体；不变是以一理无差为相，随缘是以无明差别为相（见《十不二门指要钞》卷下及《详解》卷三）。

知礼认为如果不谈体具，不论随缘，还是不随缘，都只是依据带方便义的一面，都属于别教。关于别教双具随缘与不随缘二义，知礼更引据智顗《法华经玄义》卷二下的解释，别教或说法性生一切法，是说法性随无明缘生九界法，乃是随缘义；或说黎耶生一切法，则是直说无明生法，不说真如随缘，乃是不随缘义。他指明不随缘与“凝然”义同，贤首宗以随缘与凝然二理简别性相二宗和终分二教，在天台宗则同属于别教。他又说到随缘和不变的关系：不变未必随缘，随缘必有不变。因为随缘是真如性随缘，如果在随缘时改变，就不能称为“性”了（见《十不二门指要钞》卷下，《四明尊者教行录》卷二、三）。

至于湛然引用贤首宗随缘义的本意，不只是用了随缘义阐释圆教，还多次用以阐释别教。知礼曾从他的著述中指出了显著的几点：一、湛然在《法华经文句记》卷一里，曾经说到别教但理也是“从无住本立一切法”，如果别理不随缘，怎能造一切法？二、湛然在同卷里，又说到别教“真如在迷，能生九界”，真如即是生法之本，怎能说不随缘呢？三、湛然在《止观辅行传弘决》卷一里，曾经以“如来藏为善不善因”解释“别教根尘一念为迷解本”，既然以随无明缘作九法界为迷，以随师教作佛法界为解，就说明了别教有随缘义。此外还举出了其他的依据。

知礼对于贤首宗法藏的立义，认为是一理随缘作差别法。一理即真如清净是能随，九法界差别是所随；差别是无明的相状，淳一则是真如的相状。这样，随缘时，即一性与无明合时，就有差别；不随缘时，即真如守于自性、未涉及缘起诸法时，就没有差别。既然真妄和合才能随缘，就类似二物相会。如果断了无明，也就灭了九法界，只有一性，就不是体用不二的相即义。虽然贤首宗也曾谈到不变与随缘相即，但是由于所立佛果唯一真如，必须破九法界差别才能归佛法界一性，因此只有即名而无即义。至于天台宗所明圆教的随缘义，三千理体随缘起三千事用，体即不变，用即随缘，全体起用，只一三千；不随缘时，理具诸法，即理中自有立一切法义，因而三千宛尔。既然除无明有差别，就是差别法与体不二的相即义。他根据贤首宗不谈理具诸法，不能法法宛尔，把贤首宗的随缘义判为只齐天台别教。

知礼立别理随缘义，当时台宗诸师多不同意。后人把知礼这一学派称为山家，而把他的反对论者称为山外。山外反对论者，先有继齐作《随缘指滥》提出非难，认为不变随缘是圆教理，别理岂有随缘。知礼曾作《别理随缘二十问》，反问继齐。其后元颖作《随缘征决》，以代继齐答二十问，并批破知礼立义。又智圆曾经写了一封长信，邀请子玄同破，子玄因作《随缘扑》以助继齐、元颖，意图扑灭别理随缘之义。当时仁岳在知礼座下，综合继齐、元颖、子玄难意，作《别理随缘十门析难书》，广加析破，扶成师义。仁岳初承师说，后复背宗，善月《台宗十类因革论》评为虽曾及门而不达深旨，认为《十门析难书》中乖于道理、谬于是非者颇多。可度《十不二门指要钞详解》也说《十门析难书》有未尽之处。此外还有可观，他虽宗四明，但却认为别理随缘所依据的文义只是“生法”而不是随缘。善月《因革论》说他“出入彼此，惑于他家之说，故信之不及”。并指明“别圆生法必由真如变造而得，未有不本随缘而自生法者”。可度《指要钞详解》也说知礼的本意是由于随缘才能生法，并非直接以生法为随缘。山家继起发扬知礼学说的，除善月、可度外，还有法登等。他们认为知礼的别理随缘义是中兴一家圆顿之教，一方面分清了别圆二教同诠真如变造的权实差别，一方面判明了贤首宗的随缘义只齐天台别教。

（禹振声）

看话禅 默照禅

看话禅、默照禅是宋代临济宗和曹洞宗两种不同的禅观法门。看话禅是临济宗大慧宗杲所倡导的专就一则古人的话头，历久真实参究，以至于悟道的观行方法。默照禅是曹洞宗的宏智正觉所倡导的摄心静坐、潜神内观、内息攀缘，以至于悟道的观行方法。

禅宗于唐武后及中宗时，在黄梅弘忍以下，由慧能、神秀开创南北二宗，即所谓南顿、北渐二派。南宗禅从唐武宗到后周百余年间，有义玄、灵祐、良价、文偃、文益等禅师辈出，更开创临济、伪仰、曹洞、云门、法眼五宗，世称之为禅宗五家。其中，临济、曹洞两家最为兴盛，传承不绝。曹洞良价、临济义玄都生在唐末，因两家的宗风各有不同，于是形成禅学上两大派别：曹洞主知见稳实，临济尚机锋峻烈；曹洞贵宛转，临济尚直截。流衍到了北宋末南宋初，更由曹洞和临济相对立的禅，一变而为临济宗下的大慧宗杲和曹洞宗下的宏智正觉相对立的看话禅和默照禅。

看话禅倡导者宗杲（1089—1163），出于慧能以下第十六世，会参曹洞宗的耆宿，尽得洞下宗旨，后来不满于曹洞宗的修学方法，便转入临济宗圆悟克勤的门下，从而弘扬临济的禅法。他常常举“狗子还有佛性也无？”一则话头到“无”字令学者参究，他说：“僧问赵州：‘狗子还有佛性也无？’州云：‘无。’”就是专举一则古人的话头令学者历久参究的，世称之看话禅。看话头时，“须是行也提撕，坐也提撕，喜怒哀乐时，应用酬酢时，总是提撕时节。提撕来、提撕去，没滋味，心头恰如一团热铁相似，那时便是好处不得放舍，忽然‘心华发明，照十方刹’，便能‘于一毛端现宝王刹，坐微尘里转大法轮’”（《大慧普觉禅师语录》卷十八）。像这样的说法，在他的《语录》里前后见了十多次，这便是说明看话禅的特征。依宗门的典籍所记载，禅家初期的诸祖，师资传授，宾主唱酬，即已隐含参究之意。如《景德传灯录》（卷三）等所载初祖达摩和梁武帝的问答及“二祖安心”“三祖忏罪”等，都可以看作参究的端绪。然而，一直到六祖慧能，还不离文字语言。到了慧能的再传弟子马祖道一，于是扫除言句，大辟机用之门，例如有人问他：“如何是西来意？”他拿棒便打，如此等类。再传到义玄开临济宗，更大扇“全机大用，棒喝齐施，……扫除情见，迥脱廉纤”（《五家宗旨纂要》）的宗风，形成几多的公案。从此，临济下便以参究祖师公案为事，到了宗杲的时代，参究公案的宗法已经达到了饱和度，要求更简单直接，稍前黄龙慧南就已经教人看话下语，百计搜寻，直到无用心处（《续传灯录》卷十五“黄龙祖心传”）。到了宗杲更极力主张专门参看一则话头。宗杲的看话禅，可以溯源判赵州从谂的狗子无佛性话，《五灯会元》（卷四）记载这一则公案说：“僧问：‘狗子还有佛性也无？’师曰：‘无。’……又有僧问：‘狗子还有佛性也无？’师曰：‘有。’……”和从谂同一个时代的黄檗希运便把这个狗子无佛性的问答作为一种公案提示学者，他说：“若是个丈夫汉，看个公案，僧问赵州：‘狗子还有佛性也无？’州云：‘无。’但去二六时中看个‘无’字，昼参夜参，行住坐卧，着衣吃饭处，局屎放尿处，心心相顾，猛着精彩，守个‘无’字，日久月深打成一片，忽然心花顿发，悟佛祖之机，便不被天下老和尚舌头瞒。”（《黄檗断际禅师宛陵录》）于此，可以知道看话禅和黄檗禅是脉络贯通的。后来宋理宗绍定元年（1228）禅僧慧开所说“无门关”的“赵州狗子”一则，也是继承这个体系。他说：“参禅须透祖师关，妙悟要穷心路绝。祖关不透，心路不绝，尽是依草附木精灵。且道如何是祖师关？只者一个‘无’字乃宗门一关也，遂目之曰：‘禅宗无门关’，透得过者，非但亲见赵州，便可与历代祖师把手共行、眉毛厮结、同一眼见、同一耳闻，岂不庆快？莫有要透关底么？将三百六十骨节，八万四千毫窍，通身起个疑团，参个‘无’字，昼夜提撕，莫作虚无会，莫作有无会，如吞了个热铁丸相似，吐又吐不出，荡尽从前恶知恶觉，久久纯熟，自然内外打成一片，如哑子得梦只许自知，蓦然打发，惊天动地……”总之，所谓看话禅是用一则全无义味的语句，使人不就意识思维穿凿，但净净地参究一回，因此大发疑情，力求透脱，如咬铁丸相似，定要嚼碎，嚼不碎拼命嚼。如此回光就己，返境观心，忽然把一切妄想杂念照破，囦的一声，洞见父母未生前面目（彻见本来的心性）。这一看话法门自从宗杲开辟以来，临济宗人无不奉为圭臬。从宋代以后，经元、明、清三代以至于现今，禅风未绝。

默照禅倡导者正觉（1091—1157），出于慧能以下第十四世，著有《默照铭》《坐禅箴》等，扇扬默照的禅风。所谓默照禅，用正觉自己的话来解说，就是端坐清心潜神，默游内观，彻见诸法的本源，无纤毫芥蒂作障碍，廓然忘象，皎然莹明。如他在《默照铭》里面说：“默默忘言，昭昭现前，鉴时廓尔，体处灵然。”又在《坐禅箴》里面说：“不触事而知，不对缘而照。”这都显示了默照禅的特征。宗杲是极力排斥默照禅的，他在答陈季任书中说：“近年以来，有一种邪师说默照禅，教人一二时中是事莫管，休去歇去，不得作声，恐落今时，往往士大夫为聪明利根所使者，多是厌恶闹处，乍被邪师辈指令静坐却见省力，便以为是，更不求妙悟，只以默然为极则。”（《语录》卷二十六）又在答刘彦修书中说：“有般杜撰长老，……教一切人如渠相似，黑漆漆地紧闭却眼，唤作默而常照。”（《语录》卷二十七）尽管宗杲这样批判默照禅，正觉所主张的“廓尔而灵，本光自照；寂然而应，大用现前”（《宏智禅师广录》卷一）默照禅法却也非常盛行。关于默照禅的渊源，应是始于菩提达摩以“壁观”为安心的法门，《续高僧传》中并且说明壁观的相貌说：“舍伪归真，凝住壁观，无自无他，凡圣等一，坚住不移，不随他教，与道冥符，寂然无为。”《传灯录》也说他“面壁而坐，终日默然，人莫之测，谓之‘壁观’婆罗门。”

所以后世有壁观禅之称。其后玉泉神秀也令大众住心观静，长坐不卧。又当时禅德都说：“欲得会道，必须坐禅习定。”但慧能却说：“道由心悟，岂在坐也。”到他的弟子南岳怀让更说：“磨砖既不能成镜，坐禅岂得成佛耶？”《灯录》对于系出慧能的洞下诸师，也只记载了许多机缘，所以正觉的默照禅，大概是上承达摩的壁观禅把它和一般禅家所乐道的“回光返照”相结合而发展成功的。

（黄忏华）

六相

六相是总相、别相、同相、异相、成相、坏相。这六相是华严宗重要教义之一。这种教义的特点，表达了一切事物，圆通无碍、互涉互入。它说明了一切矛盾对立着的事物彼此联系而又互相制约。这六相既同时存在于一切事物之中，又同时表现在每一事物之上。六相既是相反的，又是相成的，圆通自在，无碍融融。且以房舍为例来分别说明：

第一，总别一对。举一房舍作为总相。然此房舍总相，是由众多砖瓦水泥椽柱等物组成而有，而砖瓦椽柱等物，对望房舍即是别相。这是以别成总，总含于别，离别无总，离总无别，总别互融，相即自在。总别二相，似乎相反，究其实际，极其相成，不可分离。

第二，同异一对。同相者，砖瓦椽柱等物和同作舍，不相拒逆，皆是作房舍的诸缘因素，同作房舍，故名同相；砖瓦椽柱，随自形类、各自差别，名为异相。虽同作房舍，而不失砖瓦椽柱等物差别。这就是同中有异，异中有同，同异乍看矛盾，究其实际，互相渗透，互相融入。

第三，成坏一对。由砖瓦椽柱等诸缘因素组合房舍得成，房舍成名为成相；砖瓦椽柱等诸缘，各住本位，各具自相，虽共成房舍，但砖还是砖，瓦还是瓦，从众缘各自去看，砖瓦椽柱无一物是房舍，房舍的意义便坏，所以名为坏相。这是成不碍坏，坏不碍成，成坏同时具有，成相坏相，乍听对立，究其实际而是相辅相成。

这六种相，在一般人看来，是互不兼容，各各隔别，是互相对立矛盾的。但在华严教义之中，此六相是相互涉入、彼此融通而无碍的，既相反又相成；以此来阐明华严教义的逆顺具足，同时具足，互融互涉，彼此无碍的圆融理论。房舍一事具此六相，宇宙间一切事物无不具此六相圆融的意义。

（刘峰）

十玄

十玄，又叫作十玄门，是贤首宗重要的学说。贤首宗人为显示法界圆融、事事无碍、相即相入、无尽缘起的玄义，立此十门。

十玄有新古之别，智俨在《华严一乘十玄门》及法藏前期在《华严一乘教义分齐章》（简称《五教章》）、《华严经文义纲目》所立，叫作古十玄；法藏后期在《华严经探玄记》所立，叫作新十玄。新十玄的名称如《探玄记》卷一所说："一、同时具足相应门，二、广狭自在无碍门，三、一多相容不同门，四、诸法相即自在门，五、隐密显了俱成门，六、微细相容安立门，七、因陀罗网法界门，八、托事显法生解门，九、十世隔法异成门，十、主伴圆明具德门。"现在分别解说如次：

一、同时具足相应门。是说所有迷悟染净情非情等十方三世一切诸法，无有前后始终等别，同时互具足圆满，彼此照应，成一大缘起，顺逆无碍，参而不杂，无前无后，无欠无阙，互为缘起，所以叫作同时具足相应。此一门是十玄的总说，也就是事事无碍法界的总相，其余九门是此门的别义。

二、广狭自在无碍门。是说一切诸法广大、狭小，自在无碍。至大身刹，置毛端而不窄，狭不碍广；极小尘毛，含太虚而有余，广不碍狭。毛端现刹，不坏毛相，即狭而广；刹入毛端，不坏刹相，即广而狭。任运俱现，彼此各不相妨。

三、一多相容不同门。是说一法与多法互为缘起，力用交彻，递相涉入，如一遍于多时就多能容一，多遍于一时就一能容多。但虽递互相容，而一多历然可别。

四、诸法相即自在门。是说一切诸法不但就用说相入无碍，就体说也空有相即。假如一法废己同它，就举体全是彼一切法；假如一法摄它同己，就全彼一切法即是己体。一法即一切法，一切法即一法，互融互即，不相障碍。彼此二体和融一如，如水波相收。

五、隐密显了俱成门。是说一切诸法，互摄无碍。此全摄彼，就此显而彼隐；彼全摄此，就彼显而此隐。一法摄一切法，就一法显而一切法隐；一切法摄一法，就一切法显而一法隐。显与显不俱时，隐与隐不相并，然而隐显同时，并存无碍。

六、微细相容安立门。诸法相即相入，重重无尽，然而千差万别的诸法，各住自位，于一法中，炳然同时，齐头显现，如琉璃瓶透露出所盛许多的芥子。如此一能含多，法法都是这样，一多的法相不坏不杂，相容安立。细如微尘，都能互相融入。

七、因陀罗网法界门。是说一切诸法的相入相即，体相自在，隐显互现，重重无尽。如因陀罗网，悬挂无数明珠，一一珠中各现其他一切珠影，了了分明。这一重珠影中，又各现其他一切珠影，于影现中互相影现；如此三重、四重、五重乃至重重珠影映现，无尽无穷。一切诸法，亦复如是，互相交参，重重无尽。

八、托事显法生解门。一切事法既然互为缘起，如因陀罗网，影现重重，不须遍观诸法，但随托一事而观，便显一切无尽之法，能生事事无碍的胜解，一华一果一枝一叶即是甚深微妙的法门，并非现前的事相之外更有所显。

九、十世隔法异成门。上七门就空间横说，诸法相即相入，圆融无碍。这一门就时间竖说，过去、现在、未来三世中，又各有过去、现在、未来三世，合称九世。九世迭相即入，摄为一念，九世为别，一念为总，合称十世。诸法遍在十世中，前后相隔而相即相入，自它互具显现，相即相入而不失前后长短等差别相。

十、主伴圆明具德门。诸法相即相入，成一大缘起。所以随举一法即可为主，余一切法悉可为伴，周匝围绕，更以它法为主，余法亦悉为伴。诸法虽互有主伴之别，而不坏差别之相，相依相成，一体无碍。彼此隐显，主伴交辉；一多摄入，连带缘起。

如此，一切诸法，皆具足此十玄，相即相入，无碍自在，而差别之相历然；虽历然差别，而重重无尽，成一大缘起。所以举一法即法界全收，事事无碍，玄妙不可思议。这叫作十玄缘起无碍法门，也叫作无尽缘起法门。

十玄和六相并称，然而六相的名义源出《华严经》及《十地经论》，十玄却在经论里都未见有具体的明文。被尊为贤首宗的二祖云华智俨，由六相义的启发，进而寻绎《华严经》所说缘起法相的条理，于是发明了十玄的说法，撰述了一篇叫作《华严一乘十玄门》的论文，敷陈它的义旨，所以十玄可说是智俨的创说，但现行本题作“承杜顺和尚说”，或者是渊源于杜顺的学说。《一乘十玄门》所列举十玄的名称及其次第是：一、同时具足相应门，二、因陀罗网境界门，三、秘密隐显俱成门，四、微细相容安立门，五、十世隔法异成门，六、诸藏纯杂具德门，七、一多相容不同门，八、诸法相即自在门，九、唯心回转善成门，十、托事显法生解门。后来，大弘贤首宗的贤首法藏，在所撰《文义纲目》中列举十玄的名称和次第，仍都依承智俨所说。嗣又在他的《五教章》中也仍继承智俨的学说加以发挥，关于十玄的名目还大致和智俨所立相同，只是次第稍异，《金师子章》也是这样。但在最后的《探玄记》中，不但变动了十玄的次第，并且改订了几个名称，这就是新十玄，如前文所举。现在把新古十玄列表对照如下：

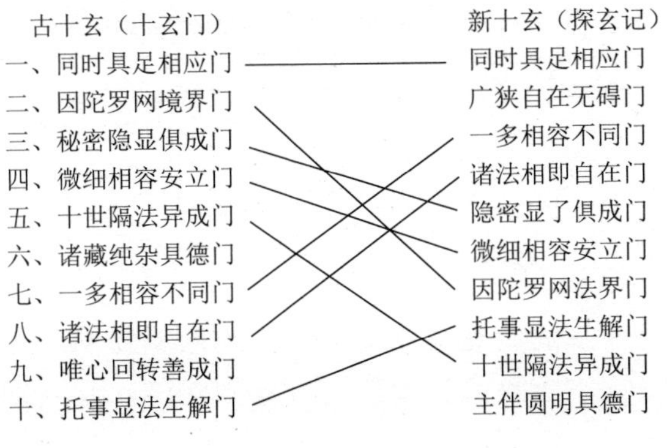

就此可见，新十玄是把古十玄的诸藏纯杂、唯心回转二门改订作广狭自在、主伴圆明二门。其中诸藏纯杂具德门，意在显示诸法互相摄藏而纯杂不相混乱同时具足无碍的义旨。诸藏有广义狭义两种解释：起初的《十玄门》中是用狭义解释，说诸藏就是诸行，诸藏纯杂具德是说一一行中摄藏一切诸行，如就布施一行说，一切诸行都成为布施，一行是纯，布施一行即具足一切诸行是杂，然而纯、杂不相妨碍。嗣后法藏在《文义纲目》中更用广义解释，说诸藏就是诸法，诸藏纯杂具德是说一切诸法互相摄藏，一藏多时，就一说是纯，就多说是杂；一切诸法都成为一法是纯，一法即具足一切诸法是杂，然而纯、杂不相妨碍。后来法藏又在《五教章》中兼取广狭两义，而说诸藏兼具诸法、诸行两种意义。又最后法藏以诸藏纯杂具德一门，还不免有理事交涉的痕迹，而新古十玄都谈无碍，然而十玄的建立专为表显事事无碍无尽缘起的圆旨，所以法藏最后把它废止而改作广狭自在无碍门。

其次，唯心回转善成门，显示一切诸法不问它是善是恶，毕竟都是一如来藏自性清净心所变作，离此如来藏一心无别自性。此门只是诸法无碍所因，不是无碍相，所以法藏最后立主伴圆明具德门替代它。

后来，法藏的弟子慧苑，撰《续华严略疏刊定记》把十玄刊定作德相十玄、业用十玄两重，而推翻传统的十玄说。但两重十玄各门的名称及其意义，上部分还是蹈袭智俨、法藏相承的学说。再后来被推为贤首宗的四祖清凉澄观，又在所撰《华严疏钞》里恢复了《探玄记》的十玄说，而用莲华叶或一微尘作譬喻来说明它。此外在贤首宗的系统以外的华严学者李通玄，也在所撰《新华严经论》中散说十玄，又在《华严经决疑论》中列举它。

依慧苑的《刊定记》所说，一切诸法有体事、德相、业用三方面，体事是德相和业用所依，有色、心、时、处、身、方、教、义、行、位十法，德相业用各有十玄。德相十玄是：一、同时具足相应德，二、相即德，三、相在德，四、隐显德，五、主伴德，六、同体成即德，七、具足无尽德，八、纯杂德，九、微细德，十、如因陀罗网德。业用十玄是：一、同时具足相应用，二、相即用，三、相在用，四、相入用，五、相作用，六、纯杂用，七、隐显用，八、主伴用，九、微细用，十、如因陀罗网用。澄观的《华严疏钞》中对于慧苑的两重十玄说有详尽的评判，总的说来，他认为德相、业用虽异，不妨该摄于同一十玄，对机名业用门，本来相即便是德相门。他又认为慧苑立的体事十法，摄法无遗，也有道理。

李通玄原有关于十玄六相的专著，已经散佚不传，只在《华严经决疑论》中，遗留下他所立十玄的名称，是：一、同时相应具足门，二、一多相容不同门，三、诸法相即自在门，四、天帝网影像重重互参无碍门，五、微细相容安立门，六、秘密隐显具德门，七、诸莲华藏纯杂俱含无障门，八、三世圆融互参相入门，九、唯智同别自在门，十、托事表法生解门。从这些名称看来，不外乎把智俨、法藏相承的十玄名称略加修订、次第也略加改动而成。至于十玄的含义，通玄却没有加以说明，只在《新华严经论》中陈述六相圆融义之后说“十玄义亦在此通”，又在《决疑论》中陈述六相义之后，说“如十玄门，义亦如是”。就是说十玄无碍义，可以由六相圆融义类推，也就是说所谓十玄，不外乎阐明圆融法界无尽缘起，像《决疑论》在列举了十玄的名称之后就说：“《华严经》有此十事大体显无尽法，以智观之可见。”本来无尽缘起的思想在地论师的系统中已经发达，智俨的学说便渊源于此。所以通玄的学说虽然间出心裁，然而随处现出它是出于《地论》系统，特别是智俨系统的思想。

（黄忏华）

五教十宗

五教十宗，是贤首宗的教相判释。贤首宗人为表明自宗在佛，教当中的位置，依自宗的宗义把释迦如来一代所说的教法分别判作五教十宗。

五教是依所诠法义的浅深，把佛一代所说教相分为五类。例如，《华严一乘教义分齐章》说：“就法分教，教类有五。”又《华严经探玄记》说：“此义分教，教类有五，此就义分，非约时事。”

五教的分类是：一、小乘教，二、大乘始教，三、终教，四、顿教，五、圆教。这些名目似发端于杜顺所说的《华严五教止观》。然而，《五教止观》所说，差不多和法藏所撰的《华严游心法界记》相同，而且其中用了好些玄奘的译语，内中还提到武周时才改称的“佛授记寺”名，这显见得《五教止观》已不是杜顺原作，或经过后人修改了的亦未可知。到了智俨，一方面继承慧光的渐、顿、圆三教，另一方面发展作五教，在他所述的《华严孔目章》中，已经有“依教有五位差别不同”等语，只是关于五教的名目，有处说小乘、初教、熟教、顿教、圆教，有处说小乘、初教、终教、顿教、一乘，似乎还没有成立明了的教相判释。五教说一直到法藏，才有具体的组织明了的解释。

十宗，是依佛说的义理区别所宗为十种，如《五教章》及《探玄记》说：“以理开宗，宗乃有十。”这是由于五教所诠的义理，由于众生的机类不同，从而各自所尊崇的有异，所以开作十宗：一、我法俱有宗，二、法有我无宗，三、法无去来宗，四、现通假实宗，五、俗妄真实宗，六、诸法但名宗，七、一切皆空宗，八、真德不空宗，九、相想俱绝宗，十、圆明具德宗。

一般说来，五教是依天台条的化法四教（藏、通、别、圆）建立的，改藏为小，改通、别为始、终，圆教照旧，只插进了一个顿教。例如，以刊定法藏学说自负的慧苑说："此五大都影响天台，但加顿教。"以远绍法藏学说自任的澄观也说："大同天台，但加顿教。"但是澄观又说："天台所以不立者，以四教中皆有一绝言故：今乃开者，顿显绝言别为一类离念机故，即顺禅宗。"实际上，天台也立顿教，但是把它摆在他的化仪四教（顿、渐、秘密、不定，这都是佛说法的形式）之内。所以，慧苑说："……此并亡诠显理，何复将此为能诠？"又说："盖知此所立顿，但是余教所诠法性，非能诠教也。"即对于法藏以顿教列为五教之一提出了不同的见解。至于法藏的五教说，乃是从智俨的小乘、初教、熟教、顿教、圆教发展的。

十宗是依慈恩宗所传的八宗（见窥基所撰《妙法莲华经玄赞》卷一及《百法明门论解义》卷上）建立的，前六宗的名目完全和慈恩宗所传相同，而把它的第七胜义俱空宗改作一切皆空宗，更把它的第八应理圆实宗改为真德不空宗，又另加二宗为十宗。

五教

一、小乘教，也叫作愚法二乘教，是对不堪受大乘教的二乘根机所说的教法，《四阿含》等经，《僧祇》《四分》《十诵》等律及《发智》《六足》《婆沙》《俱舍》《杂心》《正理》《显宗》《成实》等论所说属之。愚法是就所对机说，迷执自法，昧于大乘法空的妙理，所以叫作愚法。小乘是就教法说，此教随机施设缘故，只说人空，不明法空，纵然少说法空，也不甚明显，只依六识三毒建立染污清净的根本，未达广大的境界，区别菩萨乘，叫作小乘。澄观的《华严经疏》当中说小乘教就是天台的藏教，所摄法门和它无异。

二、大乘始教，是为从小乘始入大乘的根未熟者所说的教法。此教是大乘的初门，所以对后面的终教叫它作大乘始教。于中又有空始教、相始教二种。空始教指《般若》等经，《中》《百》《十二门》等论所说，多明破相遣执的空义。此教但为除有所得的迷执而显示一切诸法皆空，未尽大乘法理，所以叫作空始教。相始教指《解深密》等经，《瑜伽》《唯识》等论所说。言众生的根性法尔有五种不同，定性二乘不能转为菩萨乃至成佛。又明人法二空，说真如凝然常恒不变，不随缘转变诸法。又说依他百法，广谈法相、少及法性，所说法性，也在法相名数之列，又只在生灭的事法上说阿赖耶缘起，所以叫作相始教。贤首对空相两种始教意无轻重，但清凉澄观以为空胜相劣，而由空入终教。

三、终教，意思是大乘终极的教门，也叫作实教。此教说二乘和一切有情悉当成佛，方尽大乘至极之说，所以称为终教。这指《楞伽》《密严》《如来藏》《胜鬘》等经，《起信》《宝性》《法界无差别》等论所说。此教以无性有情定性二乘悉当成佛故，说一切众生皆成正觉。又说真如随缘生起诸法，万象即是真如，理事不隔，性相融通。此教又多谈法性，少及法相，所说法相，也会归法性。所说八识，通如来藏，随缘成立，具生灭不生灭二义。所以对前始教，叫它作大乘始教。

此上始终二教都是依诸经教言说，渐次修行成佛的，所以又都称为渐教。

四、顿教，意思是顿修顿悟的教门，离言离相顿显顿成，一念不生即名为佛，所以叫它作顿。此教不说法相，只辨真性，没有八识二无我差别，不立五法三自性门路，不立断惑证理的阶位，如《维摩经》等所说，即属此教。这不同于始终二教的渐次修成，也不同于圆教的圆明具德，所以另立为一教。

五、圆教，意思是圆融无碍的教门。此教说性海圆融，随缘起成无尽法界，而彼此不相违碍，相即相入，如因陀罗网，重重无际，微细相容，主伴无尽。于中明一位即一切位，一切位即一位，十信满心即摄五位成正觉等，所以叫它作圆，这指《华严经》所说。

对于这五教的分齐，如法藏在《金师子章》里，以因缘是小教，无自性空是始教，幻有宛然是终教，二相双亡是顿教，情尽体露是圆教。在《游心法界记》里，以法是我非是小教，缘生无性是始教，事理混融是终教，言尽理显是顿教，法界无碍是圆教。

十宗

一、我法俱有宗，是指已入佛法的人天乘和小乘中犊子部、法上部、贤胄部、正量部、密林山部及根本经部等所立义。人天乘认为我法俱有实体，犊子部等立三世有为无为诸法及胜义我，所以称为我法俱有宗。

二、法有我无宗，是指小乘中说一切有部。雪山部、多闻部及化地部末计所立义。说一切有部等认为一切诸法通于三世，其体恒有，而不立我，所以称为法有我无宗。

三、法无来去宗，是指小乘中大众部、鸡胤部、制多山部、西山住部、北山住部、法藏部、饮光部、根本化地部等所立义。大众部等说三世中过去及未来诸法体用俱无，只现在诸有为法及无为法有，就是现在有体，过未无体。这和说一切有部等说三世实有、法体恒有不同，所以称为法无去来宗。

四、现通假实宗，是指小乘中说假部、《成实论》及其他经部等所立义。说假部等不但说过未无体，而且说现在诸有为法中，也有假有实。在五蕴中为实，在十二处、十八界中为假，随其所应，诸法假实不定，所以称为现通假实宗。

五、俗妄真实宗，是指小乘中说出世部及其末计所立义。说出世部等说世俗之法皆假，以虚妄故；出世之法皆实，非虚妄故。意谓世间法从颠倒起，从颠倒生烦恼，从烦恼生业，从业生果，皆是虚妄不实。所以世间法但有假名，都无实体。出世法不从颠倒起，道及道果皆是实有，所以称为俗妄真实宗。

六、诸法但名宗，是指小乘中一说部等所立义。一说部等说世间及出世间诸法都无实体，但有假名，所以称为诸法但名宗。

以上六宗，属小乘教。这六宗原为窥基所立，嗣乃为贤首宗所采用。

七、一切皆空宗，这相当于五教中的大乘始教，但始教有空始教、相始教二种，这只就空始教立名，就是无相大乘。如《般若经》等说一切诸法不问有漏无漏皆空无相，所以称为一切皆空宗。虽然前第六宗也有说一切皆空，但前者是析有明空，此宗明即有是空。澄观又称它为真空绝相宗，位次第八。而在第七位上，澄观更立一个三性空有宗，以相当于相始教，说遍计所执性一种是空，而依他起性、圆成实性二种是有。

八、真德不空宗，这相当于五教中的大乘终教，说如来藏具足无量性功德，迷妄染净一切诸法，都从真如缘起，真如之理和万有之事无碍融融。澄观又称它为空有无碍宗，位次第九，认为此宗说空是即有之空，谈有是即空之有，互融双绝，不碍两存。

九、相想俱绝宗，这相当于五教中的大乘顿教。相是所缘境相，想是能缘心想。此宗谈相想俱绝，一念不生即佛，泯所缘境相，绝能缘心想，直显离言法性，所以称为相想俱绝宗。

十、圆明具德宗，这相当于五教中的一乘圆教，说性海圆明，具足众德，一多相融，主伴无尽。澄观又称它为圆融具德宗。

（黄忏华）

性起

性起说是贤首宗最精彩的理论。贤首宗说法界缘起，以法界事法：有为无为、色心依正、过去未来，互相融通而成一大缘起，即宇宙的森罗万象，都互为因果。所以以此一法为能缘起，则其他一切万法都是所缘起。又以其他一切万法为因，则此一法便是果。自它互为能缘起所缘起，相资相待，圆融无碍，总收法界为一缘起。贤首宗为了把法界缘起的宗义，简别于其他宗派的缘起论，依“一乘法界缘起之际，本来究竟离于修造”（《华严·孔目章》卷四《性起品·明性起章》）的义旨，叫它作性起。

性起的意义是体性生起。具体地说，即是不等待其他因缘，但依自体本具的性德生起。如《修华严奥旨妄尽还源观》说：“依体起用，名为性起。”一乘法界缘起之际，本来究竟离于修造，所以，“起即不起”。但所谓离修造，意味着离相，法性要在离分别心中方现前，所以说为起，此即以不起为起，非有起相之起，所以“不起即起”。

性起这个术语，源出晋译《六十华严·宝王如来性起品》，在显示如来以无量因缘成等正觉出兴于世，所以唐译“八十华严”把它译作《如来出现品》。依贤首宗的宗义，此如来即是《华严经》的十身佛，亦即十身具足的法身佛。十身佛有两种：一解境十佛，一行境十佛。现在指的是解境十佛：一、众生身，二、国土身，三、业报身，四、声闻身，五、缘觉身，六、菩萨身，七、如来身，八、智身，九、法身，十、虚空身。均大体就众生世间、器世间、智正觉世间三种建立，所以叫他融三世间十身，或者叫作圆满无碍法界身。此即圆行菩萨以解了心照宇宙法界时，不论有情非情森罗万象都是佛身，因此用十数束表无尽的深意，说它十身。亦即网罗法界全体称为如来。所以，《探玄记》说：“不改名姓，显用称起，即如来之性起。又真理名如名性，显用名起名来，即如来为性起。”

《探玄记》又把性起分作理性起、行性起、果性起三种，而说性有三种：一理、二行、三果；起也有三种：一理性得了因而显现叫作起，二行性待闻熏资发而起所成的佛果叫作起，三理行兼具修生至果位时合为果性而起应机的化用叫作起。如此有三种性起，但法藏所明主要是果性起。就是在如来果上，真如法性不等待其他因缘，顺自性全体起为世出世间迷悟情非情一切诸法，所谓性海无风，金波自涌。慈恩宗说真如凝然不作诸法，所以无性起义。贤首宗反之，说真如法性湛然灵明，全体即用，所以法尔常为万法，法尔常自寂然；寂然是全万法的寂然，这和虚空断空不同；万法是全寂然的万法，这和遍计倒见定相的事物有异。既然世出世间一切诸法全是性起，就性外更无别法，所以宇宙万有虽森然差别，而浑然圆融，横尽十方，竖穷三际，一一法都彼此互收，一一尘都包含世界相即相入，无碍融融，主伴具足，重重无尽。

一般所谓缘，即待其他因缘而生起。《普贤行愿品疏钞》依《探玄记》说，缘起有二种，一染缘起，二净缘起。真如法性在众生因中随无明缘即真妄和合，起为诸法，所以有染净的差别。此中净缘起便是和染缘起相反而和性起相合，是说如来大悲、菩萨万行等。又虽说性起，实在仍由因缘生起，但既已生起，即违因缘而顺自性，所以把因缘略去只叫作性起。

天台、贤首两宗都阐明法界圆融义。但贤首宗站在佛的果智上谈诸法的融通，说法界森罗诸法，都是毗卢遮那如来果满的本性所起。天台宗谈因心的本具，说在迷因位的凡心本来法尔圆具十界三千色心诸法。所以天台宗以性具法门自许，而贤首宗树立性起法门和他对垒。

（黄忏华）

法界缘起

法界缘起具足说应当是圆融法界无尽缘起，是贤首宗基于华严经的义旨而建立的。唐智俨在《华严一乘十玄门》中说："华严一部经宗，通明法界缘起。"这是法界缘起的名义见于载籍之始，嗣后法藏更在《华严经探玄记》当中组织慧光、昙衍、灵裕及智俨的学说而说《华严经》以"因果缘起理实法界"为宗，进而在《华严一乘教义分齐章》及《华严经·明法品》内立《三宝章》中阐扬法界缘起的义理。再后到清凉澄观，此义便越发恢宏了。

贤首宗用两种法门阐明一切诸法就是宇宙万有的真实相：一种是作为诸佛境界的性海果分，意思是如来果地的分齐，这不是言语心思所能够解说攀缘的，所以不可说；一种是作为普贤境界的缘起因分，意思是等觉以下的因位人所可知了的分齐，这里所谓缘起就指的是法界缘起，而它的相貌是无尽圆融。

一一法就是宇宙的森罗万象，法尔圆融，具足一切法，叫它作法界。法界一法，有为无为，色心依正，总为一团；此一团万法，相即相入，互为能缘起所缘起，以一法成一切法，以一切法起一法。此一法望它一切法为缘，它一切法望此一法亦悉为缘，相资相待，互摄互容，如因陀罗网，重重无际，微细相容，主伴无尽，叫它作法界缘起，也叫作无尽缘起。例如，《三宝章》描写法界缘起的相状说："夫法界缘起，无碍容持，如帝网该罗，若天珠交涉，圆融自在，无尽难名。"

《探玄记》举十种因缘解说一切诸法所以能够有如此混融无碍，其中第三是"各唯心现"。后来，《华严经疏》却把"唯心所现"列在第一说，"一切诸法，真心所现，如大海水，举体成波。以一切法无非一心，故大小等相，随心回转，即入无碍”。也就是说，法界乃包括一切万法迷悟染净的一心，色心万差诸法从这个一心法界炳然显现。

贤首宗为分别一真法界圆融无碍的义相，从四方面说明，即四法界：一、事法界，二、理法界，三、理事无碍法界，四、事事无碍法界。而其中事事无碍法界更具体地表现了法界缘起。

事事无碍法界的界，具有体性和分齐两种意义。宇宙一切分齐的事法，不坏其相一一如其理性融通，一多相即，大小互融，重重无尽，在理事无碍法界观，万差诸法即是真如法性理，万法当中的一一事法，虽然是一微尘，也都具足真如法性理更无欠缺。万法与真如无碍，从真如所起的此法与彼法也无碍，火从理起，水也从理起，所起的水火等事不同，而从能起的真如来看，水火二法也无碍，如此万法互相摄尽，事事互相融即，重重无尽，无碍自在，譬如器器同一融即，所以叫作事事无碍法界。

宇宙万有都具足四法界，一尘即法界，法界即一尘，尘尘法界，重重无尽。

依贤首宗，四法界中说事法界的是五教中的小乘教和大乘始教中的相始教；说理法界的是空始教和顿教；说理事无碍法界的是终教，而华严圆教的根本教理，便是说事事无碍法界的无尽缘起。

（黄忏华）

法界观

法界观是贤首宗的观行法门。贤首宗标立法界缘起论，而正修圆融法界无尽缘起的观法即是法界观。换句话说，法界观为贤首宗的中心观法，其余观法都是环绕着它的。“法界观”的全文，见于法藏所撰述的《华严发菩提心章》中，到了澄观才把它提出单行，并且把作者题作“终南山释法顺俗姓杜氏”（即杜顺），又作《华严法界玄镜》阐明它，他的弟子宗密跟着作《注华严法界观门》解释它。

法界观的所谓法界是所观的境相，观是能观的观智。《华严法界玄镜》说法界观略有三重：一、真空观，二、理事无碍观，三、周遍含容观。依贤首宗的学说，法界有事法界、理法界、理事无碍法界、事事无碍法界四种，观法也应当有四重。但事法界就是宇宙万有的事相，千差万别，每一事相都可以作成所观境，事实上难以一一陈述。《注华严法界观》并且说：“事不独立故，法界宗中无孤单法故，若独观之，即是情计之境，非观智之境故。”所以把事法界省略，只拿后三法界作所观，而构成三重观法。

一、真空观。此观依理法界而立，观诸法（即宇宙万有）的本性即空。其为空，非断灭之空，亦非离色之空，即有明空，其空亦无空相，所以叫作真空。其中又有四种观法：（一）会色归空观，会一切色法归于真空。因为色法皆从缘生，必无自性，所以色即是空。（二）明空即色观，阐明真空即是一切色法的本性。因为这是二空无我所显的真如理，不是断灭之空，所以空即是色。（三）色空无碍观，是说色法全体不异真空，色不尽而空现。真空全体不异色法，空即色而空不隐。所以现色不障于空，现空不障于色，即色可以见空，即空可以见色，空色二法无碍一味。（四）泯绝无寄观，是说此所观真空，不可以说即色不即色，也不可以说即空不即空，迥然一体，绝诸对待，无语言可托，无文字可寄。

二、理事无碍观。此观依理事无碍法界而立，进而观诸法事和真如理——宇宙森罗的事相和宇宙万有的理性，互相交络，无碍融通。此理事融通不二不一的关系有十门：（一）理遍于事门，显性只真理遍于一切事法，一一事中理皆全遍。（二）事遍于理门，显事法都遍理性，不坏一尘即遍法界。（三）依理成事门，所有缘起都无自性，事法并无别体，妄因无性而理得成立。（四）事能显理门，由一切事法都是依理性而成，所以事法空虚而理性真实。由于事法空虚，全事法中的理性，挺然露现。（五）以理夺事门，一切事法既都是依理性而成，那就无事可得，只一真理平等显现。（六）事能隐理门，真理随缘而成事法，虽事能显理，而事有形相，理无形相，事既和理相违，遂令事显而理不显。（七）真理即事门，凡是真理，必非但空出于事外，全体即事才是真理。（八）事法即理门，一切事法皆从缘生，缘生必无自性，无自性所以全体即理。（九）真理非事门，理是真、是实、是所依，而事是妄、是虚、是能依，彼此互异，所以即事之理非即是事。（十）事法非理门，事是相、是能依，而理是性，是所依，彼此互异，所以全理之事非即是理。此上十义，同一缘起。理望于事，有成、有坏，有即、有离；事望于理，有显、有隐，有一、有异。逆顺自在，无障无碍，同时顿起。

三、周遍含容观。此观依事事无碍法界而立，更进而观以同一真如理为其本性的一一事法，遍摄无碍、彼此涉入，同时互为能所。无所不在叫作周遍，无法不摄叫作含容。此观也有十门：（一）理如事门，真理无分限，既全为事法，就也如事法而有分限，有显现、有差别、有大小，一多变易乃至无量无尽。（二）事如理门，前事遍于理，即是事不异理，然事法有分限，既与理非异，就也随理融融，一一事法，皆如理的普遍广大，彻于三世，常住本然。十门展转相生，而事理相如二门是总意，能成如下八门。（三）事含理事门，此门说事法与理非一，所以一事法而能广容一切万有，如一微尘而能容摄无边法界。（四）通局无碍门，由事法与理非一即是非异，所以一一事法不离一处即全遍十方一切尘内；由事法与理非异即是非一，所以全遍十方而不动一位。即远即近，即遍即住，无障无碍。（五）广狭无碍门，由事法与理非一即是非异，所以不坏一尘而能广容十方刹海；由事法与理非异即是非一，所以微尘不大而广容十方法界，即广即狭，即大即小，无障无碍。（六）遍容无碍门，是说一望一切互有相摄相入的关系。普遍即是广容，广容即是普遍一望一切，能容能入，同时遍摄无碍。（七）摄入无碍门，入即普遍，摄即广容。入它即是摄它，摄它即是入它。一切望一，同时遍容摄入无碍。（八）交涉无碍门，一望一切，有摄有入。此有"一摄一切、一入一切，一切摄一、一切入一，一摄一，一入一；一切摄一切、一切入一切"四句。一与一切，同时交参涉入无碍。（九）相在无碍门，是说一切望一，也有入有摄。所摄与所入，彼此俱在，所以叫作自在。也有"摄一入一，摄一切入一，摄一入一切，摄一切入一切"四句。一切与一同时交参无障无碍。（十）普融无碍门，是说一切及一更互相望，一一具有前面的两重四句，普融无碍，主伴重重，无穷无尽。总融前面的九门，彼此不相障碍，所以叫作普融无碍。以上周遍含容观十门，是依澄观在《华严法界玄镜》中所述。但澄观在《华严疏钞》等撰述中解说周遍含容观时，却不举此十门，而用法藏所立的十玄门来替代它。

（黄忏华）

三时判教

三时判教是佛教中观、瑜伽两个学派，对佛法经教分别大小深浅评判的用语。判教就是各宗对整个佛教总的看法和分判，各宗对释迦一代教法都有自己的主张和判释而各各不同。三时判教，由于古代印度传来的中观、唯识两家见解主张不同，因此其内容也各不相同。瑜伽唯识宗的三时教，把释迦一代教分作三个时期，即第一是《阿含》小乘教，明法有我无，说诸法缘生实有；第二是佛说诸部《般若》，明诸法缘生即是性空；第三时是说《解深密经》等，明三性三无性，空有具陈，为中道教。此三时判教，即是深浅次第，初时说诸法是有故浅，且偏于有；第二时说诸法性空，谈理较深，又偏于空，即各执一边，皆是不了义教，只有第三时，双彰空有，不落二边，才是中道究竟了义之教。这就是瑜伽唯识宗的三时判教。

印度中观派同样以三时判教，但主张不同，中观宗的三时判教谓释迦牟尼初时在鹿野苑，为小乘根执说四谛法，明心境俱有；第二时为中根人说法相大乘，明境空心有唯识道理，第三时为上根人说甚深般若，无相大乘，明心境俱空，平等一味，为究竟了义。此三时教也是深浅次第，谓初时为破外道自性等计，故说法从众缘生名之为有；第二为破小乘诸法实有，故说依他缘生之法名为假有，因中根人怖畏真空，故犹以假有而接引之；第三最后方就究竟大乘说此缘生即是性空，究竟平等为最上乘。

此二宗虽各判三时教，但我国流行却是唯识宗的三时判教，因为玄奘去古代印度留学，回国后大量翻译弘传瑜伽学派，唯识思想蔚成大宗，所以盛行于世。中观学派的三时判教，在唐代虽也传入我国，但因没有学派的继承弘传，所以后来就少闻于世了。

（刘峰）

三类境

三类境是慈恩宗关于辨认一切境相（唯识四分中的相分）的学说。三境是性境、独影境、带质境。它的名义和性质，如《成唯识论掌中枢要》叙述唐玄奘法师所作的一个颂文说："性境不随心，独影唯从见，带质通情本，性种等随应。"窥基又在《大乘法苑义林章》中也跟着这样阐说，窥基的弟子慧沼法师在《成唯识论了义灯》中更详加解释。

但诸论中从来没有说过三类境的名目，所以它是玄奘探诸论意的创说（据《成唯识论学记》引慧沼之说，这是奘师依《瑜伽师地论》卷七十二中"本性相、影像相"的意义而建立的）。

一、性境。性境是具有真实体性的境界：色境是真实的色，心境是真实的心。此境有三种特征：第一，从自己各别的实种子生起；第二，有实体实用，不像空华兔角等体用都无；第三，各守自性，不随从能缘心，而能缘心对它也不改变它的性质，只真实符合它的自相而缘取。例如，眼识等前五识及五俱同缘意识的见分所缘取的色、声、香、味、触五种境，第八阿赖耶识的见分所缘取的种子、有根身、器世界、三种境，都是性境。

不随心，依《唯识枢要》有三种：第一，此境则是非善非恶（染）的无记性，不随从能缘心的善恶起善恶的变化，这叫作性不随。第二，不随从心系属于同一界地，例如第八识系属于欲界，而所缘取的种子通欲、色、无色三界，以及身在下界起二通时，眼耳二识缘取上二界，身在上地眼耳二识缘取欲界，这叫作系不随。第三，由于相见别种，所以不随心从同一的种子生，这叫作种不随。《了义灯》说有四不随，除以上三种之外，还有不随心是异熟等，例如第八识的见分是异熟性，而所缘取的五尘相分却和它不同，这叫作异熟不随。

二、独影境。这只是能缘心用强分别力变现而无本质的境界。此境客观上完全不存在，只是主观上的颠倒计度单独所变的影像，所以叫作独影。此境和性境相反，和能缘心从同一的种子生，没有实体实用。例如，第六识缘取龟毛兔角空华等境，又如梦境，这些境都不是从实种子所生的实法，也没有所托的本质，只是由第六识构画分别的势力所成。

独影有有质、无质二种。以上所说是无质独影。还有有质独影一类，它虽然有本质，而因为那个本质是不生法，所以相分仍然不仗托它生起。例如，第六识缘取无为，无为是不生不灭法，不会生起相分，但由第六识用妄分别变作相似的相分而缘取它，所以也叫它作独影。

综上所说，独影境只是能缘心用强分别力所变现，从而三性、种子及界系等都随从主观的见分，所以说“独影唯从见”。

三、带质境。这是说主观能缘心所缘取的境界，虽然有所托的本质，然而和它的自相不符。“带”有两种意义，一是挟带，二是带似。能缘心缘取此境的本质时，挟带着它或者带似它而作异相的分别，另依自力变现一种和它的自相不符的境界，所以叫作带质境。例如第七识以第八识的见分为本质变起我法的相分，所缘取的本质并不是我法。但是因为它没有转易间断一类相续无常似常，所以无明相应的第七识误认作我法而缘取。它确实有所托的本质，不是完全由能缘心的分别而生，因而和独影境不同。但是所托的本质虽然是有实体的性境，所起的相分却和它的自相不符，因而也和性境不同。简单地说就是在见分的妄情和本质的性境之间所起的一种相分。此外第六识对所缘取的本质起非量的相分，例如夜间见绳误以为蛇，也是此境。

总之，带质境确实有所托的本质，所以不是“唯从见”。但是并非照本质原样映写，所以也不是完全“不随心”。它一面可判从能缘心，一面也可判从本质，而说它的性有两面，种、系也有两面。带质境的三性不定，例如第七识缘取第八见分，所缘取的相分可随从本质判它是无覆无记性等，也可随从见分判它是有覆无记性所摄。这是性通情本。其次，带质境因为本质和相分并起而形成那种境界，又熏成相分和本质的种子，所以可说是从本质的种子生，也可说是从见分的种子生（或者缺一不可）。这是种通情本。又这个相分的界系，可随从见分说，也可随从本质说。这是界通情本。

"性种等随应"，依《唯识枢要》说，随应的意义是不定。这又有两种，一种是三类境的随应，一种是性种等的随应。前一种是显示三类境诸心聚的生起，有只是一类，有二合，有三合。所谓一类，就是以上所说的各别三境，例如根本智缘真如只是性境，第六识缘龟毛空华等只是独影境，第七识缘第八见分只是带质境。所谓二合，是二境并存，例如第八识缘取自地散境时，心王所缘是性境，而心所所缘是独影境。又前五识所缘自地五尘是性境，也可说是带质境；第六识缘取过未五蕴时是独影境，也可说是带质境。所谓三合，是三境并存，例如第八识缘取定果色时，心所所缘只是独影境，心王所缘却是性境，但以第六识所变的定果色为本质，所以也可说是带质境。二三合中有些实在是假说，不一定具备某境全部的定义时也可获得某境的名称，实际则绝没有二三类境合而为一的。

随应的后一种，显示三类境随其所应三性、种子和界系等不定。有三性同而种子、界系不同，例如欲界的第八识缘取上界的天眼天耳，所缘的天眼耳根随从第八识是无记性，然而能生的种子和界系各别，又有界系同而三性、种子不同，例如欲界的前五识缘取欲界五尘，界系同而能生的种子各别。又前五识通三性而相分是无记性。还有种子同而界系不同，例如第八识缘取定果色，心所所缘和见分同，然而心王所缘的定果色是上界系，而第八识是欲界系。

（黄忏华）

唯识四分

四分是唯识家为阐明诸识作用的各方面，根据唯识义理来区分的。四分是：一、相分，二、见分，三、自证分，四、证自证分。

唯识家说一切有为无为法（即宇宙万有）皆非离识别有自性。识的意义是了别，就是分别了达（也就是认识），所了别的山河大地、日月星辰等，叫作境（或事物）；能了别山河大地等境的作用，叫作识或者心。能了别和所了别皆不离识，所以说是唯识。

诸识的心王心所起了别对境的作用时，其自体必定起四种差别，叫它作四分。分是分限区域的意思，即心心所发的自体生起时，皆变现似所缘和似能缘二相，所变现的似所缘相，叫它作相分（就是对境）；所变现的似能缘相，叫它作见分（就是认识作用）；相见二分所依的自体有证知见分的功能，叫它作自证分；证自证分有证知自证分的功能，叫它作证自证分。四分说是唯识一家独特的主张，也是唯识家精密的学说之一。

一、相分。相的意义是相状，就是境界的相状（也就是外界的事物映现在认识主观之前的相状），例如眼识缘取色境有显色形色等相状，耳识缘取声境有合意不合意等相状，鼻识缘取香境有香臭等相状，舌识缘取味境有甘辛等相状，身识缘取触境有坚湿等相状，第六识缘取法境从而有色心等相状，第七识缘取第八见分带我法的相状，第八识缘取种子、五根、器界也各带其相状。

二、见分。见是照知，是说对于境相识知分别的功能，例如眼识别色、耳识别声、鼻识别香，八识见分各识对所缘境，能够各别照事明白，所以把它叫作见。

三、自证分。证是证知，所谓自，指前见分，见分是第三分缘外之用，体即第三分，非他物，所以叫作自；此第三分，更证知前见分的作用，所以叫作自证分。例如，自知见色闻声等，即证知见分所已经分别者的作用。

四、证自证分。自证指前自证分，更确证前自证分的作用叫作证自证分，即是从自证分更起能缘的作用返照前自证分。但证知这个证自证分的作用，仍是自证分，所以第三第四两分，互为能缘所缘。

四分虽然都是识自体的作用，然而其中第三自证分是诸识的自体，相见二分所依，所以它对其余的三分，又叫作自体分。

唯识家又把心识的能缘所缘作用分作能量、所量、量果三量，量是量度，把心识正量度境相的作用，叫作能量；把被心识所量度的境相叫作所量，而量果是量度成满即量度已办的作用。把这个三量配合四分，就有四重意义：一、见分缘取相分时，以相分为所量，见分为能量，自证分为量果。二、自证分缘取见分时，以见分为所量，自证分为能量，证自证分为量果。三、证自证分缘取自证分时，以自证分为所量，证自证分为能量，还以所量自证分为量果。四、自证分缘取证自证分时，以证自证分为所量，自证分为能量，还以所量证自证分为量果。由这个四重的分别看，就相分只是所量，见分通能量所量，后二分通能量所量及量果。

以上所述的四分说，是护法论师一派所论定。护法以前的唯识论师中，对于四分互有废立。就中安慧论师立自证一分说，以为依他起的诸识，只有自证分就是自体分一种，见相二分本来无体。由无始以来的虚妄熏习，在依他的自体分上，变似所缘的境相而现，叫它作相分；又变似能缘的作用而现，叫它作见分。概括说，即见相二分都是由遍计所执从自体所现的无体法，只自体分一种是依他的有体法。

其次，难陀论师一派，立相见二分说，就粗相说，只是见分和相分相对，认识就成立，另外不用假定自体分等作用，所以难陀等据世亲、无性两《摄论释》之说，“但立见相以为依他”，不在此二分以外更说三分四分。难陀等在见相二分之中，以见分为能变的识体，由这个识体转似外境相现，叫它作相分，所以“此相分体实在于内，不离于识”。

最后，陈那论师一派，折衷安慧派和难陀派，立自证、见、相三分说，以为相见二分必有所依自体，假如没有自证分，相见二分应相离而有，即成别体心外有境。所以立自证分为第三分，而以相见二分为依这个自体分而起的作用，例如，《成唯识论述记》说：“护法等（等取陈那论师一派）云：谓诸识体即自证分转似相见二分而生，如一蜗牛变生二角，此说识体是依他性，转似相见二分非无，亦依他起。”又说：“若无自证，二定不生；如无头时角定非有，及无镜时面影不起。”简单地说，就是这三分都是依他的有体法，离开自证一分，相见二分不存在。

但心心所识别对境的作用，假如仔细分别，又应当有四分，所以到护法论师一派，更在陈那的三分说上，加第四证自证分为证知自证分的作用，所有能量必有量果，就是证知能量的作用。见分为所量，自证分为能量；假如没有证自证分，就自证分没有量果，所以应当别立证知自证分的证自证分。慈恩宗以此四分说为一宗的正义。在这里举一个譬喻，即相分如绢布等，见分如尺度等，自证分如数知其所量数的尺寸，证自证分如证明其结果的正确。然而，也有就护法四分说加以非难的，说假如对于自证分立第四证自证分时，对于证自证分就也应当推定有证知它的作用而立为第五分，如此，将更立第六分第七分，循环无穷。但依护法的义旨，自证分和证自证分，是互相返照的相证作用：自证分缘取证自证分时，即以所缘的证自证分为量果；证自证分缘取自证分时，亦即以所缘的自证分为量果。确证证自证分的即自证分。如以尺量绢布的是自证分，确证所量的结果正确的是证自证分，而证明确证不误的又是以尺量绢布，所以不须更立证明证自证分的第五分。

四分说的典据，是《佛地经论》卷三（《成唯识论》卷二所说乃引用经论），如《佛地经论》说：“《集量论》（陈那造）中辩心心法皆有三分：

一、所取分，二、能取分，三、自证分。如是三分不一不异，第一所量，第二能量，第三量果。若细分别，要有四分其义方成，三分如前，更有第四证自证分。”又说：“定有见分照所照境，有自证分通照见分、证自证分，证自证分照自证分故亦定有。”并举《密严经》“众生心二性，内外一切分，所取能取缠，见种种差别”颂（唐地婆诃罗、不空两译略异）为据，说四分中：初相、见二分是外（相分似外，见分缘外，所以说是外，并非说其体是外），后自证、证自证二分是内（后二分都缘内，所以说是内），从此内外两缘各分能所，即相是所缘，见是能缘，自证是所缘，证自证是能缘，合成四分。

（黄忏华）

四智

四智，具云四智相应心品，又简称四智心品，意即与四智相应的一聚心、心所，是菩提的四种德能，亦即佛的四种智慧，是转有漏的第八识、第七识、第六识，及前五识，如其次第所得：一、大圆镜智，二、平等性智，三、妙观察智，四、成所作智。陈真谛译《摄大乘论释》卷十三作显了智、平等智、回观智、作事智。隋笈多译《摄大乘论释论》卷九作镜智、平等智、正观智、作所应作智。唐波罗颇密多罗译《大乘庄严经论》卷三作镜智、平等智、观智、作事智。

大圆镜智是转有漏的第八阿赖耶识聚所得的无漏智。这个智，远离一切我执、我所执及一切所取、能取的分别，能缘的行相及所缘的内境都微细难知，而于一切境界能不愚迷、不忘失（常现前）。性相清净，远离一切有漏的杂染，为一切纯净圆满的色心现行功德所依，又摄持一切清净无漏功德的种子，能现能生自受用的佛身、佛土，及其余三智的影像。无间无断，穷未来际，犹如大圆镜，能映现众多的色像。如《佛地经》说："大圆镜智者，如依圆镜，众相影现。如是，依止如来智镜，诸处（即六处）、境（即六境）、识（即六识）众像影现。"这个智，内缘取自体功德的种子，外缘取一切真、俗所知境界。就缘真即缘取真如的方面说，是无分别智；就缘俗即缘取其余境界的方面说，是后得智所摄。其体是一，随义用的差别分为两种。了俗由证真，证真为先，然后缘俗智生，所以把这个后生的缘俗智称为后得智。或者和后得相似，称为后得智。其余的平等性智，妙观察智亦是如此。

平等性智是转有漏的第七末那识聚所得的无漏智。这个智远离二执，观染净诸法、自他有情悉皆平等，由此安住无住涅槃，经常和大慈大悲相应，随十地菩萨所乐，示现他受用的佛身、佛土等影像。又是妙观察智的不共所依。这个智周遍缘取一切真俗境界。

妙观察智是转有漏的第六意识聚所得的无漏智。这个智善观察一切诸法的自相及共相，无碍自在（《佛地经》说："谓于一切境界差别常观无碍。"）又摄藏无量陀罗尼（总持）门、三摩地（定）门，及所发生的六度、三十七菩提分、十力、十八不共法等无量功德珍宝，在大众会中，能现一切自在作用，转大法轮，断世间一切疑惑，令诸有情皆获利乐。这个智周遍观察一切法的自相、共相皆无障碍，所以也是周遍缘取一切境界。

成所作智是转有漏的眼等前五识聚所得的无漏智。这个智是为想方便利乐地前菩萨及二乘、凡夫等一切有情，周遍在十方一切世界，示现种种无量无数不可思议的变化身、土等三业，成就本愿力所应作的八相成道等事。这个智也能周遍缘取一切境界，然而随意乐力或缘一法，或缘二法，或缘多法。

四智虽然各各定有五遍行、五别境、十一善及心等二十二种心法（《佛地经论》卷三作二十一种）相应，然而在佛地一切心心法的分位所现起的各种功德中，智即别境中慧心所的作用最为殊胜，所有其余的有为功德都是智的差别，所以以智为名。例如，《佛地经论》卷三说："智有四种，谓圆镜等，于佛果地诸心心法分位所现诸功德中，智最殊胜，以智为名，总摄一切有为德故。"又四智，如上所说，是如其次第转有漏的八、七、六、五识所得。例如，《佛地经论》卷三说："转第八识得大圆镜智相应心，能持一切功德种子，能现能生一切身、土、智影像故。转第七识得平等性智相应心，远离二执自他差别，证得一切平等性故。转第六识得妙观察智相应心，能观一切皆无碍故。转五现识得成所作智，能现成办外所作故。"然而，《大乘庄严经论颂》卷三说八、七、五、六识、如次而得故。无性《摄大乘论释》卷九也说转五现识得妙观察智，转意识得成所作智。对《庄严论颂》所说，有两种解释，第一《庄严》是不依次第而说，并非说转第六识得成所作智；第二是《庄严论》中据第六识能作神通等事业，所以说得成所作智；前五识到果位才能够观察，所以说得妙观察智。对《无性摄论》所说，《成唯识论了义灯》卷七末说“无性二释，各随一义，不违二论”（《唯识》《庄严》）。然而，《佛地经论》（卷三）评破转前五识得妙观察智，说说法除疑，周遍观察，不是前五识所能。总之，以《唯识》《佛地》等论所说为正义。智虽然不是识，然而依附识而转起，以识为主，所以说是转识所得。又识的意义是分别，智的意义是决断；在有漏位中，智劣识强；在无漏位中，智强识劣。为劝勉有情令依智舍识，所以说转识得智。

四智是道谛所摄，所以只是无漏，即诸佛的功德及身、土等，皆是无漏的种姓所生。诸佛已经永远舍弃一切有漏法的种子，虽然有示现作生死身、业、烦恼等，和苦、集谛相似，然而实在是无漏道谛所摄。

四智的种子，皆无始时来法尔本来具有，依附第八阿赖耶识，前灭后生，相续不断，不是现在从熏习所生，此即大乘二种种姓中本姓住种姓，《成唯识论》卷九说：“谓无始来依附本识（第八识）所得无漏法因。”发心以后，由听闻正法等外缘熏发，令无漏旧种渐渐增长，此即大乘二种种姓中习所成种姓。又说：“谓闻法界等流法已，闻所成等薰习所成。”大圆镜智、有说菩萨金刚喻定（第十地满心金刚无间道）现在前时，转灭一切有漏种子及异熟识等，即开始现行。有说金刚喻定现在前时，还没有顿舍异熟识种，要到次刹那的解脱道初成佛位才得开始现行。《成唯识论》卷十平列两说，《佛地经论》卷三只举前说，然而《成唯识论述记》卷十以后说为正义。这个智，执持一切无漏种子令不失坏，从初成佛起，尽未来际，相续不断。平等性智，菩萨初地初现观时即菩萨见道初现前位，和我、法二执相违，才得开始现行，从此以去，在以后的诸地中，加以修习，令增长清净圆满。在无漏观等现在前时，经常现行。假如有漏心现前，或有间断。像这样展转到第十法云地最后心以后，便和纯净的第八识相依，尽未来际，相续不断。妙观察智就生空观品说，二乘见道位也得开始现行，此后展转顿悟者从见道位到无学位，渐悟者从四果向大到菩萨解行地终，顿渐二悟菩萨或者到上位（上位即十地及如来地），只要不是有漏心现前或无心时，皆得现行。就法空观品说，菩萨见道位才得开始现行，此后展转到上位，只要不是有漏位，生空观，及无心时，其余一切位皆得现行。成所作智，有说在菩萨修道位中，由后得智引发，也得开始现行。有说要成佛才得开始现行，成所作智是转有漏的前五识所得。前五识以五根为不共依，而以现行第八识为共依。在因位十地中，能变的第八识是有漏，所以所变的五根也是有漏，有漏不共必俱同境的五根，必不能发无漏的五识。因此成所作智要到成佛依五漏的五根才得现行，而且这个智由作意才现起，所以在佛果上，也不是永远现前，常有间断。《成唯识论》卷十平列以上两说，《佛地经论》卷三评取后说。总之，四智中，妙观察、平等性二智，通达修习二位的菩萨，证得一分；大圆镜、成所作二智，必须到究竟位才得现行。从而具足这四智，得大菩提的，只是究竟位的佛果。

（黄忏华）

五重唯识观

五重唯识观是慈恩宗的观行法门。五重是：一、遣虚存实识，二、舍滥留纯识，三、摄末归本识，四、隐劣显胜识，五、遣相证性识。这五重里面所说的识，是唯识观的简称。这个观法是慈恩宗著名的学者窥基法师，按照《摄大乘论·入所知相分》的纲格（对唯识性次第悟入遍计所执、依他起、圆成实三性），采集《解深密》等经，《瑜伽》《成唯识》等论的义蕴而组成，并为实践的方便区分作五重步骤，详见于他所撰述的《大乘法苑义林章·唯识义林》及《般若波罗蜜多心经幽赞》中。

五重唯识观的途径，是简择一切万法而实证唯识的道理。它的能观体，是五位百法心所别境中慧，如《法苑义林章》说，“能观唯识以别境慧而为自体”，又《心经幽赞》说，“以闻思修所成妙慧而为观体”。此即于所观察的境界简择分别，获得决定，断除疑惑的作用。它的所观体，是一切诸法，即遍、依、圆三性真妄境。

第一重唯识观——遣虚存实识，先就一切诸法所具有的遍（虚）依圆（实）三性、分别遣虚和存实。观察遍计所执的实我实法，皆同龟毛兔角，只从虚妄分别生起，体用都无，所以应当正遣除作空。观察依他起性是依托众多的因缘而生起的事相，是后得智的境界，圆成实性是圆满成就真实的体性，是根本智的境界，都不离识，所以应当正存留作有。所以起此第一重观，是由诸有情无始以来，执遍计我法为有，拨真俗事理为空，所以用遣虚观对破执实我实法，用存实观对遣拨无依他起性，圆成实性。像这样，观察空有，遣除有空，所以叫作遣虚存实。这是空有相对的观法，它的典据是《摄大乘论》的“名事互为客，其性应寻思”文，《成唯识论》的“识言总显一切有情各有八识、六位心所、所变相见、分位差别及彼空理所显真如”文。诸经论所说“一切唯识”“二谛”“三性”“三无性”“三解脱门”“三无生忍”“四悉檀”“四嗢陀南”“四寻思”“四如实智”“五忍观”等，皆摄于此观。

第二重唯识观——舍滥留纯识，依他起的诸识中，有相、见、自证、证自证四分，相分是所缘境（滥），后三分是能缘心（纯），心只内有，境通内外，所以只说唯识，不说唯境。但是所谓外境，是遍计所执，亦即独影境，所以说它作外，并非其体实有。像这样，相分是依他起性的内境，和遍计所执性的外境即执着心外有实法不同，然而都属于所缘，恐怕互相杂滥，所以舍弃所缘相分的内境，只就纯属能缘的后三分观察唯识的道理。这是心境相对的观法，它的典据是《厚严经》的“心意识所缘，皆非离自性，故我说一切，唯有识无余”文，《华严经》的“三界唯心”文。

第三重唯识观——摄末归本识，见相二分都依自证分起，即不外自体分上的能所缘用，是所变，叫它作末。自证分（本）是体、是能变。假如离开作为本的自证分，就没有作为末的相见二分，所以摄用归体即摄末归本，只就自证分观察唯识的道理，这是体用相对的观法，它的典据是《解深密经》的“诸识所缘唯识所现”文。

第四重唯识观——隐劣显胜识，八识的自体分中，各有心王（胜）心所（劣）的分别。而心是所依，如主；心所是能依，如臣。所以以心王为胜，心所为劣，只说唯心，不说唯心所。如此，隐劣心所，显胜心王，只就心王的自体观察唯识的道理，这是王所相对的观法，它的典据是《说无垢称经》（旧译作《维摩诘所说经》）的“心杂染故有情杂染、心清净故有情清净”文。

第五重唯识观——遣相证性识，八识心王的自体分是依他起的事相，而其实体则是我法二空，即离了遍计所执所显的圆成实性。因此，更进一步舍遣依他的事相，只就圆成实性的法体求证唯识理。前观察依他，遣除遍计的知解，如起绳的知解时遣除蛇的知解；今观见圆成，遣除依他的知解，如更见绳的实质时遣除绳的知解，此即《摄论》遣除唯识想而悟入唯识的当体（不借助于唯识想而得的实证），叫它作遣相证性。进入此第五重观时，根本智先证真如理，后得智次了依他法，理事既彰，我法二执自然息灭。这是事理相对的观法，它的典据是《胜鬘经》的“自性清净心”文。

以上五重观法中，前四重就依他识相观察唯识理，后一重就圆成识性观察唯识理。如此，空有、心境、体用、王所、事理五种，从粗到细，展转相推，到第五重，实证唯识妙理，于是进入理智冥合的境界。

（黄忏华）

五种姓

五种姓是梵语的译文，原又为五类的种属或族姓。因为属于某个种族的人必然具有某个种族的性质，所以种姓和性质这两个辞语的含义，本来就有相通的地方，在古代印度使用起来有时也不免混乱。到了译成汉语，种姓和种性，不但意义相近，而且字形相似，发音相同，因此五种姓便时常成为五种性，有时省略成五性，或称五种种性，五种乘性及五乘种性：一、声闻乘种姓，二、独觉乘种姓，三、如来乘种姓，四、不定种姓，五、无种姓。

古代印度由于征服和分工的原因，在社会上很早就存在着四姓的区别：一是具有神权的婆罗门种姓，二是具有政权的刹帝利种姓，三是从事工商的吠奢种姓，四是沦为农奴的戍陀罗种姓（《大唐西域记》卷二）。

这种在社会发展过程中形成的种姓区分，也就是阶级压迫，佛教是根本反对的。佛陀主张四姓平等，有四河八海的比喻（《杂阿含经》卷二十、《增一阿含经》卷二十一）。但是在宗教的学修上，由于各人种种条件的不同，它的成就也因之而有差别，甚至有不能成就的，于是社会上种姓区别的范畴，便被应用到宗教里面来了。

三乘的区分，早在《阿含经》中便出现了（《增壹阿含经》卷四十五）。到了《大毗婆沙论》里，便有三乘种姓的差别。如卷二说："佛及独觉声闻种姓同于此位，住上上品，故名平等。"又卷五说："谓佛种姓是上品，独觉种姓是中品，声闻种姓是下品。"又卷六十八说："转声闻暝种姓根起独觉暝种姓根，转声闻独觉暝种姓根起佛暝种姓根。如说暝位、顶位亦尔。”这里不但有三乘种姓的区分，而且转根的说法已经包含着不定种姓的意义。不过，这时候种姓一辞使用的范围还很广泛，例如卷六十二里便有“依六种姓建立六种阿罗汉名”的说法。

早期的大乘经典也同样只有三乘和不定的说法。例如，《大般若经》卷五百九十三说：“若有情类，于声闻乘性决定者，闻此法已，速能证得自无漏地；于独觉乘性决定者，闻此法已，速依自乘而得出离；于无上乘性决定者，闻此法已，速证无上正等菩提。若有情类，虽未已入正性离生，而于三乘性不定者，闻此法已，皆发无上正等觉心。”

到了《胜鬘经》里，在三乘之外说了一种无闻非法的众生。如《摄受章》说：“何等为四：谓离善知识无闻非法众生，以人天善根而成熟之。求声闻者，授声闻乘；求缘觉者，授缘觉乘；求大乘者，授以大乘。”这种仅仅能以人天善根去成熟的众生，似乎可以说是没有三乘种姓，即是所谓无种姓。但就本经强调一乘和如来藏的精神来看，却又不是主张决定无姓说的。

到了《大般泥洹经》出现的时代，由于经中所倡导的常乐我净的说法，更为习惯于无常苦无我不净的小乘人所不能接受，从而使反对的浪潮达到空前的高涨。因此经中针对这种持反对论调的小乘人，说他们无菩提因不可救药，并且给他们起了个“一阐提”的名字。例如，卷六说：“若阿练若愚痴无智，状似阿罗汉而诽谤《方等》……言《方等经》皆是魔说……作是说者名一阐提。”又说：“诸增上慢一阐提辈以何为本？诽谤经法不善之业以是为本。”又以种种譬喻说此经能够使“犯四重禁及无间业，不乐菩提未发意者，皆悉安立于菩提道，唯除一阐提辈”。这样说来，一阐提似乎就是决定无种姓的了。但是本经是倡导一切众生悉有如来性的。例如，卷五说：“真实我者是如来性，当知一切众生悉有，但彼众生无量烦恼覆蔽不现。”虽然在卷六中也说：“彼一阐提于如来性所以永绝，斯由诽谤作大恶业，如彼蚕虫绵网自缠而无出处，一阐提辈亦复如是，于如来性不能开发起菩提因，乃至一切极生死际。”然而，一阐提究竟还是有如来性的，不过永远不能开发罢了。我国东晋时竺道生就从这点窥见了经中所含蓄的深意，因此在大本《涅槃》还没有传来之前，他仅仅读了六卷《泥洹》便首先提出一阐提人皆得成佛的主张，因而遭到保守派的驱逐。后来，大本（也就是修正增补本）来了，不但增加部分有一阐提成佛的明文，就在相同部分也表现出和六卷本有显然不同的语气。大家才衷心地信服了竺道生的预见性（《高僧传》卷七）。这场公案说明了《大般涅槃经》不是一人一时所结集的。最初，当反对者的气焰很嚣张的时候，不能不严厉呵斥，说他们简直永远不能成佛。但是经过斗争大乘占了优势以后，呵斥的态度便转化为劝导的态度，于是有修正增补本的《大般涅槃经》出现。因为按照《涅槃经》的思想体系来说，它是主张一切众生都有如来性的，所以很难坚持一阐提毕竟不能成佛的说法。

就是到了《楞伽经》里，五种种姓的编排已经完全形成，一阐提发展为两种了，然而也还不是决定无姓论者。例如，七卷本《楞伽》卷二说："有五种种姓。何等为五？谓声闻乘种姓，缘觉乘种姓，如来乘种姓，不定种姓，无种姓。……"并把无种姓的一阐提分为二种，一种是诽谤大乘经而把一切善根断了的一阐提；一种是菩萨一阐提，由于他所要度的众生永远度不尽，同时他知道一切法本来就是涅槃的，用不着再入涅槃，所以这种无种姓实际上是十足的如来乘种姓。而前一种无种姓，因为佛总不抛弃他，他的善根有时还会生起来的，所以也不是决定的无种姓。

《解深密经》里对于决定声闻种姓和不定声闻种姓作了较详细的说明（卷二）、可以说已经举起了决定五姓说的旗帜。

到了《瑜伽师地论》，决定五姓说有了很大的发展。在卷三十七里说所成熟补特伽罗的时候，在卷五十二里说异生性的时候和说有障无障差别的时候都同样地举出声闻种姓，独觉种性，佛种性和无种性的四种来。加上卷八十二里所说的不定种姓，便成为完整的五种姓组织。

本论在《声闻地》（卷二十一）和《菩萨地》（卷三十五）都指出种姓的本质就是种子，不过在《声闻地》里说的种子是"从无始世展转传承法尔所得”的，也就是后世所谓本有种子。而《菩萨地》里说种姓包括本性住种姓和习所成种姓的两种，就等于说种子有本有和新熏的两种，这便给后来护月、难陀和护法三家遗留下争辩的题材。又在卷五十三里说种姓的成因，由于有障无障的差别，这已经给新熏家提供了立论的根据；同时又说：“诸出世间法从真如所缘缘种子生，非彼习气积集种子所生。”这一段话更是各家聚讼的焦点，本有家、新熏家一切有性说、五姓差别说，见仁见智地都各有一番解说。我们现在来看，《摄抉择分》中这段解释种姓的文义显然和《本地分》中对于种姓的解释很有出入，这是因为本论原来就是瑜伽学派的一部丛书，不是一人一时的著作。虽然同是一个学派，而且经过编纂，大体上总算一致，但是许多不同的说法也是一齐收容在内的。

《声闻地》里举出无涅槃法补特伽罗的六种相状。例如，卷二十一说：“谓彼最初不住种姓无涅槃法补特伽罗……是名第六不住种姓补特伽罗无种姓相。”似乎是给决定无姓说者以一种典据，但是对方解释所谓不住种姓者，并非没有种姓，而是在某段期间里他没有站在种姓的岗位上罢了。

卷六十七《摄抉择分》中《声闻地》列叙五番问答以成立无种姓的主张。后来在真谛传译天亲所造的《佛性论》里也有类似的五番问答，照《佛性论》的说法，似乎这五番问答是小乘中萨婆多部驳斥分别说部的，而在《佛性论》里又增加了天亲的反驳，最后归结到“一切众生皆悉本有清净佛性。若永不得般涅槃者，无有是处”。但是这五番问答，究竟是小乘中的两部真正有过这样的争辩呢？还是大乘论书中假设的对白呢？现在很难断定。因为小乘中既没有提出这项问题的历史条件，同时也还没有其他的文献足以证明。

这五番问答也出现在无著造的《显扬圣教论》里作为成立种姓差别的五种道理，便说明无著在《大乘论》中也一样地使用这五番问答来证明有一类无种姓的有情。天亲的学问出于他哥哥无著的启发和培养，何以天亲在《佛性论》里直接反驳他哥哥的主张呢？再拿我国关于弥勒、无著、天亲著作的新旧各种译本来互相对照，便使人想到他们的著作在传诵和翻译的时候已经受到学派的影响而大大地有所增改了。

《大乘庄严经论》也是无著的著作之一，论中把无性分为时边和毕竟两种。例如，卷一说："无般涅槃法者是无性位。此略有二种：一者时边般涅槃法（据《唯识枢要》应云：暂时无圆寂法），二者毕竟无涅槃法。……毕竟无涅槃法者，无因故，彼无般涅槃性，此谓但求生死不乐涅槃人。"虽然无性之后有一个位字，可以被对方用来作"约位说"的典据，但是这段文的主要意思是说时边无性之外，决定另有一种毕竟无性的有情，这个主张是非常明确而坚定，不容有另外的曲解的。

《成唯识论》是印度唯识学派总结性的记录，五种姓说是唯识学说的一个重要组成部分，所以论中关于种姓有总结性的说明。论中根据瑜伽说有二种种姓。例如，卷九说："一本性住种姓，谓无始来依附本识法尔所得无漏法因；二习所成种姓，谓闻法界等流法已闻所成等熏习所成。"在卷二讨论种子的时候，批判了护月所代表的传统学说种子有家和难陀所代表的新熏家，然后提出以护法为首的本始综合家认为是最正确的主张。

亲光离承了护法的学说，对于种姓仍然主张有本习二种。例如，《佛地经论》卷三说："如是四智相应心品种子本有无始法尔不从熏生名本性住种姓，发心已后外缘熏发渐渐增长名习所成种姓。"他把五种种姓完整地编排出来，对无种姓有较详细的说明，并且把其他经典里为什么有一切有性的说法作了解释。例如，卷二说："无始时来一切有情有五种姓：一、声闻种姓，二、独觉种姓，三、如来种姓，四、不定种姓，五、无有出世功德种姓，……第五种姓无有出世功德因故，毕竟无有得灭度期。……虽余经中宣说一切有情之类皆有佛性皆当作佛，然就真如法身佛性或就少分一切有情方便而说，为令不定种姓有情决定速趣无上正等菩提果故。"

从《庄严经论》以来的毕竟无姓论，在印度佛学史上要算是一种新颖的学说。所以玄奘将要回国之前，古代印度好些大德在讨论无性问题的时候，便向玄奘说："你回国去讲，旁人决不相信。希望你把带去论书里面关于无性的话省略了罢。"戒贤骂道："鄙夫！你们懂得什么东西，就能随便给他作出指示吗？！”这段文见于道伦《瑜伽论记》卷三下引玄奘的谈话，但文句显然很有些错落。日本最澄（767—822）撰《法华秀句》引此文作：“《大庄严论》第二卷云，无佛性人谓常无性人。欲来之时，诸大德论无性人，云：若至本国必不生信，愿于所将论之内，略去无佛性之话。戒贤呵云：弥离车人！解何物而辄为彼指？！”文义是很明白的（日本常盘大定博士对此段文却有误解）。

玄奘回国后，遵照他师父的意见，忠实地传译了包括毕竟无姓的五种种姓说。这种学说在古代印度已经是很晚出而新颖的了，传到中国自然更觉得十分珍异，相传玄奘给窥基讲唯识和瑜伽，圆测一再偷听，玄奘就允许了窥基：“五姓宗法，唯汝流通。”（《宋高僧传》卷四，《窥基传》）这五种种姓说在窥基方面说来，固然是独得之秘，也可以说是唯识正统派（传到中国来称为慈恩宗）独创的一项重要宗义。而在另一方面说来，却引起了中国一些佛教学者的强烈反对。首先发难的是曾经充任玄奘译场证义的灵润（《续高僧传》卷十五有传），造一卷章辨新翻瑜伽等与旧经论相违略出十四门义。其后玄奘弟子也任过译场证义的神泰便针对灵润又造一卷章来和他辩论。再后新罗义荣又攻神泰而救灵润。三师的原著在中国久已失传，幸而大体上在日本最澄所撰的《法华秀句》里被保存下来。

玄奘门下还有曾任译场证义的神昉著《种姓差别集》三卷（《东域传灯目录》），已经失传。窥基独得的所谓“五姓宗法”，详细见于所著的《唯识枢要》。他会通了各种经论，认为无种姓人可分三类，除了断善根的和大悲菩萨以外，还有毕竟无姓，这是在因位和果位都无成佛可能的。断善根的无姓，因位虽无成佛之义，而善根相续以后，果位仍可成佛。大悲菩萨，果位虽不成佛，而因位有其可能。只是毕竟无姓，不论因位果位，都和成佛无关，所以他另外是一类种姓。随后他举出十种典据并且立了一个因明的三支比量来证明毕竟无姓决定是有。又在毕竟无姓之外，还有二乘定性，也是在因位和果位都无成佛可能的。他又举出七种典据同时也立了一个因明的三支比量来证明二乘定姓决定是有。在这定姓声闻，定姓独觉和毕竟无姓之上，再加上如来种姓和不定种姓，完整的五种种姓说便组织成功了。由于明确地肯定了二乘定姓，便不能不肯定三乘的说法是实在的彻底的，而一乘的说法是权变的不彻底的，这种主张集中表现在他所著的《法华玄赞》里。这就和当时中国流行的天台宗所倡导的“三乘是权一乘是实”的说法，形成了宗派上的尖锐矛盾。

据日本源信（942—1017）著的《一乘要决》卷上说：“大唐佛授记寺沙门法宝造六卷章名《一乘佛性究竟论》，破三乘五性义，立一乘佛性义。”法宝（《宋高僧传》卷四有传）造的这六卷论书现在仅仅剩下第三卷被保存在续藏经里，其余的有很少部分由于《一乘要决》和《守护国界章》等书的引用而被保存。据《守护国界章》卷下之中说：“宝公破西方唯识论师者，指大乘基，未必护法。”可见一乘佛性究竟论主要是针对窥基而发的。

窥基的弟子缁州慧沼（《宋高僧传》卷四有传）造《能显中边慧日论》四卷，又针对着一乘佛性究竟论而发。这部书对种姓问题的各方面都作了较详细的讨论和说明，就中国说来，可以说是一部带总结性的种姓论专著。从此以后，不但很像印度大德们所估计的一样，对于包含毕竟无姓的五种姓说，信者少而不信者多，甚至玄奘所传的整个唯识学派也“不绝如缕”了。但是戒贤的呵责也起了积极的作用，完整的五种种姓说毕竟介绍到中国来了。

（刘衡如）

南山三观

南山三观，是唐初终南山道宣律师开创四分律宗中所立的三种观法：一、性空观，二、相空观，三、唯识观。这三种观法，是基于南山宗把释迦如来一代的教法区分作化制二教，其中化教又分作性空教、相空教、唯识圆教三种，这三种化教的观法，即分为性空观，相空观，唯识观，后人称此为南山三观。

一、性空观。将因缘所生世出世间一切诸法，藉剖析的方便，观察它的自性本空，求人求法，了不可得，这叫作“析色明空”，破除对于人法本身的执着，叫它作性空观，又作析空观。

二、相空观。进而观察因缘所生一切诸法，外相似有，实自空无，犹如空华水月，但众生情执妄见种种差别之相，这叫作“当体即空”，叫它作相空观。

三、唯识观。观察一切外尘诸法，唯识所变，本来无实，这样“识有非空，境无非有”，算是“性相圆融”，叫它作唯识观。

道宣律师认为佛教的教法，不出性空、相空、唯识三种，所以本此而立三观，观无不尽。例如，《四分律行事钞》说：“然理大要不出三种：一者，诸法性空无我，此理照心，名为小乘。二者，诸法本相是空，唯情妄见，此理照用，属小菩萨。”（照心，照用的解释，如《行事钞资持记》说：“言照用者，二乘住寂，故但照心；菩萨涉事，故云照用。”）三者，诸法外尘本无，实唯有识，此理深妙，唯意缘知，是大菩萨佛果证行。又如《羯磨疏》说：“要而言之，不过三种：一、小乘人行，观事生灭，知无我人善恶等性；二、小菩萨行，观事是空，知无我人善恶等相；三、大菩萨行，观事是心意言分别。”《济缘记》更加以解释说：“初则见相如实，观性本空；次则见相如幻，空华水月，当相即空，不待观性；后则观一切法唯心所受，心外无法。”

道宣的三观，本于他的四分律学，而他的四分律学，受当时玄奘法师所弘阐唯识学说的影响很深，所以以唯识观为极致（参阅化制二教）。

（黄忏华）

化制二教

化制二教是南山律宗对于教相的判释。该宗把释迦如来一代的教法区分作化制二教。化教是说如来教化众生令得禅定及智慧的教法，在三学中是定慧法门，在三藏中是经论二藏，如四阿含等经，发智、六足等论。泛说因果，通化道俗，所以叫作化教。制教是说如来戒饬众生控制行为的教法，即诸律中所诠的戒学法门如四分、五分、十诵等律。说诸律仪、唯制内众，所以叫作制教。化制二教又叫作化行二教，如《四分律比丘含注戒本疏》卷一说："今以化行二教用分诸藏。"又《四分律行事钞资持记》卷一说："一代时教，总归化行。"其次，南山律宗更把化教就其义理的浅深判作性空教、相空教、唯识圆教三教，又把制教就四分律学各家的戒本论分别判作实法宗、假名宗、圆教宗三宗，这是南山律宗独有的教判。

化教三教中，性空教是说一切诸法性空无我的教法，此中包括四阿含等经及俱舍、成实等论一切小乘，是把一切诸法用破析的方法来说明"人""法"无我，这就是"析色明空"，所以叫它作性空教。相空教是说一切诸法本相是空的教法，此中包括诸《般若经》和这一系统的大乘论部，是直就常人所执着的人、法本身由缘会而生这一现象来说明空无相之理，这就是"当体即空"，所以叫它作相空教。唯识圆教是说一切唯识性相圆融的教法，此中包括华严、楞伽、法华、涅槃、摄论等大乘经论，是将一切诸法里面的外境看成本来无实，全归唯识，从而起行也属菩萨的甚深妙行，所以以它作唯识圆教。此三教中第一性空教，和慈恩宗三时教判中第一时有教的多分相当；第二相空教，和慈恩宗的第二时空教相当；第三唯识圆教，和慈恩宗的第三时中道教相当。四分律宗原当性空教一分，但道宣律师意欲成立三学圆融无碍，新以判属唯识圆教。

制教三宗是本于四分各家对于戒体的不同解释而判断的。依《四分律删繁补阙行事钞》等所说，戒体，是弟子从师受戒法时所发得而领纳在心胸中的法体，即由授受的作法在心理上构成一种势力而有防非止恶的功能。此中戒体旧译叫作“无作”，新译叫作“无表”。唐以前的四分律师本来受《成实论》学说的影响。以戒体为非色非心的“不相应行法”，法砺的相部一系便完全依此立说，以“无作”为非色非心，唱非色非心戒体论。怀素的东塔一系，却相信《俱舍论》所说，以无表业为色法，唱色法戒体论。道宣的南山一系于《四分律》表面也按照《成实论》所说，立非色非心戒体。然而依道宣的本意，《四分律》通于大乘，还依唯识宗的义旨，以第八阿赖耶识中的种子即“发动思”的种子为戒体，而唱心法戒体论。由于四分律各家对戒体解释不同而判制教二宗：一、实法宗，又作有宗，指说一切诸法实有的萨婆多（说一切有）部等，此宗以戒体为有实质的色法，如同《俱舍论》所说。二、假名宗，又作空宗，指说一切诸法唯有假名的昙无德（法藏）部等，此宗以戒体为非色非心的不相应行法，如同《成实论》所说。《四分律删补随机羯磨疏》（卷十五）合释以上二宗，说成实所说正和昙无德四分律相通，而杂心、俱舍所说是解释萨婆多十诵律。三、圆教宗，又作圆宗，指说一切诸法实唯有识的唯识圆教等，此宗以戒体为心法的种子，如法华、涅槃、楞伽等经，摄大乘等论所说。四分律宗正和假名宗相当，然而道宣律师意欲由《四分律》成立一乘圆顿的妙戒，所以在三宗中也把四分律宗判属圆教宗。

化制二教的教判，是于唯识宗有其渊源的。道宣很早便参加玄奘法师领导的译场，掌笔受润文的任务，受玄奘学说的影响很深，所以在化教中，配合《解深密经》的三时立三教，而以唯识为圆教，又在制教中以心法中的种子为戒体，从而力说《四分律》通于大乘。

（黄忏华）

三聚净戒

三聚净戒是总括大乘菩萨一切戒律的三个分类，即摄律仪戒、摄善法戒、摄众生戒。三聚净戒这个名称最初见于陈、隋之际天台宗等有关著述，但其内容早已见诸译籍。

菩萨戒本没有特殊的戒相，《法华经·安乐行品》所举的不亲近国王、王子、外道、梵志、凶戏、相扑等十项“不亲近处”，可说是大乘菩萨的最初戒相，但尚没有菩萨戒的名称。《涅槃经·师子吼品》开始把戒律分为声闻戒和菩萨戒。它说，从初发心乃至得成阿耨多罗三藐三菩提的名为菩萨戒，若观白骨乃至证得阿罗汉果的名为声闻戒。这只是从志愿和行果的浅深而区别声闻戒和菩萨戒而已。又《涅槃经·圣行品》列举“息世讥嫌戒”如不作贩卖轻称小斗欺诳于人，因他形势取人财物，害心系缚，破坏成功。燃明而卧。常食一食未曾再食，不食肉不饮酒。进止常与三衣钵具，其止息床不置二枕。不故往观视军阵，不谄谀邪命自活等达四十四项。关于出家菩萨的制戒比之于《法华经》所说的“不亲近处”是更详细了。这些戒相虽有“害心系缚”，“破坏成功”等危害他人的重罪，但大概是轻罪的多，所以名为“息世讥嫌戒”(《涅槃经·圣行品》为汉译佛经中最初提到三聚净戒的类别并说明其内容的是姚秦竺佛念译的《璎珞经》(具称为《菩萨璎珞本业经》，二卷)。《璎珞经·大众受学品》第七说，一切戒的根本是三受门，即摄善法戒，所谓八万四千法门。摄众生戒，所谓慈悲喜舍化及一切众生皆得安乐。摄律仪戒，所谓十波罗夷。《璎珞经》把摄律仪戒置于三聚的最后，这和《菩萨戒羯磨文》的三聚次第恰恰相反。

一般小乘的经律都以二百五十戒或五百戒作为律仪戒，但《璎珞经》并不采取小乘的律仪，而以十波罗夷为大乘的律仪，这是它的特色（《璎珞经，大众受学品》）。

其次说三聚净戒的是北凉昙无谶译的《地持经》（具称为《菩萨地持经》，十卷）这是《瑜伽论·本地分》中“菩萨地”的异译，是瑜伽系统的戒法最初传译的作品。《地持经》很具体地说，一切戒有三种：一、律仪戒，二、摄善法戒，三、摄众生戒。律仪戒是七众所受的戒，七众就是比丘、比丘尼、式叉摩那、沙弥、沙弥尼、优婆塞、优婆夷。摄善法戒是菩萨所受的律仪戒，即上修菩提的一切身口意的善法。摄众生戒，略说有十一种，即为众生作饶益事、看病、说法、报恩、救护、劝慰、施与等（《地持经》卷四）。《瑜伽师地论》所说的瑜伽戒品和《地持经》大致相同。又被认为《地持经》异译的《善戒经》（具称为《菩萨善戒经》，刘宋求那跋摩译，十卷）也提到了三聚的戒法。《善戒经》说，在家出家所受持的戒名为一切戒。一切戒有三种：一者戒，二者受善法戒，三者为利众生故行戒。第一的戒是七众所受的戒即摄律仪戒。一切戒即三聚净戒的异名（《善戒经》卷四）。

《璎珞经》《地持经》之外，汉译《摄大乘论》的三种译本关于“三聚净戒”的名称也有个别的不同。北魏佛陀扇多的译本称为“止戒、摄善法戒、作众生益戒”。梁真谛的译本称为“摄正护戒、摄善法戒、摄众生利益戒”。唐玄奘的译本则称为“律仪戒、摄善法戒、饶益众生戒”。

鸠摩罗什所译的《梵网经》和《璎珞经》《地持经》并称为大乘戒的三大圣典。它对后世的影响最大。《梵网经》虽没有明确提到三聚，但它说的十重四十八条轻禁的戒法是仿小乘比丘戒条的形式而制定的。这些“十重四十八轻戒”是大乘菩萨戒最具体的戒相。

我国菩萨戒的弘传和阐述，至隋炀帝从智顗受菩萨戒时已经非常盛行。隋灵裕有《受菩萨戒法》的注疏，他在邺都时，就有许多人从他受了三聚戒（《续高僧传》卷九本传），同时徐州摄论学者靖嵩并著有《三聚戒玄义》流行于当时（《续传》卷十本传其他许多佛教学者对三聚净戒又有许多解释。隋智顗的《菩萨戒经义疏》虽说到律仪戒、摄善法戒、摄众生戒，但他把这三聚净戒概称为菩萨戒，说它是过去、未来、现在一切菩萨所当学的戒法（智顗说、灌顶记《菩萨戒经义疏》卷上）。隋慧远撰《大乘义章》立了七门分别三聚戒。其中就“止作”二门分别说；三聚别论，律仪是“止”，止诸恶故。其余二聚是“作”，作诸善故。三聚通论，一一之中皆有“止作”。最后结论说“三聚皆止恶故”。这就是说，三聚净戒第一的摄律仪戒，是以防止自己作恶为主的戒法，所以称它为“止”，是一种自利的行为。第二摄善法戒和第三摄众生戒是大乘菩萨在修行中实践一切善的行为和发愿长期为人类利益服务的戒条，所以称它为“作”，是一种自利利他的行为（隋慧远《大乘义章》卷十）。

道宣认为三聚戒是三身之本。他说：一、律仪戒在断诸恶，即法身之因；二、摄善法戒在修诸善，即报身之因；三、摄众生戒在慈济有情，即化身之因（道宣《释门归敬仪》卷上）。唐天台学者明旷更进一步发挥他的见解。他把三聚和四宏誓愿以及三身配合起来，认为一切戒大体上不出四弘三聚。摄律仪戒在断烦恼，配于“烦恼无尽誓愿断”。摄善法戒在成就佛道和修学法门，配于“佛道无上誓愿成”和“法门无量誓愿学”。摄众生戒在度众生，配于“众生无边誓愿度”。又摄律仪戒，如持不杀止恶不生，离诸染污，是为法身之因。摄善法戒在行诸善，深究法门而证佛道，是为报身之因。摄众生戒在以慈悲利益众生，是为应身之因。因此，明旷的主张是站在四弘誓愿的基础上通过三聚净戒的实践而成立三身的。最后，他又把三聚和天台的空假中三观结合起来，并试作了结论说：“故知戒戒三聚互融，三观三身相即，三聚三身既无优劣，四十八轻十重等持心性，宁有浅深”（明旷《菩萨戒经疏删补》卷上）。

三聚净戒的精神比之于小乘戒是积极的，它和小乘戒虽采取同样形式的律仪戒，但其说明却具有积极的大乘精神。小乘戒只列举那些不可为的事情，而大乘戒则多举那些不可不为的事情。关于禁止的戒，大小乘的精神也有不同。例如，十重禁戒第一的杀戒，据唐法藏引《瑜伽戒品》解释说，如果菩萨看见盗贼为了抢劫财物将杀害许多人命或杀害大德圣者，想到那人若是这样地做必将堕于地狱受极大苦，菩萨因不忍看他堕入地狱受苦，决心让自己代他入于地狱而杀了他，所谓“以怜愍之心，而断彼命”。这在菩萨戒不但不为犯罪，反而是有很大功德的（唐法藏《梵网经菩萨戒本疏》卷一）。

（林子青）

别解脱戒

别解脱戒，即别解脱律仪。佛教七众弟子，由出离心为发起，经过一定的仪式，誓愿受持佛所制七众戒的某一种，在记忆里留下深刻的印象，以后遇缘对境，便有防止恶行的作用，名为别解脱戒。

梵语音译“波罗提木叉”，“木叉”为“解脱”有二义：一作名词解，指依戒修行所得的果，能证的圣智、所证的涅槃，皆名解脱。此戒为解脱的因，故亦名解脱。二作动词解，为离缚自在。以此戒为方便，能弃舍恶行，破坏烦恼，出离恶趣，究竟出离三界生死，不为恶行等所缚，故名解脱。“波罗提”多处译为“别”意义甚多，如七众所受的戒各自不同、持戒所对的境各别不同等等。

梵语音译“三婆啰”，本义为“防护”，译为“律仪”，亦译为“戒”。《俱舍论》卷十四说：“能防身语故名律仪。”《大般涅槃经》卷三十四说：“戒者即是遮制恶法。”或译“律仪”，或译“戒”，同是防护的意义。《大乘法苑义林章》卷九说：“律谓法式，仪谓轨范，……可为法式，可为轨范，故名律仪。”《含注戒本疏行宗记》卷一说：“戒有何义，义训警也。由警策三业远离过非。”《菩萨戒义疏》卷上说：“戒是约义、训义，复言勒义、禁义。”依此土注家就汉文字义解，“三婆啰”译为“戒”，较译为“律仪”，与原文本义更近。

律仪有三种，即别解脱律仪、静虑律仪（亦名定共戒）、无漏律仪（亦名道共戒）。静虑律仪，由定力压伏烦恼而不犯戒，入定才有。无漏律仪，由智慧力断除烦恼而不犯戒，证无漏圣道才有。别解脱律仪，依自誓愿力能防身语恶业而不犯戒，只要如法受持便有。故律仪为诸戒通称，别解脱为此戒别名。为别于静虑、无漏二种律仪，故称为别解脱律仪，或别解脱戒。

又别解脱即是戒。《四分律》三十五说：“波罗提木叉者，戒也。”《优婆塞五戒威仪经》说：“戒者，谓波罗提木叉。”《大毗婆沙论》卷一百二十、《俱舍论》卷十四、《杂阿毗昙心论》卷十，都说别解脱戒亦名尸罗。尸罗汉语通译为戒。波罗提木叉有时亦略称为戒，不加简别。

又因所诠的法名别解脱，能诠的教亦名别解脱，如言“说波罗提木叉”（《四分律》卷三十五、《五分律》卷一、《僧祇律》卷一），或“诵波罗提木叉”（《毗尼母经》卷六、《律二十二明了论》），或“说从解脱”（《中阿含经》卷九），皆指戒经言。《希麟音义》卷九说波罗提木叉即是律藏。有时或说毗奈耶即指此戒。《四分律开宗记》卷一说：“别解脱律仪名总有四，谓律仪、戒、般罗底木叉、毗奈耶。”

此别解脱戒与菩萨三聚戒中的摄律仪戒，行相相同而有差别。摄律仪戒是菩萨所受远离七支恶行的防非戒。受别解脱戒只要发起出离心就可以，受菩萨摄律仪戒必须依菩提心。受别解脱戒限于除北俱卢洲以外其余三洲人趣的男女，受菩萨律仪戒可通他趣。别解脱戒命终即舍，菩萨摄律仪戒经生不舍，乃至成佛，是其不同。

别解脱戒与十善戒也有差别。十恶性是不善能损自他，虽不受戒，犯亦成罪。故十善戒又名性戒。别解脱戒为佛所制，有是性罪，有非性罪，但是为护性戒，或为护世间讥嫌，虽非性罪，佛亦制戒遮止。是佛所遮故，名为遮戒。若受别解脱戒，违犯所受，虽非性罪亦成遮罪。若是性罪便得性遮两种罪。道宣律师立化制二教，此别解脱戒即制教所摄。

别解脱戒的实质，称为戒体。戒体分“作”与“无作”，亦名“表”与“无表”。受戒时有礼敬启请等身语动作表现，能令他人知道自己的内心名为“表”。受戒后所得防止犯戒的能力，虽有而不可见，名为“无表”。此无表戒体，一切有部说是色法，经部说是非色非心，唯识宗说是受戒时的思心所所熏成的种子，中观宗说就是以出离心为发起，在师前自己承许能遮止性遮等罪的誓愿。唐时律宗三大派中，东塔宗依一切有部说，相部宗依经部说，南山宗依唯识说。虽各说不同，但说由经过一定的受戒仪式，能引发持戒的功能，则是各宗所共许的。

别解脱戒的戒体，就所缘境而，其数无量。例如受不杀生戒，对每一有情俱发一不杀戒。有情无量，不杀戒亦无量。但归纳起来，总归不杀。因为可以总集摄持，故有戒相可以辨别。佛教七众弟子，即由所受别解脱戒的不同而安立。如受近事戒者的便为近事，乃至受比丘戒的便为比丘，七众别解脱戒，连近住戒在内，共有八种戒相：一、比丘戒；二、比丘尼戒；三、正学女戒；四、沙弥戒；五、沙弥尼戒；六、近事戒；七、近事女戒；八、近住戒。比丘转根为比丘尼时，不舍比丘戒便得比丘尼戒；比丘尼转为比丘亦同，故说比丘戒与比丘尼戒同一体性。沙弥戒与沙弥尼戒，近事戒与近事女戒，以同上的理由，也同一体性。正学女戒，即包含在沙弥尼戒内，故七众别解脱戒，实际只有四种：一、比丘戒、比丘尼戒；二、沙弥戒、沙弥尼戒、正学女戒；三、近事戒、近事女戒；四、近住戒。

近事、近事女所受有五戒，广如《优婆塞五戒相经》等说。《瑜伽师地论》卷五十三说：近事律仪三支所摄：一、受远离最胜损他事支；二、违越所受重修行支；三、不越所受支。杀生损他生命，不与取损他财物，欲邪行损他眷属，故不杀生、不不与取、不欲邪行，为第一支所摄。由有妄语，犯戒覆藏，不肯忏悔，即不能重修戒，故不妄语为第二支所摄。若饮酒便易犯戒，故不饮诸酒为第三支所摄。不杀生、不不与取、不欲邪行、不妄语、不饮酒，为近事五戒。近事女五戒同。

近住戒亦名八关斋戒。有人不能终身持戒的，就受近住戒，只持一昼夜。过了一昼夜后，要再持又可再受。因为受持的时间短，所以要求比五戒高，一切要如阿罗汉。近住戒有八条，就是将五戒的“不欲邪行”改为“不非梵行”，加上“不涂饰香堂歌舞观听”，“不眠坐高广严丽床座”，“不食非时食”等三条共为八条。广如《佛说斋经》《八关斋经》《优婆夷堕舍迦经》等说。《瑜伽师地论》卷五十三说近住律仪五支所摄：一、受远离损害他支，即不杀生、不不与取；二、受远离损害自他支，即不非梵行；三、违越所受重修行支，即不妄语；四、不越所受正念住支，即不涂饰香鬘等以下三条；五、不坏正念支，即不饮诸酒。

沙弥戒相，如《沙弥十戒法并威仪》说。沙弥尼戒相，如《沙弥尼戒经》说。沙弥、沙弥尼所受有十戒，就是近住八戒，将“不涂饰香童”与“不歌舞观听”开为二条，再加上“不受畜金银等宝”，共为十戒。此十戒开为三十三，再加“舍在家相”，“取出家相”，“请和尚法”，共为沙弥应受持的三十六法。此十戒即总摄具足戒，如沙弥尼戒经说：“能行是十事，五百戒自然具足。”

沙弥尼受十戒后，应从僧乞二岁学戒，受六法，二年不犯，方许受具足戒。六法依《四分律》即于四根本加“不非时食”及“不饮酒”，依一切有部有“不独行”等根本六法，及“不捉宝”等随行六法。此外于比丘尼戒，一切皆应随学，广如《式叉摩那尼戒本》说。

比丘、比丘尼戒，具足离一切应离身语业，故又名具足戒。《瑜伽师地论》卷五十三说，比丘戒有四支：一、受具足支，谓受戒时作白、白羯磨、说四波罗夷等。沙弥、沙弥尼、正学女的受戒，都属于此支。二、受随法学处支，谓从受戒后，于律藏及别解脱戒经中所有随顺比丘戒众多学处，悉皆守护奉行。沙弥、沙弥尼、正学女戒及三千威仪等，都属于此支。三、随护他心支，谓行住坐卧如法威仪，不应往处（如五家等）不往，护他讥嫌。四、随护如所学处支，谓于微细罪深见怖畏，于所学诸学处能不毁犯，若犯能速忏悔还净。故出家五众的戒，广义的说，就不仅是戒经所列的参文。但一般说戒相，多指戒经条文。现在中国一般所诵的四分住丘戒本有二百五十条，比丘尼戒本有三百四十八条。藏语系佛教区所诵的一切有部比丘戒本有二百五十三条，比丘尼戒本三百六十四条。其余大藏中现存“僧祇”“十诵”“弥沙塞”等诸部戒本，久未通行。条文多少，也各微有出入。但不过是堕罪以下小戒条文的开合，实际没有多大差别。

七众别解脱戒中，唯近事戒，对于不能全受持五戒的人，许先暂少受某几条或一条。其余近住及出家五众的戒，必须全受，不能缺减任何一条。受一切别解脱戒，都不能有所限制，如限定某些有情才不杀，某些财物才不盗，某处才持某条戒，都不成清净戒。如《大毗婆沙论》卷一百二十说："别解脱律仪普于一切有情起善意乐无损害心得。若起此心，于某处受，某处不受，不得律仪。"

七众受别解脱戒，都必须先发求解脱的清净出离心。若无出离心，则所受的戒就不能成为解脱的正因。若受戒时未发出离心，受后也要修令发起，戒体才圆满。

别解脱戒，出家众必依师受。在家的近住戒，有说必须从师受，有说只初次必从师受，以后如缘不具，也可自誓在佛像前受。近事戒有说也可自誓受。但自受者既无善知识可依止随学，也无"顾他生愧"的功能，故应以从师受为正。总可说一切别解脱戒必依师受。

受别解脱戒须具相当仪式。受时具足如法的仪式，才能引生殷重的护戒心。若不具仪式，无受戒的身语表业，就不能引发殊胜无表。

受近住戒，先受三归依，次受八戒，从不杀生至不非时食，依次随师教说，循环说三次，说第三次完时即得戒。受近事戒，亦先受三归依，次说戒相，于说三归依完时即得戒。出家五众受戒，各有详细的仪轨，如律藏中受戒犍度广说。沙弥、沙弥尼戒，于说三归依完时得。比丘、比丘尼、正学女戒，于白羯磨完时得。此外，有由特殊的原因而得具足戒的：一、佛或独觉不由师授自然具足，于尽智心位得。二、五比丘见谛得戒，于初入见道时得。三、耶舍等佛唤善来须发自落成为沙门，于佛言下得。四、大迦叶信佛为大师，信时即得。五、大生主受八敬法，闻教敬受时即得。六、法授比丘尼遣使受戒，在所遣尼受竟时得。七、三归得戒，不在佛前的人，佛遣阿罗汉为说三归，于说三归完时得。八、苏陀夷七岁善答佛问，佛听受具足戒，于佛言下得。此等特殊的得戒，除独觉的自然具足外，其余都是佛在世时才有。佛灭度后，得具足戒都必定依羯磨法。

受持别解脱戒的期限，除近住戒外，其余七众别解脱戒，都是尽形寿受持。近住戒只受持一日一夜，于清晨明相现时受，持至第二日晨明相现时止。若时相现时忘受，也可于早餐后补受。

出家五众别解脱戒由五缘舍：一、对人作法言舍，二、犯根本罪（现生不得重受），三、形没二形生，四、断善根（起重邪见），五、命终后。近事戒以三缘舍：一、舍佛法入外道中，二、断善根，三、命终后。近住戒亦以三缘舍：一、次日明相现已，二、起不持想，三、命终后。

一切佛法总摄于戒定慧三学，三学次第决定以戒为首，如《瑜伽师地论》卷二十八说："先于尸罗善清净故，便无忧悔。无忧悔故欢喜安乐。由有乐故心得正定。心得定故能如实知，能如实见。如实知见故能起厌。厌故离染。由离染故便得解脱。得解脱故证无所作究竟涅槃。如是最初修习净戒，渐次进趣，后证无作究竟涅槃，是故三学如是次第。"别解脱戒不仅在声闻乘中为三学根本，在菩萨乘中也为三聚戒（摄律仪戒、摄善法戒、饶益有情戒）的根本。如《瑜伽师地论》卷四十说："律仪戒者，谓诸菩萨所受七众别解脱律仪。……诸菩萨受律仪戒后，所有一切为大菩提由身语意积集诸善，总说名摄善法戒。……"不先能防止恶法必不能积集善法，不先能不损恼有情必不能饶益有情，故摄善法戒、饶益有情戒，都要以摄律仪戒为基础。菩萨要守护摄律仪戒，就不能不守护自己所受的别解脱戒。《四分律》卷三十五佛自释戒经序说："波罗提木叉者，戒也。自摄持威仪、住处、行根（诸心行及诸根门摄持行根即修意根律仪和诸根律仪）、面首（戒德流露，颜色和悦，诸根寂定）、集众善法，三昧成就。"也说明别解脱戒是成就禅定和积集一切善法的基础。最基本的，佛弟子至少要受三皈依。三宝中正所皈依的是法宝。皈依法总应护持的戒就是不损恼有情。七众别解脱戒中，近事五戒主要所受为远离最胜损他事支（即不杀生、不不与取、不欲邪行），其余二支（即不妄语、不饮酒），都为帮助远离损他事。近住八戒和出家五众别解脱戒，也就是五戒的广开和增上。

故七众别解脱戒的主要内容总为不损恼有情。受持别解脱戒也就是从初皈依为佛弟子必要学修的基本学处。《遗教经》说：“戒是正顺解脱之本。”佛临涅槃教弟子以戒为师。佛灭度后别解脱戒即是大师，既是法宝，亦是佛宝。别解脱戒住世，佛法即住世。三藏中处处广说别解脱戒为佛法根本，极为重要。

（隆莲）

金胎两部

一、名称的总解

“金胎两部”，是“金刚界曼荼罗”和“胎藏界曼荼罗”两部曼荼罗合起来的简称。“部”是“部门部族”“部类”的意思。金胎两部说明毗卢遮那如来的“理”“智”两德，说明理德的一部分称为“胎藏界曼荼罗”，说明智德的一部分称为“金刚界曼荼罗”。如来的理智两德幽深玄远，不容易用语言文字表达出来，现在假借采绘丹青的图画、形象来开示诱导一般初学的人，使他们从这些图画形像的标帜里面觉悟到自己本有的理（身）智（心）两部功德，所以金胎两部又称色心两部或理智两部。理是本有，属因位；智是修生，属果位，故又称因果两部。胎藏为发心之始，包含万行，如东方为生长万物之首；金刚为证得之位，显现万德，如西方成熟万物之终，故又称东西两部。

这两部曼荼罗也把真言宗两部大经《大日经》《金刚顶经》的思想内容，用图像表达出来。它网罗宇宙万象，包括十界圣凡，上下尊卑，染净邪正，兼收并蓄，可说是一幅宇宙法界的缩影，作为真言修行者的信仰和观念的对象。真言宗就在这两幅画上表现出胜过其他各宗的特色。

真言宗的修学分为“教相”“事相”两门，教相是文字理论，事相是仪轨修法。如果只研教相，不习事相，对于庄严诸尊的法身就不能有亲切的体会；只重事相，不通教相，对于仪轨修法就往往攒入婆罗门的窠臼。所以两幅画像是真言宗事相的一个重要图记，必须结合着教相来理解它。《大日经疏》说：“凡秘密教中，皆记因缘事相喻以深旨。”因此，这两幅画在真言宗的人看来，是十分重要的。如果仅仅当作是多神的聚会，认为是多神教的表记，那是很外行的看法。

二、金刚界曼荼罗

（一）金刚界曼荼罗的意义。金刚界曼荼罗是九会曼荼罗（九种曼荼罗的集合）的通称，因为“会”字的意思就是从曼荼罗译成的，依初会《金刚顶经》，这九种曼荼罗各有名称，但都是金刚界曼荼罗的组成部分，所以总称金刚界曼荼罗，至于金刚界曼荼罗这一名称的由来，如施护的三十卷《教王经》说：“复次我今当宣说，最上广大曼荼罗，其相犹如金刚界，是故名为金刚界。”因为金刚界曼荼罗是金刚界的大日如来最初为金刚手、观音等十地菩萨在阿迦尼吒天宫（色究竟天）所示现的。但是为了摄取此会所遗漏的根机，所以下降到须弥顶重为示现，现在所图绘的金刚界曼荼罗就是描写当时集会的情况。其构造完全等于色究竟天和须弥顶的式样，因此这一幅图画的曼荼罗也称金刚界曼荼罗，所以说：“其相犹如金刚界，是故名为金刚界。”

金刚界曼荼罗也是佛菩萨在阿迦尼吒天宫和须弥顶集会的场所，金刚界就是大日如来，因为是依金刚坚固的智的“成分”所成立的，所以名金刚界如来；对胎藏界大日如来的“理界如来”，又可称“智界如来”。西藏的什迦弥怛罗解释说：“由一切如来身口意金刚本所所完成故，名曰金刚界如来。”《秘藏记》说：“金刚者智，界者是身，持金刚者之身，身即聚集义也，言一身聚集无量身。”就是由无量无边的金刚智体所成的身子称为金刚界如来。

（二）金刚界曼荼罗的组织。金刚界曼荼罗是根据密教两部根本经典之一的《金刚顶经》所图绘的，《金刚顶经》有十八会、十万颂。不空三藏仅仅译了初会中的一部分，即《金刚界大曼荼罗广大仪轨》中的一品《金刚界品》就去世了，到了宋朝施护法师译出三十卷《教王经》，才是初会的全经。他又译出七卷《最上秘密大教王经》，是第十五会；法贤三藏译出七卷《最上根本大教王经》，是第六会。

普通所称金刚界九会曼荼罗，不是指全经十八会中的九会，而是初会经里面有四大品（《金刚界品》《降三世品》《遍调伏品》《一切义成就品》），《金刚界品》说六种曼荼罗（金刚界曼荼罗、金刚秘密曼荼罗、金刚微妙曼荼罗、金刚事业曼荼罗、最上四印曼荼罗、最上萨埵曼荼罗），其中第六开为两种（一印会、理趣会），成了七种；再加《降三世品》的二种曼荼罗，就成了金刚界九会曼荼罗，其现图的方位如下：

（五） 四印会 （5）	（四） 一印会 （6）	（三） 理趣会 （7）
（六） 供养会 （4）	（九） 成身会 （1）	（二） 降三世会 （8）
（七） 微细会 （35）	（八） 三昧耶会 （2）	（一） 降三世三昧耶会 （9）

九会的名称本来应依照经上所说，但为了讲说方便，后人便立了图上这些简单的名称。名称虽说有九会，但总的组织只是一个金刚界曼荼罗；而金刚界曼荼罗主要又只是一个“成身会”，成身会是说明佛果行相的。图里面的阿拉伯数字和中国数字，分别表明从因向果的上转门和从果向因的下转门两个方向。如果众生从因向果，则先从（一）降三世三昧耶会渐次上升到（九）成身会；如果佛从本垂迹，则从（1）成身会次第转入到（9）降三世三昧耶会。

中央的成身会又叫羯磨会，也就是经上所说的六种曼荼罗当中第一金刚界曼荼罗，是金刚界九会曼荼罗的根本，属于四种曼荼罗中的大曼荼罗。真言行者观想这里面所画的尊容而成就自身的佛果，所以叫成身会。又此会所表示的是诸尊的威仪事业，所以又叫羯磨会。

成身会的组织是：中央画大金刚轮，表示五佛所住的楼阁。四方四佛的两侧有金刚杵隔着，表示楼阁的八柱。这八柱所庄严的内面有五个月轮，表五佛的解脱地，称为五解脱轮。五解脱轮中又各有五个月轮，每一月轮中有莲花，表本有无量功德。在这些莲花上住有五佛、四波罗蜜、十六尊等。而支持这一宝楼阁的则依地、水、火、风四大天神之力，实际上应该是五大，但以空大无碍，所以只有四轮。

第二重画贤劫千佛等，集于宝楼阁的廊庑。最外一重名外金刚部，乃护世诸天的首领——二十天——所居之地。诸尊的数目总有一千零六十一尊，但普通只说明重要的三十七尊。

成身会的图位如下：（包括五佛、四波罗蜜、十六大菩萨、八供、四摄、贤劫千佛、四大神、外金刚部二十天）。

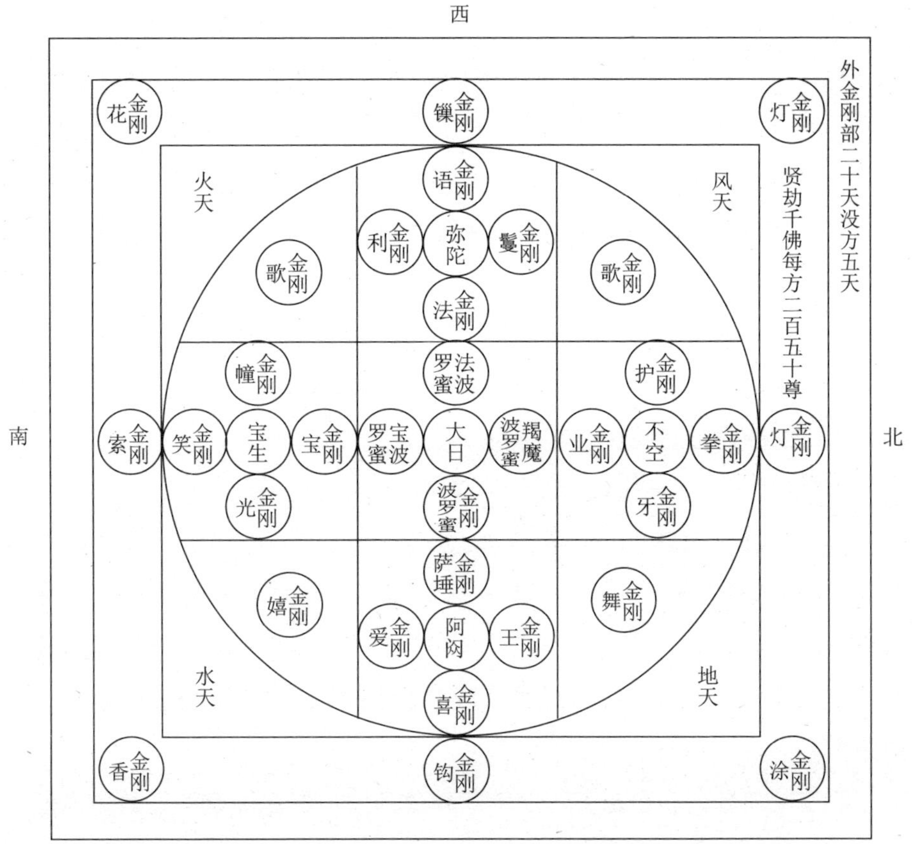

此楼阁中央法界体性智大日如来，由四智流出四方四佛，大圆镜智现东方阿閦佛，平等性智现南方宝生佛，妙观察智现西方弥陀佛，成所作智现北方不空成就佛。此四佛又流出每方的四亲近——十六大菩萨——称曰“慧门十六尊”（男形曰慧门）。同时，四方四佛为供养中央大日如来，故于大日如来四方现出四波罗蜜女菩萨围绕，表示四智摄归总体。大日如来为酬答四佛的供养，又于四方四佛之侧，现出嬉、鬘、歌、舞四天女，表示心王翼赞四智。四佛更欲酬答大日，故于第二重四隅示现香、花、灯、涂四天女，表四智胜妙精进。大日如来为增加威光，又于四方四门示现钩，索、锁、铃四摄天女，表摄召一切众生。此四摄、八供及四波罗蜜，称为“定门十六尊”（女形曰定门）。定慧各十六尊、加五佛，共称三十七尊，此三十七尊，本为金刚界如来一法界身所现，所以相互供养者，表示佛作佛业，所以称羯磨会。

这些形象，无非是为了把抽象的、无相的智慧法门，使它具体化、象征化而已，因为密教的瑜伽，是以心的统一为根本条件的，心的统一，必须修无相观，无相观极难入手，故假有相观为方便。所以《大日经疏》第四说：“为使初心行业者，措心有地，所作不空……若一切有为之法，皆悉住于实相，岂得如彼痴人，或欲逃避虚空，或欲贪着虚空乎？”所以将清净法界、四智等都给以拟人化。从这些色身、手印、衣服，庄严等上面，体现出无相法身的性质，譬如中央毗卢遮那佛的身子是白色，就表示法界的自性清净；莲花座表本有万行功德的集聚，所有一切事相仪轨，都要这样理解，是最要紧的。

其次，第二三昧耶会，三昧耶会在九会的东方，属于四种曼陀罗中的三昧耶曼荼罗，是画着塔、杵、珠、刀、剑器杖等标帜，代表成身会的尊形。这种种标帜都是各尊自证化他的本誓相状，所以称为“三昧耶形”。使众生一见到塔就知道是大日如来的表号，看到莲花知道是弥陀的标帜。

第三微细会，在东南方，属于四种曼荼罗中的法曼荼罗，其图大抵同于成身会，不过各尊都画在“三股杵”里面，表示住于微细智中。

第四供养会，在南方，属羯磨曼荼罗，因诸尊各各表现供养承事的仪式，所以叫供养会。

第五四印会，在西南方，综合上面四种曼荼罗使不相离，所以叫四印会。

第六一印会，在上方正中央，表示大日如来独一法身，四曼会归一实之义。以上六种曼荼罗，在佛的三轮业用中属于“自性轮身”的曼荼罗。

第七理趣会，在左上方，以总摄五智之金刚萨埵为主，属于以正法化人的“正法轮身”曼荼罗。

第八降三世会，在左方中央，以诸尊皆现忿怒的“降三世明王”之身，表示降伏四魔及三毒。

第九降三世三昧耶会，在左下方，大意与降三世会同，但此会则是画降三世的三昧耶形，这两会都是大日心中的金刚萨埵所现的“教令轮身”，受佛教令，为调伏刚强难化的大自在天（即根本无明）等，以大悲心，现忿怒相。

（三）金刚界曼荼罗的部类。金刚界曼荼罗是始觉上转的法门，转因位九识成果上五智，所以建立五部。中央法界体性智以大日为主，属于“佛部”；南方平等性智，以宝生为主，属“宝部”；西方妙观察智，以弥陀为主，属“莲花部”；北方成所作智，以不空成就为主，属“羯磨部”；东方大圆镜智，以阿闳为主，属“金刚部”。依着因果顺序说：则第一莲花部是众生本有清净菩提心，在生死泥中不染，犹如莲花出在污泥，故名莲花部。第二金刚部是众生在自心之理的处所，同时又具有坚固不坏的智慧、能破烦恼，犹如金刚不坏，能坏一切。第三佛部上面的理智二德，在凡夫时作用未显，入佛果后理智显现，觉道圆成，故名佛部。第四宝部在佛的万德圆满中，福聚无边，故名宝部。第五羯磨部佛为众生成办一切慈悲事业，故名羯磨部。此中第一、第二为在缠之因德，第三是理智具足出缠的果位，第四、第五是从佛部中开出来的，从佛的自证圆满开为宝部，从佛的化他事业开为羯磨部。

三、胎藏界曼荼罗

（一）胎藏界曼荼罗的意义。胎藏界曼荼罗的具足名称是“大悲胎藏生曼荼罗”，它是根据密教根本经典之一的《大日经》所图绘的。梵语“蘖喇婆”译为“胎藏”，有“胞胎胎藏”，“莲花胎藏”之分。《大疏》第三解释说：“今且约胎藏为喻，行者初发一切智心，如父母和合因缘，识种子初托胎中，尔时渐次增长……乃至始诞育时，诸根百体，皆悉具备，始于父母种姓中生。犹如依真言门学大悲万行，净心显现。……又此婴童，渐具人法，习诸伎艺，施行事业，犹如于净心中发起方便，随缘利物，故名大悲胎藏生也。……今以莲花喻此曼荼罗义。如莲花种子在坚壳之中，枝叶花条之性，已宛然具足，犹如世间种子心（初发的菩提心）从此渐次增长，乃至初生花苞时，莲台果实隐于叶藏之内，如出世间心尚在蕴中（大悲胎藏）又由此叶藏所包，不为风雨众缘之所伤坏，净色须蕊日夜滋荣，犹如大悲胎藏，既成就已，于日光中显照开敷，如方便满足。”又卷五说：“如上所说：菩提心为因，大悲为根，方便为究竟者，即是心实相花台，大悲胎藏开敷，以大悲方便现作三重普门眷属，以是义故名为大悲胎藏生曼荼罗也。”西藏译的《大日经》把“蘖喇婆”译作“本质”，藏译《大日经》（北京版《秘密经》第十卷上）的“具缘品”说：“秘密主，复次广大曼荼罗悉能救济无边有情界，故名大悲本质生。”佛陀瞿呬耶的疏（北京版本续解前六十五函上、五九）里面解释说：“大悲本所生者，此曼陀罗从大悲生，世尊得一切智智后，以大悲力，出生身等无尽庄严曼荼罗、故云从大悲生，本所者，是生之根源，彼大悲者，是此曼荼罗生之所依；或从此曼荼罗出生大悲，是则从曼荼罗门出生如来大悲功德等，令得一切智智故。”这就是说，大悲胎藏曼荼罗是从佛的大悲愿力，为化益众生现种种身，为种种有情说种种法，适应种种众生的根性欲望开示种种本誓的心，以此身口意三无尽庄严藏为对境而图绘的形象，就叫大悲胎藏生曼荼罗。

这一解释，是从佛摄化众生的“向下门”说的，如果从众生“向上门”的进取来解释，则是一切众生观见此曼荼罗，依之修行，能开悟自心的大悲菩提，所以叫“大悲本所生”。因此大悲本所生曼荼罗，一方面是象征从佛的大悲功德所发生的三无尽庄严藏的活动；另一方面是在行者的心中体现出佛的大悲三无尽庄严藏，所以叫曼荼罗。

（二）胎藏界曼荼罗的组织。胎藏界曼荼罗是根据《大日经》而图绘的，《大日经》的中心教义，就是“菩提心为因，大悲为根，方便为究竟”三句。因此，胎藏界曼荼罗的组织也就是标志这三句的意旨，而绘出三重现图的曼荼罗。

胎藏界曼荼罗的图位，说法极不一致，普通说有三种不同。1.经疏曼荼罗，即《大日经》和疏中所说的图位。《大日经·具缘品》所说的属于“大曼荼罗”，表示身无尽庄严藏；《转字轮品》所说的属于“法曼荼罗”，表语无尽庄严藏；《秘密曼荼罗品》所说的属于“三昧耶曼荼罗”，表意无尽庄严藏，这三种中，以《具缘品》所说的大曼荼罗为图位的基本依据。2.阿阇黎所传曼荼罗，是善无畏三藏在他所著的两部仪轨，《摄大毗卢遮那成佛神变加持经入莲花胎藏海会悲生曼荼罗广大念诵仪轨方便会》（简称《摄大轨》）和《大毗卢遮那经广大仪轨》（简称《广大轨》）中所说的图位。3.现图曼荼罗，即现行流布的图画曼荼罗中的位次，如第418页图示。

中台第一重，八叶莲花表菩提心德。胎藏界以莲花表心，是八瓣肉团心，梵语“汗栗驮”译云“肉团心”，即物所的心脏，通有情及非情，其状如莲花合而未开，佛心则如开敷莲花。金刚界以月轮表心，是折多心，梵语“所多”译曰“虑知”，限于有情。

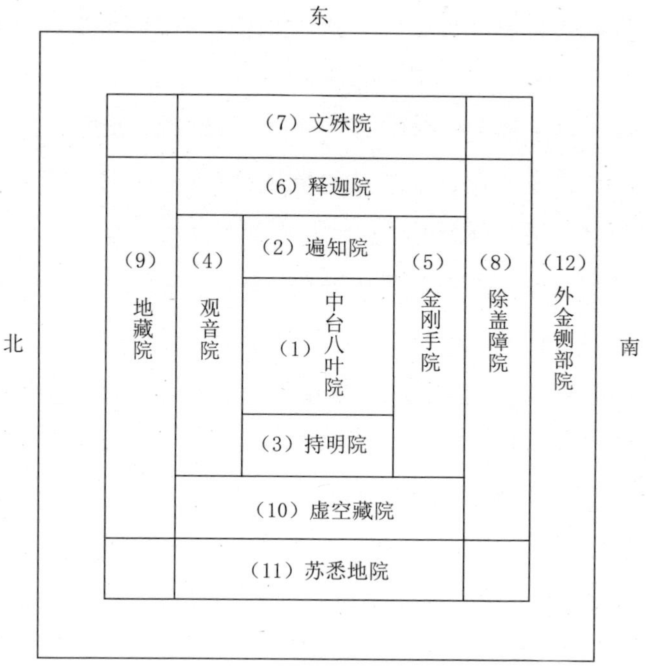

（13）四大护院、不绘一形像故实际止十二院

西

今此中台八叶院是使行者在自心中观八叶九尊之德，开发自己本有的菩提心，所以表菩提心德，第二重表大悲德，第三重表摄化方便德，《大疏》第三解释说：“从佛菩提自证之德现八叶中胎藏身，从金刚密印现第一重金刚手等诸内眷属，从大悲万行现第二重摩诃萨埵诸大眷属，从普门方便现第三重一切众生喜见随类之身。若以轮王灌顶方之，则第三重如万国君长，第二重如朝廷百揆，第一重如宗枝内弼，中台站垂拱之君，故花台常智为大曼荼罗王也。若自本垂迹，则从中台一一门各流出第一重种种门，从第一重一一门各流出第二重种种门，从第二重一一门各流出第三重种种门，若行因至果，则第三重之所引摄成就能通第二重，第二重之所引摄成就能通第一重，第一重之所引摄成就能见中胎藏。”这三重曼荼罗分作十三大院（实际上只有十二院）。中央的八叶院画八叶莲花，最中央的莲台上是大日如来；八叶上面画四佛、四菩萨，表示大日如来的四智四行，总称八叶九尊，为毗卢遮那全体，又为胎藏界曼荼罗的根本总体。

《大疏》第四说明四佛的意义是："东方宝幢佛是菩提心义，菩提心犹如大将幢旗，如来万行亦以一切智愿为幢旗。南方开敷花王佛是大悲万行开敷义。北方天鼓雷音佛是如来涅槃说法智，不同二乘涅槃永寂，故以天鼓为喻。西方无量寿佛，是如来方便智，以众生界无尽故，大悲方便亦无尽，故名无量寿。"又卷二十说明花台四隅四菩萨的意义是："东南普贤是菩提心，若无此妙因，终不能至大果，故最初得名。西南文殊是大智慧，断无始无明之根。虽有菩提心而无慧行，即不能成果，故次明之。西北弥勒是大悲，若慧而无悲，则方便不具不得菩提，故次说也。东北观音即是行愿成满，若未成果时观之，此则差次浅深，今以如来平等慧观，从因至果但是如来一身一智行耳，是故八皆是大日如来一体也。"

围绕着前后左右的十二院是由总体所具的无量差别智所现。如上方的遍知院，中央画三角形的"遍知印"，又名一切如来智印，象征大圆镜智一切遍知的功德。中台北方的观音院以观自在为主尊，又称莲花部院，相当于妙观察智，表示如来的大悲下化。南方的金刚手院以金刚萨埵为主尊，又称萨埵院，相当于成所作智，表示大智上求。下方持明院画五大尊忿怒明王，是大日如来所现的教令轮身，称为持明使者，所以叫持明院，又称五大院，相当于平等性智，表示净除自他的烦恼入于平等实相，象征折伏摄受二德。

以上是第一重受用身的曼荼罗。第二重上方的释迦院以变化身的释迦牟尼为主尊，表示方便摄化德。上方第三重文殊院。这里面的文殊院，除盖障院、地藏院、虚空藏院、苏悉地院等五院，是为了开发中台大日如来三无尽庄严藏的实相而证悟向上的菩萨大眷属曼荼罗。文殊院居东方，表示开悟实相的般若妙慧，左方第二重除盖障院以除盖障菩萨为主，从金刚手菩萨的大智慧门，除一切众生烦恼、所知盖障，而悟入三无尽庄严藏的实相。右方第二重地藏院以地藏菩萨为主，这是得了除盖障功德的结果，不但有耐怨害、安受苦、谛察法的三种忍，而且从观音的大悲门争取到最苦的恶道里面去，解救一切众生的苦难，譬如大地载负万物不以为劳，反能出生万物，所以名为地藏。

下方第二重虚空藏院在持明院之西，以虚空藏菩萨为主，这是得了地藏耐苦功德的结果，譬如虚空无有障碍，又如虚空包含万德，满一切众生愿。下方第三重苏悉地院，此院实际就是虚空藏院里面的第三列位次，经轨不另开一院，但因上方有释迦、文殊二院，下方不能不别开一院，取得画面上的相称，所以用虚空藏院的苏悉地羯罗菩萨为主，表示二利成就之德。最外一重外金刚部院，在外围四方画着诸天、药叉、人、非人、七曜、十二宫、二十八宿等，表示随类应化凡圣不二之理。此院包括极广，凡一切经典中所说的诸天神等，乃至世人所信奉的外道五通仙围陀事火之类、都可列入。《大疏》第六说："凡此等诸尊若余经中具说形相者，亦可依彼画入曼荼罗中，……其山海河池、林树谷药、城邑道路等神，各以本名为标帜相，山神坐山、河神在河、其树药等或手执持，或依其上，当以类推之，华严经中有足行神、身众神……亦可依次列之……当知毗卢遮那普门身中杂类鬼神傍生等，图中无别名相者，多在其中，所摄极广也。"

（三）胎藏界曼荼罗的部族。胎藏界曼荼罗十二院，总数四百十四尊，从它的部族分类来说，有三个部类——佛部、莲花部、金刚部。这三个部类表示胎藏界为本觉下转的化他门，所以就大日如来的大定、大悲、大智三德而分三部。佛部是佛果上理智具足之尊，即中台八叶院及上下诸院，属大定德。莲花部是如来大悲三昧，能滋荣万善，故比作莲花，即右方观音院、地藏院等，属大悲德。金刚部是佛的只会力用，能摧破惑业苦三障，故比作金刚，即左方金刚手院，除盖障院等，属大智德。这三德在表现上虽然有三部，实际是互具不离的。如《大疏》第五说："大凡此第一重上方（遍知院）是佛身众德庄严；下方（持明院）是佛持明使者，皆名如来部门，右方（观音院）是如来大悲三昧，能滋荣万善，故名莲花部，左方（金刚手院）是如来大慧力用，能摧破三障，故名金刚部也。"佛陀瞿呬耶的《大日经广释》说："佛部从大圆镜智和平等性智发生是大定德，莲花部从妙观察智发生是大悲德，金刚部从成所作智发生是大智德。"如果配四种法身，则中台八叶名自性身，三部眷属是自受用身，第二重的诸大心众生是他受用身，第三重的释迦佛等是变化身，九界眷属为等流身。

四、两部互具不二

为了表示色心二法、理智二门，所以分为金胎两部。胎藏以莲花为体，即表众生八叶肉团心，在此处建立坛场，故曰胎藏界。金刚界以五股金刚杵为体，五股金刚杵表五智，即大日如来的三昧耶形，在五股金刚杵上建立坛场，故曰金刚界。

胎藏界从众生烦恼欲处起，金刚界从佛果智上起。因此，胎藏为生界本有，属理，故诸尊住在莲花内的月轮中。莲花表理，月轮表智，智住理内，表示不二。金刚界为佛界修生，属智，故诸尊住在月轮内莲花中。理住智内，也是不二。因此，金胎两部是色心理智互具不二的，为了说明的便利，所以分成两部。

（持松）

即身成佛

一、即身成佛的语义

即身成佛的简单解释是：不须改变现在的肉体，能够成为正知正觉的佛。“成佛”是学佛的人所期望的唯一目的，无论是学显教，还是学密教，都希望从生死的凡夫转入到佛果的圣位，不过因为显教和密教在开始发心和修行过程中所使用的手段和方法不同，因此达到这一目的的时间就有迟速不同，而肉体和精神的关系也有“即”“离”之分。即身成佛就为了说明这一——迟、速、即、离——理由。密教的即身成佛和显教成佛的理论，大约有下面的几个差别：

（一）“即身”和“隔世”的差别。显教如华严宗说，极疾三生得果，一见闻生，二解行生，三证果生，可算最快的了，但总要隔世成佛。又如依弥陀愿力，往生西方，也是隔世。密教则即以父母所生的肉体成就大觉佛果，如说，即日、即时和隔日、隔时是不同的。

（二）即身和“历劫”的差别。佛教最普通的教义，说成佛要经历四十二位，或五十二位的阶段，从初发心直到成佛，又要经历三大阿僧祇劫的悠长时间。因为显教有“过患”“功德”二际的说法，过患是无始旷劫的积习，不可顿除，必须借远劫修行，消灭过患，然后功德成就。密教则自身“全体舍那”，不须添一点功德，也不须除一毫过患，只有迷悟之分，及迷即成悟，别无所作，贪嗔痴等，也成了佛果大用，不但不须消灭它，相反地要积极发挥它的正用，如《大疏》第八解释茅草的一段说：“此草两边多刺，若无方便，持之反为所伤，若顺手将护之，则不为害。一切诸法亦然，若顺谛理观之，一切尘劳皆有净用，若失方便，则损坏智身，故以为法门表象也。”又《义释》第七说：“譬如善调御师，调恶马作良马之用，一日驰骋千里，同一马也，岂易体而治之哉？佛调御亦尔，能调刚强生死，作普门法界之用，亦调刚强烦恼，作普门世界用，故如来三业三毒，普胜世间。”又《开心抄》说：“近代学者，多执两边，执当相是道者，以为恣行惑业，即是道行，执厌恶求善者，以为迷悟隔界，生佛体别。此二俱失教旨，当知迷悟虽异，其性是同，譬如猛火与利刀，不善用者烧财伤身，善用之者，利益甚大，岂能因烧财伤身故，使世人废除刀火?”这说明过患和功德，是即而不离的，只一念悟得，即知一切烦恼，无非佛事，所以不须经历劫数，勤苦修行。

（三）即身和即心的差别。《观经》说：“是心作佛，是心是佛。”天台说：“一切佛法，即心而具。”禅宗说：“直指人心，见性成佛。”这都是在说理一边，认为佛性本有，而真正的成佛，必须从性起修，经历阶位，华严宗所谓圆融不离行布。密宗则就在五蕴和合的色身上布置——五大，五轮，五佛曼荼罗——当体即是，所以叫即身而不叫即心。《大疏》十四说：“若行者能了达如是不动之轮（阿字菩提心）而布诸明——即同毗卢遮那。”《慈氏轨》说：“或起于一念，我身是凡夫，同谤三世佛，法中结重罪。”又如《金刚顶经》的“五相成身”、《大日经》的“五大严身”等都说明即身而不是即心。

（四）即身成佛和“顿悟渐修”的差别。显教把因缘事相当作是假名无实，是过患，把真理当作无色无形，只有无分别智可以证到。所以说：“理则顿悟，乘悟并销，事非顿除，因次第尽。”要借种种对治方便，来遣除一切事法，故有渐修之义；密教则当相是道，即事而真，一切差别事法，都是本具无尽庄严，即体全真，不是妄法熏染所成，只要认识，不须排遣。如果说对治，也像《大日经疏》第十所说：“如佛常数，以慈治于嗔，以无贪治贪，以正见治邪见。今乃以大忿怒除忿嗔，以大贪除一切贪，此则最难信解，故云怪哉也。”

（五）即身成佛和天台六即佛的差别。有人认为密教立三种即身成佛，和天台六即佛相同，这是不对的。天台的“理即佛”“名字即佛”是理而不是事；而“观行即佛”“相似即佛”到“分证”“究竟”也是要经历位次，破除九品无明，然后成佛的。密教的三种即身成佛是：1. 理具成佛，理不是指真如实性，而是指无尽庄严的条理，宛然具足；2. 加持成佛，是由三密加持自身本有的三部——佛部、莲花部、金刚部——都尊速疾显现；3. 显得成佛，是三密成就，如实证得。而这三种是因果同时，不经劫位，不断烦恼，不转凡身，法然不动的，所以三种都叫即身成佛。显教因为三密不具，五相不具，所以纵然说即此便是，也只是理论而不是事实。

二、教理上的依据

真言宗说即身成佛，是根据三经（《金刚顶经》《大日经》和《五秘密经》）一论（《菩提心论》）一疏（《大日经疏》）一轨（《金刚王菩萨仪轨》）的《金刚顶经》说：“修此三昧者，现证佛菩提——若能依此胜义修，现世得成无上觉——应当知自身，即为金刚界，自身为金刚，坚实无倾动，我为金刚身。”《大日经》说：“不舍于此身，逮得神境通，游步大空位（指法身位），而成身秘密。——欲于此生入悉地，随其所应思念之。”《金刚顶王秘密经》说：“于显教修行者，久经三大无数劫……于其中间，十进九退，回向声闻缘觉道果，仍不能证无上菩提。若依毗卢遮那自受用身所说内证自觉圣智法……由加持威神力故，于须臾顷，当证无量三昧耶……以不思议法，能变易俱生我法种子。”《发菩提心论》云：“唯真言法中即身成佛，故是说三摩地法，于诸教中阙而不书——若人求佛慧，通达菩提心，父母所生身，速证大觉位。”《大日经疏》云：“行者以此三方便，自净三业，即为如来三密之所加持，……不复经历劫数，修诸对治行，如远行人，乘羊去者，久久乃到，马则差速，若乘神通人，于发意顷便至所诣。”《金刚王轨》云：“不知此瑜伽速成佛法，于三大阿僧祇劫，忍苦修行，不到无上菩提，我愍此故，……略说三摩地仪轨。”

三、理论的说明

“六大无碍常瑜伽，四种曼荼各不离，

三密加持速疾显，重重帝网名即身。

法然具足萨婆若，心教心王过刹尘。

各具五智无际智，圆镜力故实觉智。”

这二项八句，相传是惠果和尚作的，又说是八祖相承的，但弘法大师的即身义说：“唐大阿阇黎作颂成立此义。”可知是惠果和尚作的了。这八句颂，可以说明即身成佛的道理，第一颂四句，说明“即身”二字，又是说明“加持即身成佛”，第二颂说明“成佛”二字，又前三句说明“理具即身成佛”，末后一句说明“显得即身成佛”。

第一颂的大意是：一切有情，本来具备六大（体大）四曼（相大）三密（用大）的功德，法身如来也不外这三大功德。所以当行者住在“三密瑜伽”的时候，就为大日如来的加持威力所摄受护持，同时也就是行者发动了自身本具的功德，因此行者的体相用三大和如来的体相用三大，互相加持，互为感应，融会摄入，而就在行者的肉体上显示出如来的庄严法相。行者现前的身子全为如来功德所现，所以叫“即身”。

第二颂的大意是：我们凡夫虽然也和如来一样，法然具备着萨婆若（一切智）、五智、无际智，但因迷惑所障蔽，所以在我们日常生活中不能自觉和实现。只有修“瑜伽三密观”时，依如来加持感应之力，仿佛在一个大圆镜中森罗万象，明白地映现出真实的相状，使我们显得了和佛一样的功德，所以叫“成佛”。

真言宗根据《大日经》和《金刚顶经》成立“六大缘起”的说法，也就是成立了即身成佛的理论。《大日经疏》说：“我觉本不生，出过言语道，诸过得解脱，远离于因缘，知空等虚空。……我即同心位，一切处自在，普遍于种种，有情及非情。'阿'字第一命，'嚩'字名为水，'啰'字名为火，'吽'字名为风，'佉'字同虚空。"这两个颂文，说明六大的实体——种子字，由种子字产生六大的一形、色、性类。分析如下：

（一）我觉，和我即同心位。这是说"识大"。识大是具足五大所有的形、色、性类的五智、九识、心王、心数等的。

（二）本不生、和阿字第一命。"本不生"是"阿"（a）字的解释，阿字是"地大"的种子字，形色的表现是方形，显色的表现是黄色，性类是坚（固体），业用是任持。

（三）出过言语道，和"嚩"字名为水。"离言说"是"嚩"（va）字的解释，"嚩"字是"水大"的种子字，形色是圆，显色是白，性是湿（液体）业用是摄取。

（四）诸过得解脱，和"啰"字名为火。"过患不可得"是"啰"（ra）字的解释，"啰"字是"火大"的种子字，形色是三角，显色是赤，性是煖（光热），业用是成熟。

（五）远离于因缘，和"吽"字名为风。"因业不可得"是"吽"（hūm）字的解释，"吽"是"风大"的种子字，形色是半月，显色青，性是动，业用是长养。

（六）知空等虚空，和佉字同虚空。"等虚空"是"佉"（kha）字的解释，"佉"字是"空大"的种子字，形色是团形，显色是黑色，性是无碍（伸长性），业用是转换。

因为以上的六大，是普遍于一切有情、非情、体性广大，所以称为"体大"。由此体大，生出四种曼荼罗的"相大"和三密的"用大"，所以经上又说："能生随类形，诸法与法相，诸佛与声闻，救世因缘觉……众生器世间，次第与成立。"一切宇宙现象都包括在四种曼荼罗之内，所以叫"四曼相大"。四种曼荼罗是：大曼荼罗，就是五大所成的情与非情，乃至采绘的诸尊相好，统称"大曼荼罗"。三昧耶曼荼罗是五十所成的种种形相，乃至诸尊的印契标帜等，都称“三昧耶曼荼罗”。法曼荼罗，一切五大所成的声响，乃至诸尊的种子字真言，一切经论文义等，都称“法曼荼罗”。羯磨曼荼罗，一切动作，乃至诸尊的威仪事业，都称“羯磨曼荼罗”。

一切业用都包括在三密之内，所以叫“三密用大”。三密是：1.身密，手作契印及四威仪等一切动作的事业；2.语密，口诵真言及一切言说等；3.意密，心观本尊及随事起念等。

《金刚顶经》说：“诸法本不生，自性离言说，清净无垢染，因业等虚空。”这四句也是说明六大，和《大日经》所说相同。应该注意的是：真言宗所说的六大缘起，并不同于“数论”外道等认为是万有的元素，而是以六大标识着六个方面的象征，所以处处提示着“阿字本不生”，而一切种子字里面，也都含蓄着“不可得”的道理。

“六大”有“法然六大”（实在界）“随缘六大”（现象界）之分，法然六大为“称性”的六德，譬如地有坚德，水有湿德，火有煖德，风有动德，空有无碍德，识有了知德。这六德乃是万有诸法实体上所具备的本性，不是我们的感官所能认识得到的，只有本性六德随着因缘条件而显示于现实之上的，才能成为认识的对象，所以叫随缘六大。

法然六大虽然是不生不灭的实体，但它不同于显教“遮情”的说法，认为真如无色无形，不可言说，而是色相庄严具足轮圆的“表德”。倘遇如来的加持力，我们还是能感见得到的，所谓六大法身。

法然六大和随缘六大相对分别能所时，随缘六大不称六大，而称曰四曼、三密。将六大称为体大能生，将四曼相大、三密用大称为所生。因此，一切差别现象，都统摄在四曼、三密之中，而其实相则假托于法然六大而存在。综合六大、四曼、三密来观察，不外是一实相的三方面，只因思索上的便利分为三种：在能生所生的关系上说，它和子由母生的意义是完全不同的，因为体、相、用三大，是在一即三，三即一的关系上存在的。离体别无相用，相用之外，亦无别体。

虽然称为六大缘起，并不等于说，万有从六大缘起而来，因此和显教的解释为“六大种”或“六界”的意思又不同。因为缘起当体的“如实”即是六大，而六大的“如实”即反映在万有诸法上，并不是另外有一种东西可以作为促进它的力量。所以“即身义”说：“法尔道理，有何造作，能所等名，皆是密号。”

六大既然是轮圆具足形色性类的，因此它遍事理，包圣凡，“即身义”所谓：“色法五大，心法五智，心色虽异，其性是同。”并非色心各各独立有一单位，宇宙全体综合为一，即是六大法身（必须注意：这和“万物皆备于我”的说法又是不同的）。六凡四圣，都是此六大法身的部分显现，而且宇宙间事事物物乃至一微尘，也具六大之德。其一一个体，仍然都看作六大法身，同时，一一六大法身更成为综合统一之体的六大法身。所以十法界当体即六大，六大即万有的本体实相，此外任何皆不存在。因此，我们认识全宇宙为六大法界身的时候，我们凡夫也是六大法身，同时又为法界身的一个分身。不认识这一点，菩提心，也就是同体大悲心，是无法发起的。我们真实了悟的一刹那，这一刹那，我们已经不是凡夫迷人，而与遍法界的全体法身合而为一，六大法界身，即宇宙法界身，以全宇宙为一大法界存在。在此全宇宙万有的各个事物现象，都是法界身的缩影，其个个事物，都能完成其他个个事物，且都具足够完成的力量。此个个事物，与全宇宙圆融无碍，自在涉入，此不离彼，彼不离此，成为混融一体，而还保持着十法界的秩序，这样就称为“六大无碍常瑜伽”。

四、实践即身成佛的方法

即身成佛的实践方法，就是三密，所谓密，并非隐密不可告人，而是此等法身内证之德，在凡夫尚未认识之前，幽深难测，不能显现它的作用，所以叫密。佛的大悲心，为了使凡夫成佛，将他最捷径的修行经验三密法门，告诉我们。身结本尊印契为身密，口诵本尊真言为语密，意观本尊字种或三形、尊形为意密。用这种方法，可以很快地得到法身三密的加持。凡夫的三密和如来的三密，“入我”“我入”无二无别，谓之三密相应。因为如来的三密，我的三密，同是六大所成，遍法界无所不至，因此在法性上是平等平等，一相一味，如来的功德庄严，也因为这种加持力量，完成显现到我身上来了，所以叫“三密加持速疾显”。

“加持”就是法身和行者的信念互相涉入，融洽无碍，因此不再经三大阿僧祇劫，就是现在父母所生之身，可以成佛，而实践法身大我的活动。这种三密平等加持，譬如一室千灯，四壁加以镜照，只见光光互摄，重重无尽，彼即此，此即彼，而亦此不往，彼不来，不同而同，不异而异，而十法界不相杂乱，譬如帝释天宫里的蛛网相似，所以叫“重重帝网名即身”。

（持松）

大圆满

大圆满是西藏宁玛派所特有的密教法门，和新派密教在理论上和实践上有很多地方不同。宁玛派总判世出世法为异生人天乘，颠倒外道乘，和真实内道（佛法）乘。在内道中更分为九乘，通常称为九乘次第。初三乘为因乘，即声闻、独觉、菩萨三乘。后六乘为果乘：事乘、近乘、瑜伽乘，这三乘合为外牟尼续乘；摩诃瑜伽乘、阿努瑜伽乘、阿底瑜伽乘，这三乘合为内大密咒乘。后三乘中，尤以阿底瑜伽一乘和新派最不相同，而大圆满法门就是在这一乘中建立的。因此，阿底瑜伽也称无二大圆满。它的意义是，一切染净法统统在现前离垢明空豁朗的内证智（本觉）中完全具足，所以叫作圆满；解脱生死的方便途径莫胜于此，所以叫作大。这内证智另有菩提心、心性、如来藏、自然智、自然光明智等异名。从果证来说，这自然智的本体空分即法身，本性显了分即报身，大悲明证分即化身，三身原来在本分上具足，不必另有精勤修作即已圆满，所以叫作大圆满。

大圆满为什么较其他各乘殊胜呢？九乘中初二乘为小乘可以不论。菩萨乘不离用寻思伺察以辨二谛，而大圆满的菩提心则超越寻伺推求。事乘要住于二取清净之境，而大圆满的菩提心则超越二取，近乘（亦名俱乘或行乘）未悟达无二的义境，而大圆满则是无二的菩提心。瑜伽乘求生密严刹土，不能住于无舍无取，而大圆满则为无取无舍的菩提心。大瑜伽乘求证金刚持位，所以用方便胜慧（般若）为趣入门，而大圆满的菩提心则超越勤修，随瑜伽乘求证无别，所以用界智为入门，而大圆满的菩提心则超越因果。总括地说，下八乘不用自然智，所以都以渐修为宗，不能出因果生死的樊笼，而流于没有性修的偏执，但大圆满则把种种显现都化为一实相，所以叫作“自然出过勤修”。

大圆满的修法又分三部：心部、界部和要门部。这三部虽然依次略同于新派的大手印，五次第和六加行，但是宁玛派的见解，认为仍然比那些法更殊胜。三部中又以最后的要门部为胜，因为在理论上，心部执着意度，界部执有法性，仍流于意度，而要门部能令实相自显，故更殊胜。这要门部又分四部：外、内、秘密和无上。要门部的无上部又称为自性大圆满心髓金刚藏乘，简称大圆满的宁提。宁提的传承主要有两系。一系是由吉祥师子传莲华生，再传空行智慧海王而传下来的，叫作空行宁提；另一系是由吉祥师子，智经无垢友而传下来的，叫作上师宁提。二派理论大致相同，只修法方面稍有区别。

要门部所依的教典，传说有六百四十万颂，分为三万五千品和五千枢要等，西藏译出的只有少分，并且原本也非印度所有，而是收藏在乌苌的空行洲中，由本派的得大成就者如吉祥师子、莲华生、无垢友等人取出一部分来流通人间。

要门部中无上部的见修行果中，宁提法又名证智自显妙道金刚藏大秘密乘。大圆满法的全部已胜于下八乘，而这一部法又是大圆满中最深法门，为大圆满的极顶，所以比大圆满中其余法门还要殊胜，主要理由有以下几点：

一、其余法门都偏重于慧，可以速得开悟，但欠缺超脱力，所以不能即身解脱。本部法有见根法要，只论精勤的大小，不管根机的利钝都可成就。

二、其余法门对于各各法性都在意识审察中建立信念，所作空观如暗中投石，形同摸索，本部法则不用意识审察，现前即有，现量亲证。

三、其余的法门都以能说的文句为凭依，所以对于义境一开始就要求通达领悟。本部法不用文句一字，而现前觌见义境（以现量亲证），因此可以不依文句而成佛。

四、其余法门对于各各实相的义境，都以心慧取为观境而建立体道果，时时要用思惟筹量。本部法则显了现证，不用心慧所作，分别体道即可成佛。

五、其余的法门总要分别前后因果，故不能不另外去求菩提。本部法菩提自现，所以不用因果胜劣的作业，也不必精勤修行，分别取舍。

六、其余密法要用脉、风、明点等，当年龄少壮时，脉道舒展，易证菩提；年龄老大，则大种力衰，难以得解脱。本部法光明的日月从内起现，所以只要具足精进，不论年龄老幼都能解脱。

七、其余法门都认为三身是究竟果，是所观待的法。本部法三身在道中即明朗显现，所以能在究竟光明的本净界中任运任持内证智的妙有境界。

总之，大圆满中心界两部虽能远离言谈安足外所，现量覩见证智，其心可以须臾间自显而住，即许这一种动静相为究竟，但事实上没有真正看见，仍不过是意识审察一类之境。本部法能以真实法要现前明见，当然更殊胜了。又要门中的外内密三部，道果方面，仍然更以中有位的境界为凭藉，本部法则现生即可解脱为光明身。为了这些原因，光明金刚藏乘便成为一切乘的极顶。

在这一乘中又分决断和超越两部，在修法的过程中，后者以前者为依。如果只修前者，即身也可化为微量而成佛，但对于外迷相地石山岩等不能净化；且修道时仍以粗脉风为依，不能成就光明身，现身不能达究竟极地。超越法，则现生能证光明身而得大迁转身，成办广大利他事业，而且所得天眼，神足，力通，也无量无边。因此在本部法中又以超越法为最究竟。

本部法的理论根据在《阿毗达摩大乘经》的颂文“无始时来界、一切法等依，由此有诸趣及涅槃证得”。它建立本初之体自然智为一切法依，自然智的本体空分像虚空一样就是法身，本性显了分像，日月一样就是报身，大悲周遍分像日月的光华一样就是化身，所以三身在本分上完全具足。三界众生因为业力所蔽颠倒迷乱，对于这个所依的实相不能了知，所以轮回六趣受种种苦。

一切有情在迷乱时，因为有身口意三业的搅扰，这自然智虽不显现，然而并不是没有。就每一个有情的身上说，身为脉之所依，脉又为风和界的所依，在金刚身的三脉四轮中央有自然智宫心法殿，当中即有自然智光明之体。所以这个自然智是人人都具有的。

本部法中关于三脉四轮的建立和其余金刚乘法门相同。另外不共的建立有四大殊胜脉为光明安住的处所。这四个脉是：一、迦底大金脉，二、如白丝线脉，三、细旋脉，四、晶管脉。最后的一脉连结心眼，其中有具贤严明点，是现起无数金刚连锁光明的依处。同时，在心脏（肉团心）中央有具足光明的光明脉，像放光一样照明一切细脉，所谓“如来藏周遍”就是这个意思。这个能明照的内证智本体即空，本性是五光常照，大悲的光辉周遍，所以是三身（或五身，见下）五智的大藏。但是它的本体法身空上清净知见之分被阿赖耶和八聚识所障，本性五光明照分被有质碍的血肉蕴聚所障，大悲光辉和证智起处被业和习气所障，因此它的体性极难睹见。但它是周遍一切有情，以各各有情之身为依而存在的，所以说为本初界自然智如来藏。在现前的肉身中，周遍而住这如《宝性论》说：“等觉身流布真如无别故，有智故有身，常具足佛性。”

关于修法方面，本部法也和一般真言道相同，分为能成熟的灌顶和能解脱的修持两部分，内容如下表：

- 修法
  - 能成熟道 —— 四灌顶
    - 外有戏论宝瓶灌顶 —— 除身障
    - 内无戏论秘密灌顶 —— 除语障
    - 极无戏论慧智灌顶 —— 除意障
    - 最极无戏论辞句灌顶 —— 除所知障
  - 能解脱道
    - 前行
      - 共同前行
      - 不共前行
    - 不共正行

本部法中和一般真言乘相同也非常重视灌顶传受，所以这四种灌顶需具足受（但也有说最上奥义端赖自悟，传亦不知，说亦不知的）。受宝瓶灌顶可于生起次第修法得自在，受秘密灌顶可于修圆满次第“拙火”旃荼梨及字轮诵咒得自在，受慧智灌顶可于修大乐双运及通达本净法性智得自在，受辞句灌顶可于现量任运之义得自在。如不受灌顶则过患极大。反之，如果能具受灌顶，则在一切分位都能成就所乐求的事情。在修道时，光明脉清净，能够生超殊胜三摩地成为诸佛之子，任持佛的种姓，寿命长远，受用威权都能具足，永断一切恶趣，领受天上的广大安乐吉祥，现身证得究竟佛菩提果。

其次，进入修道，因为本部法以出过一切起心作意，现前令见光明智慧为宗，所以对于一切以意识审察为性的生起次第和圆满次第都要弃绝。初步先修共同前行，再修不共前行（以修金刚萨埵或修莲华生为主），最后再修不共正行。

关于正行，主要是些实修的方法，所以特重口传。要门部的梵文原名为乌波第舍就是近处指授的意思。修法内容，大致是，初步指示身语心三要，身要有五种或三种姿势（法身狮子奋迅势，报身大象眠卧势，化身仙人蹲踞势）等。再指示根门要，缘境要，息风要，证智要等以看光明，依此修持，四种光明即可逐次现前，四光明是法性现量光明，证受增长光明，证智充量光明，法性穷尽光明，第四光明又有渐尽和顿尽的分别。

在现见光明的刹那证智中，阿赖耶俱三界心心都可遣离，一般密咒下乘以味展二脉的风心趣入中脉所生的乐明无念之智，认为是“俱生智”，这是仍然未遣离阿赖耶八聚识的状态，因为乐明无念中的安乐受是意与染污末那未分的无念，所以即是阿赖耶，这里微作明净状的就是阿赖耶识，色声等五种粗境仍依根识各别显现，所以仍有五门之识。这些若不加以遣除，则生死之心尚未解脱，当然不能解脱。并且下乘密咒以脉风明点一味和合之喜为根本义，所以认为要使风界等从味展二脉趣入中脉，使脉结各各舒解，由此起现初地以至佛地的各别功德。这种法门障碍很多，而且本风要是不慎进入六趣轮回的脉瓣中，反而可以生起很多迷乱的境相，引发过患。本部法则可使诸风自灭而住，各各脉瓣的风自成清净，这时光明脉中的智风就在本位上自然朗照，所以清净智慧之境，身、光、刹土等都能当前显现，而迷境不复生起。等到中脉里的光明脉增长，那么诸脉结就渐化光明，地道功德即在本来光明中出现，这就是得到解脱了。譬如，当初二结（中脉中）化为光明时，在外面显现的光中就现出一千二百个佛土。如果把自己的光辉分照那里，再收摄到本光中，那么就到那一刹土去了；如果把身颈转动一下，就可以震动照耀一百个佛世界，而内心又能入出一百种法性无分别三摩地。因此，即此已远超下乘之地了。

依这个法要以见根（净眼根）现量瞻觌的一刹那，澄清不动，远离合散的智慧，就是在本分上证法身的决断，外面显现光明照了的方便，就是任运起现自性色身道的超越。因此，外所显就是“生起次第”起现方便的法要，内明照就是无生而灭诸戏论的“圆满次第”现证远离边际的般若。这样，方便、般若、生超、圆满、法身、色身、显相、空性、福德、智慧等资粮都在修决断和超越时刹那圆满。这时五身五智也都刹那圆满，因为心一境性远离戏论就是法身，自显无执就是报身，现种种境就是化身，遣八聚识就是菩提身，界无迁变就是金刚身。又远离缘虑戏论就是法界智，显了无障就是圆镜智，住平等味就是平等性智，所显五光无杂就是妙观察智，能所二取（根境）皆化光明即成所作智。

在修法时，安住光明的刹那也可以尽摄下九乘的密意胜利。因为这时没有补特伽罗执及法我执，所以尽摄声闻、独觉、菩萨三乘密意。又安住光明的刹那，身语意三都没有烦恼垢染，所以尽摄清净行事、近、瑜伽三乘密意。又安住光明的刹那，光明，证智，无二齐运开觉，现证殊胜三摩地，所以尽摄大、随、极三瑜伽的密意。其余的陀罗尼、三摩地以及诸地道等都是就内证智无垢分上安立的，所以也同时尽摄。这样一来，下乘所修的一切三摩地和所开觉的一切功德法无不尽摄于此安住光明的刹那中。

本部法的果证，一般说来，如果在塚间、空谷，洲渚等极寂静的地方如说观修，等到四光明的境界逐次起现，那么，上根只要三年，中根只要五年，下根极长七年，内外质碍之境都化为光明，就可以在自显色究竟之处现证佛位（这里所说的色究竟指法身普贤所住的法性土，不是普通的色究竟天）。这时，可以随修行者的愿心而有两种成就。一种是想用现身成办广大的利生事业，寿命无边尽三有际，就可以证取大迁转身。这种身性像水中月一样，虽有显色，但没有触色，如同大阿阇黎莲花生和无垢友，能在一刹那中示现不可思议神通法门。另外一种成就，即是不想依现身成办广大利他事业的，那么在圆满四光明道而身化光明时，就到法界本初地任运成就三身五智。所以在法身刹土就成为普贤，在报身土任远密严刹中成为自显受用身，再由加持力，在清净佛土现为五部如来饶益诸住地菩萨，更于六趣中示现各趣大师广作义利，以殊胜变化工巧及受生等事穷三有际饶益无尽。

大圆满法的内容大略如上。至于本法中要门部的传承，据传说分为天上和人间两个阶段。天上为提婆贤护之子庆喜藏，又名具胜心天子，由金刚手授以此法。人间的传承始于具胜心，他降生乌苌国，为国王乌波啰遮之女华明之子，名为极喜金刚。极喜金刚登位时，金刚手亲来传法。后极喜金刚传法于阿阇黎妙吉祥友。妙吉祥友传法于吉祥师子。吉祥师子是汉地成奢洲人，父名具善，母名光显女，他在二十五岁时遇妙吉祥友，圆满承受阿底一切教法。吉祥师子后传乌苌第二佛（指莲华生），智者若那修多罗（智经），大哲无垢友和大译师遍照等人。自吉祥师子以下是持明表示传承。莲华生无垢友以下都是补特伽罗附耳传承。这耳传又分二系，一系是由莲花生传空行智慧海王，埋藏法宝以待有缘，后由莲华业力取藏传遍智自然金刚，雍敦金刚吉祥等为空行宁提；另一系由无垢友传娘定贤，建乌汝奢寺埋藏教授，后由登玛伦贾取出传给娘结尊师子自在，由他再传给娘迦当巴。他把教授埋藏三处，三十年后由结贡那薄在1067年取出，这时陆续取藏的还有响巴日巴，漾敦诺札（即吉祥金刚，1097—1167）。漾敦诺札传子亿日（1158—1213），他又传子觉贝（1196—1231），以后递传师子奋迅，他再传镜金刚（1243—1303）。他又传持明俱摩罗阇（1266—

1343），他后传隆钦饶降巴（1308—1363），这一系叫作上师宁提。隆钦饶降巴，又名无垢光，他也曾受学空行宁提，又遍学后宏期新派密法，关于明处、显经、密咒的著作极多，被推为旧派中智者之首。从现存资料看，自无垢光开始，大圆满的教义，才成了有组织的、有系统的、有记录的学说。此外，在后宏期中，仍有不少的取藏者出世，也有很多在定中得法的名为净相派，传承之间又各成系统，非此处所能备举。现在川藏一带宏扬宁玛派大圆满教法的，西藏有金刚崖寺、成熟解脱洲等，川西方面有白玉寺、迦陀寺、竹箐寺和昂藏寺等。

（郭元兴）